Dagainian Tonglingxia De
Xueke Jiaoxue
Tixi Jiangou Yu Zhengxiao Shijian

上 册

大概念统领下的
学科教学
体系建构与整校实践

王晓祥　金儒成　主编

中央民族大学出版社
China Minzu University Press

图书在版编目（CIP）数据

大概念统领下的学科教学：体系建构与整校实践 / 王晓祥，金儒成主编 . —北京：中央民族大学出版社，2024.9
ISBN 978-7-5660-2272-1

Ⅰ.①大… Ⅱ.①王… ②金… Ⅲ.①课程—教学研究—高中 Ⅳ.①G633

中国国家版本馆 CIP 数据核字（2024）第 018084 号

大概念统领下的学科教学：体系建构与整校实践

主　　编	王晓祥　金儒成
责任编辑	罗丹阳
责任校对	杜星宇　邱　械
封面设计	舒刚卫
出版发行	中央民族大学出版社
	北京市海淀区中关村南大街 27 号　邮编：100081
	电话：（010）68472815（发行部）　传真：（010）68933757（发行部）
	（010）68932218（总编室）　　　　（010）68932447（办公室）
经 销 者	全国各地新华书店
印 刷 厂	北京鑫宇图源印刷科技有限公司
开　　本	787×1092　1/16　印张：32.75
字　　数	604 千字
版　　次	2024 年 9 月第 1 版　2024 年 9 月第 1 次印刷
书　　号	ISBN 978-7-5660-2272-1
定　　价	160.00 元

版权所有　翻印必究

《大概念统领下的学科教学：体系建构与整校实践》编写委员会

组织编写： 贵州师范大学附属中学

主　　编： 王晓祥　金儒成

副 主 编：（以姓氏笔画为序）

王开江　刘　娟　李　明　李蓓蓓　汪芝海　张国洋
林　平　周海燕　段志双　黄晓丹　龚西旭　章黎萍

编写人员：（以姓氏笔画为序）

王　丽	王　康	王一平	王开江	王旭荣	王玲玲
王剑平	王晓祥	王蒇梅	王德萍	毛　伟	邓　梅
邓　兴	左天伦	叶　琴	冯小玲	吕　军	朱　兰
刘　刚	刘　姜	刘　娟	刘成名	刘宝平	刘曼玲
李　江	李　明	李　健	李　燕	李玉鹏	李顺美
李蓓蓓	杨朝钊	吴　沁	吴　瑾	邱阳飞	何小辉
汪　娴	汪芝海	宋　静	张　艳	张元章	张应梅
张国洋	张荣碧	陈　欢	陈　应	陈　媛	陈明凤
陈淑伊	林　平	罗　乐	罗素梅	金文才	金汝俊
金儒成	周海燕	赵飞燕	赵胜瑶	赵黔川	胡　敏
胡文娟	钟　婷	段志双	段丽君	娄　伟	敖小龙
袁　涛	徐国芬	郭　雯	姬东琴	黄晓丹	龚西旭
章黎萍	彭鸿萍	韩　雪	韩玉珏	舒远露	雷艳珠
简倩楠	黎　俊	潘开艳			

目 录

第一章 大概念与大概念教学 ··· 001

第一节 核心素养时代下的教学评一体化 ································· 002
第二节 大概念与学科大概念 ··· 005
第三节 大概念教学理念与单元教学 ·· 009
第四节 大概念教学统领下的学科教学模式建构 ······················ 016

第二章 大概念统领下的议题式教学 ·· 019

第一节 议题式教学的模式建构 ··· 020
第二节 议题式教学实践——以"依法治国"为例证 ··············· 025

第三章 大概念统领下的单元情境教学 ···································· 079

第一节 单元情境教学的模式建构 ··· 080
第二节 单元情境教学实践——以"生物变异"为例证 ·········· 086
第三节 单元情境教学实践——以"小说阅读与写作"为例证 ······ 119
第四节 单元情境教学实践——以"Nurturing Nature"为例证 ···· 152

第四章 大概念统领下的问题教学 ··· 197

第一节 问题教学的模式建构 ··· 198
第二节 问题教学实践——以"对数"为例证 ························ 206

第一章

大概念与大概念教学

第一节　核心素养时代下的教学评一体化

张国洋

经过我国教育界多年探索，2017年，我国教育界为响应新时代教育的发展要求，落实立德树人根本任务，培养德智体美劳全面发展的社会主义建设者和接班人，颁布了《普通高中课程方案（2017年版）》[①] 和各学科课程标准。课程方案指出："各学科基于学科本质凝练了本学科的核心素养，明确了学生学习该学科课程后应达成的正确价值观、必备品格和关键能力。"这预示着我国对人才的培养进入了核心素养时代。

一、核心素养时代的教学要求

核心素养时代的高考命题理念已经从"知识立意""能力立意"向"价值引领、素养导向、能力为重、知识为基"的综合评价转变，作为教、学、评一体化重要环节的"教学"，同样需要同步重构。在这一要求下，基础教育教学需要在价值引领下，在知识教学中以能力为重，切实培养学生的核心素养。

能力通常是指完成一项任务所必需的心理和行为条件，包括有效完成有关任务的方式和个人的相关心理特征。教学中对学生能力的要求是一种综合能力，亦可拆分为不同侧面，如高中地理可以分别培养学生的获取和解读地理信息的能力、调动和运用地理知识的能力、描述和阐释地理事物的能力、论证和探究地理事物的能力等。核心素养时代的能力更表现为"关键能力"，其主要包括认知能力、合作能力、创新能力、职业能力等，与之前要求的能力相比，它更加契合时代需求，更为强调具备学习能力的重要性。关键能力不仅包括学生已经获得的能力，还包括在未来获取新知识、构建新的知识体系的学习能力。

核心素养是发展和超越农业和工业时代的"基本技能"，其核心是创造性思维

[①] 后又颁布了"2017年版2020年修订"的新版本。

能力和复杂交往能力,具有时代性、综合性、跨领域性与复杂性。核心素养的时代性是随着信息时代的需要而诞生的一种"新能力";综合性指将知识与技能、过程与方法、情感态度与价值观目标融为一体的能力;跨领域性既指跨越学科界限,也指学科相关知识与生活世界的联系;复杂性指立足于复杂教育背景并解决复杂教育需求的特性。

在核心素养时代教学中,必须在"立德树人"根本任务统领下,注重培养学生的关键能力,形成学生的核心素养。而能力素养的培养需要统一于教师的教、学生的学以及教学测评中,在教学评一体化中整体推进,形成能力素养隐线,促进学生知识的学习,能力的培养,让学生形成大概念统领的知识体系,为终身学习与全面发展打下坚实的基础。

二、教、学、评一体化的理念发轫

美国是第一个提出将评价与教学融合的国家,如布鲁姆在教学报告中多次强调评价是指导教学的重要手段。在20世纪80年代美国掀起的"基于标准的教育改革运动"中,要求教、学、评与课程标准保持一致;后来日本等国相继提出教、学、评一体化思想。这些思想倡导把评价与教学相整合,实现教、学、评一体化。

我国教、学、评一体化研究起步较晚,但目前已得到相关教学研究与教学管理者的重视。如中国高考评价体系中强调高考对教学的引导就是一例。而在实际的教学中,部分教师也对教、学、评一体化进行了应用,只是没进行显性提出,需要明确其主要作用并指导教师对其的运用。具体来说,教、学、评一体化是课堂教学的指导思想,指向教学的有效性,要依据课程标准和学科核心素养确定教学目标和相应的课堂教学测评目标,把学习目标的达成度测评镶嵌在教学过程中,依据学生的学习表现,测评并调整教学,促进学习目标的达成。当然,也有研究从学习过程方向落地教、学、评一体化。教、学、评是三位一体的关系,在学前、学中、学后都需要有一致性、一体化思想,让其存在于整个教学过程之中。

三、教、学、评一体化与大概念教学

教、学、评一体化将教师的教、学生的学与教学评价融为一体,贯彻于整个学校教学生活中。教、学、评一体化于学生而言,可以将所学应用于所考,减轻学习压力,提高学习效率,在针对性的学习中提升学习的获得感;于教师而言,有利于教师把握教学深度和广度，为过程性评价和终结性评价（如学业水平合格考试和选择考试）提供重要依据，并平心静气研究教学评价，减少功利化思想；于学校而言，可能改变学校教、学、评相脱节现象，改善教与学两张皮和学与评两张皮的现象，使教、学、评统一，让教学更高效、学习有方向、评价有策略，形成育人合力，促进学校高质量发展。

教、学、评一体化的整体思想与大概念的统领思想具有理念的一致性、实施的相互性。教、学、评一体化的贯彻需要大概念统领，大概念为教、学、评一体化提供实施主题。在教、学、评一体化中，教师的教学过程需要以大概念为统领，进行结构化教学；学生的学习过程需要以大概念为抓手，获取领域性知识，实现知识的深度迁移；教学评价过程需要以大概念为依据，建构综合性、整体性知识，让学生能解决多样化的问题，考查学生的关键能力与核心素养。

在基于教、学、评一体化的理念下进行大概念教学，需要把握整体性、实践性、可行性等原则。整体性原则指在合理安排教学各部分及各课时的教学时，需要整体思考，以期达到"整体大于部分之和"的效果。实践性原则指在进行大概念教学时需要根据真实学情创设真实情境、解决真实问题、达成真实的效果，教学中认真考量学生的最近发展区，尝试运用学科大概念和学科基础知识分析处理相关的学科问题。可行性原则指在教学过程中需要具体可操作的教学设计、具有可靠性的教学评价方法，并让学生在课堂教学中充分发挥主体作用，调动学生学习的积极性，激发学生学习的创造性。

第二节　大概念与学科大概念

刘　娟

　　大概念指向学科中的核心概念，是基于事实基础上抽象出来的深层次的、可迁移的概念。学科大概念是基于学科事实基础上抽象出来的大概念。大概念是一种方法，是指导教师组织结构化教学内容的方法，更是促进学生知识深度迁移的方法。

一、大概念的提出与演化

　　有关大概念的研究可以追溯到布鲁纳（Bruner J S）对于教育过程的研究。布鲁纳认为，在学科教学中，一定要使用学生理解该学科的基本结构，这样有助于解决课堂内外遇到的各种问题，而这些问题的解决有利于学生形成结构化的知识，以解决现实生活中的真实问题。到20世纪末，威金斯（Wiggins G）、麦克泰格（McTighe J）、埃里克森（Erickson H L）、兰宁（Lanning L A）、克拉克（Clark E）、怀特里（Whiteley M）等学者都做过相关的研究与论述。直到2009年，在苏格兰举办的一次中小学科学教育国际研讨会上，形成了一份重要报告《科学教育的原则和大概念》。在这份报告中，科学家们提出了科学教育中的大概念体系。这份报告有力推动了基于大概念的课程设计，使大概念得到了更多关注。

　　那么，什么是大概念呢？大概念指的是，在认知结构化思想指导下的课程设计方式，是为避免课程内容零散庞杂，用居于学科基本结构的核心概念或若干居于课程核心位置的抽象概念整合相关知识、原理、技能、活动等课程内容要素，形成有关联的课程内容组块。简而言之，大概念就是抽象概括出来的具有联系整合作用并能广泛迁移的概念。

　　大概念可在两个层面上讨论：一是中观层面，用若干科学大概念重构科学教育内容体系；二是微观层面，在基于课程标准的前提下，用大概念的方法探讨单元或主题教学的设计。在此重点使用的是微观层面，特别是用来指导学校的单元教学设计，引导教师进入大概念理念，应用大概念理念统领自身的课堂，在教学设计中显性呈现出来，在教学评价中应用这一理念进行试题设计等。

二、学科大概念的特点与获取路径

学科大概念是指向学科核心素养，反映学科本质，能将学科关键思想和核心内容联系起来的关键的、特殊的概念。它基于学科事实基础上抽象出来，能够解释和预测较大范围内事物和现象，涵盖基本知识与基本技能，帮助学习者认识世界和理解世界。

（一）学科大概念的特点

学科大概念是理解学科领域本质的核心，是教师对学科的整体思考的主要方式，也是帮助学生深刻领会学科结构的基础。学科大概念具有以下四个特点。

第一，中心性。学科大概念是从众多具体概念或小概念中抽象概括出来的具有普通解释力的大概念，占据着学科主干内容与知识结构的中心。此外，学科大概念能将碎片化的知识整合起来，将零散的思想和方法关联在一起。

第二，统领性。学科大概念指向学科教学内容的本质，对其每一单元、每一课时都具体统领性，课堂教学中的教学内容、教学结构、教学情境等都要指向学科大概念，真正实现结构化教学。

第三，可迁移性。大概念可以迁移到新的学习内容或学习情境之中。学科大概念具有持久的迁移应用价值。现实情境具有万千姿态，问题任务也有多种呈现方式，以不变应万变中的不变就是学科大概念。

第四，价值性。学科大概念应该是一个有意义和价值关联的核心概念，让学生在学习中获得一定的必备品格和正确价值观。

（二）学科大概念的获取路径

如何在教学设计中找到我们需要的学科大概念，或者说学科大概念从何而来？不同专家提出了不同的方法。如有专家提出了三种路径：借助课程标准中的高频词句、通过教材的深度理解、超越惯常理解的抽象概括。再如有专家提出了四种路径：课程标准、学科核心素养、专家思维、概念派生。我们总结发现，大概念主要来源于两处：一是来自课程标准；二是来自实践反思。

1. 课程标准

课程标准中得到绝大部分教师关注的主要涉及两个部分：一是课程内容；二是学科核心素养。这两个方面蕴含着学科的绝大多数学科大概念。这时我们可以采取自上而下的方式，从学科课程标准出发，对其中呈现的学科大概念进行分级解读，尝试找出统领性的大概念。然后以这些大概念为依据，逐级分解，并寻找支撑这些学科大概念的学习内容。

2.实践反思

这需要从教学场域中根据教师经验凝练出学科大概念。这个时候采取自下而上的方式，从教材或教学内容，思考每部分教学内容背后蕴含的教学目标、教学主题和思想方法，进而依据学科结构提炼学科大概念。

三、学科大概念的层级与教学应用

学科大概念具有层级结构，根据不同的学习时长和学生所处学段，可以由不同包含关系、解释力不同的大概念组成。在教学中根据其解释力需要做好课时大概念、单元大概念、学科大概念等教学。

（一）学科大概念的层级结构

根据大概念的统领性，有学科内大概念、跨学科大概念。学科内大概念主要指某一学科独有的大概念，其又可以分为三种：课时大概念（课时内大概念）、单元大概念、学科大概念（跨单元大概念），具体见图1-2-1。其层级越高，数量越少，但统筹范围越大、解释力越强、迁移力越强、横断性越大。

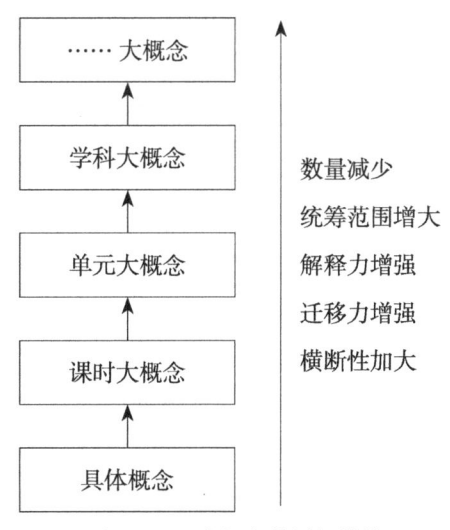

图1-2-1 大概念的层级结构

课时大概念是指统领一个教学主题的大概念，其可以利用一节或少数几节课达成对该大概念的理解，如地理学科某一课时大概念"水循环对自然环境和人类活动的影响"；单元大概念是统领一个单元的大概念，其解释力高于课时大概念，是课时大概念的上位概念，对应于自然单元或主题单元，如地理学科的某一单元大概念"水体运动影响地理环境和人类活动"；学科大概念是基于学科结构，跨单元的少数关键概念，如地理学科的"自然环境中的物质运动与能量交换"。

（二）学科大概念的教学应用

基于学科大概念的学科课程设计强调课程的结构化，强调对问题的深度理解。基于学科大概念的课程如何设计与实施，可以从以下五项关键点思考。

第一，以单元教学为载体。每个大概念都包含着一个道理、一个意义或者一种关联。教学中，教师引导学生学习大概念，必须提供可以发生大概念学习的载体。单元（无论是自然单元或主题单元）是回应课程设计结构化思路最好的教学载体。每一个课时大概念都必须为单元大概念服务，每一个单元大概念都能解释学科大概念的某一侧面、服务于于学科大概念，最后让学生获得学科性知识，形成学科核心素养。

第二，有深度理解的目标。对大概念的理解需要在事实性知识的基础上提炼与升华出来。对教师而言，要以课程标准为准绳，站在大概念角度，明晰什么是学生应该理解的，什么是学生应该掌握的。学生需要理解和掌握的能力与素养，需要教师首先站在学科本质的高度，用概括性的、本质的理解对学习的事实性内容进行高站位、"高观点"的审视。之后，才能在教学过程中引领学生从事实性知识走向概括性理解。

第三，有"潜能"的知识情境。教学内容的选择是否有助于达成深度理解的课程目标，还要看所建构的知识情境能否与指定的概念框架、固着点建立联系，能否为大概念的理解提供事实、信息、活动设计等。因此，需要教师根据教学的生活场域，建构熟悉的知识情境，融入具体的问题任务，生成创造性的课堂。此外，在教科书等学习材料中，意义并不能直接表述出来，需要教师"挖掘"出来，即找到材料中蕴含的可理解、可解释的可能性，并在教学中呈现出来。

第四，让情境与经验的"对质"。知识情境的创设要隐含新知的基本要素，还要跟学生经验产生关联，贴近学生的最近发展区，让建构的知识情境与学生的现有经验发生对质。对质的过程就是对原有概念解构的过程，也是新知增长的过程。情境告诉学生知识产生的条件，学生在不同的情境中或者复杂的情境中更能深度了解知识产生的条件。

第五，有引导的自主建构。基于学科大概念的教学是以学生为中心的教学，需要引导学生自主建构。在教学中，关注学生的兴趣与需求设计教学，为学生创造自主、合作、体验的学习方式，帮助学生发现新旧知识之间的关系和连接，开阔视野，发现与领悟新知，这也是教学的必然要求。当然，大概念教学在强调学生自主建构的主体作用的同时，也必须强调教师的主导作用。

第三节　大概念教学理念与单元教学

王开江

随着教育理念在不断更新和完善，大概念教学理念和单元教学也被越来越多的教育者所重视和应用。高中教学中，大概念教学扮演着重要的角色，有助于帮助学生理解学科知识之间的内在联系和共性特征，提高学生解决问题的能力。而单元教学则可以帮助教师更加有针对性地设计和实施教学，提高教学效果。

一、大概念教学的价值追求

大概念教学是一种以大概念为主线，以学科知识、方法的本质和核心要求为导向，以教学目标的实现为目标，以多样化的教学活动和科学教学评价为手段，帮助学生全面、系统、深入地掌握学科知识的教学。大概念教学是改革思潮的产物，能够解决教学内容饱和和信息超载问题，培养学生的高阶思维，使他们学会共处，养成终身学习能力，有利于促进学科核心素养的形成。大概念是学科知识的高度概括，也是学科知识的本质和核心要求，更是学科知识的基础和框架。通过将核心知识有机地融合在大概念的框架下，构建高阶的知识体系，从而提高学生的学科素养和实践能力。因此，大概念有利于教师精准地掌控教学的重点与本质，有助于教师有效定位教学价值，防止备课授课时偏离实际教学目标。

（一）对学生的价值

大概念教学对学生来说，利于其形成结构化知识和领域性知识，减少知识学习负担，提升学科素养和实践能力，提升主体作用和创新精神。

1. 提升学生的学科素养和实践能力

大概念教学与传统教学不同，它注重学科知识的本质和核心要求，让学生从整体上把握学科知识和方法，以培养学生的学科素养和实践能力。首先，大概念教学注重学科知识的内在联系和核心要求。教师将学科知识有机地融合，从整体上把握学科知识，通过大概念教学，学生更加深入地理解学科知识的本质和核心要求，从而全面、系统、深入地掌握学科知识和方法，提升学科素养和实践能力。其次，大概念教学注重培养学生的实践能力。教师通过设计具有挑战性、开放性和深远意义的教学情境和大问题，让学生在探究中获得知识，在实践中提高自己的实践能力。通过实践活动，学生可以将理论知识应用到实际问题中，培养实践能力，提高综合素质。最后，大概念教学注重学科知识与实际生活的联系。教师通过将学科知识与实际问题相结合，让学生理解学科知识在现实生活中的应用和价值。通过多样化的教学活动和科学的教学评价，帮助学生及时知晓自身的学习情况，有利于明晰自身的知识掌握情况。

2. 促进学生的主体作用和创新精神

大概念教学的重要特征是将学生置于中心地位，以此为前提进行课程开发，为学生的知识建构创造多种体验，创造真实的社会文化学习环境，进而促进学生高效学习。大概念教学注重学生的主体作用和创新精神，以培养学生的创新能力和实践能力。一方面，大概念教学注重学生的主体作用。教学中学生为主体，明确我要学、我想学，体现学生的主观能动性，提升学生的主体作用。学生在自主探究和发现的过程中，逐渐形成自己的知识结构，提高自己的学习兴趣和效果。另一方面，大概念教学注重学生的创新精神。教师通过鼓励学生思考和质疑，激发学生的创新能力和实践能力。学生在探究中，不仅要掌握学科知识和方法，更要发挥自己的创新能力和实践能力，积极地解决实际问题和应对面临的挑战。

（二）对教师的价值

大概念教学对于教师来说，可以让教师根据课程标准的目标要求，建构网络化的知识体系，让不同的知识内容有机整合，最后形成完整的学科知识体系。这不仅有利于提高教师的教学能力和教学效果，而且有利于提高教师的教育教学思想和教育教学水平。

1. 提高教师的教学能力和教学效果

大概念教学注重学科知识的凝练和内在联系，以帮助师生深入理解学科知识和方法的本质为目标。首先，大概念教学可以提高教师的学科素养。在大概念教学中，教师从学科知识和方法的本质和核心要求入手，将知识点有机地融合，建构在大概念的框架下，具备深厚的学科素养，在大概念的核心观点指导下，提高教师的教学水平。其次，大概念教学可以提高教师的教学能力。在大概念教学中，教师需要通过设计具有挑战性、开放性和深远意义的大情境和大问题，让学生在探究中获得知识，在实践中提高自己的实践能力。这要求教师具备较强的教学能力，包括教学设计、教学组织、教学实施和教学评价等方面。最后，大概念教学可以促进教师的个人发展。在大概念教学中，教师需要具备探究精神和创新精神，积极参与学科知识和方法的深入探究。这种教学方法可以拓展教师的知识面和视野，提高教师的个人素质和发展潜力，从而为教师的个人发展和职业发展提供更加广阔的空间和机遇。

2. 提高教师的教育教学思想和教育教学水平

大概念教学注重学科知识与实际生活的联系，要求教师将学科知识与实际生活相结合，帮助学生理解学科知识在现实生活中的应用价值，从而提高学生的学习动机和效果。首先，大概念教学可以拓展教师的教育教学思想。在大概念教学中，要求教师不仅具备深厚的学科素养，还需要有跨学科、综合性的思维方式和教育教学思想。比如在数学教学中，可以渗透劳动教育，培养学生的审辩式思维，实现五育并举。其次，大概念教学可以提高教师的教育教学水平。在大概念教学中，教师需要通过多种形式的教学方法和科学的教学评价，让学生多方面发挥自己的特长和才能，从而提高学生的学习效果和学习动机。这要求教师具备丰富的教育教学方法和科学的教育教学评价的知识和技能。通过大概念教学的实践，教师可以提高自己的教育教学方法水平，更加科学地设计教学活动，更加准确地评价学生的学习成果。最后，大概念教学可以促进教师的职业发展。在大概念教学中，教师需要注重学科知识与实际生活的联系，更加注重学科知识的实际应用和教学效果。这要求教师具备跨学科、综合性的思维方式和教育教学方法的知识和技能，同时需要不断更新自己的教育教学观念和方法。通过大概念教学实践，教师可以不断提高自己的教育教学水平，为自己的职业发展提供更加广阔的空间。

二、大概念教学理念下的单元教学

基于汉纳（Hanna L A）等学者提出的定义，"单元教学"是聚焦横断在各学科、基于儿童个体社会需求且具有社会意义而展开的、有目的的学习体验。在核心素养时代，统领单元教学（无论是单元整体教学还是大单元教学）的核心在于大概念。

基于大概念建构的知识单元，即大概念单元。大概念单元统摄下的教学需要以单元为基本设计与教学单位，对整个单元实施单元整体教学或大单元教学，并在教学中突出学生的主体地位和提升课堂教学效率。大概念单元中，一个大概念就可以成为一个单元，解决了单元教学的整合点和切入点的问题。

在单元教学中，大概念是教学内容的主线和核心，教师需要让学生了解并掌握大概念的内涵和作用，提高学生的整体把握能力。教学目标是学生学习的导向和基础，也是教学活动和教学评价的依据。教师要根据大概念和单元主题，设计合理的教学目标，注重培养学生的学科思维能力、创新能力和实际应用能力，使学生在学习过程中不仅能够掌握知识内容，更能够掌握学科方法和思维方式。在单元教学中，教师需要将大概念引入到单元学习中，将单元的知识点围绕大概念进行整合，形成有机的知识体系，使学生能够深入理解知识点之间的联系和本质。在单元教学中，教师需要创设完整的生活化学习情境，整合和再构相关的教学内容，并进行连续课时的主题单元教学。

基于大概念理念的单元教学是为了帮助学生理解某个大概念而创设的学习单位，它既可以是教材中的一个或多个自然章或自然单元组合成的单元，也可以是围绕大概念、将支撑大概念理解的相关学习内容重新组织架构成的学习单元。在教学实践中，单元大体分为两类：一类是以系统化的学科单元，比如数学学科的"函数单元""三角单元""数列单元""概率与统计单元""解析几何单元""立体几何单元"等；另一类是以生活经验、主题组成的生活单元，比如地理学科的"城市与乡村"等。在这里，单元是一种学习单位、微型课程，是一个相对独立且完整的教育事件，学科大概念作为统领单元整体教学的要素，既能深入学科内部，又具有广阔的解释视野，具有超越课堂的持久价值与迁移价值。

在大概念的引领下，单元整体教学是将一个单元作为一个整体，根据单元主题，创设完整的生活化的学习情境，整合和再构相关的教学内容，并进行连续课时的主题单元教学。通过大概念的提取进行教学目标设计，推动教学评一体化，实施结构化教学，提高学与教的质量与效率。单元教学在大概念教学理念的指导下，整合知识，梳理知识体系，将知识内容融合成为一个个完整的学习单元，让学生从中获得综合素养和技能的提升，使学习更加有意义和生动。

三、单元教学设计理路

大概念教学需要在单元教学层面进行，而单元教学可以更好地完成一个主题或大概念的思维培养与能力达成。浙江大学的刘徽提出了大概念视角下单元整体教学设计的三个关键步骤，即目标设计、评价设计和过程设计。

（一）目标设计：宏观思维和微观思维相结合

在单元教学中，教学目标的设计需要考虑宏观思维和微观思维的结合。宏观思维是指从整体上把握事物，理解事物之间的关系和相互作用；微观思维是指从细节方面对事物进行分析和理解。宏观思维和微观思维相结合可以帮助学生更好地理解学科知识，掌握学科方法和思维方式。在目标设计上，在宏观思维方面，教师可以将教学目标设定为能够全面理解和掌握某个大概念及其在现实生活中的应用。这样的教学目标可以帮助学生从整体上把握学科知识和方法，掌握学科的核心思想和基本原理。在微观思维方面，教师可以将教学目标设定为能够熟练掌握某个知识点的概念、性质、公式和应用技巧。这样的教学目标可以帮助学生深入了解学科知识，掌握学科的基本概念和基本技能，从而提高学科素养和实践能力。当宏观思维和微观思维相结合时，教学目标可以更加全面和有针对性，既能帮助学生把握学科的本质和核心要求，又能帮助学生掌握学科的基本知识和技能，从而实现知识和能力的全面提高。比如在数学教学中，可以将"函数"作为单元大概念，将教学目标设置为既能够全面理解"函数"的本质和核心要求，又能够熟练掌握"函数"的概念、性质、公式和应用技巧。这样的目标设计可以帮助学生在掌握"函数"这一大概念的同时，也能够深入了解"函数"的基本概念和基本技能，从而全面提高数学素养和实践能力。

（二）过程设计：以基本问题推进"准备→建构→应用"三阶段

在单元教学中，过程设计是教师将教学目标转化为教学活动和任务的过程。在大概念教学理念下，过程设计需要遵循一定的原则，同时也需要考虑到学生的认知规律和学习特点。在过程设计中，教师需要以基本问题为引导，推进"准备→建构→应用"三个阶段的教学过程。在准备阶段，教师需要引导学生对基本问题进行初步探究，了解相关概念和知识，建立初步的认知框架。同时，教师也需要对学生进行必要的知识前置，为学生的深入探究做好铺垫。在建构阶段，教师需要引导学生深入探究基本问题，并将相关概念和知识进行组织、整合和再构。通过探究和实践，让学生逐渐建立起系统、完整的学科认知结构。在应用阶段，教师需要引导学生将所学知识和技能应用到实际问题中，并培养学生的创新能力和实践能力。

（三）评价设计：学习性评价、学习的评价和学习式评价

在大概念教学下的单元教学中，评价设计也是至关重要的一环。评价设计需要充分考虑学生的学习特点和教学目标，以确保评价结果对学生的学习有意义。首

先，学习性评价是评价设计的重要组成部分。学习性评价旨在促进学生对知识的反思和进一步学习。在单元教学中，学习性评价应该具有一定的连续性，以便教师能够及时发现和纠正学生的学习问题，同时也有利于学生自我调整和提高。其次学习的评价是指评价学生在学习过程中获得的知识和技能的程度和质量。在单元教学中，学习的评价应该紧密围绕教学目标，采用多种形式的评价方式，如测试、作业、小组讨论、项目展示等，以全面、客观地评价学生的学习成果。最后学习式评价是一种更为综合的评价方式。它关注学生的学习过程和学习方法，旨在鼓励学生的自主学习和探究精神，同时也能帮助教师更好地了解学生的学习情况和需求，以调整和优化教学策略和方法。在评价设计中，教师需要注意评价的准确性和公正性，避免歧视和偏见，同时也需要鼓励学生接受和反思评价结果，以不断提高学习效果和质量。

四、单元学习大情境与大问题

大概念、大情境、大问题之间是教学设计中相互支持、相互贯通的元素。大概念是学科知识的核心，它是纵向贯穿于各个知识点之间的，具有相对稳定性、共识性、统领性等共性。大情境是将教学内容与现实生活相结合，创设完整的生活化的学习情境，以提高学生的学习动机和效果。大问题是基于现实问题和学科核心问题，从学生的生活经验和情感出发，引导学生深入思考和探究的开放性问题，使学生在探究和发现中获得知识，在创新中发挥自己的特长和才能。

（一）基于大情境汇聚大问题

大情境具有综合性及与大量学科知识相关的特点，这意味着我们可以通过把学科知识与实际情境结合起来，将一个综合性的大问题转化为具体的小问题来逐步解决，实现了对整体和部分的认识和把握。从学生核心素养的发展角度来看，学生需要将大情境中的描述转化为学科表述，并将需要完成的任务转化为相应的学科问题。真实的社会生产生活、科学研究中的问题往往是综合性的大问题，这些问题不能通过一个简单的概念或规律就可以解决。解决这些问题需要将综合性的大问题分解为具体的小问题，然后再利用所学的知识以及解决问题的策略与思路逐步解决小问题，最终解决综合性的大问题。通过这一过程，学生可以发展系统思维，从整体和部分的角度来认识和把握整体。

（二）设立大情境，展开单元教学

1. 源于生活，创设大情境

在单元教学中，教师需要创设具有生活化特点的大情境，让学生从身边的事物中感知、认知和探究学科的本质，让学生在学习中能够体验到学科的应用和实际意义。大情境能够激发学生的好奇心、求知欲和探究兴趣，增强学生对学科知识的记忆和理解。创设大情境需要根据学生的生活实际，通过构造具体的情境来激发学生的学习兴趣和动力，让学生能够主动地参与到教学活动中来。例如在数学学科中，可以通过引导学生探究生活中的问题，如银行贷款中的单利与复利问题，让学生用等差等比数列知识解决实际数学问题。在创设大情境的同时，教师需要关注情境的整合性，将情境与学科知识相结合，让学生能够在情境中自主发现问题，进而引导学生通过学科知识和方法解决问题，提升学生的综合素养和应用能力。此外教师还需要不断改进教学方法，激发学生的学习兴趣和动力，促进学生的自主探究和合作学习，让学生在愉悦的学习氛围中获得学科知识。

2. 基于任务，创设大情境

大情境，在教学中格局高、观点新、看得远，避免了教学的细枝末节，能有效地促进学生的终身发展，提升科学核心素养。在单元教学中，以任务为驱动，创设大情境，可以帮助学生更好地理解和应用所学知识。比如在指数函数$y=a^x$中，函数值y确定后，需要确定自变量x的值，在这任务的驱动下，创设旅游景区门票问题，引进了对数，让学生对数系的认识就更加深刻了。基于任务的大情境，是以任务为核心的教学环境。教师通过设置多项子任务，让学生在完成任务的过程中逐渐深入理解大问题，体验大问题所涉及的各种情境和挑战。在任务学习过程中，学生们也可以互相交流和合作，从而提升他们的团队合作精神和沟通能力。

总之，在大概念教学理念下，单元教学成了提高学生学科素养和实践能力的重要途径。大情境和大问题，能够将学科知识与实际问题相结合。未来，随着社会经济的发展和信息技术的普及，学生的学习需求和能力也会不断变化和提高。在大概念教学理念下，单元教学将更加注重学生的实际应用能力和创新能力的培养，更加注重学生的个性化学习和发展，更加注重学生的自主探究和学习，以更好地适应未来社会的需求和发展。同时教师也将更加注重教学方法和教学效果的创新和改进，积极探索新的教学手段和教学策略，为学生的成长和发展做出更大的贡献。

第四节　大概念教学统领下的学科教学模式建构

黄晓丹

近年来，大概念教学理念已经得到广泛的认可，成为当前高中教学模式建构的重要理念之一。基于大概念教学理念，可以帮助学生们建立学科的课程价值观，建立各学科思考方式与方法，以实现学科任务，达成课程目标。

一、大概念统领下的教学模式样态

教学模式是融通教育思想、教学理论和学习理论形成的稳定结构框架和活动程序，是教学理论应用于教学实践的中介，具有简约化、概括化、理论性和相对稳定性的特点。教学模式是指导学生学习的模式，为教师和学生提供了探究具体学习进程的路径。

基于学科内容组织视角，单元教学模式可以分为"单元整体教学"、"大单元教学"等。低年级或新教师可根据自然单元做好单元整体教学，中高考复习则更需要大单元教学。不论哪一种类型的单元教学，将单元的内容主题转化为大概念都会更利于核心素养的有效落实。单元整体教学突出知识建构过程，提升整体化教学思维。大单元教学是以学科素养培养为目标导向，以结构化的知识综合学习为中心建构教学评一体化的课程化教学，在教学实践中需要坚持"为学而教"的初衷。

基于课堂建构核心视角，可以结合议题式教学、情境教学、问题教学、"情境+问题"教学、项目式教学等教学模式，应用大概念教学理念，对教学、教材进行统整，选择适合具体学科特色的教学模式，促进学科教学的发展。

情境教学强调教学情境的创建与应用，对教学情境进行了有效的关注。在教学中激励教师在教学中创设真实情境，帮助学生解决富有挑战性的真实任务，这不仅是高考内容改革不可忽视的目标，也是提升课堂教学质量的关键一环。

例如在问题情境的引导下完成问题任务，这是"三新"背景下试题设计的典型范式，这在教学中亦可利用同样的思路进行教学，以求达到"所考即所学，所学即所考"。问题情境教学以"问题"搭建教学内容，教学围绕"问题"而展开，通过"问题"把知识联结起来，使解决问题的过程成为学生思维发展、智慧生成，最终达成学生的知能与素养目标。

项目式教学是通过创设真实项目情境，以学生为中心开展项目式活动的一种教学方式。项目式教学有着明确而具体的项目完成目标，不仅要求学生把已有理论知识、实践技能应用到项目的设计和完成过程中，而且还要求学生把在项目任务完成过程当中学习到的新知识、新技术应用到对新的问题解决过程当中去。

在实践研究中，通过扎根理论，形式上与现有教学模式结合，形成适合一线教师应用的教学模式，如大概念统领下的信息技术项目式教学，大概念统领下的地理"情境+问题"教学，大概念统领下的数学问题教学等。

二、大概念统领下的教学模式应用

基于大概念教学理念的教学模式，其教学具有中心性、可持久发展性、网状性、可迁移性等特点，这需要在教学中进行差异化应用。而其中的共通性的内容，需要进行整体性和针对性把握。在大概念统领下的教学模式的应用过程中，选定单元主题、定义大概念、制订单元目标、进行教学设计、设计测评方法等是应该共同考虑的环节。

第一，选定单元主题。这是做好单元教学设计的第一步，也是教学模式选用的第一步。以学科大概念为指导，对知识点加以结构化的设置，选定单元主题，形成一定的单元大概念。单元主题是进行单元教学设计的关键与重点，需要利用其确定的主题，架构起教学内容板块，构造起高中课程的单元课程脉络。

第二，定义大概念。在进行课题大概念教学时，需要结合必需的具体概念（即小概念），形成一定的知识网格，找到它们之间的共通之处，并用以解释课时大概念。而课时大概念需要围绕单元大概念来进行，单元大概念必然要指向学科大概念。因而，对不同层级的大概念进行定义也影响着教学模式的应用。

第三，制订单元目标。单元教学目标是对学校核心素养和教学主题的具体化落实，是完成单元大概念需要完成的目标。在制订单元教学目标时，要从总体上把握预期的教学总体目标，同时充分考虑最新课程标准下对各单元主题知识内涵的具体需求，必须根据各个年级学生的实际学情分析，系统考虑学生的现实需要和长期发展需求，还必须兼顾学生本单元课程目标的预期，学习成果与目标实现程度。

第四，进行教学设计。选择适合的教学模式，进行教学设计。教学模式是课堂教学的基本结构框架和活动程序，进行教学过程设计时，其提供了一个基本的范式。高中教师要在已确定单元课堂教学目标的基础上，按照新课程标准的要求创造实际的、综合的、富有挑战性的高中课堂教学情境，并把整个课程与活动的开展根植于实际高中课堂教学情境当中，使学生在实际的课堂情境中通过学习活动的进行，激发学生深度思维，推动实践探索。高中学生在这种真实的问题情境中，进行思考探究，完成研究任务，在这过程中，教师可通过观察评测学生的认知素养。真实的问题情境可帮助学生实现知识迁移，帮助学生建构学科大概念。

第五，设计测评方法。实施"教学评一体化"评价是指为检查学习者的任务完成率所制定的目标，利用任务目标来检查学习者任务的完成状况。评价任务导向教学行为，缺乏合理的评价目标，就很难形成所要求的测评结果，也会让教师陷入盲目。能够有效检验教学目标实现性的测评方法应该满足三个要求：与目标相符、看得清楚、易实现。评测高中生模型认知素养的达成程度，不仅要依靠于教学中的纸笔测验，更要渗透在日常高中教学评价中，关注学生学科素养形成与提高，这样才能更加客观准确的判断学生模型认知素养的发展程度。

综上所述，建构高中大概念教学下的差异化教学模式是提高学校教育教学质量、优化教学效果、推动教育教学发展的基础，大概念这种模式的教学更是学科核心素养落实的重要依托。

第二章

大概念统领下的议题式教学

第一节　议题式教学的模式建构

周海燕

《普通高中思想政治课程标准（2017年版2020年修订）》（以下简称"新课标"），指出思想政治课要以学科大概念为核心，使课程内容结构化，以主题为引领，使课程内容情境化，促进学科核心素养的落实。新课标要求教师在教学中要善于提炼学科大概念，以大概念统领单元教学，指向培养学生解决真实性问题的素养。大概念教学要求教师运用大单元的模块教学，围绕核心素养达成，提炼指向学科本质的概念、观念、论题，形成以理论逻辑、生活逻辑为线索的单元逻辑体系。大概念教学具有学科核心概念鲜明、知识脉络清晰的特点，使传统式教学中繁杂的知识性记忆学习向精炼的逻辑结构化学习转变，学生迁移能力得以锻炼，使学生能运用大概念中知识逻辑解决生活情境中的系列问题，建立起用"大知识"解决"大问题"的思维能力，真正形成学科思想、学科观念，真正落实学科核心素养。

议题式教学要围绕议题展开讨论，新课标明确指出："议题式教学围绕议题展开的活动设计，包括提示学生思考问题的情境、运用资料的方法、共同探究的策略，并提供表达和解释的机会。"议题式教学主张从议题出发，以课程知识为支点，创设真实问题情境，以议学活动为学习载体，设置具有传导性、引领性和开放性的问题，学生通过课前资源收集、课中合作探究、成果交流分享等模式开展活动型课程教学，引领学生的价值取向和培养学生的核心素养，落实立德树人的根本任务。由此可见，议题式教学是落实好高中思想政治学科教学的有效形式，在大概念统领下的议题式单元教学是核心素养达成，教学目标任务完成，教学重难点突破的重要教学方式。议题式单元教学是在学科大概念的统领下，从学生真实的生活情境中去创设优质的教学背景，设计有效议题服务于学习过程，在议学活动中内化学科大概念，完成新课标中对必备品格、关键能力的要求。指向学科大概念的议题式单元教学要将学科大概念、单元概念、课时概念、单元教学目标、议题式教学任务有机统一，从而达成活动型学科课程要求。大概念统领下的议题式单元教学在议学内容结构性、议题情境创设、有效议题设置、序列化议学活动等方面组织好单元教学的内容，需要从以下几步进行教学设计构建：明确单元大概念，拟定单元学习目标，创设贯穿单元的真实情境，创设有效议题，构建序列化议学任务。

一、明确单元大概念，实现单元教学结构化

学科大概念是对学科知识高度概括与凝练后所形成的核心概念，单元大概念是教学单元内容主干知识体系提炼的学科概念，是对单元教学整体性、系统性的认识，是教师教学设计的基础。着眼于大概念的议题式单元教学就是要对核心知识进行逻辑结构的梳理，编制概念间的思维导图，学生通过整个单元学习后，运用单元大概念牵引出单元知识，并能解决真实生活情境，形成对知识的深度理解和广泛迁移能力。因此，教师要对大概念进行精准有效的提取，学科大概念、单元大概念、课时大概念之间要做到逻辑连贯、知识递进，内在联系紧密，精准提炼大概念需要遵循学科逻辑，研读课标，从中确定学科大概念，在此基础上创设单元学习结构，对大概念进行系统化分解，达成单元教学目标任务。

（一）打破传统的单课教学，厘清知识内在逻辑线索

高中思想政治教材以单元、课、框、目的形式呈现教学内容，每一课时解决多个具体概念和知识点。传统的单课教学，往往只关注所教的框题知识点，很难做到与教材其他框题的关联，学生被动接受若干零碎的知识点，学科核心素养和关键能力无法有效实现。而基于大概念统领的议题式单元教学就是要打破单课思维，树立系统观念，做到整体着眼优化教学，深刻把握教学单元中的知识脉络和内容结构，着手关键核心知识，构建起知识体系生成中的因果联系、纵横向关系，明确单元教学任务。

（二）编制概念间的思维导图，构建议学活动逻辑框架

学科概念思维导图是按照"学科大概念 — 单元大概念 — 课时大概念 — 具体概念"等不同层级加以编制的，以指向学科本质的概括性陈述句或者简明扼要的名词表达出来，并以系列化形式外化，实现知识之间"上联下挂"的联系。在议题式教学中，编制学科大概念思维导图为议题设置提供方向性引领。

（三）围绕单元大概念，设计单元学习目标

落实学科核心素养制定单元学习目标，要深度理解学科核心素养、国家课程标准的要求，需围绕单元大概念和大概念思维导图，将传统传授知识点为主的教学转变为能力素养达成的学习目标，教师基于大概念统领，制订符合学生认知逻辑、科学的系统的单元学习目标。大单元学习目标中要明确情境线、知识线、活动线、议

题线等，将单元大概念、课时大概念、具体概念联结起来进行理解、解构，依据课标进行教材分析，学情分析，学科核心素养目标分析，大单元目标叙写，教学资源运用等，搭建起教学框架。

二、立足单元学习目标，创设有效议题

新课标指出："议题，既包括学科课程的具体内容，又展示价值判断的基本观点；既具有开放性、引领性，又体现教学重点、针对学习难点。"议题是以活动形式呈现、承载学科内容的问题，对教学重难点的内容做出设计，运用议题在议学活动中调动学生学习参与性，引导学生形成正确价值判断，实现培养学科核心素养的育人目标。议题是大概念统领下的单元教学行之有效的教学载体，立足单元学习目标，设计具有可操作性、可议性的单元议题，促使教学良性互动，要基于真实生活情境，创设大情境、大问题、大任务、大活动，实现学习逻辑、认知逻辑、生活逻辑的统一，学生在真实情境中解决问题，在合作探究中完成学习任务，在可"议"之"题"中达成深度学习，实现用"大概念"解决"大问题"的学习体验。

单元议题是整合单元学习目标的系统性的议题链。单元议题设计要指向单元大概念，围绕总议题设计多个子议题，形成以大概念为中心的知识体系、议学内容。设置可"议"之"题"，结构化课堂设计，学生对单元大概念、课时大概念的理解才会有逻辑性、可迁移性，才能开发学生的高阶思维。

（一）围绕单元大概念，创设中心总议题

以议题是课堂教学环节顺利展开的基点，借助议学情境，开展议学活动，进行议学延伸能将课时统整于单元教学之下。在议题式教学中，议题会被分解为若干子议题。从知识结构看，中心总议题聚焦单元大概念，使得单元内的知识脉络得以系统性构建，为单元教学目标的完成提供教学实现路径；从议题呈现上，中心总议题引领子议题，形成总分关系。从议题设计的选取上，要善于用好教材，围绕大单元、大概念开发议题，关注国内外时政，设计社会热点议题，贴近学生生活选取议题，深度开发议题。设计总议题、子议题、议题下的问题链，将学科逻辑和学生认知规律相结合，开发可"议"之"题"。

（二）聚焦核心素养，开展议题活动设计

议题设计是为了实现相关学科内容的学习而设置，以培养学科核心素养为目的，议题的选择和设计，都应该服从和服务于教学的基本原则和要求。将教学设计的基本要求"融入"活动展开的全过程。新课标指出："议题活动设计应有明确的

目标和清晰的线索，统筹议题涉及的主要内容和相关知识，并进行序列化处理。"议题式教学的核心是"议"，落实"议"就要在议题设计中围绕议题开展活动设计，创设学生思考问题的真实情境、给予充分时间调动学生参与议题研究的主动性，共同探究解决策略，教师提供学生展示成果和表达的机会，通过教学活动实现学科内容与社会实践的结合。议题要有明确的目标和清晰的线索，统筹好学科任务和设计情境，可采用"一例到底"的逻辑展开，遵循学生的学习认识规律，由浅入深、从简单到复杂进行设计，聚焦学科核心素养，充分体现思想政治课程的育人价值和功能。新课标明确规定，要了解议题的实践价值，创设丰富多样的教学情境，引导学生面对生活世界的各种现实问题。这就要求教师在创设情境与议题时，要让学生通过对情境的学习与讨论，逐渐形成分析问题、解决问题的能力，增强社会实践能力。议题设计是承载学科内容的重要形式，都要服务于我们最根本的育人目标，让学生在参与活动的过程中，既有参与的积极性与热情，又有深入的思考。

三、大情境引领议题教学，创设贯穿单元的真实情境

新课标指出："要了解议题的实践价值，创设丰富多样的教学情境，引导学生面对生活世界的各种现实问题。"情境是学生内化学科大概念的教学素材，创设情境的过程是一个化繁为简的过程，用情境建立学科知识与现实世界之间的关系，通过创设真实生活情境开展议题式教学，将议题设置在情境之中，学生从情境中发现问题，解决问题。选取整合贯穿单元的大情境应当真实生动，贴近学生生活，基于学生学习经验，确定学科核心知识，指向单元教学目标达成，实现核心素养落地。创设真实情境，坚持任务导向，做好单元整体规划，设计情境中的议学任务和问题链条，选取教学资源，实现大情境和大概念有效衔接，发挥思政小课堂与社会大课堂的协同育人功能。

（一）基于真实情境，提出真实问题

基于学生现实生活经验，创设贯穿单元的真实情境，把真实情境任务化，做到与教材知识联系，与教学活动联动。基于一个真实的大情境统领单元教学内容，明确单元教学目标，设计单元情境流程，组织单元情境链条，下达议学任务，提出真实问题。教师要在教学过程贯彻落实真实性原则，贴近学生生活设置真实性情境问题，使学生的知识能力迁移到真实生活中，激发学生做到真探究，提升运用理论知识解决实际问题的能力。

（二）构建真实情境，探究真实问题

创设贯穿单元的真实情境，设置可"议"之"题"，围绕议题设计若干子问题，引导学生思考和表达，打通学生理论知识与生活经验，在真实场景的议学过程中成为学习过程的深度参与者，全面认知和深度理解情境中隐藏的学科大概念。基于真实情境的学习过程，学生能更好地合作探究，在合作中生成和迁移知识技能，运用学科思维在议学任务达成中落实核心素养。

四、大任务驱动议学活动，构建序列化议学任务

大任务是统领单元学习活动的任务，连接高效课堂活动的始终。基于单元情境提炼大任务，针对课时具体大概念，核心知识，设计学习任务群，组织好任务驱动的学习活动，最终落实学科核心素养，内化学科大概念。新课标指出，教师要根据学生的真实生活情境，设置有效议题，构建以学生为主体、教师为主导的活动型学科课程，实现课程内容活动化、活动内容课程化。议学活动是分解学科任务，落实议题式教学的关键流程。议学活动围绕大概念的分解任务展开，需要梳理主题主线与大概念间的逻辑线索，统筹议题涉及的具体大概念，最后进行序列化处理。

（一）分解议学任务，开展议学活动

议学任务中要有教学活动，即教师如何整合教学资源，组织教学过程等，又要有学习活动，即有明确的主体行为，学生做什么，怎么做，获得怎样的收获等。新课标指出："围绕议题展开的活动设计，包括提示学生思考问题的情境、运用资料的方法、共同探究的策略，并提供表达和解释的机会。"围绕学科大概念，通过议学活动完成课时大概念的大任务解构，围绕议题开展序列化议学活动明确学习任务，注意序列化活动要有递进性、层次性，确保学生学习思维的连贯性。

（二）延伸议学任务，内化学科素养

议学延伸是检验学生核心素养达成的重要手段，是思政小课堂与社会大课堂有效衔接的重要方式。通过延伸议学任务，帮助学生内化课时大概念，在课后议学任务的合作探究中灵活运用"大概念"解决"大问题"的能力。议学延伸设计时，要具备操作性、探究性、实践性、主体性特点，要注意引导学生基于真实情境，创设以教学内容有效衔接的议学任务，做好教学内容的深度开发与学生社会实践的有机结合，通过议学延伸学生能内化大概念，形成能力的迁移，解决实际生活中存在的问题，实现思想政治课关键课程的作用，落实活动型学科课程。同时，设计时要对接本单元大概念之间的知识逻辑关系，深化和拓展课时之间的知识脉络，为学生新

课学习提供预习导向，调动学生学习主动性。

综上所述，围绕学科大概念展开议题式教学，要在议学情境选取、议题创设、议学活动任务布置等多角度进行教学研究，做好真实情境的创设，中心总议题的设置，分解好若干子议题，构建起议学活动展开的议题链条，引导学生完成议学任务以形成对大概念的理解，最终才能真正实现学科核心素养的达成。

第二节 议题式教学实践
——以"依法治国"为例证

一、单元整体设计
陈欢

本单元的学习主题是"全面依法治国"，围绕这一主题，首先回顾我国法治建设成就，学习马克思主义法治理论；然后掌握全面依法治国的总目标和原则，进一步明确总目标引领下的重点任务，即坚持法治国家、法治政府、法治社会三位一体建设，全面推进科学立法、严格执法、公正司法、全民守法，促进国家治理体系和治理能力现代化。

（一）**课程标准**

1.简述我国法治建设的成就；明确全面推进依法治国的总目标是建设中国特色社会主义法治体系，建设社会主义法治国家。

2.收集材料，阐述科学立法、严格执法、公正司法、全民守法的基本要求。

3.列举事例，阐明建设法治国家、法治政府、法治社会的意义。

（二）**大概念建构**

法治是实现治理现代化的重要手段，依法治国是党领导人民治理国家的基本方式。本单元在习近平法治思想的指导下，结合在中国共产党领导下人民推进依法治国的伟大实践，论述我国治国理政的基本方式、法治中国一体化建设和推进依法治国的四个环节。学生学习本单元，能够理解全面推进依法治国是一个整体工程，是中国式现代化前进道路上的亮丽风景和深刻革命；可以了解我国法治建设成就，学习马克思主义法治理论，懂得发展中国特色社会主义民主政治要坚持党的领导、人民当家作主和依法治国有机统一；进一步培养新征程中参与法治建设的积极性自觉性。（如表2-1-1所示）

表2-1-1 "依法治国是党领导人民治理国家的基本方式"大概念层级

学科大概念	单元大概念	课时大概念
发展中国特色社会主义民主政治要坚持党的领导、人民当家作主和依法治国有机统一	依法治国是党领导人民治理国家的基本方式	法治总目标及原则 法治国家、法治政府、法治社会 科学立法、严格执法、公正司法、全民守法

◆学科大概念：发展中国特色社会主义民主政治要坚持党的领导、人民当家作主、依法治国有机统一。

基于中国特色社会主义民主政治伟大实践，坚持党的领导、人民当家作主、依法治国有机统一，讲述党的领导是人民当家作主和依法治国的根本保证，人民当家作主是社会主义民主政治的本质特征，依法治国是党领导人民治理国家的基本方式，培育学生政治认同、科学精神、法治意识、公共参与的学科核心素养，逐步形成正确价值观、必备品格和关键能力。

◆单元大概念：依法治国是党领导人民治理国家的基本方式。

法治兴则国家兴，法治是实现国家治理体系和治理能力现代化的必备条件，依法治国是党领导人民治理国家的基本方式。本单元学习习近平法治思想，在了解我国法治建设的成就、学习马克思主义法治理论的基础上，明确全面推进依法治国的总目标是建设中国特色社会主义法治体系、建设社会主义法治国家；阐明法治国家、法治政府、法治社会三位一体建设的意义措施；阐述推进依法治国的四个环节，即科学立法、严格执法、公正司法、全民守法的要求；懂得发展中国特色社会主义民主政治发展道路必须坚持党的领导、人民当家作主、依法治国有机统一；培养思想政治学科核心素养以及有序参与政治生活和公共生活的能力。

（三）单元学习目标

1.通过学习本单元，回顾我国法治建设的历程，学习马克思主义法治理论，明确全面推进依法治国的总目标和原则。

2.通过学习本单元，阐明法治国家、法治政府、法治社会三位一体建设的意义与措施，懂得全面推进依法治国是一个系统工程，阐述推进依法治国的四个环节，即科学立法、严格执法、公正司法、全民守法的要求，培养思想政治学科核心素养以及有序参与政治生活和公共生活的能力。

3.通过学习本单元，理解依法治国是党领导人民治理国家的基本方式，懂得发展中国特色社会主义民主政治发展道路必须坚持党的领导、人民当家作主、依法治国有机统一。

（四）单元学习大情境

1.立足于新中国法治建设的发展进程与法治实践的成就理解全面依法治国。

2.《中华人民共和国家庭教育促进法》。2022年1月1日起，《中华人民共和国家庭教育促进法》正式实施，这是我国关于家庭教育进行的首次专门立法，家庭教育从"家事"上升到"国事"，父母们开启了"依法带娃"的时代。

二、课时大概念Ⅰ（法治总目标及原则）教学设计示例
胡　敏

（一）大概念析读

1.大概念理解

依法治国，即以宪法为根据，坚持以法治为指引，以法治为保障，是中国共产党领导全国各族人民共同奋斗的根本准则，是治国理政的基本方式，是实现社会主义现代化建设的重要途径，也是推动国家繁荣昌盛、实现国家长治久安的重要保证。

2.大概念解构

①全面推进依法治国的必要性。

②全面推进依法治国的总目标及其科学内涵。

③全面推进依法治国的原则。

（二）学习目标

1.理解全面依法治国是国家治理的一场深刻革命，明确全面推进依法治国的总目标是建设中国特色社会主义法治体系，建设社会主义法治国家。

2.树立法治思维和法治意识，能够运用法治思维分析生活中的相关案例。

3.明确全面推进依法治国的原则和具体要求，坚定尊法、守法、学法的信念。

4.现实社会中遵法、守法、学法、用法。

(三)学习重难点

1.教学重点：全面依法治国的总目标,全面依法治国坚持的原则。

2.教学难点：依法治国为什么要坚持和怎样坚持党的领导,为什么要坚持和怎样坚持人民的主体地位,依法治国和以德治国之间的关系。

(四)学情分析

◆**知能基础**：授课对象为高一下的学生,学生在之前的学习和日常生活中,在上网和社会宣传中都有接触一定的法律知识,所以已经具备一定的知识基础。

◆**素养基础**：学生经过高一上的锻炼,探究能力、辨析能力、合作能力等都有所增强,因此在教学过程中可采用议题式教学法,并设计一些合作探究活动,让学生自主学习、探究学习,合作学习,在锻炼中增强能力,学生对于法治中国建设天然地具有认同感。

◆**不足条件**：缺乏深层次的理性认同,需要不断深入学习,加深理解和认同感。

(五)教学资源

◆**基本教学材料**：统编版教材、多媒体设备、相关依法治国成就资料。

◆**课时大情境**：中国依法治国成就、《中华人民共和国家庭教育促进法》的实施。

(六)教学框架

	引入议题	情境创设	开展活动	设计意图
总议题：如何全面推进依法治国	议题1：立法善治,实现全面依法治国总目标	《中华人民共和国家庭教育促进法》的颁布与实施	情境分析	更好地理解全面依法治国的总体目标,并通过对材料的分析清晰地展示这一目标
	议题2：家国并举,践行全面依法治国的原则	解读《中华人民共和国家庭教育促进法》	议学活动	通过深度挖掘材料,理解全面依法治国的原则,培养学生分析和解决问题的能力,表达能力和逻辑思维能力
总议题：如何全面推进依法治国	议题3："依法带娃",做遵纪守法好公民	观看视频《家庭教育首次立法》	情境分析	以《家庭教育首次立法》为指导,分析社会现象,从而提升他们应对实际问题的能力
	议学延伸	发挥公民在依法治国中的重要作用	主题创作	延伸课堂,迁移拓展

（七）教学过程设计

总议题：如何全面推进依法治国	
议学情境： 观看视频《新时代全面依法治国取得历史性成就》	议学活动： 结合议学情境及所学知识，小组合作，从中国新时代全面依法治国取得历史性成就中分析我国坚持全面推进依法治国的原因及目标要求
设计意图：导入新课、引发关注、激起兴趣。通过展示，确定本节课的核心议题，引导学生思考全面依法治国的总目标和原则，导入本节课的教学内容，为后面的学习提供准备	
议题1：立法善治，实现全面依法治国总目标	
议学情境1： 2021年10月23日，十三届全国人大常委会第三十一次会议表决通过了《中华人民共和国家庭教育促进法》（以下简称家庭教育法），并于2022年1月1日起正式施行，为促进家庭教育发展提供了有力的"法治"保障 议学情境2： 当今的法律体系中，家庭教育的概念已经被广泛认可，从民法典、教育法、未成年人保护法、预防未成年人犯罪法、反家庭暴力法到家庭教育法等，这些法律都就家庭教育的具体操作提出了一系列基本的准则	议学活动1：合作探究 分析为什么家庭教育法的颁布为促进我国的家庭教育发展提供了有力的"法治"保障而不是"法制"？二者有何区别 【生】略 【师】综合学生的回答，分析总结"法制"与"法治"的区别，得出"法制"是"法治"的应有之义的结论。基于上述结论，教师组织学生归纳我国实行全面依法治国的必要性 【板书】全面推进依法治国的必要性 议学活动2： 人们常说，家是最小国。现在，"家庭教育"这件事显然从"家事"上升为"国事"了。结合材料，归纳并理解我国全面依法治国的总目标 【生】略 【师】结合学生的归纳，教师分别从法体系的构成和法治中国的实践两个方面，分析总目标的具体表现，帮助学生理解全面依法治国的科学内涵 【知识拓展】全面依法治国在我国政治生活中对不同主体的要求 【板书】全面推进依法治国的总目标
设计意图：紧扣课时大概念创设主题情境与开展议学活动，通过分析材料，解析目标，生动地呈现全面依法治国的总目标，调动学生参与课堂活动的积极性，加深知识的理解，提高学生的学习效率，培养学生解决问题的能力	

续表

议题2：家国并举，践行全面依法治国的原则	
议学情境3： 材料一：家庭应当被视为全面健康发展的基础，作为我国发展策略的核心内容，《我国长期教育事业变革和健康发展计划大纲（2010—2020年）》更加突出了"充分发挥家庭在孩子青少年成长中的作用"，并且为此颁布了相应的法规，以保障孩子们的健康发展 材料二：近年来，全国家庭教育工作取得了很大进展，各地在家庭教育工作中探索形成了一些好的经验做法。家庭教育法认真总结各地的实践成果，同时分析借鉴域外的有益经验，将行之有效的做法及时上升为法律，更好地保障家庭教育事业的发展。2021年10月23日，《中华人民共和国家庭教育促进法》终于走完了研究论证、民意征集、起草草案和审议通过的程序，真正成为第一部关于家庭教育的法规。这部直面新时代家庭教育既有问题，回应"双减"政策等热点话题的法律具有重要意义	**议学活动3：探究分享** 结合议学情境及所学知识，小组合作，分析《中华人民共和国家庭教育促进法》立法过程及内容说明我国全面推进依法治国坚持哪些原则 【生】略 【师】通过学生的探究和教师的补充资料，我们可以更好地理解全面依法治国的基本原则，并且能够更好地指导学生如何坚持党的领导这一原则 结合学生的讨论结果，教师剖析全面依法治国必须坚持人民主体地位，结合我国法治建设中坚持人民主体地位的举措，解析具体事例，帮助学生深化理解 根据上述探究结果，引导学生深入探讨德治与法治之间的关联，以便更好地理解国家和社会治理的实践，并坚持依法治国与以德治国的有机统一 【议学总结】《中华人民共和国家庭教育促进法》以中国的历史、现状和现行的教育制度为基础，深入探讨当前中国家庭教育中存在的挑战，努力构建一套适应中国国情、满足当前教育需求的制度体系，以期让更多的未成年人能够得到公平、公正、可持续的教育。中国共产党的领导是推进依法治国的根本保障，而人民的利益是最重要的。法治国家应该尊重每个公民的权利，并且应该将依法治国与道德治国有机地融为一体 【板书】全面推进依法治国的原则
设计意图：紧扣课时大概念创设主题情境与开展议学活动，通过深度挖掘材料，培养学生解决问题的能力、表达能力和逻辑思维能力	
议题3：依法带娃，做遵纪守法好公民	
议学情境4： 观看视频《家庭教育首次立法》	**议学活动4：** 说一说视频中家长们带娃存在的误区，并尝试用法律观点进行解析

续表

课堂总结
治国理政，法治先行。若想让我们的国家走上一条繁荣昌盛的道路，必须坚持完善的法律制度，确立健康的政府管理体系，加强对公民权益的监督，确保公民的合法权益得到充分维护，从而促使我们的社会秩序得到维护，为我们实现第二个百年的伟大梦想奠定坚实的基础
设计意图：总结大概念
议学延伸
公民在推进全面依法治国中的作用巨大，请为号召公民积极学法遵法守法用法拟写两条15字以内的宣传词
设计意图：延伸课堂，迁移拓展

（八）学习测评

1."社会主义法制建设"与"社会主义法治建设"一字之差，含义却有了很大的差别。下列对"法制"和"法治"的区别表述正确的是

①法制是法律制度的简称

②法制是相对于"人治"而言的

③法制是一种治国原则和方法

④法治是法律统治的简称

A.①②　　B.②③　　C.③④　　D.①④

2.习近平总书记强调，全面依法治国具有基础性、保障性作用，要更好发挥法治固根本、稳预期、利长远的保障作用。由此可见，全面推进依法治国是因为

①法治是社会文明进步的重要标志

②全面依法治国是中国特色社会主义的本质要求

③法律是治国之重器

④党的领导是社会主义法治的根本要求

A.①②　　B.②③　　C.③④　　D.①④

3.党的十九届四中全会提出，必须坚定不移走中国特色社会主义法治道路，全面推进依法治国。全面推进依法治国

①必须坚持依法治国、依法执政、依法行政共同推进

②要实现文明立法、科学执法、公正司法、平等守法

③旨在坚持和完善共建共治共享的社会治理制度

④必须坚持法治国家、法治政府、法治社会一体建设

A.①②　　B.②③　　C.③④　　D.①④

4.法治是国家发展的重要保障,治国理政须臾离不开法治。中国共产党第十九届中央委员会第四次全体会议提出,要坚持和完善中国特色社会主义法治体系,提高党依法治国、依法执政能力。下列对中国特色社会主义法治体系理解正确的是

①中国特色社会主义法治体系包括社会主义思想道德体系、完善的党内法规体系

②中国特色社会主义法治体系包括完备的法律规范体系、高效的法治实施体系

③中国特色社会主义法治体系是一个内容丰富的整体

④中国特色社会主义法治体系是完备的法律理论体系和有力的法治保障体系的统一

A.①②　　B.②③　　C.③④　　D.①④

参考答案:

1.D　　2.B　　3.D　　4.B

(九)教学反思

课前准备充分,认真研读教材,选择热点话题形成情境材料,设计议题既有一定高度又能立足学生学情,课前让学生充分预习,以便提高课堂效率。领会新课改精神,贯彻"把课堂还给学生"等先进教学理念,充分发挥学生的主体地位,教师在课堂中扮演问题的引导者,方法的点拨者的角色,给予学生充分肯定和鼓励,使学生收获信心。

不足之处是需要继续改进和提升。一是课堂讨论环节尽可能让每一位同学都有效参与,但对学生积极发言的调动略显不足,容易延误课堂时间;二是在议题式教学过程中的问题设计和探究环节设计时应更加注意学生的实际情况;三是教师在课堂语言的组织能力和情感升华能力有待加强。

三、课时大概念Ⅱ(法治国家)教学设计示例

娄　伟

(一)大概念析读

本课时大概念为"建设社会主义法治国家是全面推进依法治国的总目标"。

1.大概念理解

法治国家,指实行依法治国、依宪治国、依法执政、依宪执政的国家。在现代社会,法治国家意味着国家权力依法行使,国家各项工作依法开展。

2.大概念解构

法治国家表现为坚持宪法法律至上、坚持良法之治、尊重和保障公民权利、规范国家权力的运行四个基本特征。建设法治国家，既需要完备的法律体系，更需要法律的严格实施。

（二）学习目标

1.通过视频了解"十三五"期间法治中国建设成就，认同法治国家建设的基本内涵，增强建设社会主义法治国家的信心和决心。

2.通过从国家到贵阳的法治实践，认识到法治国家建设是一个系统工程，需要将立法、执法、司法、守法一体推进，需要将顶层设计与基层实践进行有机统一。

3.依托贵阳的法治实践实例，培养学生的法律观念和法治意识。

4.通过议学延伸，激励学生为落实良法善治、建设法治国家贡献自身力量。

（三）学习重难点

◆学习重点：法治国家的内涵、特征和建设法治国家的重要意义。

◆学习难点：建设法治国家的要求。

（四）学情分析

◆知能基础：本课题的教学对象是高一学生。从学生的知识储备来看，学生对建设法治国家是全面推进依法治国的总目标有了初步的认知。

◆素养基础：从学生的学习能力来看，学生具有较高的学习自觉性和主动性，具备较强的逻辑思维能力和合作学习的能力，适合大概念引领下的议题式教学模式。

◆不足条件：对法治国家的基本内涵及建设法治国家的基本要求的认识还不够深入和具体。

（五）教学资源

◆基本教学材料：

1.视频：《全面依法治国·推进法治中国建设》《"十三五"成就巡礼·开启全面依法治国新局面》。

2.材料：贵州省开展"宪法宣传周"活动，贵阳市开展普法课堂进院坝活动，聚焦"两高"工作报告，习近平总书记关于建设法治国家的重要论述。

（六）教学框架

引入议题		分析情境	开展活动	设计意图
总议题：建设社会主义法治国家是全面推进依法治国的总目标	议题1：什么是法治国家	视频：《"十三五"成就巡礼·开启全面依法治国新局面》 材料：贵州省开展"宪法宣传周"活动 材料：南明区永乐乡开展普法课堂进院坝活动	合作探究	①通过视频，了解法治中国建设成就 ②通过从国家到贵阳的法治实践，了解法治国家的内涵及特征
	议题2：怎样建设法治国家	材料：聚焦"两高"工作报告	合作探究	探索建设法治国家的基本路径
	议题3：为什么建设法治国家	材料：习近平总书记关于建设法治国家的重要论述	合作探究	感受建设法治国家的重要意义
	议学延伸：建设法治国家，青年如何担当作为			深化大概念，培养公众参与意识

（七）教学过程

总议题：建设社会主义法治国家是全面推进依法治国的总目标	
议学情境： 观看视频《全面依法治国·推进法治中国建设》	【教师导入】本课，我们将围绕"建设社会主义法治国家是全面推进依法治国的总目标"的总议题循序渐进地探讨"什么是法治国家？""怎样建设法治国家？""为什么建设法治国家？"三个分议题，逐步深化对法治国家的理解和认知，构筑建设社会主义法治国家的共识
设计意图：导入新课，提出总议题，明确大概念	

续表

议题1：什么是法治国家	
议学情境1： 材料一：视频《"十三五"成就巡礼·开启全面依法治国新局面》 材料二：2022年12月4日，贵州省"宪法宣传周"活动启动暨宪法宣讲报告会在贵阳举行 材料三：为深入推进法治乡村建设，2022年3月18日，一场以"金田永乐·法治同行"为主题的普法公益志愿活动在贵阳市南明区永乐乡举行。当天的活动以"院坝讲堂"的形式开展，普法志愿宣传小分队通过发放普法宣传资料、宣传金融诈骗防范小知识、真假烟识别教学等增强村民法治观念，增强法律意识，引导村民学会运用法律武器维护自身合法权益	议学活动1： 【探究问题】结合视频和教材内容，了解我国法治国家建设成就，讨论分析什么是法治国家 【学生活动】分小组讨论分享 【教师总结】法治国家的内涵 议学活动2： 【探究问题】结合材料二、材料三和课前学习，分析为什么要开展"宪法宣传周"活动和普法宣传教育？思考法治国家应该具备哪些基本特征 【学生活动】分小组讨论分享 【教师总结】根据学生讨论和分享情况，归纳总结出法治国家的四个基本特征：坚持宪法法律至上、坚持良法之治、尊重和保障公民权利、规范国家权力的运行。并对书中的相关知识进行点评说明
设计意图：通过合作探究和情境分析，引导学生了解法治国家的基本内涵，认识法治国家的基本特征	
议题2：怎样建设法治国家	
议学情境2： 材料一：根据我国宪法规定，最高人民法院、最高人民检察院对全国人民代表大会和全国人民代表大会常务委员会负责。2023年3月7日，最高人民法院原院长周强、最高人民检察院检察长张军先后向全国人大会议做"两高"工作报告	议学活动3： 【探究问题】"两高"向全国人大做工作报告，是全国人大对"两高"工作监督的重要方式。那么，这种监督的法律依据是什么？这体现了建设法治国家的什么要求 【学生活动】根据课前的资料查询，进行讨论分享 【教师总结】法律依据：①《宪法》第62条、第60条的有关规定。②《中华人民共和国各级人民代表大会常务委员会监督法》的有关规定 基本要求：建设法治国家，既需要有完备的法律体系，更需要法律的严格实施
设计意图：通过情境分析，引导学生认识到建设法治国家的基本要求	

续表

议题3：为什么建设法治国家	
议学情境3： 材料一：习近平总书记指出，全面依法治国是国家治理的一场深刻革命，关系党执政兴国，关系人民幸福安康，关系党和国家长治久安。必须更好发挥法治固根本、稳预期、利长远的保障作用，在法治轨道上全面建设社会主义现代化国家	议学活动4： 【探究问题】结合习近平总书记关于建设法治国家的重要论述，谈谈建设社会主义法治国家的重要意义 【学生活动】分小组讨论分享 【教师总结】从国家机关、公民、国家三个角度论述建设法治国家的重要意义
设计意图：结合习近平总书记关于建设法治国家的重要论述，让学生充分认识建设法治国家的重要意义，增强学生建设国家的主动性和自觉性	
课堂总结	
思维导图： 法治国家 —— 法治国家的内涵和特征 / 建设法治国家的要求 / 建设法治国家的意义	
设计意图：归纳知识要点，形成知识体系	
议学延伸：建设法治国家，青年如何担当作为	
设计意图：增强学生的政治认同和公共参与素养	

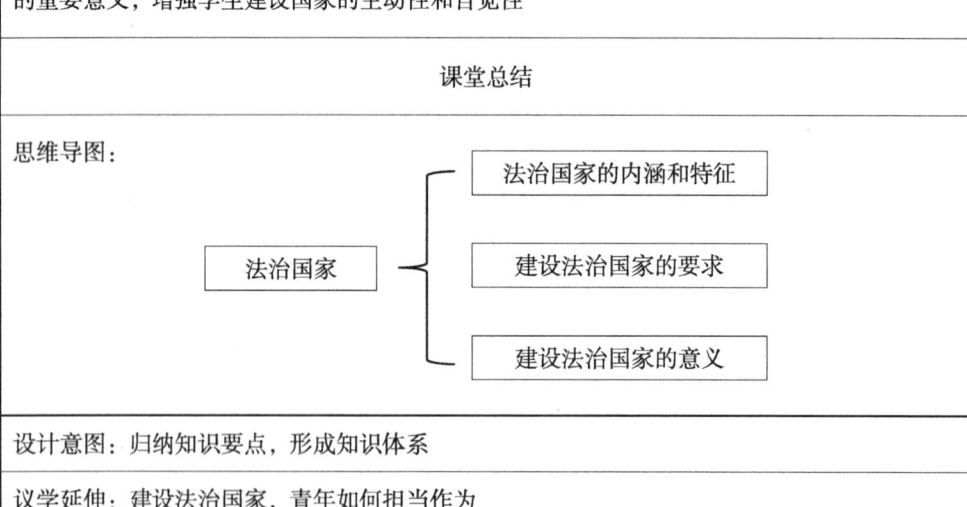

（八）学习测评

1.北宋著名政治家、文学家、思想家王安石在所作《周公论》一文中写道："立善法于天下，则天下治；立善法于一国，则一国治。"下列选项与王安石观点最接近的是

①法治是国家长治久安的重要保障
②实现依法治国要先抓德治，辅之法治
③治理国家应重视发挥道德的规范作用
④治理国家首先要坚持科学立法，立良善管用之法

A.①②   B.①④   C.②③   D.③④

2.法律的生命力在于实施。法律如何实施会直接影响司法的公信力，也会影响党和政府的公信力，要让人民群众在每一个司法案件中都感受到公平正义。完善法律实施机制需要

①社会公众自觉遵守法律，依法行使权利、履行义务

②政府部门依法履行法定职责，为社会提供优良的公共服务

③立法部门领导立法、保证执法、带头守法

④司法机关以事实为根据、以法律为准绳，严格公正司法

A.①②③　　B.①③④　　C.①②④　　D.②③④

3.近年来，我国统筹运用多种立法形式，完善了中国特色社会主义法律体系，实现了以良法促进发展、保障善治。完善中国特色社会主义法律体系能

①凝聚全体国民的意志　　②保护公民的合法权利

③规范国家权力的运行　　④确保社会的和谐进步

A.①②　　B.①④　　C.③④　　D.②③

4.近年来，在全面依法治国、建设社会主义法治国家等一系列重要思想的指引下，中国逐步建立健全了科学完备的行政执法和司法体系。这有利于

①不断提高依法行政和公正司法水平　　②保证了行政机关和司法机关依法履职

③使中国的人权法治保障实现质的飞跃　　④能提升人民在法治中国建设中的地位

A.①②　　B.①④　　C.②③　　D.③④

5.青少年是祖国的未来，民族的希望。抓好广大青少年的法治教育，是提高社会文明指数和促进社会治安形势根本好转的固本之道、治本之策。青少年树立法治理念应该

①学习法律知识，增强守法意识　　②严格遵守法律，依法规范自身行为

③敢于主持正义，制裁非法行为　　④积极宣传法律，善用法律维权

A.①②③　　B.①②④　　C.①③④　　D.②③④

6.阅读材料，完成下列要求。

家庭教育不仅关乎个人和家庭福祉，也关乎国家和民族命运。为了贯彻党中央决策部署和习近平总书记的重要指示要求，十三届全国人大常委会第三十一次会议通过了《中华人民共和国家庭教育促进法》。

这部新法的施行，有利于发扬中华民族重视家庭教育的优良传统，引导全社会注重家庭、家教和家风，增进家庭幸福与社会和谐，培养德智体美劳全面发展的社会主义建设者和接班人；也意味着家庭教育由原来私领域的责任变成了公领域的国家大事，开启了有法可依开展家庭教育的新阶段，更是家庭教育上升到国家发展重

要基础性战略的里程碑。

结合材料,分析《中华人民共和国家庭教育促进法》的出台对于建设法治国家的意义。

参考答案:

1.B　2.C　3.D　4.A　5.B

6.①保护未成年人健康成长和合法权益,维护家庭社会和谐稳定,有利于国家的长远发展。②使家庭教育有法可依,增强监护人义务观念,自觉履行法定义务。③发挥法律的规范作用和道德的教化作用,促进德治和法治的有机结合。④有利于培育社会主义核心价值观,发扬中华民族传统家庭美德。

(九)教学反思

本课采取了大概念引领下的议题式教学法。在课堂学习中,学生通过议题活动,在有效的互动和分享中,在生动活泼的教学氛围中,落实了政治认同、科学精神、法治意识和公众参与的学科核心素养。

四、课时大概念Ⅲ(法治政府)教学设计示例
潘开艳

(一)大概念析读

1.大概念的理解

法治政府建设是社会主义民主政治建设的重要环节,关系我国广大人民的利益。因而对其建设的要求在于建设职能科学的政府、权责法定的政府、执法严明的政府、公开公正的政府、智能高效的政府、廉洁诚信的政府、人民满意的政府。

2.大概念的解构

法治政府的建设涉及社会多方因素。教材基本逻辑是按照是什么、为什么、怎么做的逻辑顺序推进对法治政府的认知,基于政府与国家与人民之间的关系,构建多方联系,探讨法治政府建设的相关知识。

(二)学习目标

1.通过议学活动,了解法治政府的内涵及其表现、如何建设法治政府及其意义所在,理解法治政府的建设是我国依法治国的重要一环,法治国家建设需要多方协调配合。

2.通过议学活动,认同我国的制度建设,认同法治政府建设是为了保护人民合法利益,树立制度自信。

3.通过议学活动,在理论与实践的结合中提升学生对于法治政府的理性认知,能够帮助他们更好地应对实际问题,提高解决问题的能力,增强学生的法治意识,让高中生形成法治观念,在社会中成为法律的捍卫者。

(三)学习重难点

◆学习重点:了解法治政府的内涵和要求。

◆学习难点:理解建设法治政府的措施和意义。

(四)学情分析

◆知能基础:经过高中第一学期对于政治学科的学习,同学们已经基本掌握了高中政治学科学习的基本技能,对于政治专业术语及学科特色有了一定了解。

◆素养基础:对政治学科考查方式有了新的认识,有了一定的学习能力、辨别是非的能力,这一切都为新学期开展新一轮的学习奠定了良好基础。

◆不足条件:同学们在学习过程中,仍然具有定势思维,学习主要以依靠老师的引导为主,因而自主学习能力和意识稍弱,自主学习的习惯有待进一步提高。

(五)教学资源

◆基本教学材料:教材、案例、视频、图片、课件、黑板、电脑、翻页笔。

(六)教学框架

围绕议题,设计活动型学科课程的教学。开展议题式教学,需要关注核心素养,巧妙设置议题;注意收集教学资源,创设有效情境;重点开展议学活动,完成议学任务;关注议学过程,实现教学评一体化。

引入议题		情境创设	开展活动	设计意图
总议题:如何管住"失控的"价格刺客	议题1:解燃眉之急	面对"价格刺客"引起的巨大网络舆论和现实情况,政府的具体作为	合作探究	通过同学合作探究,了解我国政府在履职过程中的具体做法,理解法治政府的内涵
	议题2:防患于未然	为了避免"价格刺客"此类事件再发生,政府规范市场价格管理素材展示	情境分析	通过对政府后续作为的追踪,理解法治政府建设过程中的总要求和具体要求及法治政府建设的意义
	议学延伸:集群众之智	帮助政府就处理"价格刺客"此类事件出谋划策	综合运用	在充分了解法治政府的相关内容后,学生积极推动法治政府建设,践行法治意识

（七）教学过程设计

总议题：如何管住"失控的"价格刺客	
议学情境：消费者遭遇"价格刺客" 2022年入夏，"雪糕刺客"频频出现。不少消费者表示在日常的购买中精心挑选解暑必备物，待结账时才发现其价格高得超出预期，感觉被"宰了一刀"。此后在网络平台上，相继出现了"XX刺客"的商品热词，均折射出消费者对一些价格虚高的"普通商品"，且现实生活中存在商家在售卖时未明码标价、计量单位不统一、价签不规范等问题的讽刺，也表达了侵犯消费者权益的不满情绪	议学活动： 近日，"雪糕刺客""溢价雪糕"等词在全网引起热议。潜伏在便利店冰柜里的诸多品牌雪糕，看起来其貌不扬，也没有标价，当顾客和往常一样拿起来结账时却遭遇价格的"致命一击"，这样的高价雪糕被人们戏称为"雪糕刺客"，也有人将其归为"溢价雪糕"。"雪糕刺客""溢价雪糕"热度为什么下不去，且让人觉得讨厌呢？让我们一起走进法治政府 进入议题1：解燃眉之急，我们看一下面对这种情况，政府部门如何作为
设计意图：导入新课、引发关注、激起兴趣	
议题1：解燃眉之急	
议学情境1：政府部门介入处理 主管部门：市场监管部门 职权依据：《国家市场监督管理总局职能配置、内设机构和人员编制规定》 职权：负责监督管理市场秩序、宏观质量管理、产品质量安全监督管理 执法活动：近期有关"雪糕刺客""天价雪糕"等事件频发，为规范雪糕市场价格秩序，维护消费者合法权益，全市市场监管部门迅速行动，对雪糕市场价格行为开展检查。 执法细节：朝阳区市场监管局对14家违反明码标价规定的雪糕经营者（法人单位）分别罚款2000元，对1家个体工商户罚款200元；顺义区市场监管局对2家个体工商户未明码标价的行为分别罚款200元；大兴区黄村镇市场监管所对7家违反明码标价规定的雪糕经营者分别罚款100至200元	议学活动1：合作探究 组际分工、组内商议，小组代表展示议学成果并阐述政府部门是如何介入"雪糕刺客"事件的 【生】略 【师】同学们的分析，面面俱到，而从处理"雪糕刺客"的过程中，我们也领会到了我们的政府是在法律规定的权限内，成了职能科学的政府、权责法定的政府，执法严明的政府，公开公正的政府，廉洁高效的政府，守法诚信的政府 【板书】法治政府的内涵
设计意图：紧扣课时大概念创设主题情境与开展议学活动，培养学生解决问题的能力	

续表

议题2：防患于未然	
议学情境2：政府规范市场价格管理 出台法规：从2022年7月1日起，由国家市场监管总局发布的《明码标价和禁止价格欺诈规定》（以下简称《规定》）正式施行，《规定》明确，经营者应当以显著方式进行明码标价，明确标示价格所对应的商品或者服务 执行法规：成都市市场监管部门为应对屡见不鲜的"刺客"行为，联合多个部门积极开展"铁拳"行动。针对市场上所存在的因提供商品或服务未"明码标价"，标签与售价不符合，或者经营者有价格欺诈行为的，消费者均可拨打专线电话进行举报和投诉。同时该部门也对社会开展了一系列教育活动，在此基础上进一步增强了卖家的诚信经营法律意识，切实推动市场价格秩序稳定	议学活动2：探究分享 1.结合材料，政府部门应如何应对"价格刺客"寒了消费者的心的情况 2.依法规范市场定价情况，有何意义 学生活动：小组讨论、交流、展示 【生】略 【师】我们可以看出，政府对如何处理此类事件，有着清晰的认知。我们从中理解政府把工作全面纳入法治轨道，运用法治思维和法治方式履行职责，确保行政权在法治框架内运行。坚持有法必依、执法必严、违法必究，严格规范公正文明执法，规范行使执法自由裁量权，加大关系群众切身利益的重点领域的执法力度 【板书】法治政府总要求及具体要求 【生】略 【师】在依法规范市场秩序的过程中，政府依法依规、良好的处理方式，促进了政府与市场主体之间的关系，一方面促使政府更好地提升行政服务水平，实现善政；另一方面，更好促进了三者之间的关系，形成互助互信的新型关系
设计意图：紧扣课时大概念创设主题情境与开展议学活动，培养学生解决问题的能力	
课堂总结	
思维导图： 意义←为什么←建设法治政府→是什么→内涵（职能科学 权责法定 执法严明 公开公正 廉洁高效 守法诚信） 怎么样→要求→（1）总要求 （2）具体措施	【师】通过本节课的学习，我们懂得了和谐法治国家的建设，离不开社会各个主体的共同努力，而其中法治政府的建设，既可以推动我国法治建设进程，又能够让人民在法治的国家实现更加平等、自由的生活，因而作为个人，我们也要时刻学法、懂法、守法，努力构建法治大环境，促进国家更好发展
设计意图：总结大概念，归纳知识要点，形成知识体系	
议学延伸：集群众之智	
我向政府献良策，推动市场产品定价机制完善	
设计意图：延伸课堂，迁移拓展	

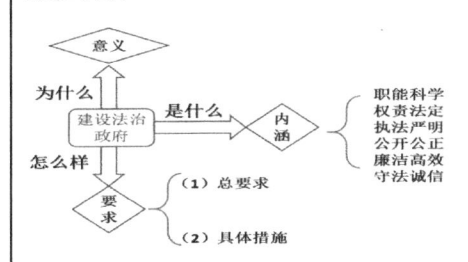

(八) 学习测评

1. 我国各级政府工作部门正在推行清单制度，推进政府机构、职能、权限、程序和责任法定化，划清权力的边界。这一措施

　　A. 说明依法行政的核心是规范政府部门的行政权

　　B. 有利于人民直接或间接管理国家大事

　　C. 有利于推进依法行政

　　D. 有利于确保公民的决策权

2. 某地持续推进政府采购透明信息化建设，完善内部控制监管功能，形成职责权限相互制约、运作有序的全流程内部控制管理信息体系；推动各信息管理平台之间互通有无，实现政府采购数据资源便捷分享。此举

　　①意在运用现代化科技手段建设廉洁政府　　②能确保政府采购在法治框架内运行

　　③是推进政府政务诚信的基本准则　　　　　④有利于促进政府采购工作阳光透明

　　A. ①③　　B. ①④　　C. ②③　　D. ②④

3. A省出台《重大行政决策程序规定》，全年开展规范性文件整改工作，其中涉及8部省政府规章、17件省政府规范性文件。开发上线7×24小时政务服务地图，日访问量40万余人次，群众满意度达99%。这一做法

　　①旨在增强政府的公信力和执行力

　　②有利于打造职能科学、便民的政府

　　③表明政府有制定和修改法律的权力

　　④是建设法治政府、依法行政的要求

　　A. ①②　　B. ①④　　C. ②③　　D. ②④

4. 政务服务中心是百姓感受城市政府服务最直观的窗口之一。近年来，重庆市九龙坡区推动政务服务"一窗综办""容缺受理""异地联办"，让群众进一扇门办百件事，提供靠前服务解群众之急，由"群众跑腿"变"数据跑路"，受到企业、群众好评。这一变化折射出政府

　　①规范国家权力运行，依法行政

　　②依托现代科技，提高行政效能

　　③保障人民的政治权利，提升幸福感

　　④提供公共服务，满足群众合理诉求

　　A. ①②　　B. ①③　　C. ②④　　D. ③④

5.《浙江省行政合法性审查工作规定》是全国首部规范行政合法性审查工作的创制性政府规章，对行政合法性审查进行了全面规定。立足加强行政行为源头规

范，以"小切口"牵引推动法治政府建设"大变革"，在完善预防性法律制度领域进行了有益尝试。这一规定的出台

A.以立法推进行政合法性审查工作规范化

B.进一步增加了政府的执法自由裁量权

C.能确保浙江省行政权在法治框架内运行

D.有效规范了政府和公民的权利与义务

6.阅读材料，完成下列要求。

建设法治政府是落实依法治国的关键，是经济发展的根本保障。嘉善县通过强化基础、改革创新、依法治理，有力地推进县域善治，打造"重要窗口"的法治政府建设新样板。

如何让"一把手"挑好"法治"的担子？集中述法，是嘉善县探索党政主要负责人对推动当地法治建设的第一次新尝试，也是做好法治建设第一责任人的职责所在。"一把手"要围绕履职尽责情况、民主决策、依法决策等内容，自述亮点、深入剖析，寻找法治建设中存在的问题，提出解决举措和目标。

责任落实少不了监督。嘉善县通过常态化责任督察、专门机关监督、社会监督等举措，构建行政体系内外部的监督体系，形成监督合力，建立全面依法治县督察与县委巡察联动工作机制等，推动法治政府建设责任落地落实。

如何高效化解矛盾？嘉善县主动破难，推出"四诊四化""四头工作法"等基层矛盾依法调解模式，建立重大矛盾"3+X"联调工作机制，推动"三治融合"进小区，创新"1+N"公共法律服务流动工作模式，破解房地产、综合商贸体、大型企业矛盾纠纷。

善政从简。嘉善县在深化"最多跑一次"改革基础上，利用大数据的信息平台，实现各部门资源共享，提升行政服务的效率和水平，率先全省实现县镇村政务服务事项"无差别全科受理"全覆盖。如今，在嘉善县9个镇（街道）便民服务中心可受理群众企业办事事项249项。

结合材料，运用《政治与法治》的知识，说明浙江省嘉善县是如何打造法治政府的？

参考答案：

1.C　2.B　3.D　4.C　5.A

6.①嘉善县坚持把政府工作全面纳入法治轨道，将权力加之于制度的牢笼之中。嘉善县在决策时将公众参与、集体讨论、合法性审查作为必经程序，坚持制度科学、程序正当、过程公开，打造公正公开的政府，保证人民群众的相关权利。

②强化执法。提升行政执法规范，努力打造执法严明、权责法定的政府。③深化审查、执法监督，通过自查自纠、整改等方法规定政府行为，打造廉洁诚信的政府。

（九）教学反思

虽然议题情境的选择与学生的兴趣点相符合，同时也贴近他们的实际生活，设问方式也较易理解，但是在实际教学中教学活动较为单一，使课堂教学较为沉闷，因而以后要改进对教学活动的设置，充分调动起学生的积极性。

五、课时大概念Ⅳ（法治社会）教学设计示例
郭 雯

（一）大概念析读

1. 大概念理解

本节课的大概念为法治社会。法治社会是指法律在全社会公认和遵从，社会治理根据法律开展，形成和谐健康的社会。

2. 大概念解构

第八课大概念围绕怎样建设法治中国的问题，通过法治国家、法治政府、法治社会建设三个微观子课题概念，从宏观上说明课时大概念——法治中国。本节课主要讲的第三步——法治社会，通过贵阳本地不文明养狗行为引发的热议，使全社会形成共建法治社会的意识，推动法治中国的建设。

（二）学习目标

1. 通过学习本课，引导学生认同国家社会的治理离不开法律的意识，必须坚持依法治国。

2. 通过议题式教学，理解法治社会的相关知识，明白建设法治中国是一个必然趋势，是一个整体性工程。

3. 提升学生的法治意识，让高中生形成法治观念，在社会中成为法律的捍卫者。

4. 在日常生活中参与法治社会的建设，为建设法治国家贡献自己的力量。

（三）学习重难点

◆学习重点：法治社会的内涵。

◆学习难点：怎样建设法治社会。

（四）学情分析

◆知识基础：高一学生对于中国依法治国的发展有一定了解。

◆素养基础：高一学生的学习积极性高，自我发展空间大。

◆不足条件：理性分析能力弱，对于一些观点的认识欠缺理论联系实际的能力。

（五）教学资源

◆基本教学材料：教材、多媒体、相关资料。

◆课时大情境：法治社会。

（六）教学框架

总议题：依法文明养宠物　共建法治社会				
	引入议题	情境创设	开展活动	设计意图
议题1：法治社会的内涵	子议题1：不文明养狗的弊端	视频《贵阳乌当区整治不文明养狗》	情境分析	紧扣课时大概念，培养学生分析问题的能力
	子议题2：我们需要法治社会吗		合作探究	
	引入议题	情境创设	开展活动	设计意图
议题2：建设法治社会的意义	子议题3：你认同受害者的索赔吗	案例《贵阳白云区法院化解一起狗咬人侵权案件》	情境分析	紧扣课时大概念，培养学生多角度思考问题的能力
	子议题4：这个判决达到怎样的效果		合作探究	
	子议题延伸：不文明养狗涉及的法律	《中华人民共和国动物防疫法》		
议题3：建设法治社会的措施	议题：如何建设法治社会	《法治社会建设实施纲要（2020—2025年）》	合作探究	紧扣课时大概念，培养学生解决问题的能力
	议学延伸：法律援助和司法救助			

（七）教学过程设计

总议题：依法文明养宠物，共建法治社会	
议学情境： 近年来，随着人们生活方式的多样性变化，很多家庭开始饲养宠物以丰富生活，但是也一再引发宠物伤人事件。养犬人的文明意识和文雅行为更是折射出城市的文明程度，文明养狗成为公民个人责任与社会责任的体现	【导入】城市是我们共同的家园，文明建设需要大家同心协力。今天我们通过贵阳两起养狗的案例，一起走进第八课"法治中国建设"的第三框"法治社会"。从发生在我们身边的事情出发，让我们多一些规范，多一些责任，多一些文明，多一些法律意识，让文明养犬成为你我的共鸣，让青少年共筑法治社会
设计意图：导入新课、引发关注、激起兴趣。	
议题1：法治社会的内涵	
议学情境1：整治不文明养狗行为 观看视频《贵阳乌当区整治不文明养狗》	议学活动1： 子议题1.不文明养狗的弊端 子议题2.我们需要法治社会吗 【生】略 【师】不文明养狗影响居民的正常生活，给群众带来各方面的困扰： （1）威胁市民人身安全 （2）污染公共卫生环境 （3）影响居民生活安宁 （4）损害城市文明形象 总之不文明养犬害人害己，文明养犬成为刚性规则。我们需要形成良好的法治氛围，增进社会共识，维护社会秩序，建立法治社会，运用公平的方法解决社会复杂关系问题，使人们都能健康幸福地生活，发挥正能量，推动全社会的发展 【师】法治社会内涵：法治社会是指法律在全社会公认和遵从，社会治理根据法律开展，形成和谐有序的社会 法治社会表现： （1）法治意识：全社会对法治的普遍信仰，实施法治成为全社会的一致追求 （2）法律实施：宪法和法律得到有效实施和普遍遵循，社会各个领域依法运行 （3）实施效果：社会纠纷依法得到解决，公平正义得到切实维护和实现
设计意图：紧扣课时大概念创设主题情境与开展议学活动，培养学生分析问题的能力	

续表

议题2：建设法治社会的意义（为什么）	
议学情境2： 情节一： 案例《贵阳白云区法院化解一起狗咬人侵权案件》 情节二： 遛狗不牵绳，涉及的法律 《中华人民共和国动物防疫法》《中华人民共和国民法典》《中华人民共和国刑法》 《中华人民共和国动物防疫法》：相关法律义务 《中华人民共和国民法典》：民事侵权责任 《中华人民共和国刑法》：危害公共安全罪、过失致人死亡罪、侮辱罪、寻衅滋事罪 子议题延伸： 不文明养狗涉及的法律 《中华人民共和国动物防疫法》	议学活动2： 子议题1：你认可法院的判决吗 子议题2：这个判决达到怎样的效果 【生】略 【师】子议题3： 原告朱某受其公司指派到被告李某家送修理的电视，李某家狗咬伤朱某，医药费共计1983.6元。原告起诉到白云区法院，要求被告赔偿医疗费、误工费共计4800余元 5月7日，白云区法院艳山红法庭开庭审理了一起"狗咬人"案件。案件承办人就该案所涉的法律法规进行释明，并对权利义务关系进行一一分析，经过法官的悉心调解，双方当事人达成和解，被告当庭支付2000元赔偿款后，原告朱某当庭申请撤诉，本案当庭化解，双方当事人均对法官的工作表示了感谢 子议题4： 法院公正判决，并不单纯在于解决双方之间的纠纷、保护案件当事人的合法权益，更体现依法治国，使老百姓增强对法律的信心，促进法治社会的建设 子议题延伸： 《中华人民共和国动物防疫法》 【师】建设法治社会的重大意义： 纵观我国的实际情况，从民主政治到市场经济，再到精神文明，都和现代法治息息相关。要实现政治上的高度民主、经济上的市场自由和市场开放、精神上的多元文明，就必须借助法治，使法律贯穿其中 通过建设法治社会，培养公民信仰法律、尊重法律的法律意识，实现人的法律观念、法律素养由传统向现代的转变，培养社会共识，构建一个阳光明净的法治社会
设计意图：紧扣课时大概念创设主题情境与开展议学活动，培养学生多角度思考问题的能力	

续表

	议题3：建设法治社会的措施（怎么办）
议学情境3： 《法治社会建设实施纲要（2020—2025年）》 议题延伸： 法律援助和司法救助	议学活动3： 如何建设法治社会 【生】略 【师】2020年12月，中共中央印发《法治社会建设实施纲要（2020—2025年）》。（简单介绍） 【师】建设法治社会的措施 第一，深入普法教育，推动全社会树立法治意识。加强法治文化建设，通过教育引导，比如在学校思政课堂上提高中学生的法律素养，进一步推动学校法治教育这个前沿阵地的建设。通过丰富多彩的活动开展法制课堂，加强青少年的守法意识。培育全社会法律信仰，使法治成为社会共识和基本原则，坚决摒弃不良习惯，遵纪守法，加强青少年的法治观念 第二，提高社会治理法治化水平。贵阳养狗整治的案例中，充分体现了社会各行政执法部门、热心群众合作在社会治理中的作用。社会治理法治化水平的提升，需要培育良好环境，更好发挥政府部门的法治社会建设作用，实现法治环境和社会学校环境的有机结合，实现多元治理的合作共赢 第三，建设完备的法律服务体系。大力推进全社会公共法律服务，比如开展律师进入村居委会免费咨询，法律专业大学生进基层宣传文明养狗的相关法律，让群众懂法律，让人民群众信法律，让更多的人通过法律援助解决问题，维护自己的合法权益，共建法治社会，共创美好家园 第四，健全社会矛盾纠纷预防化解机制。完善多元化纠纷机制，各部门相互协调共同解决问题，对群众反映的热点，各部门迅速作出反应，解决群众实际问题，体现全心全意为人民服务的宗旨，建设法治社会，维护社会稳定
设计意图：紧扣课时大概念创设主题情境与开展议学活动，培养学生解决问题的能力	

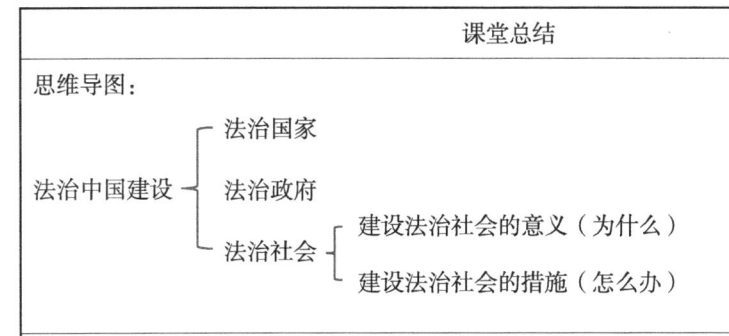

续表

课堂总结
思维导图： 法治中国建设 ┬ 法治国家 　　　　　　├ 法治政府 　　　　　　└ 法治社会 ┬ 建设法治社会的意义（为什么） 　　　　　　　　　　　　└ 建设法治社会的措施（怎么办）
设计意图：总结大概念
板书： 法治社会 1.法治社会的内涵 2.建设法治社会的意义 3.建设法治社会的措施
议学延伸：《建设法治社会人人有责》倡议书
法制宣传教育能提高全民法律素质、推进依法治国。查阅资料，以"建设法治社会人人有责"为题撰写一份倡议书
设计意图：延伸课堂，迁移拓展

（八）学习测评

1.2023年1月1日，《中华人民共和国妇女权益保障法》实施，妇女终于有了保护自己的法律，全体社会群众都应该监督保障《中华人民共和国妇女权益保障法》的统一正确实施。这启示我们法治建设

①要坚持立党为公，执政为民的执政理念

②要深入开展法治宣传教育

③要提升全国人大的依法行政职能

④要保证人民享有合法权利和自由

A.①③　　B.①④　　C.②③　　D.②④

2.广西一农民因为没有取得林木采伐许可证，砍伐自家种的树，被公诉机关起诉后，法院审理认定构成滥伐林木罪，该农民大呼冤枉。此案启示我们

A.法律制度必须高度完善

B.必须推进全民普法教育

C.严格执法，营造良好法治环境

D.建立司法救助体系，完善法律援助

3.随着科技的发展,各级人民法院开展线上线下相结合的方式审理案件,方便群众了解案件审判过程,体现公开透明。此举做法目的在于

①打破时空界限,让法律贴近人民大众
②创新普法形式,推进法治社会建设
③法院公正司法,依法行政取得效果
④增强法治观念,对所有行为进行制裁

A.①②　　B.①③　　C.②④　　D.③④

4.国家实施法律援助制度,对那些贫困户给予法律援助,使那些因资金紧张,但又需要走法律诉讼程序的老百姓真正能够打得起官司,维护自己的合法权益。该制度的实施有利于

A.促进社会公平正义,消除腐败现象
B.在全社会形成学法用法的社会氛围
C.发挥全国人大在法治建设中的立法作用
D.全面推进政务公开,增强政府公信力和执行力

5.法院公正判决,并不单纯在于解决双方之间的纠纷,更向全社会传达了建设法治社会的目标,提高了司法机关的社会公信力。下列属于法治社会建设的措施是

①进一步推动学校法治教育,开展丰富多彩的法制课堂
②发放《民法典》宣传资料,设置咨询台
③全校开展党史学习教育活动,弘扬爱国主义
④健全行政体制,发挥政府在资源配置中的决定作用

A.①②　　B.①③　　C.②④　　D.③④

6.阅读材料,完成下列要求。

2022年3月,吴某酒后驾驶一辆二轮摩托车沿贵慧大道往水围村方向逆向行驶,与正常转弯的小轿车相撞。经过检查,吴某酒精含量58毫克/100毫升,属于喝酒驾驶机动车。根据相关法律规定,吴某负此次事故的全部责任。酒精会造成视觉能力降低,故酒驾容易引发交通事故,对人民的生命和财产安全造成严重影响。对规范驾车行为,严厉打击酒后驾车,如何建设法治社会提出你的建议?

参考答案:

1.B　2.B　3.A　4.B　5.A

6.①提高社会法治化水平,对酒后驾车行为执法必严、违法必究。②深入开展法治宣传教育,推动全社会树立法治意识,加强对酒后驾车行为危害的宣传,加强对守法的宣传教育。③建设完备的法律服务体系为规范社会秩序提供法律保障。

（九）教学反思

必修3《政治与法治》教学中要有意识地培养学生对现实社会的观察，注重思想政治的学科素养的培养，从而达到我们预期的教学目标和要求，使高中生成为一名真正的新时代国家人才，为实现中国式现代化贡献力量。

本课的大概念教学设计指导思想是根据学生的特点，由一起关于贵阳狗咬人的侵权案件，激发学生的学习兴趣，层层深入引导学生探究问题，采取议题式教学方式、设疑教学法、讨论法和讲解法，让学生在学习过程中明白法治社会建设的重要性，从而形成全社会成员共同遵法用法守法，与前两框知识结合共同建设法治社会。发挥学生的主观能动性作用，让学生通过议题式教学的方法自己设置探索点，理论联系实际，在本节课中利用生活中养狗的案例，引起学生共同探讨，还可以拓展到其他热点，比如广场舞扰民、高空抛物伤人等发表自己的观念，老师引导学生运用所学的相关知识和基本原理分析，从而真正地实现建设法治社会人人有责的共同理念。

当然，整节课存在不足之处：

1.学生在议题式教学中自主讨论问题观点不够清晰，概括总结能力不足。

2.教师在议题式教学中提取学生的观点不够精准，概括性不够强。

3.可以增加《民法典》解读，让学生全方面了解建设法治社会的建设。

六、课时大概念Ⅴ（科学立法）教学设计示例
罗素梅

（一）大概念析读

科学立法是指立法过程中必须以符合法律所调整事态的客观规律作为价值判断，并使法律规范严格地与其规制的事项保持最大限度的和谐，法律的制定过程尽可能满足法律赖以存在的内外在条件。科学立法要符合它的内在条件，即与其规制的事项保持契合，立法要与外在条件保持一致，科学立法是各种内在与外在因素共同作用的结果。

立法机关科学立法是前提；行政机关严格执法是关键；司法机关公正司法是防线；全民守法是基础。

（二）学习目标

1.理解科学立法的基本内涵；

2.理解科学立法的原则；

3.理解怎样坚持科学立法。

（三）学习重难点

◆学习重点：科学立法的基本内涵

◆学习难点：理解科学立法的原则怎样坚持科学立法

（四）学情分析

◆知能基础：高一学生对于法律的科学性已经有了感性的认知和崇敬，能够理解立法的含义、必要性等相关立法知识。

◆素养基础：有一定的逻辑思维能力，以及自主探究与合作能力。

◆不足条件：不能从理性角度产生深层次的认同感；法律知识储备较少，对科学立法的理解较浅薄；运用法律知识解决实际问题的能力不强。

（五）教学资源

◆基本教学材料：课堂教室多媒体。

（六）教学框架

引入议题		分析情境	开展活动	设计意图
总议题：科学立法	议题1：良法需彰科学	材料一：《中华人民共和国家庭教育促进法》三审过程 材料二：家庭教育之"特"	合作探究	运用生活中真实案例，激发学生思考依法治国需要不同主体积极履行各自的义务，从而理解科学立法的重要性及其内涵。进而引入《中华人民共和国家庭教育促进法》的三审过程及其家庭教育的独特性，让学生理解科学立法的原则和要求
	议题2：良法需落实地	材料：中华人民共和国家庭教育促进法与宪法	情境分析	设计意图：针对不同议学问题的设置，学生通过议学活动的具体分析和讨论，深刻理解我国推进科学立法的措施以及意义

（七）教学过程与设计

总议题：科学立法	
导入： 自古以来，中华历代志士仁人追求"良法善治"。宋人王安石说："立善法于天下，则天下治；立善法于一国，则一国治。" 良法概念始于古希腊，亚里士多德认为："法治包含两层意义：已成立的法律获得普遍服从，而大家所服从的法律又应该是良好的法律。"	议学活动： 感知法律的重要性
设计意图：本环节运用古代中国与西方学者关于法律对国家的重要性的论述，引入本课主题，导入新课	
议题1：良法需彰科学	
议学情境一：	
议学情境1： 《习近平谈治国理政》第2卷中，习近平总书记谈到了个人与家庭、家教、家风的关系，并强调了发挥家风的"育人"功能。"家庭是人生的第一个课堂"，"家庭不只是人们身体的住处，更是人们心灵的归宿。家风好，就能家道兴盛、和顺美满；家风差，难免殃及子孙、贻害社会"，有鉴于此，只有当家庭承担起"帮助孩子扣好人生的第一粒扣子，迈好人生的第一个台阶"的重担，承载起帮助孩子"在为家庭谋幸福、为他人送温暖、为社会作贡献的过程中提高精神境界、培育文明风尚"的重任，才能为孩子的成长成才打下良好的思想基础、品德基础和人格基础，才能培育出对社会有贡献的人才	议学活动1： 请运用依法治国的相关知识，谈谈如何让家风化社风、国风？请从国家、社会、学校、家庭四个角度进行分析 议学提升： ①国家：科学立法，确保有法可依 ②社会：推动社会主义核心价值观构建 ③学校：关注学生心理健康教育 ④家庭：弘扬优秀家风，承担孩子教育职责 议学小结1： 科学立法的内涵： 尊重社会发展的客观规律，提高法律质量

议学情境2： 材料一：《中华人民共和国家庭教育促进法》三审过程 2021年1月20日，十三届全国人大常委会第二十五次会议听取了全国人大社会建设委员会主任委员何毅亭所作的关于家庭教育法草案的说明 2021年8月17日，十三届全国人大常委会第三十次会议听取了关于家庭教育法草案修改情况的汇报。草案二审稿将法律名家庭教育法修改为家庭教育促进法 2021年10月19日，家庭教育促进法草案三审稿提请十三届全国人大常委会审议 2021年10月23日，第十三届全国人民代表大会常务委员会第三十一次会议通过《中华人民共和国家庭教育促进法》，并公布该法自2022年1月1日起施行 材料二：家庭教育之"特" 在一审稿中，"家庭教育"的概念定位为"父母或者其他监护人对未成年人实施的、以促进其健康成长为目的的引导和影响"，这个概念与学校教育只是主体上不一样，并没有体现出学校教育跟家庭教育之间的界限，未体现家庭教育的独特之处 在三审稿中，将"知识技能"调整为"生活技能"，知识技能更多的是学校要解决的问题，家庭教育更多的是在行为养成方面实施引导和影响，包括遵守规则、行为习惯、生活方面的一些基本常识等，从而厘清了家庭教育跟学校教育的界限	议学活动2： 从《中华人民共和国家庭教育促进法》的提请过程以及三审过程中分析家庭教育的独特性，谈谈《家庭教育促进法》的出台体现了科学立法应遵循哪些原则 议学小结2： 科学立法的原则和要求 ①立法的方向 体现国家性质，符合时代要求。推动国家发展进步，保障人民合法权利 ②立法的实效 要符合国情和实际 ③立法的方法 遵循法律体系的内在逻辑和立法工作规律，遵循立法程序，注重立法技术，努力实现立法过程的科学化
设计意图：运用生活中真实案例，激发学生思考依法治国需要不同主体积极履行各自的义务，从而理解科学立法的重要性及其内涵。进而引入《中华人民共和国家庭教育促进法》的三审过程及其家庭教育的独特性，让学生理解科学立法的原则和要求	

议题2：良法需落实地	
议学情境3： 其一，中华人民共和国家庭教育促进法与宪法 家庭教育促进法前面没有说依据宪法制定本法，是否意味着家庭教育促进法没有立法依据 其二，家庭教育国家立法的宪法依据 《宪法》第19条第1款：作为国家教育目标设定的总纲条款，对国家特别是立法者赋予了适时创制家庭教育法的宪法义务 《宪法》第46条是公民接受（家庭）教育的基本权利条款。在未成年公民家庭教育问题上，国家是公法上的义务主体，父母是私法上的义务主体，而权利主体只能是未成年公民 《宪法》第49条是婚姻家庭的制度性保障条款，也是我国家庭教育及其国家立法宪法依据的核心条款	议学活动3： 谈谈《中华人民共和国家庭教育促进法》为什么要依据宪法来立法 议学小结3： 推进科学立法要依法立法，在法治的轨道上制定合法有效的规范性文件。所有享有立法权的国家机关，都应当按照法定职权、依据法定程序开展立法工作
议学情境4： 材料3：2021年8月20日，中国人大网公布《中华人民共和国家庭教育促进法（草案二次审议稿）征求意见》，面向社会公众公开征求意见 材料4：2021年10月20日，十三届全国人大常委会第三十一次会议对家庭教育促进法草案三审稿进行分组审议	议学活动4： 《中华人民共和国家庭教育促进法》出台过程中，为什么要面向社会公众公开征求意见并由常委会进行分组讨论 议学小结4： 推进科学立法要充分发扬民主。必须坚持民主立法，广开言路，集思广益。健全立法机关和人民群众沟通机制，拓宽公民有序参与途径，广泛凝聚社会共识
议学情境5： 2022年1月1日，随着《中华人民共和国家庭教育促进法》的正式实施，家庭教育由"家事"上升为"国事"，中国父母也由此进入了"依法带娃"的新时代。《中华人民共和国家庭教育促进法》最为重要的原则，就是明确了家庭责任，即父母或其他监护人是家庭教育的主体责任者。近一年来，各部门协同推进家庭教育工作，让"父母在家庭教育中应当承担主体责任"这一思想日趋成为一种社会共识	议学活动5： 谈谈《中华人民共和国家庭教育促进法》第二章，总共用了十条明确家庭责任的原因？ 议学小结5： 推进科学立法要合理设定权利与义务、权力与责任。权利与义务是相对的，二者相互统一。科学配置权力与责任，明确权力行使不当后，需要承担的法律责任
设计意图：针对不同议学问题的设置，学生通过议学活动的具体分析和讨论，深刻理解我国推进科学立法的措施以及意义	

（八）学习测评

1.科学立法是完善中国法律制度的价值判断标准，在法治的轨道上，依法制定合法有效的规范性文件。在我国，立法机关制定和修改法律的法律依据是

A.《宪法》　B.《民法典》　C.《宪法》与《民法典》　D.《宪法》和《立法法》

2.立善法于天下，则天下治；立善法于一国，则一国治。治理一个国家、一个社会，关键是立规矩、讲规矩、守规矩。由此可见，建设法治中国应

①坚持良法之治　　　　②坚持宪法法律至上

③规范国家权力运行　　④尊重和保障公民权利

A.①②　　B.①③　　C.②④　　D.③④

3.2021年8月20日，中国人大网公布《中华人民共和国家庭教育促进法（草案二次审议稿）征求意见》，面向社会公众公开征求意见。公众可以登录中国人大网提出意见，也可以将意见寄送全国人大常委会法制工作委员会。法律草案在线公开征求意见活动的开展

①有利于开门立法保障人民当家作主

②拓宽人民参与政治生活的途径，行使决策权

③是发展社会主义全过程人民民主的生动体现

④完善了国家法律体系，体现了全国人大科学立法

A.①②　　B.①③　　C.②④　　D.③④

4.截至2022年9月，全国人大常委会法工委设立的基层立法联系点已达32个，覆盖全国所有省区市，还带动省一级、设区的市一级人大建立了5500多个基层立法联系点，让立法工作充分汇聚民意民智。基层立法联系点的建立

①反映每一个公民的意志和利益

②依照党的建议开展立法工作

③增强与社会公众沟通，促进立法协商

④更好地反映社会发展的规律和要求

A.①②　　B.①③　　C.②④　　D.③④

5.江苏省十三届人大常委会第三十二次会议审议通过了修订后的《江苏省养老服务条例》。该法规顺应江苏省老龄化趋势，重点就建设与经济社会发展水平相适应的基础性、普惠性、兜底性基本养老服务，强化重点老年困难群体养老保障，为居家社区养老提供制度支撑进行了修改。下列说法正确的是

①地方立法有助于实现以良法促进发展、保障善治

②地方立法质量和效率的提高，充分保障司法公正

③地方政府在制定行政法规时要尊重社会发展规律

④地方善于运用法治思维和法治方式破解治理难题

①② B.①④ C.②③ D.③④

6.为适应经济社会发生的深刻变化，2022年3月11日第十三届全国人民代表大会第五次会议对《地方组织法》进行了第六次修正并表决通过。全方位回应民生关切，多层次适应经济社会发展需求，既回应现实问题，又彰显法治精神，中国特色社会主义法律体系日趋完善。

> ★全国人大常委会在以习近平同志为核心的党中央领导下，深入学习贯彻习近平法治思想，发挥全国人大及其常委会在立法工作中的主导作用。
>
> ★地方组织法的制定严格遵循宪法确立的制度、原则和规定，保持地方政权机关组织、职权和工作的稳定性连续性。
>
> ★地方组织法的制定坚持以人民为中心，扩大人民有序政治参与，畅通群众诉求表达和反映渠道，不断发展全过程人民民主。
>
> ★地方组织法明确了地方政府建设的原则要求，明确地方政府要坚持政务公开，坚持科学决策、民主决策、依法决策，明确地方政府应当依法接受监督。

地方组织法制定过程是科学立法的典范，请根据材料运用"科学立法"的知识加以说明。

参考答案：

1. D　2. A　3. B　4. D　5. B

6.①符合我国国情和实际，顺应时代发展要求，地方组织法的制定全方位回应民生关切，多层次适应经济社会发展需求，既回应现实问题，又彰显法治精神；②地方组织法的制定坚持党的集中统一领导，尊重社会发展的客观规律，保持地方政权机关组织、职权和工作的稳定性连续性；③地方组织法的制定坚持做到依法立法，依据宪法制定的，严格遵守法定程序开展立法工作，制定过程中遵循了法律体系的内在逻辑和立法工作规律；④地方组织法制定过程中坚持民主立法，广开言路，集思广益，凝聚社会共识，使组织法更好体现人民意愿，全方位回应民生关切；⑤合理设定权利与义务、权力和责任。地方组织法就地方政府的职责做出规定，科学配置地方政府的权力与责任，做到了权利与义务相统一。

（九）教学反思

立法机关科学立法是依法治国的前提，立法过程是科学严谨的，在素材理论性较强的情况下，如何使之简俗化让学生更好地理解，这是我的困惑。

如何设置恰当的课堂追问，在议学活动设置的大问题下，当学生回答所设置的问题之后，如何再次追问，使师生互动过程中能进一步地生成更加细致全面的课堂知识。

本课教学较为顺畅，学生基本能理解课本知识，但实际运用在生活和习题中时，会有所欠缺，需要我在之后的课程中不断地巩固和深化。

七、课时大概念Ⅵ（严格执法）教学设计示例
罗　乐

（一）大概念析读

1.大概念理解：法律的生命在于实施，实施的关键在于执法。严格执法是法治的关键环节。执法既是法律适用过程，也是法律实施过程。

2.大概念解构：严格执法，要求执法者必须忠于法律。行政机关是实施法律法规的重要主体，要带头严格执法，维护公共利益、人民权益和社会秩序。严格执法，要求执法机关全面履职、规范执法、公正执法、文明执法。

（二）学习目标

1.通过情境分析，学生能了解严格执法的内涵和意义，明确建设法治国家离不开执法部门的严格执法，提高以用科学精神分析社会问题的能力，增强法治国家建设的政治认同。

2.通过情境分析，学生能理解严格执法需要全面履行政府职能，坚持规范执法、公正执法、文明执法。

3.通过对严格执法内容的学习，学生能够辨别现实生活中执法部门的行为是否得当，参与到执法部门行为的监督中，增强个人参与政治生活的热情和素养。（公共参与）

（三）学习重难点

◆学习重点：严格执法的内涵和意义。

◆学习难点：严格执法的具体要求。

（四）学情分析

◆知能基础：学生通过之前法治内容的学习，对依法治国有了一定认识。但具

体如何全面落实，还没有形成完整的认识。

◆素养基础：通过前期的议题式教学开展，高一学生具备了一定的情境分析能力和问题探究素养。

◆不足条件：学生对法治国家建设的知识储备不足，缺乏思维的广度和深度。需要教师通过情境材料的选取，利用议题式的教学方式，引领学生通过现象看本质，培养思辨能力，帮助学生深度学习。

（五）教学资源

◆基本教学材料：统编版教材必修3《政治与法治》，多媒体设备，《中华人民共和国家庭教育促进法》。

（六）教学框架

课时总议题：法律的生命在于实施，实施的关键在于执法			
引入议题	情境创设	开展活动	设计意图
议题1：悟"严格执法"之意	播放视频《中华人民共和国家庭教育促进法：各级政府均有指导家庭教育职责》	议学任务： 1.《中华人民共和国家庭教育促进法》的贯彻执行，为什么需要各级政府推进落实 2.政府部门严格履行在落实《中华人民共和国家庭教育促进法》中的工作职责有何意义	引导学生合作探究，激活学生不断探知、由浅入深思考，感悟执法部门严格执法的重要性
议题2：探"严格执法"之行	保证家庭教育促进法的有效实施，需要各级政府严格依法行政、切实履行职责。在实施过程中政府要明确自身定位	议学任务：阅读材料，分析行政机关应如何做才能真正彰显《中华人民共和国家庭教育促进法》的效能	引导学生透过现象看本质，理解如何才能真正做到严格执法
议学延伸	延展任务：在《中华人民共和国家庭教育促进法》落实过程中，人民法院对触及该法规定行为的家长，开出《中华人民共和国家庭教育令》，对家长的失职行为依法予以纠正。请同学们课下查阅资料，思考司法机关在这一过程中扮演了怎样的角色		

（七）教学过程设计

总议题：法律的生命在于实施，实施的关键在于执法	
议学情境：《中华人民共和国家庭教育促进法》为了发扬中华民族重视家庭教育的优良传统，引导全社会注重家庭、家教和家风，增进家庭幸福与社会和谐。2021年10月23日，十三届全国人大常委会第三十一次会议表决通过了家庭教育促进法。这是我国首次就家庭教育进行专门立法，自此以后，"依法带娃"有了遵循。 该法已于2022年1月1日，正式实施	【导入】2021年10月23日，十三届全国人大常委会第三十一次会议表决通过了家庭教育促进法。该法通过制度设计将家庭教育由传统"家事"上升为新时代的重要"国事"，填补了家庭教育领域的立法空白。而通过之前的学习，我们了解到建设法治国家既需要有完备的法律体系，更需要法律的严格实施。那么关于家庭教育促进法的贯彻执行就值得大家关注，今天就让我们以此为背景，来共同探究执法机关的"严格执法"
设计意图：以与学生相关的家庭教育促进法为素材导入新课、激起探知兴趣	
议题1：悟"严格执法"之意	
议学情境1： 播放视频《家庭教育促进法：各级政府均有指导家庭教育职责》 视频简要内容： 家庭教育促进法规定，国务院应当组织有关部门制定、修订并及时颁布全国家庭教育指导大纲，各级政府建立健全家庭、学校、社会协同育人机制 公安机关、人民法院、人民检察院发现未成年人存在严重不良行为或实施犯罪行为，或者监护人不正确实施家庭教育，侵害未成年人合法权益的，根据情况对监护人予以训诫，并可以责令其接受家庭教育指导	议学活动1：合作探究 1.《中华人民共和国家庭教育促进法》的贯彻执行，为什么需要各级政府推进落实 2.政府部门在落实《中华人民共和国家庭教育促进法》过程中做到严格执法有何意义 【师】请同学们观看视频，以小组为单位商议《中华人民共和国家庭教育促进法》的贯彻执行，为什么需要各级政府推进落实？并选出小组代表展示议学成果 【生】略 【师】民有所呼，法有所应。家庭教育促进法的诞生，填补了家庭教育领域的立法空白，这体现了立法机关在科学立法，不断完善我国的法律体系。正如张居正所说的"盖天下之事，不难于立法，而难于法之必行"，因而《中华人民共和国家庭教育促进法》出台后，还需要执法机关的执法推进，而政府作为行政机关，是执法的最重要主体。由政府带头严格执法，依法全面履职，才能使该法避免成为"纸老虎""稻草人" 那么，同学们如何理解严格执法呢

续表

	【生】略 【师】所谓严格执法，就是执法机关在执法过程中严格依法办事。在法律实施体系中，执法最重要的主体就是行政机关，即政府 【师】接下来，同学们来谈谈政府部门在落实《中华人民共和国家庭教育促进法》过程中做到严格执法有何意义 【生】略 【师】政府严格执法，对于政府自身来说，有利于政府依法行政，推进法治政府建设；对于法律本身来说，有利于捍卫法律的权威和尊严，带动全社会尊崇和敬畏法律；对于整个社会来说，政府做到秉公执法，违法必究，违法必罚，处罚有据，才能有助于实现社会的公平正义
设计意图：贯彻学生为主体，教师为主导的教学理念，提出议学任务，引导学生合作探究，激发学生不断探知、由浅入深思考，感悟执法部门严格执法的重要性	
议题2：探"严格执法"之行	
议学情境2： 保证家庭教育促进法的有效实施，需要各级政府严格依法行政、切实履行职责。家庭教育促进法倡导政府主导下的全社会参与，在实施过程中政府要明确自身定位 一是要严格按照规定履行职责，建立健全学校家庭社会协同育人机制，通过创新家庭教育指导方式，建立起全覆盖、多方位、多样化的家庭教育指导服务体系，做到政府职能不缺位。要认识到家长在家庭教育中的主体责任，认识到家庭教育的私密性和个性化，不过多介入家庭教育内部空间，做到政府职能不越位 二是做到相关案件办理全过程留痕、可回溯管理，保障案件办理程序合法、协作高效、权责明确 三是要把握促进型立法的特殊性，摒弃传统的以管理为目的的执法手段，以批评教育、劝诫制止为主开展人性化执法、柔性执法，改进执法方式	议学活动2：探究分享、小组合作，选出代表展示议学成果 阅读上述材料，分析行政机关应如何真正彰显《中华人民共和国家庭教育促进法》的效能 【生】略 【师】根据材料的分析，我们可以看出，首先，在家庭教育促进法实施过程中，行政执法机关应全面履行自己的职能，不能缺位、越位、错位，坚决纠正不作为、乱作为 其次，行政机关在执法过程中要全过程留痕，规范执法，要完善执法程序，建立执法全过程记录制度 再次，行政人员执法过程中要注意改进执法方式，开展人性化执法、柔性执法，做到语言、行为规范，融法、理、情于一体，坚持以法为据、以理服人、以情感人，争取当事人的理解和支持，力求实现执法效果最大化。对于执法机关而言，除了上述三个方面外，在执法过程中还要坚持公正执法，同等情况要公平对待，要杜绝关系执法、随意执法，不断提升执法机关的公信力
设计意图：引导学生透过现象看本质，理解如何才能真正做到严格执法	

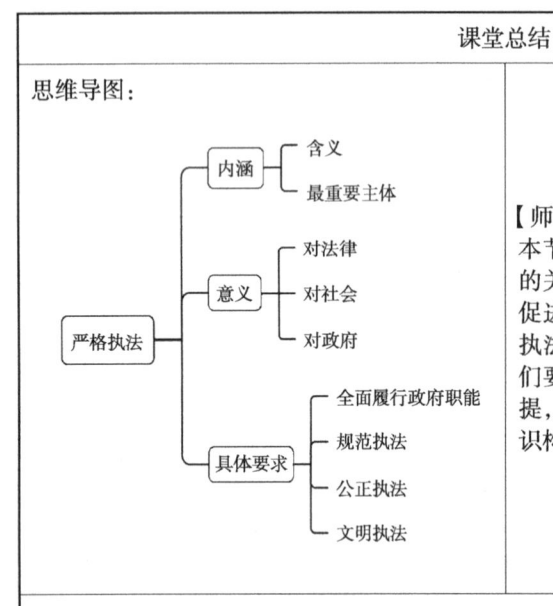

课堂总结	
思维导图： 严格执法 ── 内涵 ── 含义 　　　　　　　　└ 最重要主体 　　　　　├ 意义 ── 对法律 　　　　　　　　├ 对社会 　　　　　　　　└ 对政府 　　　　　└ 具体要求 ── 全面履行政府职能 　　　　　　　　　├ 规范执法 　　　　　　　　　├ 公正执法 　　　　　　　　　└ 文明执法	【师】 本节课我们以"法律的生命在于实施，实施的关键在于执法"为总议题，通过家庭教育促进法的实施为背景，探究了行政机关严格执法的意义和要求。结合上一框内容，同学们要明确全面推进依法治国，科学立法是前提，严格执法是关键。课下同学们要做好知识构建，巩固所学
设计意图：巩固所学，建立知识体系	
议学延伸	
在《家庭教育促进法》落实过程中，人民法院对触及该法规定行为的家长，开出《家庭教育令》，对家长的失职行为依法予以纠正。请同学们课下查阅资料，思考司法机关在这一过程中扮演了怎样的角色	
设计意图：延伸课堂，承上启下，对接下一框内容《公正司法》	
学习评价： 本节课通过家庭教育促进法的实施为背景，创设情境引导学生了解严格执法的含义，执法机关严格执法的重要性以及如何严格执法。同学们能学有所得，运用所学理论知识科学分析、认识执法机关的行为，更进一步理解落实全面依法治国的基本要求	

（八）学习测评

1.行政执法作为最重要、最经常性的法律实施活动，在治国理政全局中发挥着举足轻重的作用。由此看出，在法律实施体系中，执法的最重要主体是

　　A.立法机关　　　B.中国共产党　　　C.行政机关　　　D.司法机关

2.夜市烟火气，最抚凡人心。今年以来，益阳市城管执法局认真落实优化营商环境相关要求，牢固树立以人民为中心的法治理念，将人性、理性、柔性融入夜市管理执法全过程，让执法既有温度又有力度，"柔性"执法释放出了"刚性"力量。这种柔性执法最能体现

A.依法执法　　B.公正执法　　C.规范执法　　D.文明执法

3.2022年北京出台《关于全面推广轻微违法免罚和初次违法慎罚制度的指导意见》，在全市行政执法机关全面推行轻微违法免罚和初次违法慎罚，提升执法服务水平，持续打造公平、透明、可预期的法治化营商环境，助力首都高质量发展。对此理解正确的是

①有利于行政执法机关执法服务水平的提高
②减轻市场主体的违法责任，有助于企业发展
③执法机关文明执法，践行为人民服务的理念
④坚持公民权利义务的统一，提升其法治素质

A.①③　　B.①④　　C.②④　　D.②③

4.对抽检发现的不合格食品，市场监管总局会责成相关省级市场监管部门立即组织开展核查处置，查清产品流向，督促企业采取下架召回不合格产品等措施控制风险；对违法违规行为，依法从严处理；及时将企业采取的风险防控措施和核查处置情况向社会公开，并向总局报告。这说明市场监管总局

①公正司法，坚持和体现公平与正义
②严格执法，有助于捍卫法律的权威和尊严
③执法严明，有助于实现社会公平正义
④文明执法，力求实现执法效果最大化

A.①②　　B.①④　　C.②③　　D.③④

5.黄河宁，天下平！继长江保护法之后，我国第二部流域法律《中华人民共和国黄河保护法》于2023年4月1日起施行。各国家机关要围绕黄河保护法提出的新规定、新制度，做好相关立法、执法、司法、普法全链条各环节工作，努力把黄河流域建设成生态保护和高质量发展先行区。《中华人民共和国黄河保护法》的制定和实施需要

①行政机关严格执法，提供有力保障　　②全国人大领导立法，提供法律保障
③司法机关公正司法，提供制度保障　　④开展社会普法宣传，增进社会共识

A.①③　　B.①④　　C.②③　　D.②④

6.据材料回答下列问题。

近日，某市城管执法人员巡查时发现，部分沿街商铺和流动摊贩存在占道经营现象。经过了解，这些沿街商铺和流动摊贩之前并没有违法违规信息且态度端正，符合新《中华人民共和国行政处罚法》第三十三条：违法行为轻微并及时改正，没有造成危害后果的，不予行政处罚。初次违法且危害后果轻微并及时改正的，可以

不予行政处罚。执法人员对其进行约谈教育后，提出及时改正要求，以采取签订承诺书的方式引导当事人自觉守法，对餐饮油烟、噪声污染、户外广告等常见的城市管理问题同样采取"首违不罚"政策，真正做到行政执法既有"力度"又有"温度"。

结合材料和所学《政治与法治》知识，分析在执法过程中"让执法既有力度又有温度"的积极意义。

参考答案：

1.C　2.D　3.A　4.C　5.B

6.①法治政府建设要求各级政府及其工作人员坚持有法必依、执法必严、违法必究，严格规范公正文明执法，规范执法自由裁量权；②坚持严格执法，惩处违法行为，有助于捍卫法律的权威和尊严，彰显公平、伸张正义；③在不违背法律的精神和原则的前提下，改进执法方式，融法、理、情于一体，有助于提升执法的质量和效能。

（九）教学反思

本节课以《中华人民共和国家庭教育促进法》的出台与实施创设情境，贯穿课堂。议学任务从立法说起，先带领学生理解立法与执法的关系，有效衔接上一节内容。再继续探究何为严格执法、为什么严格执法、怎样严格执法，层层递进，逻辑清晰。在议学延伸上，引导学生聚焦司法机关主体的行为上，为下节课的内容做了铺垫，承上启下，课堂更具完整性。但也要看到，在教学中对情境素材的选择把握还不够，教学深度生成不足等问题。

八、课时大概念Ⅶ（公正司法）教学设计示例
赵胜瑶

（一）大概念析读

本课时大概念为"公正司法是维护社会公平正义的最后一道防线"，对应的课程标准为必修3《政治与法治》内容要求："3.2 收集材料，阐述科学立法、严格执法、公正司法、全民守法的基本要求"。

1. 大概念理解

公正司法就是要在司法活动的过程和结果中坚持和体现公平正义。公正司法包括过程的公正和结果的公正。前者又称程序公正，后者又称结果公正。公正司法主要是一种制度上的要求，即要求司法活动在程序的安排和结果的达成这两方面都应做到公平、公允和不偏不倚。

2.大概念解构

公正司法表现为司法的程序公正和司法的结果公正。程序公正意味着当事人诉讼地位平等、司法过程严格依据诉讼法进行。结果的公正意味着法律适用准确、案件事实清楚、裁判结果合法合理。

（二）学习目标

1.通过议学活动，学习公正司法的内涵，理解公正司法是维护公平正义的最后一道防线，懂得审判过程和审判结果都要公正。

2.通过议学合作，结合具体事例的审判过程，理解程序公正和结果公正对于维护社会公平正义和公民合法权益的重要意义，坚定对我国司法制度的政治认同。

3.通过阅读思考、观点辩论，正确理解推进公正司法的具体要求，明确公正司法对于促进社会进步的巨大作用，形成公正司法观念，坚定尊法学法守法用法的信念。

（三）学习重难点

◆学习重点：公正司法的内涵、意义。

◆学习难点：推进公正司法的要求。

（四）学情分析

◆知能基础：本课题的教学对象是高一的同学。从知识储备来看，学生通过前面课程的学习，了解了依法治国的相关内容，通过初中阶段的学习，基本了解了公正司法的知识。

◆素养基础：从学习能力来看，学生的学习兴趣浓，善于思考，乐于探究，有较强的逻辑思维能力和探究能力，非常适合开展议题探究活动。

◆不足条件：对知识的理解还处于较为感性的阶段，有待上升为理性认识。

（五）教学资源

◆基本教学材料：

1.视频《什么是司法公正》。

2.中国古人对司法公正追求的典型故事。

3.北京市首份家庭教育令。

3.司法独立的法律条文。

4.2022年最高人民法院工作报告。

5.《中华人民共和国家庭教育促进法》中的司法保障。

（六）教学框架

	引入议题	分析情境	开展活动	设计意图
总议题：扬司法公正 法治润人心	议题1：传承千年智慧——以严格司法传递人间温暖	材料：古人对司法公正的追求 视频：《什么是司法公正》	合作探究	初识大概念
	议题2：小案大道理——把公平正义镌刻在判决书的字里行间	北京市首份家庭教育令	情境分析	深化大概念
	议题3：奋进新时代——促进公平正义助力依法治国	司法独立的法律条文 2022年最高法工作报告 《家庭教育促进法》中的司法保障	观点辩论	深化大概念
	议学延伸：撰写短评	《家庭教育促进教育法》	课后拓展	迁移大概念

（七）教学过程设计

总议题：扬司法公正 法治润人心	
议学情境： 党的二十大报告指出："公正司法是维护社会公平正义的最后一道防线。"公正司法事关人民切身利益，事关社会公平正义，事关社会和谐和国家稳定	【师】随着全面推进依法治国进程的不断深入，法治信仰越来越深入人心。公正是法治的生命线，每一个公正的判决，都是一场浸润人心的普法宣传；每一次捍卫公平正义，都在为法治信仰的大厦增砖添瓦
设计意图：导入新课，提出总议题，明确知识学习方向	
议题1：传承千年智慧——以严格司法传递人间温暖	

续表

议学情境1： 文化溯源：中国古人对司法公正的追求 唐太宗要求司法官做到"罚不阿亲贵，以公平为规矩"；宋代有断案如神、秉公执法的"包青天"——包拯；明代则有不畏权势、刚正不阿的"海青天"——海瑞；清代，于成龙、施世纶、蓝鼎元等一批清正廉明的司法官受到了人们的推崇、颂扬 议学情境2： 视频《什么是司法公正》	议学活动1： 课前以小组为单位，收集中国古人追求司法公正的故事、诗词等，与同学分享 议学活动2： 探究问题：什么是公正司法？为什么说公正司法是社会公平正义的最后一道防线 【师】中国古代的司法也追求公正，并逐渐形成、发展了自己的司法公正理论。司法公正，是现代社会政治民主、进步的重要标志，也是现代国家经济发展和社会稳定的重要保证。公正是司法的灵魂和生命，司法公正对社会公正具有重要引领作用 【板书】 一、公正司法的内涵 1.公正司法的含义 2.公正司法的意义
设计意图：通过视频、文化溯源等方式完成议学活动探究，引导学生学习公正司法的含义，明确公正司法的意义	
议题2：小案大道理——把公平正义镌刻在判决书的字里行间	
议学情境3： 【案例分析】被告人张某某，系未成年人，多次在凌晨进入多户住宅，盗窃他人的现金、手机等财物。检察机关以盗窃罪向法院提起公诉 法院经审理认为，被告人张某某的行为构成盗窃罪，鉴于其犯罪时系未成年人，在部分盗窃事实中具有自首情节，且赔偿被害人经济损失并取得谅解，自愿认罪认罚，故对其依法从轻判处刑罚。同时，法官依照《中华人民共和国家庭教育促进法》的相关规定，向张某某的父母发出家庭教育令，责令监护人承担起家庭教育的主体责任，切实履行监护职责，多关注孩子的生理和心理状况	议学活动3： 结合案例和课本知识思考： 在司法实践中，如何既能实现程序公正，又能实现结果公正 【师】《中华人民共和国家庭教育促进法》明确规定，人民法院、人民检察院、公安机关在办理案件过程中，发现未成年人存在严重不良行为或实施犯罪行为，未成年人父母或其他监护人不正确实施家庭教育，侵害未成年人合法权益，根据情况对父母或其他监护人予以训诫，并可责令其接受家庭教育指导 【板书】 3.公正司法的表现 （1）司法的程序要公正 （2）司法的结果要公正
设计意图：选取未成年人犯罪的法律案件，引导学生从中理解公正司法的表现，加深对公正司法的理解，既关注过程又不忽略结论	

续表

议题3：奋进新时代 —— 促进公平正义助力依法治国	
议学情境4： 情境1：《中华人民共和国宪法》第131条、第136条 议学情境5： 最高法紧紧围绕"努力让人民群众在每一个司法案件中感受到公平正义"目标，坚持服务大局、司法为民、公正司法，忠实履行宪法、法律赋予的职责，各项工作取得新进展 议学情境6： 《中华人民共和国家庭教育促进法》要求司法机关要为正确实施家庭教育提供司法保障。司法机关在办理案件过程中遇到家庭教育中侵害未成年人权益现象发生时，司法机关有权通过家庭教育指导令等形式主动干预	议学活动4： 结合材料，分析我国应从哪些方面有效推进公正司法 议学活动5： 辩论：推进阳光司法，是否应该公开所有的司法审判的证据、程序、结果 【师】不因一个案件毁掉老百姓心中对司法公正的愿望和崇敬，我们要从权力行使、司法为民、人权司法保障等角度不断推进司法公正，不断增强人民群众的获得感、幸福感、安全感 【板书】 二、推进公正司法 1.确保审判权和检察权依法独立行使 2.坚持以事实为依据、以法律为准绳 3.坚持人民司法为人民 4.加强人权司法保障
设计意图：引导学生从不同角度理解推进司法公正的措施，设置辩论环节加深对课本知识理论的认识，把理论性的知识具体化形象化	
课堂总结	

思维导图：
 	
公正司法
├─ 内涵
│   ├─ 公正司法内涵
│   └─ 特点（表现）
│   ├─ 司法的程序要公正
│   └─ 司法的结果要公正
└─ 如何推进公正司法
    ├─ 确保审判权和检察权依法独立行使
    ├─ 坚持以事实为根据、以法律为准绳
    ├─ 坚持人民司法为人民
    └─ 加强人权司法保障
	【师】新时代的司法工作就是要不断满足人民群众对司法公正的新要求新期待，作出的裁判既要符合法律规定，又要契合人民群众心中最朴素的正义感，要达到法律效果、社会效果、政治效果的高度统一，要实现法律认同、正义认同、情感认同

设计意图：归纳知识要点，形成知识体系	
议学延伸：了解中国法治故事	
查找并学习《中华人民共和国家庭教育促进法》，谈谈司法机关如何落实家庭教育促进法，引导和督促"甩手家长"履行监护人责任	
设计意图：延伸课堂，迁移拓展	

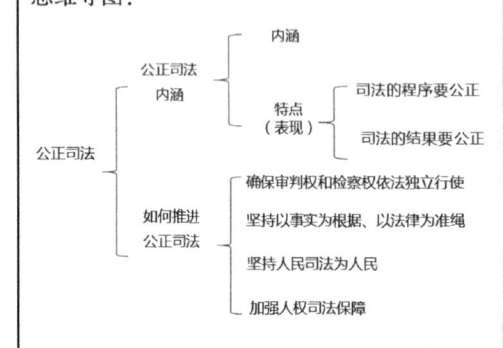

（八）学习测评

1.公正司法是维护社会公平正义的最后一道防线，是全面推进依法治国的重要环节，下列关于"公正司法"说法正确的是

①公正司法只要求法院的审判过程平和正当

②公正司法强调在司法活动中坚持公平正义

③一次不公正的审判，不会造成重大的影响

④公正司法要确保审判权和检察权独立行使

A.①③ B.①④ C.②③ D.②④

2.2022年6月10日，唐山烧烤店多名男子殴打女子事件引发大量关注。最终，9名涉案人员以涉嫌寻衅滋事被刑事拘留。警方初步查明，上述涉案人员中多人有前科，涉及罪名包括寻衅滋事、非法拘禁、故意伤害等。材料表明

①建设法治国家需要全面依法履行政府职能

②推进公正司法，必须加强人权司法保障

③社会争议的解决应坚持以人民为中心

④严格公正执法是推进法律实施的重要环节

A.①② B.①④ C.②③ D.③④

3.2022年1月1日起，《中华人民共和国家庭教育促进法》正式实施，这是我国关于家庭教育进行的首次专门立法，家庭教育从"家事"上升到"国事"，父母们开启了"依法带娃"的时代。家庭教育促进法有利于

①家庭教育有法可依，父母开启"依法带娃"

②构建家庭、学校以及社会协同育人机制

③确保未成年人合法权益不受侵害

④司法机关处理未成年人案件坚持司法独立

A.①② B.①④ C.②③ D.③④

4.近年来，人民法院大力推进审判方式改革，利用信息技术将诉讼全过程在线上进行，推行网上立案、网上审理、网上执行、网上信访、网上阅卷、网上公开，实现了办案流程、办案方式的革新，切实提升了审判质效、方便了人民群众，信息化在法院工作中覆盖的深度广度达到了新的水平。这说明

①司法机关坚持依法独立行使职权

②人民法院立足司法为民，创新便民利民举措

③司法体制的改革创新促进了司法公正

④审判权力的运行机制更开放、透明和高效

A.①②　B.①③　C.②④　D.③④

5.互联网法院是指案件的受理、送达、调解、证据交换、庭前准备、庭审、宣判等诉讼环节一般应当在互联网上完成,以全程在线为基本原则的法院。这是司法机关主动适应互联网发展大趋势的一项重要举措。互联网法院有利于

①推进司法便民,提高服务质量　②尊重和保障公民的知情权和决策权

③接受公众监督,提升司法透明度　④改进审判方式,健全法律体系

A.①③　B.①④　C.②③　D.②④

6.阅读材料,完成下列要求。

近年来,贵州思南县人民法院许家坝人民法庭始终坚持以习近平新时代中国特色社会主义思想为指导,紧扣"努力让人民群众在每一个司法案件中感受到公平正义"目标,坚守"司法为民、公正司法"主线,坚持"三个面向""三个便于""三个服务"原则,忠实履职尽责,切实为护航乡村振兴、推动经济社会高质量发展提供优质司法服务和保障。

结合材料,运用"推进公正司法"的知识,简要说明我们应如何坚守司法为民、公正司法,切实护航乡村振兴。

参考答案:

1.D　2.B　3.A　4.C　5.A

6.①要坚持实事求是的原则,在司法活动的过程和结果中坚持和体现公平正义。②必须坚持人民司法为人民,依靠人民推进公正司法,通过公正司法维护人民权益。③必须加强人权司法保障,着力提升人民群众幸福感、安全感和获得感。

(九)教学反思

议题探究活动能够引导学生通过寻求整合信息去答疑解惑,唤醒学生已有的经验,从而激活一个个知识点,轻松实现多维度多样化的思考,让课堂充满思维的力量。在课堂学习中,学生通过议题活动,把抽象的理论化为具体的情境,在有效的互动和分享,创建和谐有趣、生动活泼的教学氛围中,培养了求真、务实、质疑、合作、思考的精神、落成了学科核心素养。

九、课时大概念Ⅷ(全民守法)教学设计示例

吴　瑾

本课课时大概念为全民守法,是必修3《政治与法治》第三单元第九课第四框的内容。本框共安排两目:第一目是"全民守法的内涵"。第二目是"推进全民

守法"。

（一）大概念析读

1.大概念理解

人民是依法治国的力量源泉，依法治国要坚持人民的主体地位。对此，《中共中央关于全面推进依法治国若干重大问题的决定》作出明确的阐述："法律权威源自人民的内心拥护和真诚信仰。人民权益要靠法律保障，法律权威要靠人民维护。"《中共中央关于党的百年奋斗重大成就和历史经验的决议》全面总结历史经验，进一步明确指出"全面依法治国最广泛、最深厚的基础是人民"。全社会应该形成守法光荣、违法可耻的社会氛围，推动全体人民成为社会主义法治的忠实崇尚者、自觉遵守者、坚定捍卫者。

2.大概念解构

建设社会主义法治国家，除了推进科学立法、严格执法、公正司法外，还要全民守法。其中，全民守法是法治中国的基础；本节课需要介绍全民守法的内涵；分析全民守法的具体要求和途径；深刻理解法治的真谛，在于全体人民的真诚信仰和忠实践行，民众的法治信仰和法治观念，是依法治国的内在动力，更是法治中国的精神支撑，只有将法治观念根植于民心，人人尊法、学法、守法、用法，法治中国才会形神兼具，行稳致远。

（二）学习目标

1.通过学习，认同全民守法是为了更好地保障人民群众的利益。

2.通过议学活动，全民守法的内涵、意义、要求，明白全民守法需要建立长效机制，需要一以贯之。

3.通过合作探究，增强法治观念，树立法治意识，认识到全民守法就要依法行使权利、依法履行义务、依法维护自己的正当权益。

4.通过探究分析，在日常生活中自觉做到尊法学法守法用法，成为社会主义法治的忠实崇尚者、自觉遵守者、坚定捍卫者。

（三）教学重难点

◆学习重点：全民守法的内涵；推进全民守法的要求和途径。

◆学习难点：全民守法的内涵。

（四）学情分析

◆知能基础：经过初中阶段学生对"走进法治天下""做守法的公民""坚持宪法至上""崇尚法治精神"的学习，高一学生对我国的法治建设有了初步了解。通过本册第九课前三框的学习，学生对依法治国有了更深层次的认识。

◆素养基础：相较初中，学生心智逐渐成熟，理解能力有所提高；并且对于诚信意识有一定的认知。

◆不足条件：学生的思维和兴趣点停留在具体而形象的内容上，综合思维能力比较弱，要让学生参与"如何推进全民守法"比较有难度。

（五）教学资源

◆基本教学材料：统编版教材、多媒体课件、视频、图片、文本、《少年的你》电影材料等。

（六）教学框架

围绕议题，设计活动型学科课程的教学。开展议题式教学，需要关注核心素养，巧妙设置议题；注意收集教学资源，创设有效情境；重点开展议学活动，完成议学任务；最后关注议学过程，实现教、学、评一体化。

引入议题		情境创设	开展活动	设计意图
总议题：观电影《少年的你》，析全民守法		电影《少年的你》校园霸凌片段视频播放	情境分析	导入新课
议题1：内化为心，筑牢法律信仰	子议题1：有人认为，类似欺负人的事情只不过是"玩儿过了"而已，你怎么看	电影《少年的你》校园霸凌片段视频播放	合作探究	通过具体案例，让学生明白任何人的违法行为都是对他人、对社会、对国家的不负责任，全民守法人人有责
	子议题2：校园霸凌行为会带来哪些危害？理解守法的重要性	电影《少年的你》校园霸凌片段视频播放	议学活动	通过具体案例明白全民守法的重要性
	子议题3：用全民守法知识，说说魏莱、陈念、小北涉嫌的法律责任给青少年哪些启示	播放电影《少年的你》蝴蝶、魏莱、陈念、小北等人的结局片段	合作探究	通过具体案例明确权利和义务是统一的。公民应该依法维护自己的正当权益。明白只有守法才能更好地维护自身权益

续表

	引入议题	情境创设	开展活动	设计意图
议题2：外化为行，推进全民守法	子议题4：观影分析校园霸凌的原因及对策	播放电影《少年的你》片段，直观感受影片中原生家庭、学校教育理念对学生的影响，以及学生法律意识淡薄等原因	议学活动	分析原因，是为了更好地解决问题。明白全民守法是一个系统性工程、渐进性工程、持续性工程。培养守法意识，树立法治观念
	子议题5：请大家为推进全民守法建言献策。（接龙形式）	结合本课知识及生活实际，思维能力提升，知识整合	合作探究	通过全体学生共同参与的方式，增强学生守法的积极性、主动性和自觉性，培养学生的社会责任感和担当意识
	议学延伸：观看专题片《法治中国》，深刻理解在推进法治中国建设的进程中，科学立法、严格执法、公正司法、全民守法四个方面密切联系，相辅相成，缺一不可	围绕第九课知识	课后探究	巩固知识，整体感知，扎实有效

（七）教学过程设计

总议题：观《少年的你》，析全民守法	
议学情境： 电影《少年的你》校园霸凌片段视频播放	导入新课： 生活中，校园霸凌案件屡见不鲜，校园本该充满欢笑和阳光，少男少女们也本该性情纯真、心思纯洁、善良友好，怎么会出现校园霸凌的现象？这值得每一个人深思。今天让我们一起通过影片《少年的你》的故事情节来学习第四框全民守法
设计意图：导入新课、贴近生活、引发关注、激起兴趣	

续表

议题1：内化为心，筑牢法律信仰	
议学情境1： 1.电影《少年的你》校园霸凌片段视频播放 2.电影《少年的你》故事情节片段PPT文本展示 情节一：魏莱等人与胡小蝶矛盾事件经过展示。（魏莱涉嫌侮辱罪） 情节二：魏莱等人霸凌陈念事件经过。（魏莱涉嫌故意伤害罪或侮辱罪） 情节三：陈念失手把魏莱从楼梯推下去，致魏莱死亡。（陈念涉嫌过失致人死亡） 情节四：小北为了保全陈念，小北向警方虚假供述，决定替陈念承担一切。（小北涉嫌伪证罪和包庇罪）	议学活动1：合作探究 组际分工、组内商议，小组代表展示议学成果 用全民守法知识，结合电影故事情节片段，探究以下问题： 1.有人认为，类似欺负人的事情只不过是"玩儿过了"，你怎么看 2.议一议：校园霸凌行为会带来哪危害 3. 用全民守法知识，说说魏莱、陈念、小北涉嫌的法律责任给青少年哪些启示 【生】略 【师】（1）全民守法的含义 全民守法是指所有社会成员，普遍尊重和信仰法律、依法行使权利和履行义务的状态 （2）全民守法的意义 建设法治中国，必须推动全民守法……形成守法光荣、违法可耻的社会氛围……忠实崇尚者、自觉遵守者、坚定捍卫者 （3）全民守法的具体要求 ①全民守法要求依法行使权利。公民在行使自由和权利的时候，不得损害国家的、社会的、集体的利益和其他公民的合法的自由和权利 ②全民守法要求依法履行义务。在享有权利的同时，公民也负有各种义务 ③全民守法意味着依法维护自己的正当权益。当自己的合法权益遭受侵害时，应通过合法的手段，理性进行维权……不应诉诸暴力或其他违法手段
设计意图：紧扣课时大概念创设主题情境与议学活动，引导学生探究思考；明确法治的真谛在于全体人民的真诚信仰和忠实践行	

续表

议题2：外化于行，推进全民守法	
议学情境2： 播放电影《少年的你》片段，直观感受影片中学生法律意识淡薄等原因	议学活动2：探究分享 1.观影分析校园霸凌的原因及对策 2.请大家为推进全民守法建言献策。（接龙形式） 【生】 【师】教师总结1：略 【师】教师总结2：推进全民守法主要从以下几个方面展开：（1）推进全民守法要着力增强全民法治观念……（2）要调动人民群众投身依法治国实践的积极性和主动性……（3）要不断加强公民道德建设
设计意图：紧扣课时大概念创设主题情境与开展议学活动，培养学生解决问题的能力	
课堂总结	
全民守法 — 全民守法内涵 — 依法行使权利／依法履行义务／依法维护自身的正当权益；推进全民守法 — 增强全民法治观念／调动人民群众投身依法治国实践／加强公民道德建设	【师】通过本课学习，我们知道，只有守法才能更好地维护自身权益。愿今后的我们常常学法明是非，天天想法强观念，处处守法树文明，事事用法维权益
设计意图：总结大概念	
议学延伸	
观看专题片《法治中国》，深刻理解在推进法治中国建设的进程中，科学立法、严格执法、公正司法、全民守法四个方面密切联系，相辅相成，缺一不可	
设计意图：巩固知识，整体感知，扎实有效	

（八）学习测评

1.根据乡镇（街道）公共法律服务工作站（室）的建议，整合乡镇（街道）和村居（社区）法律顾问、基层法律服务工作者和专职人民调解员等力量参与窗口接待，提供相关法律服务。上述做法

①促进了基层社会治理体制机制的进一步完善

②维护了城乡居民平等享有公共法律服务的权益

③提高了城乡居民参与社会公共事务管理的能力
④推进了司法体制的改革,有利于提高司法行政的效率
A.①②　　B.①③　　C.②④　　D.③④

2.[2022年辽宁卷]某区在下辖乡镇打造多家"和顺茶馆",邀请党员、群众及法律工作者担任人民调解员。当居民、商家、游客发生利益纠纷时,调解员以茶馆为载体,为其提供便捷、专业的服务,从而有效化解社会矛盾。这种做法
①为人民群众提供了有效的法律援助
②充分体现了共建共管共治共享理念
③实现了自治、法治、德治"三治融合"
④创设了舒缓环境,使社会治理有温度
A.①③　　B.①④　　C.②③　　D.②④

3.[2022年湖北卷]半夜楼上的"哐当"声,窗外店铺大喇叭的吆喝声,不远处建筑工地的轰隆声……不论工作学习还是居家生活,很多人都遭受过噪声的侵扰,"想静静"不容易。2022年6月5日起施行的《中华人民共和国噪声污染防治法》,对夜间施工噪音等问题作出了相应规定。该法的颁布实施旨在
①建立公民道德规范,健全社会法治体系
②强化监管主体责任,提高政府服务意识
③改善生产生活环境,保障公民身心健康
④提升环境治理水平,推进生态文明建设
A.①②　　B.①③　　C.②④　　D.③④

4.古人云:"畏法者最为快活"。该观点获得人们青睐的合理性在于
A.坚持依法治国和以德治国相结合
B.公民的权利和义务是统一的
C.敬畏法律就能获得一切权利和自由
D.尊法守法是公民获得自由的重要保证

5.[2022年辽宁卷]小曹在打印硕士毕业论文时遗落U盘,其同班同学小孙发现后,将盘中小曹的搞怪视频上传到校内网论坛,引发学生围观,评论不乏挖苦调侃,导致小曹抑郁。学校知道后立即删除帖子并对小孙进行批评教育。下列说法正确的是
①小孙侵害了小曹的隐私权,但未侵害其身体权
②小孙父母应对小孙侵权行为依法承担民事责任
③责任承担可以采取赔礼道歉、消除影响的方式

④若小曹向法院提起诉讼，应适用举证责任倒置
A.①③　　B.①④　　C.②③　　D.②④

6.2023年3月13日，关于修改《中华人民共和国立法法》的决定在十四届全国人大一次会议上高票表决通过。这是全面依法治国进程中又一个标志性成果。党的二十大报告指出，我们要坚持走中国特色社会主义法治道路，建设中国特色社会主义法治体系、建设社会主义法治国家。坚持推进科学立法、严格执法、公正司法、全民守法是全面依法治国的重要环节。

运用政治与法治的相关知识，分析厉行法治对全体社会成员提出了怎样的要求？

参考答案：

1.A　　2.D　　3.D　　4.D　　5.A

6.①推进全民守法，要着力增强全民法治观念。坚持把全民普法和守法作为依法治国的长期基础性工作，深入开展法治宣传教育，树立宪法法律至上、法律面前人人平等的法治理念，引导全民自觉守法、遇事找法、解决问题靠法；②推进全民守法，要调动人民群众投身依法治国实践的积极性和主动性，使尊法守法成为全体人民的共同追求和自觉行动；③推进全民守法，要不断加强公民道德建设。弘扬中华优秀传统文化，增强法治的道德底蕴，强化规则意识，倡导契约精神，弘扬公序良俗，引导人们自觉履行法定义务、社会责任、家庭责任。

（九）教学反思

本课《全民守法》通过让学生认识一些违法行为，形成自觉守法的意识并能在实际生活中主动同违法行为做斗争，学会用法律武器维护自己的合法权益。

上课过程中，涉及学生了解的案例时，学生的学习兴趣得到了极大的调动；但是涉及学生不太了解的案例时，感觉互动不大，如果能让学生主动发现生活中的案例并进行分析，可能教育意义会更大。

第三章

大概念统领下的单元情境教学

第一节　单元情境教学的模式建构

龚西旭

数学家波利亚说过这样一句话："学习知识的最佳途径应该是敢于发现与探究知识。"所以只有将学生置身于真实的教学情境中，才能够主动引发学生探究与发现知识的欲望，从而创造知识，获得启迪。教学过程中如果单纯地以讲授式教学为主，容易阻碍学生深度理解、加工新知识，学习兴趣不浓、课堂参与度低，导致学生学习效率低、同时使得课堂沉闷，既可能导致教学效果不尽如人意，又不符合新课程改革对学生学习的要求，学生在学习过程中也难以调动自己的思维和积极性。基于上述不利学生学习的情况下，单元情境教学的探索、应用和实施有极大的意义。

情境教学法最早起源于英国的外语教学界，帕尔默口语教学法的提出是情境教学法的开端，在20世纪60年代已经被许多英国的外语教师采用。这种教学方法经过相关研究者的研究后，逐渐形成一个比较系统化的理论。我们所提到的"情境"一词其实是与社会环境密切相关的，可以说是一切语言交际活动所形成的内部与外部环境的综合。情境教学是指在教学内容的基础上，为学生创造出一个鲜明生动的语言环境，教师可以将自己的语言、动作、情感态度传递给学生，让学生能够感知与理解，最终实现知与情的统一。单元情境教学则是将情境教学贯穿于整个单元的教学，以特定的情境引发学生思考、提出问题、解决问题，将整个单元的内容有机结合和融入该情境中开展教学，以达到深度学习、加强形成知识网络、提升实践能力、落实各个学科核心素养的效果。主要从以下四个方面介绍单元情境教学的模式建构。

一、以生活现象激发关联性

新课程改革要求让学生更多地掌握理论知识，同时提高学生运用理论知识的能力，能够更好地运用理论知识解释和分析社会生活中出现的现象。高中学科课程是一门结论丰富的知识体系，可以将这些知识与实际生活中的应用实例结合教学，从知识的关联性、实用性出发，不仅加强学生对理论知识的把握，使学生掌握和积累了更多的学科知识，提高了学生运用理论的能力。

基于单元情境教学的基本内涵以及对教学基本过程的理解，从而构建基于生活现象激发学生知识关联性的生活化单元情境教学模式（图3-1-1）。

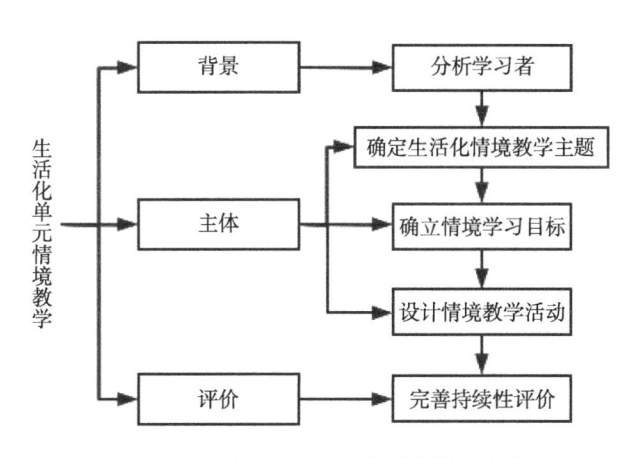

图3-1-1　生活化单元情境教学模式建构

首先是学习者分析。其目的是为后续的实践教学研究提供价值引导，通过采取学业测试、调查问卷、访谈的形式了解学生对理论知识与生活实际相联系的认识，分析学习者的成绩，对于不同成绩的学习者教学内容的设计上设置差异，满足学习者的要求。设置合理的学习任务，可对学习者进行起点能力分析、一般特征分析、学习风格分析、学习动机分析，最后厘清学习者对生活化情境教学的具体认识。

其次是确定单元情境学习主题。单元学习主题要以分析课程标准为前提，把学科核心知识的概念、原理、方法转化为具体的主题，围绕主题创设学习情境。其意义不仅提供了一个应用价值且与实际生活相关联的情境，还为教学活动中的设计提供了教学主线和教学材料。因此，单元情境主题的选择是单元教学的前提，进而会影响整个单元的教学效果。教师进行教学时需要考虑课程标准、学生的认知和情感发展水平、教学目标、教学资源等方面，基于学习课程性质，单元情境教学的选择可从学科核心知识、社会热点话题、符合学生兴趣及已有经验三个方面筛选。其具体步骤可分为五步：第一步，研读各个学科课程标准，精选学科核心知识的内容，分析对应教材及教辅；第二步，分析教师的教学实际要求和学生的学习需求，尽可能满足生活的关联性；第三步，形成单元情境教学主题，设置单元情境教学任务；第四步，从关联性、趣味性、科学性三个维度以及研究价值和可操作修改补充单元情境教学；第五步，最终确定单元情境教学主题。除单元情境主题确定以外还有学习目标的制定、情境活动的设计、持续性评价的跟踪三大方面。

学习目标的制订需要符合明确性、系列化、实际性三个方面，同时要满足导向、激励、评价、调控、交流五个方面。因此学习目标的制订需要契合单元情境教学主题，指向学习活动的结果，要满足学生的兴趣、需求，体现科学价值，还能进行量化评价。

学习活动的设计需要在引起学生的兴趣下，并以实际生活为问题情境的情况下进行推理论证、分析归纳以解决问题。关注所设计的情境活动是否能体现学科本质，培养学生的学科核心素养，所设计的活动阶段性是否清晰，是否具有导入、探究、总结、迁移的课程逻辑。

持续性评价的设计需要根据不同的评价目标，以及目标的阶级性选择不同的评价手段，例如课堂观察量表、教学日记、思维导图、学生作业、学习档案、学生自评互评等方式开展，对于单元情境教学评价要明确是否能指向学生认知、人际、自我三个领域下能力的提升，从而完成持续性评价设计。

二、以问题调动积极性

设置问题情境时，老师可以设定合适的教学问题，并运用合适的提问形式，以充分地引导学生进入教学当中。针对课堂内容，选用富有创新角度的问题形式，以问题导入为开端，逐步发散学生思维，汇总问题核心，解决具体问题，从而开展单元情境教学。同时，教师要根据课堂教学目标，选择有针对性的内容，创造不同类型的问题情境，从而调动学生的学习欲望，以便保持学生较高的注意力，为问题情境课程设计的实际应用，打下扎实的教学基础。通过创设有效问题情境可以充分激发学生在学习中的积极性和主动性，主动参与教学活动以达到自身能力的提升，以学生为主体创设有效问题情境创造良好的教学氛围。问题设计要营造与生活紧密相关的问题情境，易于激发学生学习兴趣，同时要应用问题串形成完整的教学设计，最后要利用问题结束课程，给新课留有悬念，促使学生课后思考，带着问题进入下一章节的学习，激发学生的求知欲，单元问题情境教学模式旨在从问题出发，以问题串为主线，引导学生在各式情境下发现问题、解决问题、养成独立思考、善于探索的创新性思维品质。

基于如何创设有效问题情境，应当契合高中学科特点以及高中生群体的心理发展特征，问题情境需满足以下四个方面：第一，问题情境的建设需要充分利用外界等物质条件，让问题情境教学更加形象化、具体化。问题情境的充分建设有利于揭示教学现象，展现教学规律，能帮助学生在教学中锻炼思维的运用，顺应认知趋势。第二，问题情境的建设需要持续发展，从而促进学生学科核心素养的提升。问题情境是否有效的关键是要立足于学生身心发展需求，构建既能促进智力发展又能促进学生主动学习的教学模式，帮助学生提高学习的自我能动性。第三，问题情境的建设应当符合逻辑清晰的基本特征。在高中教学过程中，问题情境的创设需要注重条理性以及逻辑性，促进学生吸收接纳知识。第四，问题情境的建设需要延伸扩展。这不仅能够解决课程要求中的教学目标，还能充分调动学生的积极性，促使学生投入科学探究的情境中，学会发现问题、解决问题、减少课外学习的盲目性，提高课堂内外的学习一致性和有效性。其具体有效策略可从四个方面入手：第一，问题情境的真实性。积极引入生活中的学习现象和知识结合，将问题情境的创设和生活紧密联系，引导学生在问题上进行正确的思考，让学生通过问题情境的创设学习得更加深入和广泛，并引导学生开展小组辩论等，调动学生学习主动性。第二，问题情境的思考性。在问题的设置中需要考虑问题的开放性，要给学生思考的空间，锻炼学生发散性思维。第三，问题情境的针对性。教师需根据课标、教材选取关键又具有针对性的问题进行情境模式的创设，结合学生需求和教学目标，对问题进行优化、修改、精简，有利于学生将抽象知识转化为具体的知识结构。第四，问题情境的趣味性。创设生动有趣的问题情境有助于引起学生注意，教师可丰富教学设计，增加多媒体设备的辅助，提高教学资源的利用率，多因素促进学生问题讨论参与度。以问题串为引导的单元问题情境教学可以在一定知识范围内或主题内，围绕一定目标或主题，精心设计一组递进式问题，再围绕一系列递进式问题引导学生参与讨论、探索、解决问题，使其将问题串转化为探索真知的动力，从接受学习到主动学习再到解决问题，获得科学探索的乐趣。通过启发性、挑战性的问题串培养学生独立思考、追求创新的意识，提高学生发现、解决问题的能力。（具体见图3-1-2）

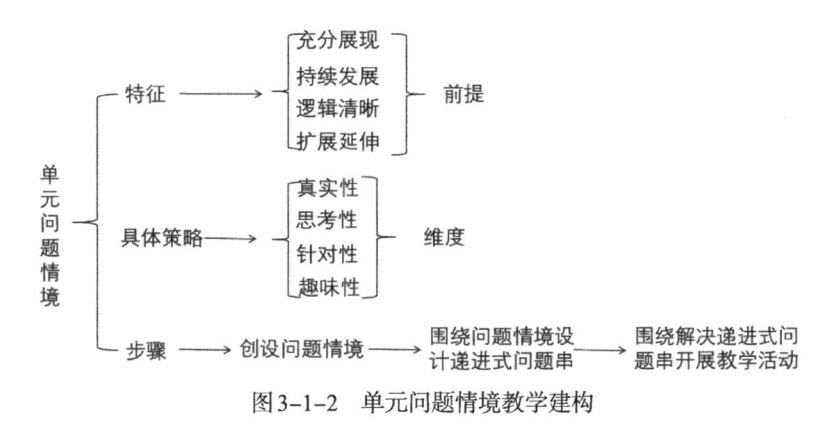

图3-1-2 单元问题情境教学建构

三、以多媒体强化真实性和具象性

高中各个学科教学承载着一定的教育责任和社会责任，但高中教育却一直面临着应试现象浓厚、教学教法单一等问题，因此，完善、改进、拓展教学方法是必要且紧迫的。随着时代飞速发展，多媒体技术也运用到了一线教育中，能让抽象的知识更加具象化。高中各学科的必修、选择性必修和选修教材中涉及各类微观、宏观和系统观等观点和观念的认识及强化。在教学过程中，为了学生更为直观地了解客观事物，常常会借助各种信息技术，如多媒体教学，以达到教学目的，强化真实性。

（一）以图片或视频为课堂教学辅助，增强学生对所学内容的直观认识

视觉是人捕捉信息的重要渠道之一，能让抽象的符号信息通过观察或对比来实现对知识的内化，图片或视频在这个过程中为人们捕捉信息、提供直观视觉感受起到不可忽视的重要作用。一方面，学习中涉及诸多微观、宏观和系统观的事物，课堂中的时间、硬件条件、场地和经费等限制因素使得教师无法在一些课堂条件下提供实物供学生观察、触摸等，因而，图片和视频的合理应用在教学和课堂中至关重要，教师可以以其为教学媒介，为学生提供事物的客观参照；另一方面，在单元情境教学中，视频、图片可以更加具体的展示情境，激发学生兴趣，既有利于教师导入本单元的情境，又能强化情境的真实性，便于学生开展该单元内容的学习。

（二）合理运用多媒体技术，引导学生在有限条件中切实体会单元情境和相关实践

高中各个学科繁荣复杂、各有特色，比如，高中理科课程的课程标准中明确提出学生学习完该课程之后，应该要具备科学思维的习惯和科学探究的能力，文科课程中也涉及各类型的实践和活动。因而在各个学科的教材中展示了各类经典实验和实践活动，以培养学生的科学思维、科学探究和各类型的实践能力，以进一步达成各个学科的核心素养。教材、教学中也会展示与实验、实践有关的情境，引发学生思考。虽然教学中开展实验或实践可能受到各种条件限制，但如今信息技术飞速发展，可以借助多媒体引导学生开展实验或实践，尽可能地使学生体验实验或实践的过程、结果和情境的真实性，引导学生从中发现问题和各个学科的各种核心奥秘。像 Project Noah、Prepmagic、Mystery Science、Science Buddies、Exploratorium、Codecademy、Frog Dissection 和同步实验室等 APP，可以涵盖各个学科的各类型实验，还可以加强学科与学科之间的联系。当无法开展线下真实实验或实践活动时，可以利用上述 APP 引导学生开展实验或实践。相较于线下实验或实践，"云"实验

的优点是更方便、快捷、成本低、省时省力等。从教学实际情况出发，合理运用多媒体技术可以在有限条件内展示教学情境的真实性，尽可能地帮助学生开展较为真实的实验或实践。

（三）以自媒体为媒介和指导，促进教学实践的具象化

数字化时代，自媒体可以反映学生课后学习情况，其被很多教师运用于教育检测和拓展。课前或课中创建的单元教学情境除了贯穿于课堂教学中，还能以此情境为背景或条件，设计相应的问题或思考题，上传于相应平台上，引导学生课后思考、解决问题；此外，学生可以利用自媒体对该单元情境的学习和思考分享自己的收获。一方面，该过程可以实现单元情境教学课前、课中和课后紧密联系、一气呵成，促进学生形成系统观，提高学生解决问题的能力；另一方面，引导学生分享自己的收获可以锻炼学生的语言组织能力，锻炼学生的口语，对应新高考的能力要求，还可以落实社会责任、学科核心素养。

四、以实验或实践提高实践性，强化学生学科核心素养

知识是具有情境性的，知识是在情境中通过活动与合作而产生的；当学习发生在有意义的情境之中才是有效的；只有在情境中呈现的知识，才能激发学习者的认知需要，从而产生学习动机和兴趣。因此，有效的教学需要创设一种良好的教学情境。虽然各个学科性质不同，但其中不乏各类型的实验，因此实验必然是教学的情境。理科学科的教材中包含验证性实验和探究性实验，各个经典实验不仅是引导学生掌握知识的重要环节，还是培养学生科学思维和科学探究能力的重要过程。各类文科教材中也包含不少具体实例，也都可以称之为实验、实践。因此，在教学过程中合理开展实验，以实验提高单元情境教学的实践性。

（一）开展实验或实践，引导学生参与，增加实践性

第一，为了让教学情境贯穿教学过程和教学活动更加具体、真实，可以在教学过程中合理开展实验，引导学生参与到实验过程中去，一方面增加教学情境的真实性和实践性，另一方面联系教学内容，拓展教学重点和难点，升华教学主题。第二，在实验或实践过程中，要注意观察学生的行为、举动，更应鼓励同学将在实验或实践中的感受和所学到的知识勇敢地表达出来，这是实践的意义所在，也是在实践中渗透、响应、贯穿和升华单元情境教学的重要教学过程。

（二）以实验、实践提升学生的各种重要能力，响应各个学科核心素养

在素质教育与核心素养和新课改的背景要求下，教育部提倡以学生为主体，教

师为主导的教学模式，让学生能够真正参与课堂教学，体会探索知识、收获知识的乐趣。教师们常采用探究式教学法，该方法促使学生的思维能力得到有效的提升。教师在做准备工作时，需要对教学内容进行详细的观察、分析、挑选、设计出合适的教学情境融入教学设计中。另外，在实施教学时，按照学生的学习能力、个人性格等特点将学生进行分组，在抛出单元教学情境的问题后，小组内合作讨论，每个人都能分享自己的观点和意见，教师在一旁加以引导确保讨论的顺利进行。随后小组之间进行成果展示，重点讲解自己的探究思路和方法，可以利用"云"实验为大家展示实验过程和结果，同学之间互相学习，让每一位学生都能有效地参与课堂和科学探究，减少学生对于教师的依赖，锻炼学生的独立思考能力与自主探究能力，达到深度学习，同时也提升了课堂教学效率。

单元情境教学的运用要参考学生基础知识、学习情况、情感认知等，进而去挑选、改进或设计单元教学情境，并将单元教学内容贯穿其中，引导学生在该教学模式中达成学习目标，进而落实学科核心素养，面向新课改，冲刺高考。另外，教师在备课过程中可以将各个学科教材中提供的情境与当下社会热点中的情境有机结合起来，为教学添砖加瓦，为学生提供多种多样的学习情境，促进学生灵活思考，达成各个学科核心素养。

第二节　单元情境教学实践
——以"生物变异"为例证

一、单元整体设计
龚西旭

本单元以生物学必修2《遗传与进化》中的《生物变异》为基础，形成一个完整的主题单元。该主题单元在基因突变和基因重组、染色体变异、人类遗传病等方面围绕单元大概念进行阐析，形成一个较为完整的单元整体，并指向学科大概念（图3-2-1，图3-2-2）。

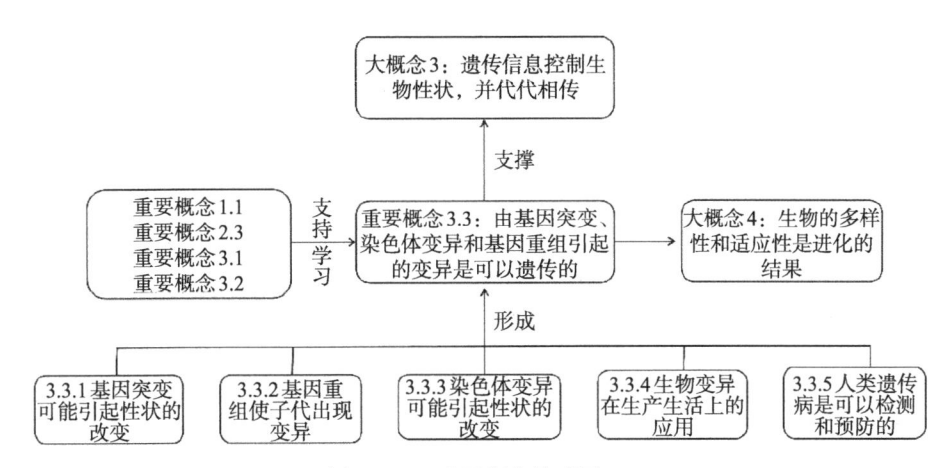

图 3-2-1 重要概念关系图

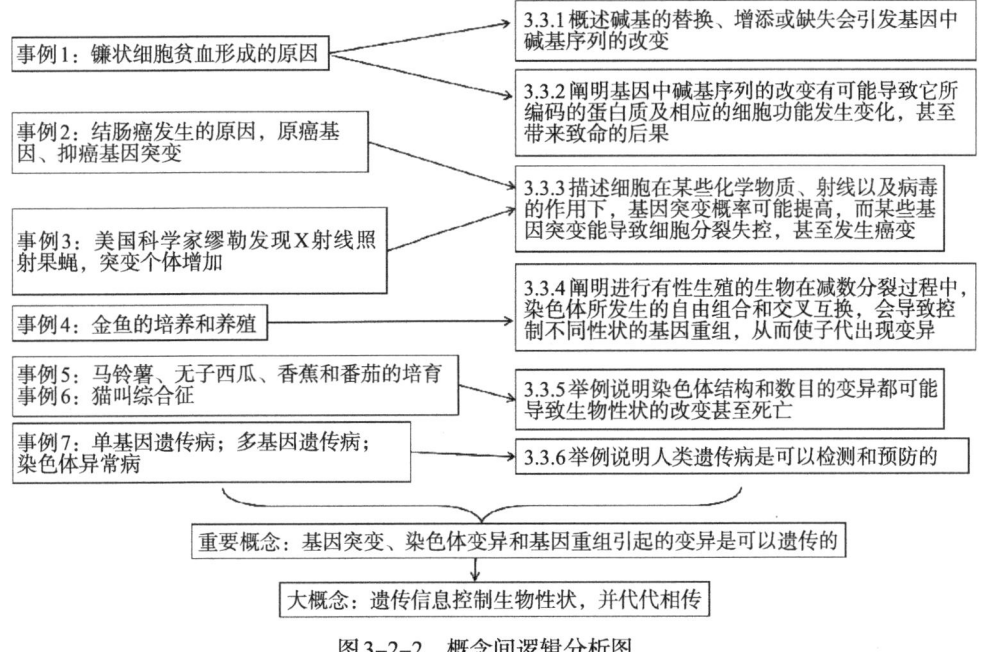

图 3-2-2 概念间逻辑分析图

（一）课程标准

◆1.概述碱基的替换、增添或缺失会引发基因中碱基序列的改变。

◆2.阐明基因中碱基序列的改变有可能导致它所编码的蛋白质及相应的细胞功能发生变化，甚至带来致命的后果。

◆3.描述细胞在某些化学物质、射线以及病毒的作用下，基因突变概率可能提高，而某些基因突变能导致细胞分裂失控，甚至发生癌变。

◆4.阐明进行有性生殖的生物在减数分裂过程中，染色体所发生的自由组合和交叉互换，会导致控制不同性状的基因重组，从而使子代出现变异。

◆5.举例说明染色体结构和数目的变异都可能导致生物性状的改变甚至死亡。

◆6.举例说明人类遗传病是可以检测和预防的。

（二）大概念建构

根据《普通高中生物学课程标准》（2017年版2020年修订）中课程内容的模块，结合各版本教材对该部分内容的单元整合，本单元对应的学科大概念为"遗传信息控制生物性状，并代代相传"。在学科大概念统摄下，本单元重点关注基因突变和基因重组、染色体变异、人类遗传病，故本单元的单元大概念确定为"由基因突变、染色体变异和基因重组引起的变异是可以遗传的"（表3-2-1）。

表3-2-1 "遗传与进化"部分大概念层级

学科大概念	单元大概念	课时大概念
遗传信息控制生物性状，并代代相传	由基因突变、染色体变异和基因重组引起的变异是可以遗传的	Ⅰ.概述碱基的替换、增添或缺失会引发基因中碱基序列的改变 Ⅱ.阐明基因中碱基序列的改变有可能导致它所编码的蛋白质及相应的细胞功能发生变化，甚至带来致命的后果 Ⅲ.描述细胞在某些化学物质、射线以及病毒的作用下，基因突变概率可能提高，而某些基因突变能导致细胞分裂失控，甚至发生癌变 Ⅳ.阐明进行有性生殖的生物在减数分裂过程中，染色体所发生的自由组合和交叉互换，会导致控制不同性状的基因重组，从而使子代出现变异 Ⅴ.举例说明染色体结构和数目的变异都可能导致生物性状的改变甚至死亡 Ⅵ.举例说明人类遗传病是可以检测和预防的

（三）单元学习目标

本单元属于必修2的模块内容，其阶段性评价以学业质量水平3为依据，最终达到学业质量水平4要求。依据《普通高中生物学课程标准》（2017年版2020年修订）的学业质量要求，本单元的学习目标为：

◆1.通过生活中具体的病例、实例的分析，探究其根本原因，建构基因突变、染色体变异和基因重组的概念、实质和意义；

◆2.能运用相应的原理解释变异发生在体细胞和生殖细胞时，对其控制合成蛋白质、对生物性状、对子代的影响；

◆3.描述生物变异概率的影响因素，分析变异的生物学意义以及遗传物质改变对生物性状的影响，形成结构与功能相适应的生命观念；

◆4.能认同并采纳积极健康的生活方式，远离疾病，提高个人和家庭的生活质量、提高人口素质，体会社会责任。

（四）单元学习大情境

1. 大情境简介

情境创设的来源很多，主要有以下几种：第一，生物科学史的情境创设。新课标的生物学教材中，十分注重对科学史的教育，教材中含有大量科学史的素材，不仅简单介绍了科学史，还包含了丰富且曲折的探究史，通过对科学史的深入挖掘，就能够创设相应的教学情境。第二，多媒体与直观教具的情境创设。生物教学中，有些时候学生无法直接认识到研究对象，这时可以通过模拟的方式实施辅助教学。第三，以生产生活实例为题材创设教学情境。一方面利用学生已有的生活经验引起关注；另一方面能够引导学生利用已掌握的知识解决实际问题，符合学生的认知水平、情感体验、学习能力，也符合生物学科特点。第四，以前沿科技成果为题材创设教学情境。最新生物学研究成果及进展作为教学情境，可成为一种少见的教学尝试，使学生眼前一亮，激发学生的学习兴趣和对生物学的热爱。第五，以社会热点问题为题材创设教学情境，生物学密切相关的社会热点问题作为教学素材，能够满足学生的好奇心理需求。第六，以地方特色资源为题材创设教学情境。学生对地方特色资源要求的生态环境比较感兴趣，如果能够以当地特产为教学素材，学生不仅想探知究竟，还会因为家乡特产而感到自豪，从而收到较好的教学效果。

2. 大情境聚焦

在单元学习的问题教学活动中，根据单元问题教学法理念，以体现知识的综合性与严整性为出发点，确定单元主题，设计单元教学程序，引导学生主动、系统地学习，有效地发挥了学生的主体性和主动性，可收到较好的教学效果。

情境1：性状各异、颜色多样的金鱼品种是如何培育的？其中蕴藏的生物学原理是什么？

情境2：假如你是一位水果研究专家，如何获得产量较高、果实大又甜的无子西瓜新品种？

情境3：播放《揭秘漫威英雄的秘密》部分视频，提出变异的概念和类型。

情境4.播放某国政府决定将福岛核污水排入大海的相关新闻视频,这个新闻一出,引起了世界各国的广泛关注,人们在担心什么?

二、课时大概念Ⅰ（基因突变和基因重组）教学设计示例
陈　媛　简倩楠

本课时涉及概念为必修2《遗传与进化》第五章第1节"基因突变和基因重组",对应的课程标准要求为"概述碱基的替换、增添或缺失会引发基因中碱基序列的改变""阐明基因中碱基序列的改变有可能导致它所编码的蛋白质及相应的细胞功能发生变化,甚至带来致命的后果""描述细胞在某些化学物质、射线以及病毒的作用下,基因突变概率可能提高,而某些基因突变能导致细胞分裂失控,甚至发生癌变""阐明进行有性生殖的生物在减数分裂过程中,染色体所发生的自由组合和交叉互换,会导致控制不同性状的基因重组,从而使子代出现变异"。根据学习内容和课堂容量,本主题需2课时：第1课时为"基因突变"；第2课时为"基因重组"。

（一）大概念析读

1. 大概念理解

本节课时大概念涉及可遗传变异的两种类型,即基因突变和基因重组。为了达成大概念,需要帮助学生构建基因突变的概念,溯源基因突变的内因和外因,并分析基因突变带来的后果,辩证认识基因突变的意义,提炼基因重组的类型和意义。

2. 大概念解构

基因突变是DNA分子水平的改变,看不见摸不着,比较抽象,所以理解起来有困难,但是基因突变带来的性状改变是明显的,因此本节以大量生活真实情境,如镰状细胞贫血、结肠癌的发生等实例创设情境,从现象开始追根溯源,通过设置问题任务进行原因分析进而帮助学生从宏观和微观认识基因突变的本质；基因重组的部分内容在基因的自由组合定律和减数分裂中已经学习过,本节需要从生物变异的类型和特点的角度提炼基因重组的类型和意义,最终指向课时大概念。

（1）以镰状细胞贫血症为例分析基因突变的概念。

（2）通过对结肠癌发生的原因分析细胞的癌变,理解概念"基因中碱基序列的改变有可能导致它所编码的蛋白质及相应的细胞功能发生变化,甚至带来致命的后果"。

（3）分析诱发基因突变的外因,"细胞在某些化学物质、射线以及病毒的作用下,基因突变概率可能提高,而某些基因突变能导致细胞分裂失控,甚至发生癌

变"。阐述基因突变的意义。

（4）解释基因重组的原因，"进行有性生殖的生物在减数分裂过程中，染色体所发生的自由组合和交叉互换，会导致控制不同性状的基因重组，从而使子代出现变异"。解释性状各异、颜色多样的金鱼品种是如何培育的。

（二）学习目标

1. 通过对镰状细胞贫血形成原因的分析，阐明基因突变的概念。
2. 通过分析讨论结肠癌发生的原因，说出癌变与基因突变之间的关系，增强远离致癌因子、选择健康生活方式的意识。
3. 通过分析生活中基因突变的实例，阐明基因突变的原因及意义。
4. 能基于自由组合定律和减数分裂的过程，阐明基因重组的类型和意义。
5. 举例说明基因突变和基因重组的意义。

（三）学习重难点

◆学习重点：基因突变的概念、基因突变的原因和意义。

◆学习难点：基因突变和基因重组的意义。

（四）学情分析

◆知能基础：通过前面"基因的表达"的学习，学生已经初步了解基因通过控制蛋白质的合成控制生物的性状，掌握中心法则的基本内容，初步认识到生物的变异与遗传物质有关。

◆素养基础：学生已经树立良好的结构与功能观，加之逆向思维的运用，学生理解基因突变的概念相对容易。本节通过展示基因突变带来的后果，即可能对生物有害也有可能有利，帮助学生辩证地认识生命活动中的变化，并由此帮助学生初步构建进化观念。此外通过孟德尔遗传定律、减数分裂、基因指导蛋白质的合成等内容的学习，学生已经能够基于生物学事实，运用归纳与概括、演绎与推理等科学思维探讨，阐述生命规律。

◆不足条件：学生对"生物变异仅与遗传物质改变有关？""变异的类型有哪些？""变异一定是有害的？"等变异的内涵和外延并不清楚，本节将通过实例对基因突变和基因重组两种变异类型进行分析。

（五）教学资源

◆基本教学材料：人教版教材，多媒体课件，相关统计图表和视频。

◆课时大情境：航天育种的生物学原理是什么？我国色彩斑斓、形态各异的金鱼是如何培育的？

（六）教学过程设计

第1课时　基因突变教学过程设计表

教学环节	教师活动	学生活动	设计意图
创设问题情境，导入新课	【视频】播放最初一代蜘蛛侠的诞生视频片段 【问题】Parker为什么会变成蜘蛛侠且具有特殊功能 【讨论交流】此现象遗传还是变异 由此引出学习内容： 第五章《基因突变及其他变异》 第一节《基因突变与基因重组》	观看视频，思考问题	以熟悉的电影桥段导入，点燃学生的学习热情，激发学生的求知欲
基因突变的实例——探究镰状细胞贫血症形成的原因	【活动1】探究镰状细胞贫血形成的原因 情境：你作为医生，有一位病人出现了脸色苍白、头晕、乏力、骨痛、胸痛、血尿等症状，在对其进行的血液检测报告中发现了异常（PPT展示各检测报告单），诊断结果显示为镰状细胞贫血症。请你以医生的身份对该病的病因进行分析并向病人解答问题 问题1：镰状细胞和正常人的红细胞有什么区别 总结：正常人的红细胞是中央微凹的圆饼状，起到运载氧气的作用，而镰状细胞贫血患者的红细胞是弯曲的镰刀状。镰状细胞不灵活，不容易改变形态，因此多数镰状细胞穿过血管时会破裂，使人患溶血性贫血，严重时会导致死亡。镰状细胞通常只存活10～20天，而不是正常的90～120天。镰状细胞也可能黏附在血管壁上，造成堵塞，从而导致血液流动减慢或停止 问题2：正常红细胞为什么会变成镰状细胞呢 （PPT展示相应的检测报告：正常和异常血红蛋白的氨基酸序列） 要求学生依据血红蛋白氨基酸差异序列检测报告单，总结引起该病的直接原因是什么	学生观察回答镰状细胞贫血症红细胞的形态及功能、特点 学生回忆得出氨基酸种类、数目、排列顺序及肽链空间结构不同 多肽链中一个谷氨酸被缬氨酸替换 GAG：谷氨酸 GUG：缬氨酸 原因是基因的碱基发生了替换	创设衔接的情境，渗透生涯规划教育，体验医生职业，观察疾病由现象到本质，通过系列问题的归纳，学生自主建构基因结构改变导致蛋白质改变的认识，从而培养生命观念

第三章　大概念统领下的单元情境教学 | 093

续表

教学环节	教师活动	学生活动	设计意图
基因突变的实例——探究镰状细胞贫血症形成的原因	问题3：谷氨酸被缬氨酸替换的原因是什么引导学生回顾：核酸的种类、DNA和基因的关系、基因通常是有遗传效应的DNA片段、基因的表达等知识，分析第三份检查报告——血红蛋白氨基酸差异碱基序列检测报告单，并完成教材第81页的思考讨论 根据碱基互补配对原则写出相应的碱基，说出使氨基酸发生改变的原因是什么 总结：根据分析得出镰状细胞贫血是因为细胞中控制血红蛋白的基因中碱基发生了替换，引起基因碱基序列的改变，从而使其表达出来的蛋白质结构和功能发生了变化，继而出现相应的病变以至于发生了基因突变 除此以外还有类似的引起基因碱基序列的改变导致相应病变或性状发生改变的例子吗？都是因为碱基替换吗		

续表

教学环节	教师活动	学生活动	设计意图
建构基因突变概念	【活动2】将囊性纤维化、豌豆粒形的资料分发给各组同学。设计一系列问题，让同学结合资料开展思考讨论，归纳总结出性状发生改变的原因 问题： 1.引起性状改变的原因是什么 2.这些原因都引发了基因碱基序列的改变 3.引起基因碱基序列改变的方式有哪些 4.基因碱基序列改变后还是不是原来的基因 总结： 引起基因碱基序列改变的方式除了替换外还有增添、缺失 而这些引起基因碱基序列发生改变后就会导致蛋白质结构和功能的变化，从而性状改变，出现病变。但也会出现基因的碱基序列发生一个或少数碱基的改变，氨基酸没有发生改变（密码子的简并性），性状不发生变化的情况 提问：通过分析，总结基因突变的概念	说出基因突变的概念	学生从资料中自主分析归纳病变的原因，总结基因突变的概念，归纳基因突变的意义之一是产生新基因的途径，是变异的根本来源。培养学生合作意识，类比推理、分析归纳的科学思维和科学探究能力

续表

教学环节	教师活动	学生活动	设计意图
基因突变的原因——探索结肠癌发生的原因	是什么原因导致基因突变呢？从结肠癌发生的原因中去寻找 【活动3】结合资料完成教材第81页的思考讨论：结肠癌发生的原因 PPT展示关于解释结肠癌发生的简化模型图及资料，引导学生对该病的病因进行分析。并讨论以下问题： 1.根据图示推测，癌细胞与正常细胞相比，发生了哪些变化 2.癌细胞为什么能转移 3.是什么原因使癌细胞发生了这样的变化 4.原癌基因和抑癌基因的作用分别是什么 5.结合已有知识，尝试分析癌细胞的变异能否遗传 总结：基因突变通常发生在体细胞上，一般不能遗传 提问：是什么原因引起血红蛋白基因、原癌基因和抑癌基因发生突变呢？如何健康生活避免基因突变 处于诱变因素作用下的生物一定会发生基因突变吗	细胞形态大小不一样，无限增殖；细胞膜上糖蛋白减少，黏着性降低，易转移。原癌基因与抑癌基因发生突变；原癌基因表达的蛋白质是细胞正常的生长和增殖所必需的。抑癌基因表达的蛋白质能抑制细胞的生长和增殖，或者促进细胞凋亡 分析资料，回答问题，理解基因突变的内因和外因	能够从结构与功能之间的关系讨论结肠癌发生的原因，说明癌变与基因突变之间的关系，增强远离致癌因子、选择健康的生活方式的意识
基因突变的特点和意义	【活动4】阅读教材第83页，归纳总结基因突变的特点和意义 1.展示由于基因突变对生物造成不利影响的三张照片，再次解释基因突变的有害性 2.提供资料（1）：航天诱变育种 （2）：镰状细胞贫血与疟疾的关系	阅读教材，回答问题	通过对基因突变实例的分析，引导学生理解基因突变的意义，培养学生自学能力及辩证思维
总结	展示该节内容思维导图总结基因突变的概念、原因和意义		课堂小结

第2课时　基因重组教学过程设计表

教学环节	教师活动	学生活动	设计意图
创设问题情境，引入新课	摩尔根偶然在一群红眼果蝇中发现一只白眼雄果蝇，白眼这种性状是如何产生的呢后来摩尔根又得到四十多种不同突变类型的果蝇，并进行了各种杂交实验，得到多种性状组合的果蝇，例如资料1	根据第一课时的学习回答问题	基于科学史的情境构建
寻找证据：基因重组的概念和两种类型	【资料1】阅读下面资料，重点关注测交后代果蝇的表型和基因型 果蝇灰身（B）与黑身（b）、大翅脉（E）与小翅脉（e）是两对相对性状而且独立遗传。摩尔根用灰身大翅脉雌蝇与灰身小翅脉雄蝇杂交，子代中四十七只为灰身大翅脉，四十九只为灰身小翅脉，十七只为黑身大翅脉，十五只为黑身小翅脉 【任务】根据阅读获得的信息，分组讨论下列问题： 1.杂交后代中与亲代性状不同的表型和基因型分别是什么 2.F_1出现的几种性状的比例大约是多少 3.这两对等位基因是否遵循基因的自由组合定律？如何进一步实验验证 4.在染色体上画出这两对基因在染色体上的位置 5.基因的自由组合定律发生在什么过程中在发生在哪个时期 各组代表回答上述问题	1.杂交后代中与亲代性状不同的表型和基因型分别是黑身大翅脉（bbEe）和黑身小翅脉（bbee） 2.四种类型的果蝇，其比例大约是3∶3∶1∶1 3.遵循自由组合定律，亲本的灰身大翅脉进行测交 4.两对基因分别位于两对同源染色体上 5.减数第一次分裂后期 6.减数分裂过程中非等位基因自由组合，出现bE的雌配子，与be的雄配子，结合后发育得到黑身大翅脉果蝇，be的雌配子与be的雄配子结合后发育得到黑身小翅脉果蝇	构建果蝇情境，将教材的文字资料用真实情境来符号化、具体化，通过果蝇不同性状的基因的重新组合可得子代新类型，帮助学生理解基因重组的概念

续表

教学环节	教师活动	学生活动	设计意图
寻找证据：基因重组的概念和两种类型	生物体在减数分裂形成配子时，非同源染色体上非等位基因之间的自由组合，使控制不同性状的基因进行了重组，新的重组类型配子的随机结合又导致了后代出现新的基因型和表型 【构建概念】基因重组是指生物进行有性生殖的过程中，控制不同性状的基因的重新组合 【资料2】在黑腹果蝇中，灰体（B）相对黑体（b）是显性，长翅（V）相对残翅（v）为显性。摩尔根用灰体长翅（BBVV）和黑体残翅（bbvv）的果蝇杂交，F_1都是灰体长翅。用F_1的杂合体雌蝇与黑体残翅的雄蝇测交，后代却出现了灰体长翅、黑体残翅、灰体残翅、黑体长翅四种类型，其百分比依次是42%、42%、8%、8% 【任务】根据阅读获得的信息，分组讨论下列问题： 1.这两对等位基因是否遵循基因的自由组合定律？给出判断依据 2.在染色体上画出这两对基因在染色体上的位置 3.如何解释测交后代百分比依次是42%、42%、8%、8% 教师小结：减数分裂过程中，非同源染色体的自由组合和同源染色体的交叉互换，会导致控制不同性状的基因重组，从而使子代出现变异。自由组合和交叉互换是基因重组的两种类型	1.不符合，如果符合自由组合定律，F_1灰体长翅可以产生四种配子：BV：Bv：bV：bv＝1：1：1：1，测交后代比例约1：1：1：1。而题目中其百分比依次是42%、42%、8%、8% 2.B和V在同一条染色体上 3.部分性原细胞在减数分裂过程中，联会时非姐妹染色单体发生了交叉互换，使得同源染色体上的等位基因发生交换，产生少量Bv和bV配子	

续表

教学环节	教师活动	学生活动	设计意图
基因重组的应用	【应用1】播放袁隆平团队双季杂交稻亩产突破3000斤的新闻报道引出任务：已知水稻的高产（A）与低产（a）、不耐盐碱（B）与耐盐碱（b）、非糯性（D）与糯性（d）这三对等位基因独立遗传。现有三个纯合品系AABBDD、aabbDD、aaBBdd（假定不发生交叉互换），请利用基因重组原理设计育种方案，培育得到能够稳定遗传的高产耐盐碱糯性水稻品种 【应用2】我国是最早养殖和培育金鱼的国家，将透明鳞和正常鳞的金鱼杂交，得到五花鱼；将朝天眼和水泡眼的金鱼杂交得到朝天水泡眼。正因为基因突变、基因重组以及人工选择，才会出现色彩斑斓、形态各异的金鱼，极大丰富了人们的生活	讨论方案：杂交、自交、选种	理论知识应用于实际，引导学生参与社会议题的讨论
基因重组的意义	1.列表比较基因突变和基因重组 | | 基因突变 | 基因重组 | | --- | --- | --- | | 本质 | | | | 原因 | | | | 时间 | | | | 意义 | | | | 可能性 | | | 2.基因重组会有新的基因产生吗？会出现新的性状吗 3.基因重组有何意义 【总结】基因重组是生物变异的主要来源，也是形成生物多样性的重要原因，为生物进化提供了原材料	1.学生归纳填表 2.只产生新的基因型，没有产生新基因 只出现原有性状的重新组合，不会出现新的性状 3.基因重组使产生的配子种类多样化，进而产生基因组合多样化的子代，其中一些子代可能会含有适应某种变化的、生存所必需的基因组合，因此有利于物种在一个无法预测将会发生什么变化的环境中生存	

板书设计：

基因重组
- 概念　在生物体进行有性生殖的过程中，控制不同性状的基因的重新组合
- 原因　自由组合；交叉互换
- 本质　产生新的基因型，原有性状组合
- 意义　生物变异来源之一，对生物进化有重要意义

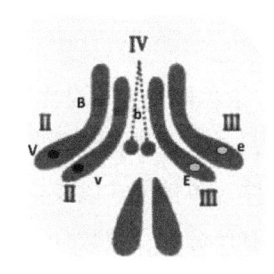

（七）学习测评

1.课堂小组讨论及思考：

①果蝇灰身、大翅脉、残翅等不同性状是如何组合在一起的？

②设计方案培育得到能够稳定遗传的高产耐盐碱糯性水稻品种。

③比较基因重组和基因突变的意义。

2.2022年5月，神舟十三号搭载的1.2万粒作物种子顺利出舱。利用太空的特殊环境诱使植物种子发生变异，进而选育植物新品种、创造农业育种材料、丰富基因资源。这是一种将辐射、宇航、育种和遗传等学科综合起来的高新技术。该技术中利用种子发生基因突变的育种方式是

A.杂交育种　　B.单倍体有种　　C.多倍体育种　　D.诱变育种

【答案】D

3.下列生命活动过程中，可发生基因重组的是

A.减数分裂　　B.有丝分裂

C.无丝分裂　　D.精细胞变形

【答案】A

4.下列可能导致细胞癌变的物理致癌因子是

A.亚硝胺　　B.核辐射　　C.黄曲霉素　　D.Rous肉瘤病毒

【答案】B

（八）教学反思

主要亮点：利用真实情境引出问题任务，让学生在自主探究与合作探究中达成知能目标，实现核心的强化。

存在不足：基因重组意义部分僵硬；杂交育种部分给学生表达的时间不充足。

再教设计：基因重组意义部分可以通过比较简单和直观的实例分析体会；提醒学生注意杂交育种不一定要获得纯合子，特定情况下存在杂种优势。

三、课时概念Ⅱ（染色体变异）教学设计示例
龚西旭　杨朝钊

"染色体变异"是生物学必修2《遗传与进化》（人教版2019）第五章第二节的内容，讲述了染色体数目和结构两方面的变异。教材前后涉及染色体组、二倍体、多倍体、单倍体，以及染色体缺失、重复、易位、倒位等概念。本节内容与前面学习的有丝分裂、减数分裂和受精作用等知识有联系，也是学习"人类遗传病"一节的基础，还与生产、生活和人类的健康知识有关，对学生有着相当大的吸引力。同时也为低温诱导染色体数目变化的学习奠定了基础，因此本节课主要采用自主、合作、探究式等学法，以便有效地突破重难点。

（一）大概念析读

1. 大概念理解

在真核生物的体内，染色体是遗传物质DNA的主要载体。当染色体的数目发生改变（减少，增多）或者染色体的结构发生改变时，遗传信息就随之改变，带来的就是生物体的后代性状的改变，可具体定义为：生物体的体细胞或生殖细胞内染色体数目或结构的变化。根据变异产生的原因，它可以分为结构变异和数目变异两大类。

染色体数目变异主要包括两类，一类是细胞内个别染色体的增加或减少，另一类是细胞内染色体数目以一套完整的非同源染色体为基数成套地增加或成套地减少。

染色体结构变异包括缺失、重复、易位和倒位四种类型。

2. 大概念解构

完成"染色体数目变异"大概念教学，需要结合真实情境，在解释具体概念二倍体、多倍体、单倍体后，完成以下教学内容，最终达成课时大概念，指向单元大概念。

（1）二倍体、多倍体、单倍体的概念理解、应用及实例。

（2）染色体结构缺失、重复、倒位和易位的概念理解、应用及实例。

（二）学习目标

1.能阐明染色体组、单倍体、二倍体和多倍体的概念，并说出其对生物的影响。

2.归纳出单倍体以及多倍体的特点、形成原因及其在育种上的意义，体会小组合作学习的乐趣。

3.通过学习染色体数目变异，说出染色体数目变异对生物的影响，了解遗传与变异的实例。

4.理解染色体结构变异的四种类型，并说出其对生物的影响。

5.通过模型构建体会易位与交叉互换的区别及染色体组的概念，体会小组合作学习的乐趣。

（三）学习重难点

1.学习重点：染色体数目的变异。

2.学习难点：

（1）染色体组的概念。

（2）单倍体、二倍体、多倍体的区别。

（3）低温诱导染色体数目变化的作用机制。

（4）易位与交叉互换的区别。

（四）学情分析

◆知能基础：学生已经学习了孟德尔的豌豆杂交实验、减数分裂、DNA的结构与功能以及基因的概念和功能等知识。因此，将基因突变、基因重组和染色体变异的知识结合，能帮助学生构建更为直观而完整的知识体系，有助于学生对"遗传和变异"整体理解，也可为介绍人类遗传病、生物育种及生物进化等知识作铺垫，是建立完整的认知结构的关键。

◆素养基础：本节内容与前面学习的有丝分裂、减数分裂、受精作用，以及上一节基因突变和基因重组等内容息息相关，重点是与育种等实际生活、生产相联系，学生很感兴趣，是核心素养培养的理想材料。

◆不足条件：本节内容比较抽象，不直观，而且和前面学的基因突变和基因重组概念不易区分，又和很多知识有联系，对于学生归纳总结，建立知识之间的联系等能力要求高，所以学生学习起来仍然有困难。

（五）教学资源

◆基本教学材料：人教版教材、多媒体课件、相关科学资料、统计图表和视频等。

◆课时大情境：野生马铃薯染色体组成、人工诱导多倍体实例。

（六）教学框架

教学框架由两个思路框架图展示。（图3-2-3，图3-2-4）

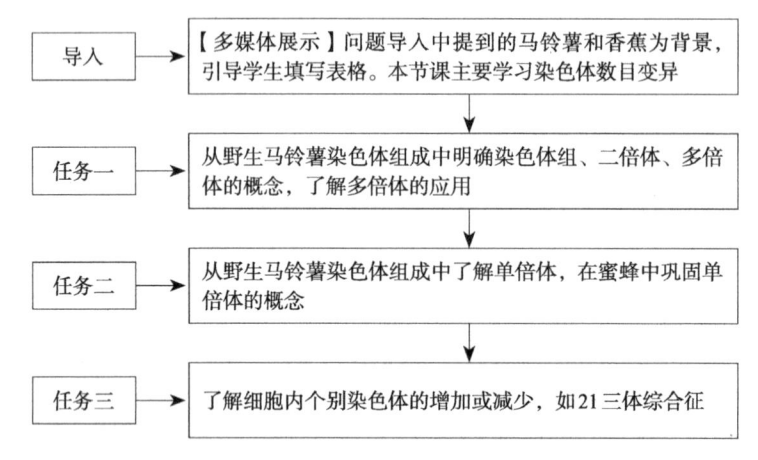

- 导入 → 【多媒体展示】问题导入中提到的马铃薯和香蕉为背景，引导学生填写表格。本节课主要学习染色体数目变异
- 任务一 → 从野生马铃薯染色体组成中明确染色体组、二倍体、多倍体的概念，了解多倍体的应用
- 任务二 → 从野生马铃薯染色体组成中了解单倍体，在蜜蜂中巩固单倍体的概念
- 任务三 → 了解细胞内个别染色体的增加或减少，如21三体综合征

图3-2-3　课时概念Ⅱ第1课时设计思路框架图

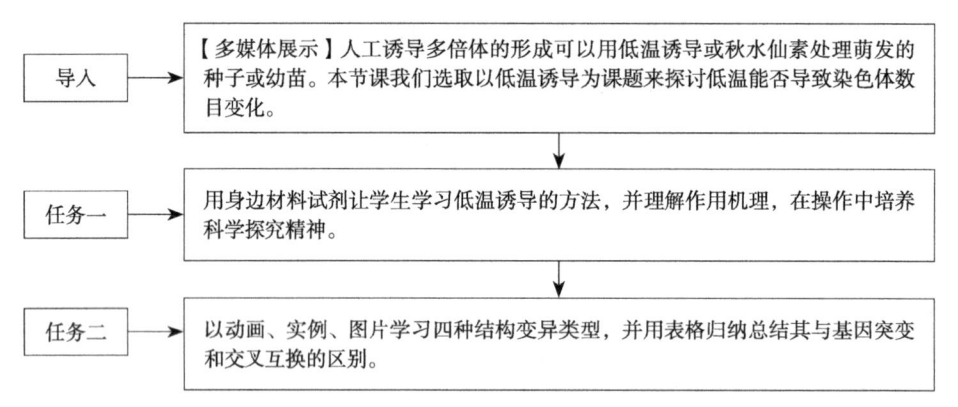

- 导入 → 【多媒体展示】人工诱导多倍体的形成可以用低温诱导或秋水仙素处理萌发的种子或幼苗。本节课我们选取以低温诱导为课题来探讨低温能否导致染色体数目变化。
- 任务一 → 用身边材料试剂让学生学习低温诱导的方法，并理解作用机理，在操作中培养科学探究精神。
- 任务二 → 以动画、实例、图片学习四种结构变异类型，并用表格归纳总结其与基因突变和交叉互换的区别。

图3-2-4　课时概念Ⅱ第2课时设计思路框架图

（七）教学过程设计

第1课时

环节	情境	师生交互	创设意图
知识复习	【复习】情境：基因突变和基因重组 提出问题： 基因在哪里？染色体会变异吗 本节课我们来学习染色体数目的变异	【学生】回顾基因突变和基因重组的相关内容，讨论分析解答 【教师活动】认真听后，在理解有误的地方强调，并给学生回顾基因突变和基因重组内容，进行详细的阐释并引导学生思考染色体的数目变异	复习旧知识，引入新知识。暗示染色体数目能够发生变化

环节	情境	师生交互	创设意图
知识铺垫	【情境】多媒体呈现： 作为野生植物的后代，许多栽培植物的染色体数目却与它们的祖先大不相同，如马铃薯和香蕉（见下表） 	生物种类		体细胞染色体数/条	体细胞非同源染色体/套	配子染色体数/条
---	---	---	---	---
马铃薯	野生祖先种	24	2	
	栽培品种	48	4	
香蕉	野生祖先种	22	2	
	栽培品种	33	3	| 【问题】讨论问题： 1.根据前面所学减数分裂的知识，试着完成该表格 2.为什么平时吃的香蕉是没有种子的 3.分析表中数据，你还能提出什么问题吗？能否发挥想象力作出一些推测呢	【学生】认真思考问题并填写表格，做好笔记，以小组为单位，讨论是否还能提出其他问题 1.完成教材中表格的填写 2.结合生活实际经验及所学知识，推理、猜测平时吃的香蕉为什么没有种子 【教师】讲解并总结问题探讨内容 倾听学生答案，讲解讨论问题，公布表格答案	围绕教学主题（大概念）进行知识铺垫，掌握必备知识，用于主题探究通过提问加深学生理解，老师纠正错误认知，以此培养学生获取信息的能力

◆ 主题探究

环节	情境	师生交互	创设意图
知识承转	【情境】多媒体呈现： 展示野生马铃薯的染色体组成图	【学生】学生活动：仔细观察野生马铃薯的染色体组成图 【教师】教师总结：在大多数生物的体细胞中，染色体都是两两成对的，也就是说含有两套非同源染色体，其中每套非同源染色体称为一个染色体组。例如，野生马铃薯体细胞中有两个染色体组，每个染色体组包括12条形态和功能不同的非同源染色体	以现实生活中常见的马铃薯激发学生的兴趣，在马铃薯染色体的组成这一情境中训练学生获取信息的能力，进一步思考引导学生，并基于事实形成概念

续表

环节	情境	师生交互	创设意图
主题探究	【情境】多媒体呈现： 野生马铃薯染色体图（亮点为荧光标记） 【情境】分析野生马铃薯的染色体组成图		紧扣课时大概念创设主题情境与预设追问式问题链，培养学生解决问题的能力 用提问的方式，层层深入，使学生看图了解染色体组的概念，帮助学生理解染色体组的含义
	【问题】1.野生马铃薯体细胞中有几条染色体 2.标记为2号的两条染色体是什么关系？2号与3号染色体又是什么关系 3.野生马铃薯体细胞中有几对同源染色体 4.野生马铃薯配子（精子或卵细胞）中有几条染色体？这些染色体的形态和功能有什么特点？这些染色体之间是什么关系 【延伸】讲解核心概念染色体，识别不同细胞的染色体组数量	【学生】合作探究，得出答案，填写在学案上 【教师】对学生的答案进行评析，并加以补充和总结	学生通过观察马铃薯染色体组成图，联系减数分裂相关知识，以问题驱动，让学生总结、比较染色体数目变异中染色体组的相关问题，培养学生变异与进化的生命观念

续表

环节	情境	师生交互	创设意图
主题探究	【问题】1.如果把配子（精子或卵细胞）中的染色体看作一组，野生马铃薯体细胞中有几组染色体 2.如果野生马铃薯在减数分裂I后期，同源染色体不分离，所形成的配子（精子或卵细胞）中有几个染色体组 3.如果在减数分裂II后期，着丝粒分裂后，姐妹染色单体未分离而是进入同一个子细胞中，所形成的配子中有几个染色体组 4.这样的配子与正常的配子结合，发育成的个体的体细胞中有几个染色体组	【学生】小组讨论，思考问题，得出答案，填写在学案上 【教师】多媒体展示野生马铃薯的染色体组成图并提出问题，学生思考、回答问题。学生回答，并做适当的提示。根据学生回答，进行相应补充，并做归纳总结	
知能强化	【情境】展示人工诱导多倍体的方法		从常见多倍体引起学生兴趣，使教学内容和生活相联系，促进学生对所学知识的应用，并了解人工诱导多倍体的方法的实际应用和优势
	【问题】1.人工诱导多倍体的方法有哪些 2.与二倍体植株相比，多倍体植株的优点是什么	【学生】阅读教材，得出答案： 1.低温诱导，用秋水仙素诱发等 2.与二倍体植株相比，多倍体植株常常是茎秆粗壮，叶片、果实和种子都比较大，糖类和蛋白质等营养物质的含量都有所增加	
	【情境】展示野生马铃薯的染色体组成图		学生通过观察马铃薯染色体组成图，联系减数分裂相关知识。以问题驱动，让学生总结单倍体概念
	【问题】1.如果野生马铃薯的配子形成后未经过受精作用就直接发育成新个体，新个体的体细胞中有几个染色体组 2.新个体属于几倍体呢	【教师】多媒体展示野生马铃薯的染色体组成图并提出问题，学生思考、回答问题 【学生】结合教材中蜜蜂的相关材料，思考问题	
	【情境】展示21三体综合征患者的染色体组成		以染色体数目变异疾病入手，使学生了解染色体数目变化会导致疾病发生
	【问题】1.与正常人的染色体组成相比，21三体综合征患者染色体有什么特点	【教师】多媒体展示21三体综合征患者的染色体组成并提出问题，学生思考、回答问题 【学生】思考问题，得出答案	

◆ 迁移拓展

环节	情境/问题	师生交互	创设意图
知能拓展	【试题】巩固练习：参考教材"练习与应用"第4题	【拓展】染色体组、单倍体、二倍体、多倍体的概念及区别 【教师】归纳总结	知识融通，形成整体思维
大概念强化		【师】课堂小结：整合新旧知识，形成知识网络结合概念图对本节课进行总结和归纳	理清概念之间内在的逻辑关系，提高学生反思能力，回应课时大概念

◆ 板书设计

5.2 染色体变异

一、染色体数目变异

1. 染色体组
2. 二倍体
3. 多倍体
4. 单倍体

第 2 课时

环节	知识内容（情境/问题）	师生交互	创设意图
知识复习	【复习】情境：人工诱导多倍体的形成可以用低温诱导和秋水仙素处理萌发的种子或幼苗。本节课我们选取以低温诱导为课题来探讨低温能否导致染色体数目发生变化	【学生】自主学习低温诱导染色体数目的变化实验相关内容，讨论分析： 1. 低温诱导植物细胞染色体数目变化的实验原理及步骤 2. 低温诱导植物细胞染色体数目变化的作用机制是什么 【教师活动】认真听后，在理解有误的地方强调，并给学生归纳总结，进行详细的阐释并引导学生进行实验	复习旧知识，引入新知识。暗示染色体数目发生变化的实例

续表

环节	知识内容（情境/问题）	师生交互	创设意图
知识铺垫	【情境】多媒体呈现： 1.材料处理 2.固定 3.制作装片，包括以下四个步骤。 （1）解离（2）漂洗（3）染色（4）制片 4.先用低倍镜寻找染色体形态较好的分裂象。视野中既有正常的二倍体细胞，也有染色体数目发生改变的细胞。确认某个细胞发生染色体数目变化后，再用高倍镜观察 【问题】主体生成式问题： 1.如何利用低温诱导植物细胞染色体数目变化 2.低温诱导植物细胞染色体数目变化的作用机制	【学生】：认真聆听并做好笔记，结合课前自学完成的实验报告，以小组为单位，开展观察实验的过程 1.课前完成了诱导培养和固定细胞形态的步骤，课上学生完成装片制作，观察比较并得出结论 2.尽可能地移动装片寻找发生了染色体数目变化的细胞（观察的最佳时期是有丝分裂中期） 【教师】举例与总结： 低温可抑制纺锤体的形成，影响细胞有丝分裂中染色体移向两极，导致细胞不能分裂成两个子细胞	围绕教学主题（大概念）进行知识铺垫，掌握必备知识，用于主题探究，学生通过活动加深理解，并进行小组展示，互相点评。老师纠正错误认知，以此培养学生获取信息的能力。最后老师再播放正确操作视频，加深学生理解与记忆

◆ 主题探究

环节	情境/问题	师生交互	创设意图
知识承转	【情境】多媒体呈现： 播放猫叫综合征相关视频。引入染色体结构变异概念 教师介绍： 猫叫综合征及患者第5号染色体短臂缺失相关内容	【学生】学生活动：理解猫叫综合征形成的原因 【教师】教师总结：除染色体数目的变异外，人类的许多遗传病是由染色体结构改变引起的。例如猫叫综合征是人的5号染色体部分缺失引起的遗传病。猫叫综合征属于染色体结构变异中的缺失。除此之外染色体结构变异还有重复、易位、倒位	根据人群中的遗传病，引入本节课内容，激发学生学习兴趣

续表

环节	情境/问题	师生交互	创设意图
主题探究	【情境】多媒体呈现： 指导学生阅读教材第90页"染色体结构的变异"的相关内容，观察染色体发生了什么变化，思考染色体结构变异对遗传机制的影响		紧扣课时大概念创设主题情境与预设追问式问题链，培养学生解决问题的能力
	【问题】 什么叫缺失、重复、倒位、易位？举例及应用 【延伸】 讲解核心概念及所引起的结果，举出各种变异的实例	【学生】合作探究，得出答案，即缺失是染色体的某一片段缺失引起的变异。例如：果蝇缺刻翅的形成 重复是染色体中增加某一片段引起变异。例如：果蝇棒状眼的形成 易位是染色体的某一片段移接到另一条非同源染色体上引起变异。例如：果蝇花斑眼的形成 倒位是染色体的某一片段位置颠倒引起变异。例如：果蝇卷翅的形成	用动画的形式直观展示染色体结构变异概念内涵及基因的变化，帮助学生科学理解内涵

续表

环节	情境/问题	师生交互	创设意图
知能强化	【情境】染色体片段互换的几种实例 【问题】 1.染色体结构的变异和上一节学习的基因突变、基因重组有何异同点呢 2.染色体变异中的易位与基因重组的交叉互换有何区别	【学生】独立完成： 思考：基因突变碱基的增添、缺失与染色体变异缺失或重复有何区别 【教师】黑板上展示三种染色体结构变异类型，学生分析并总结缺失、重复、倒位。同学回答，并做适当的提示。根据学生回答，做相应补充，并做归纳总结 【学生】模型构建1：观察教材染色体结构的易位，以小组为单位，采用卡片构建易位的模型。学生汇报并总结易位发生的原因，并与交叉互换相比较，展示课前橡皮泥制备的交叉互换与易位的模型，让学生区分 【教师】同学回答，并做适当的提示。根据学生回答，做相应补充，并做归纳总结	学生通过动手构建模型，有效区分易位与染色体变异。以问题驱动，让学生总结、比较染色体结构变异和基因突变、基因重组中的交叉互换之间的区别，培养学生变异与进化的生命观念。

◆ 迁移拓展

环节	情境/问题	师生交互	创设意图
知能拓展	【试题】巩固练习： 参考教材"练习与应用"第1~3题	【拓展】染色体变异的类型、区别及联系 【教师】归纳总结	知识融通，形成整体思维
大概念强化		【教师】课堂小结： 整合新旧知识，形成知识网络结合概念图对本节课进行总结和归纳	理清概念之间内在的逻辑关系，回应课时大概念

◆板书设计

一、低温诱导植物细胞染色体数目变化的实验原理及步骤

二、染色体结构的变异

1.概念：指染色体上的基因的数目和形态发生改变

2.变异类型：缺失、重复、倒位、易位

（八）学习测评

1.课外探究

查阅相关资料，列举染色体结构变化的实例。

2.关于高等植物细胞中染色体组的叙述，错误的是

A.二倍体植物的配子只含有一个染色体组

B.每个染色体组中的染色体均为非同源染色体

C.每个染色体组中都含有常染色体和性染色体

D.每个染色体组中各染色体DNA的碱基序列不同

【答案】C

3.利用基因型为Aa的二倍体植株培育三倍体幼苗，其途径如图所示。下列叙述正确的是

$2n$（二倍体植株）$\xrightarrow{①}$ $4n$（四倍体植株）$\Bigg\}$有性杂交 → 三倍体幼苗 途径一

$2n$（二倍体植株）$\Bigg\}$体细胞杂交 → 三倍体幼苗 途径二

$2n \rightarrow n$（花药）$\xrightarrow{②} n$（单倍体幼苗）

A.①过程需要秋水仙素处理，并在有丝分裂后期发挥作用

B.②过程为单倍体育种，能明显缩短育种期限

C.两条育种途径依据的生物学原理都主要是基因突变和染色体变异

D.两条育种途径中，只有通过途径一才能获得基因型为AAA的三倍体幼苗

【答案】D

4.下列关于生物学实验的相关叙述，正确的是

A.检测细胞内脂肪颗粒实验时，用苏丹Ⅲ染色后可观察到细胞呈红色

B.成熟洋葱鳞片叶外表皮细胞在0.3g/mL的蔗糖溶液中会发生质壁分离

C.在低温诱导染色体数目变化的实验中常用卡诺氏液对染色体进行染色

D.噬菌体利用自身的脱氧核苷酸为原料在大肠杆菌体内进行半保留复制

【答案】B

5.下列关于生物变异的叙述，错误的是

A.减数分裂过程中，基因重组可能发生在同源染色体之间

B.非同源染色体间的片段互换属于染色体结构变异

C.非同源染色体间的自由组合能导致基因重组

D.发生在体细胞中的基因突变不能遗传给后代

【答案】D

6.用低温对植物的幼苗进行处理，可以获得多倍体植株。低温作用的原理是

A.抑制纺锤体的形成　　　　B.诱导染色体多次复制

C.抑制着丝点的分裂　　　　D.干扰减数分裂的进行

【答案】A

（九）教学反思

主要亮点：第1课时，在教学中做了两点改进：一是染色体数目变异的内容增加了个别染色体增加或减少的内容，完善了教学内容，为后面的学习打下了基础；二是改变了教学内容的顺序，其目的是突出染色体组的概念与染色体数目变异的关系。第2课时，介绍染色体结构变异，使用课件，让同学们看到"猫叫综合征"，展示了染色体结构改变导致的变异，从而引出染色体结构变异的四种类型，使学生学得轻松有趣。本节两个课时的亮点很多，主要体现在三个方面，即问题性、整合性、兴趣性。知识过渡自然，讲练结合非常好，染色体数目变异类型的区别分析得很到位，学习氛围好，注重基础性，走进考点，对考点的把握很准！

存在不足：本节的难点学生难以理解。单倍体、二倍体、多倍体、染色体组、倒位、易位等概念比较抽象容易混淆，如果开始就向学生灌输必然会使得学生一头雾水。因此，让学生先通过阅读获得感性认识，然后运用课件展示使学生有直观的感受，再通过举例，总结规律以及巩固练习，尤其是图形练习帮助学生更深入的理解。

四、课时概念Ⅲ（人类遗传病）教学设计示例
李　燕

"人类遗传病"是生物必修2《遗传与进化》（人教版2019）第五章第三节的内容，讲述了人类常见遗传病的类型、遗传病的检测和预防。根据学习内容和课堂呈

现，完成本节学习需要1课时，本节内容与前面已经学习的减数分裂和受精作用、伴性遗传、基因突变、染色体变异等知识有密切联系，也与人类生产、生活和人类繁衍息息相关。学生已经学习了伴性遗传、基因突变、染色体变异等概念，为人类遗传病概念的建构奠定了认知基础。本节难点是人类遗传病的调查难以在课堂上实现，因此本节课主要采用课堂上辅助学生完善调查方案，课后实施调查的模式，同时采用自主、合作、小组探究等学法，以便有效突破重难点。

（一）大概念析读

1. 概念理解

在真核生物的体内，染色体是遗传物质DNA的主要载体，当人类染色体上基因突变或者染色体结构与数目发生异常时，遗传信息就随之改变，可能导致性状改变而患病，可具体定义为：由遗传物质改变而引起的人类遗传病。根据改变原因可分为基因遗传病和染色体异常病。

2. 大概念解构

本节内容所涉及的具体概念有"单基因遗传病""多基因遗传病""染色体异常遗传病"，完成本节大概念教学，需要结合大量真实情境，在解释具体概念后再回归到课时大概念"人类遗传病的检测和预防"，最终指向单元大概念。

（二）学习目标

1.能阐明单基因遗传病概念、多基因遗传病概念、染色体异常遗传病概念。

2.通过具体实际病例，让学生运用归纳概括的方法，概述人类遗传病的类型、发生的原因，同时形成生命观念。

3.基于对人类遗传病的遗传特点和危害的了解，能够运用遗传学知识和现代科技手段提出相关检测和预防措施，树立科学的生育观念。

4.尝试调查某种人类遗传病的发病率、分析其遗传方式，体会调查的基本思路和方法，培养设计调查方案和实践的能力。

（三）学习重难点

1.学习重点：

（1）人类常见的遗传病类型。

（2）遗传病的检测和预防。

2.学习难点：

人类遗传病的调查活动。

（四）学情分析

◆知能基础：在前面章节已经学习"基因在染色体上""伴性遗传""基因突变

和基因重组""染色体变异"等，学生已经初步了解单基因遗传的遗传方式，以及基因突变和染色体变异可能会引起一些病变，若变异发生在生殖细胞时可能会遗传给下一代，且对遗传病有一定的认知。本节内容主要是对人类遗传病的类型进行系统归类，向学生普及人类遗传病的检测和预防方法。

◆素养基础：学生在前面章节提到的"性状分离比的模拟实验""观察蝗虫精母细胞减数分裂装片"等探究实践活动中，已具有一定科学探究实践能力和科学思维，在学习"伴性遗传""基因突变""染色体变异"等章节时，已树立相关生命观念和社会责任意识。

◆不足条件：本节内容的学习要求学生具有基本遗传规律的认知、遗传方式的推理能力。在完成人类遗传病的调查活动时，要求学生具有较强的综合分析能力、较强的社交能力、团队合作能力和实践能力。

(五) 教学资源

人教版教材、教辅资料、多媒体课件、相关视频资料、课前导学案等。

(六) 教学框架

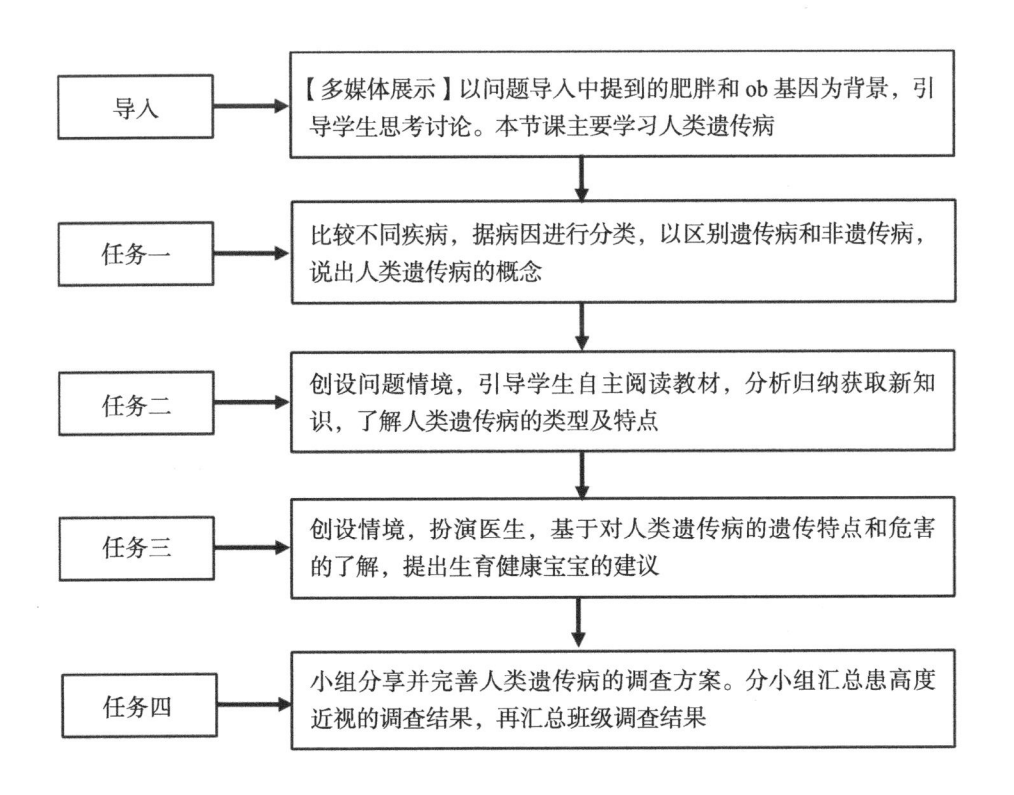

环节	内容
导入	【多媒体展示】以问题导入中提到的肥胖和ob基因为背景，引导学生思考讨论。本节课主要学习人类遗传病
任务一	比较不同疾病，据病因进行分类，以区别遗传病和非遗传病，说出人类遗传病的概念
任务二	创设问题情境，引导学生自主阅读教材，分析归纳获取新知识，了解人类遗传病的类型及特点
任务三	创设情境，扮演医生，基于对人类遗传病的遗传特点和危害的了解，提出生育健康宝宝的建议
任务四	小组分享并完善人类遗传病的调查方案。分小组汇总患高度近视的调查结果，再汇总班级调查结果

（七）教学过程设计

环节	情境/问题	师生交互	创设意图
知识复习	【复习】情境：基因突变和染色体变异 提出问题：基因突变和染色体异常，是否会遗传？其通常会带来不良结果，如果发生在人类身上，又会怎样呢	【学生】回顾基因变异和染色体变异的相关内容，讨论分析并回答问题 【教师活动】认真听后，在理解有误的地方强调，并给学生回顾基因突变和染色体变异的内容，进行详细的阐释并引导学生思考人类遗传病	复习旧知识，引入新知识。暗示人类遗传病的发生原因
知识铺垫	【情境】多媒体呈现：教材问题探讨		围绕教学主题大概念进行知识铺垫，使学生掌握必备知识，用于主题探究
	【问题】讨论问题： 胖瘦只是由基因决定的吗 观点辨析：人类所有的疾病是否都属于基因病	【学生】认真思考问题并回答，结合生活实际经验及所学知识，推理、猜测人类所有的疾病是否都是基因病 【教师】倾听学生答案并讲解	

◆ 主题探究

环节	情境/问题	师生交互	创设意图
知识承转	【情境】多媒体呈现：生活中常见疾病图片		以生活中的热点话题引发学生的好奇心，基于生物学事实制造认知冲突，激发学生探究欲望
	【问题】判断：所示病例哪些属于遗传病，哪些不属于遗传病？并说出判断依据	【学生】判断遗传病，并说出判断依据 【教师】教师给予适当的评价、补充，总结出遗传病的概念	
主题探究	【问题】人类遗传病的类型有哪些 是否所有的遗传病都有致病基因 遗传病是否只与遗传物质有关	【学生】自主浏览教材，并对遗传病的类型、特点等进行分析、归纳 三种类型，分别是单基因遗传病、多基因遗传病、染色体异常遗传病 染色体异常遗传病范畴中的唐氏综合征，该病无具体致病基因 多基因遗传病可能与生活习惯相关	紧扣大概念创设追问式问题链，培养学生自主学习能力，使其进一步认识人类遗传病的物质基础

续表

环节	情境/问题	师生交互	创设意图
主题探究	【情境】展示单基因遗传病例，并填下表 	遗传方式	典型病例	遗传特点	补充病例
	白化病aa		
	多指PP或Pp		
	色盲X^bX^b或X^bY		
	抗维生素D佝偻病		
	外耳道多毛症					知识回顾，通过具体实际病例，引导学生自主进行归纳和整理，同时巩固单基因遗传病的类型和遗传特点
	【问题】1.结合孟德尔遗传规律和伴性遗传知识，对白化病、多指等疾病比较、分类 2.总结单基因遗传病的概念 3.单基因遗传病遵循孟德尔遗传规律吗	【学生】独立完成填表 生成单基因遗传病的概念 【教师】同学回答，并做适当的提示。根据学生的回答情况，进行相应补充，并做归纳、概括	
	【情境】播放剪辑的情境视频《欧洲王室的诅咒》		认识近亲结婚的危害，培养社会责任感
	【问题】我国为何要禁止近亲结婚	【学生】观看视频获取知识。了解近亲结婚增大了子代隐性遗传病的患病概率	
	【情境】展示一些多基因遗传病的具体病例：如青少年型糖尿病、哮喘、冠心病、唇腭裂、原发性高血压等疾病		使学生认识不良生活习惯对多基因遗传病的影响，培养学生树立养成良好生活习惯意识 通过具体实例，培养学生辩证思维，进一步区别遗传病和非遗传病

续表

环节	情境/问题	师生交互	创设意图
主题探究	【问题】1.请学生类比，定义多基因遗传病概念 2.想想自己身边的人，有没有患这些病的人？其家族患病的人多吗 3.是否所有先天性疾病都属于遗传病	【学生】类比单基因遗传病概念，生成多基因遗传病的概念分享身边人患病情况 【教师】补充多基因遗传病的特点：1.各对基因之间没有明显的显性和隐性关系，每对基因单独作用微小，但各对基因有一定累积效应 2.其发病率在群体中比较高 3.容易受到环境影响，如生活习惯，常常表现出家族聚集等特点 孕妇在孕期如果感染风疹病毒，极易引起婴儿一出生就患某些先天性心脏病，所以并不是所有先天性疾病都是遗传病	
	【情境】展示下图唐氏综合征患者的染色体组成		学生通过观察染色体组成，认同染色体数量改变、结构改变会导致遗传病同时认同染色体异常遗传病的危害
	【问题】1.唐氏综合征致病原因 2.还有其他染色体异常导致的疾病吗 3.归纳染色体异常遗传病的致病原因	【学生】分析回答 【教师】补充染色体异常遗传病的特点：往往造成严重后果，甚至胚胎期致死	

续表

环节	情境/问题	师生交互	创设意图
主题探究	【情境】遗传病给患者个人带来极大痛苦的同时，也给家庭和社会层面造成了负担 【问题】1.老师准备要一个宝宝，怎样确保宝宝更健康 2.怎样检测和预防遗传病	【学生】角色扮演 孕前遗传咨询、孕期产前诊断 【教师】补充：禁止近亲结婚、适龄婚育等。展示孕期B超检测、基因检测等结果（地中海贫血基因检测、胎儿游离DNA产前检测），引出基因检测的概念和基因治疗，以及探讨基因检测的利弊	向学生普及健康教育，树立优生优育观念和生命观，培养学生的社会责任感 认同科学技术的两面性
	【情境】网络视频材料：一些遗传病的发病率数据 【问题】1.这些数据真实可靠吗 2.如何去调查人群中的人类遗传病 3.如何制定调查方案 4.小组汇总家族患高度近视的调查结果，再汇总班级调查结果。判断结果是否接近2%，并分析原因	【学生】学生质疑网络数据 小组制订调查方案，并分享。其他小组成员进行补充、完善调查方案 小组汇总家族患高度近视的调查结果，再汇总班级调查结果 【教师】补充，调查人类遗传的发病率和遗传方式时应该注意的事项	提出疑问，激发学生的探究欲望 学生体会调查的基本思路和方法，培养设计调查方案和实践能力

◆迁移拓展

环节	情境/问题	师生交互	创设意图
知能拓展	【试题】巩固练习 参考教材第96页"练习与应用"，拓展题第1题	【拓展】单基因遗传病的遗传方式、遗传特点。遗传咨询、产前诊断 【教师】归纳总结	知识融通，形成整体思维
大概念强化	【师】课堂小结 整合新旧知识，形成知识网络，结合概念图对本节课进行总结和归纳	理清概念之间内在逻辑关系，提高学生反思能力，回应课时大概念	

◆板书设计

5.3 人类遗传病

一、人类遗传病类型

二、遗传病检测和预防

三、调查人群中的遗传病

1.调查发病率：人群中随机调查

2.调查遗传方式：患病家族

（八）学习测评

1.课外探究

按照制订的调查方案实施调查、分析讨论。

2.人类遗传病指的是

  A.先天性疾病　　　　　　B.由遗传物质改变引起的疾病

  C.由基因突变引起的疾病　D.具有家族性的疾病

【答案】B

3.遗传咨询对预防遗传病有积极意义。下列不需要进行遗传咨询的是

  A.女方是先天性聋哑患者　　B.亲属中有智力障碍患者

  C.男方幼年曾因外伤截肢　　D.亲属中有血友病患者

【答案】C

4.大量临床资料表明，冠心病患者可能具有家族遗传倾向。某校生物研究性学

习小组为了探究临床资料的可靠性并了解该病在人群中的发病率，其科学的调查方法是

A.在人群中调查并计算该病在该家族中的发病率

B.在每个家族中随机抽样调查一人，研究该病的家族倾向

C.仅在患者家族中调查并计算该病的发病率

D.在人群中随机抽样调查并计算该病的发病率

【答案】D

（九）教学反思

主要亮点：教师将自身孕检过程和检测结果当作教学情境，与学生进行分享，充分激发学生的学习兴趣，较好地调动学生的课堂参与度。通过角色扮演学习遗传病的检测和预防。在调查人类遗传病的环节，在课堂上分享身边的遗传病案例，以此为教学情境。课前调查自己家族中患高度近视的情况，并在课堂上小组汇总数据，再汇总成班级调查结果，并用此结果与教材数据做比较，分析偏高的原因，用学生调查的数据自创情境，充分调动学生的学习兴趣和探究欲。

存在不足：不同教学班级学生知识与能力水平差异较大，导致人群中的遗传病调查方案制订和完善环节耗时较长。

再教设计：课堂后调查多指患者家族情况，可改为课前学生调查，在课堂上播放调查时的录音或视频。人群中人类遗传病调查方案设计，要根据不同教学班级学生知识与能力水平差异，课前一定做好指导工作。

第三节　单元情境教学实践
——以"小说阅读与写作"为例证

小说阅读与写作是高中语文"文学阅读与写作"学习任务群中的重要内容。统编高中语文教材必修（下册）第六单元是高中阶段首次以小说这一艺术体裁构建的学习单元，本单元选文遍及古今中外的经典小说，风格特征多样、思想内容深刻，

具有高超的艺术表现力和深刻的社会批判精神。阅读赏析这些作品，可以增强学生对现实社会生活的理解，提升思维品质，提高对小说这一文学艺术体裁的审美鉴赏能力。

一、单元整体设计
段志双

在本单元的教学中，围绕单元大概念，既要深化学生对小说这一艺术体裁的基本理解，同时也要让学生领略不同风格作品的独特艺术魅力；既要引导学生深入阅读小说的深刻思想内涵，同时也要指导学生赏析小说的写作手法；启发学生从小说家的视角去观察社会人生，并尝试以实现"观察与批判"为目的，进行小说写作。

（一）课程标准

◆精读古今中外优秀的文学作品，感受作品中的艺术形象，理解欣赏作品的语言表达，把握作品的内涵，理解作者的创作意图。

◆根据诗歌、散文、小说、剧本不同的艺术表现方式，从语言、构思、形象、意蕴、情感等多个角度欣赏作品，以获得审美体验；认识作品的美学价值，发现作者独特的艺术创造。

◆结合所阅读的作品，了解诗歌、散文、小说、剧本写作的一般规律。捕捉创作灵感，用自己喜欢的文体样式和表达方式写作，与同学交流写作体会。尝试续写或改写文学作品。

◆养成写读书提要和笔记的习惯。根据需要，可选用杂感、随笔、评论、研究论文等方式，写出自己的阅读感受和见解，与他人分享，积累、丰富、提升文学鉴赏经验。

（二）大概念建构

根据《普通高中语文课程标准（2017年版2020年修订》中课程内容的"文学阅读与写作"学习任务群模块，教材单元的人文主题是"观察与批判"，选文遍及古今中外，都带有很强的社会批判精神，这与小说这一艺术体裁的艺术目的，或者说艺术功能是相一致的，结合教材"观察与批判"的人文主题，本单元教学拟设定"小说阅读与写作"为学科大概念。在学科大概念统摄下，本单元重点关注小说阅读中对这一文学艺术体裁艺术功能和艺术目的的认知，并将本单元的单元大概念确定为"小说通过对社会人生的观察与批判使读者获得理性思考和认识"（表3-3-1）。围绕着单元大概念，在进行单元整体教学建构中，本单元确立的核心问题为"小说如何艺术化地实现对社会人生的观察与批判?"继而将本单元的核心任务落实为策划一次以"我看小说的观察与批判"为主题的读书交流会，引导学生结合具体小说文本分析社会环境对人物命运的影响。

表3-3-1 "统编高中语文必修（下册）第六单元"大概念层级

学科大概念	单元大概念	课时大概念
小说阅读与写作	小说通过对社会人生的观察与批判使读者获得理性思考和认识	Ⅰ.社会环境支配人物命运 Ⅱ.个性化的人物语言 Ⅲ.小说的写实与写意 Ⅳ.小说写作以实现对社会人生的观察与批判为艺术目的

本单元核心任务将分解为四个子任务：一是分析小说社会环境对主要人物命运的影响，对应课时大概念Ⅰ（社会环境支配人物命运）；二是解读小说中个性化的人物语言，品味个性化的人物语言中体现出的人物性格和境遇，探讨个性化语言中蕴含的社会因素，分析并评价性格及环境对命运的影响，对应课时大概念Ⅱ（个性化的人物语言）；三是感受古今中外小说多样化的创作风格，体会写实小说和写意小说在实现对社会人生的观察与批判中不同艺术风格和艺术魅力，对应课时大概念Ⅲ（小说的写实与写意）；四是尝试写作小说，在写作中深入理解小说在实现对社会人生观察与批判的艺术目的，对应课时大概念Ⅳ（小说写作以实现对社会人生的观察与批判为艺术目的）。

（三）单元学习目标

◆语言建构与运用：学生通过品味小说个性化的人物语言，领略小说人物语言表达的艺术效果。

◆思维发展与提升：学生通过对小说写实和写意等不同的创作手法的鉴赏，认知小说多样化的创作风格。

◆审美鉴赏与创造：学生通过对小说的创作背景和思想内涵的理解，领会小说这一艺术体裁通过观察与批判，使读者获得对社会人生理性认识的艺术功能。

◆文化传承与理解：学生通过深化对小说思想内容和艺术表现的理解，传承作者对社会人生的思考和责任担当精神。

（四）单元学习大情境

1. 大情境简介：人物的死亡和变形

勤劳朴实的祥林嫂在遭遇人生的巨大变故时，试图通过自己的选择和努力改变自己的命运处境，但最终仍然在鲁镇的"祝福"声中，寂然死去。别里科夫战战兢兢，小心谨慎地将自己严严实实地包裹在自己编织的"套子"中，但却在结婚事件中凄然丧命。风雪中的林冲逆来顺受、忍辱负重，意欲换取自己平静而平凡的生活，但终究难遂己愿，被迫走向狠厉式的反抗。成名之子在惊惧之中，为改变家庭命运，化身促织。格里高尔在变身大甲虫之后，惨遭遗弃，并最终在忧郁和孤独中离世。在小说的故事中，以上人物或死亡或变形，但始终无法逃离自己悲剧性的人生命运。

2. 大问题聚焦：祥林嫂等人物死亡或变形之因

（1）各篇小说中是如何构建主要人物生存的社会环境的？主要人物都在畏惧什么？为什么会如此畏惧？

（2）社会环境对主要人物的命运有怎样的影响？如何理解小说的典型环境？

（3）小说中主要人物个性化的语言中隐含着人物怎样的性格和境遇？

（4）小说中对荒诞的现实的描写和对逼真的现实的描写在艺术表现形式上有何不同？

二、课时大概念 I（社会环境支配人物命运）教学设计示例
段志双　黎　俊

本课时大概念为"社会环境支配人物命运"，对应的课程内容为"文学阅读与写作"任务群，意在分析小说中社会环境与主要人物的命运之间的密切关系，进而认知小说对社会人生的观察与批判的艺术功能。根据学习内容和课堂容量，本课时大概念的学习需要2课时，将以反问句的形式设计课时主题为"我命由我不由天？"

（一）大概念析读

1. 大概念理解

"社会环境支配人物命运"的解读重点是小说中主要人物与环境之间的密切关系。人物是小说艺术的核心，同时也是构成环境的重要组成部分，环境有自然环境与社会环境之分，潜在地暗示并影响着人物命运的走向。人物与环境之间彼此相融，又相互影响，这是构成小说艺术的两个重要元素。

在小说的阅读中，读者可以通过对主要人物命运和环境之间的关系进行分析，本课时大概念的教学将重点引导学生在分析主要人物命运和社会环境之间的深刻关系中，认知社会环境对主要人物命运的支配性作用，进而理解小说通过对社会人生的观察与批判，进而使读者获得理性认识的艺术目的。

2. 大概念解构

实施"社会环境支配人物命运"大概念教学，需要根据小说文本设计相应的情境，在简要解释具体的概念"环境""人物""环境与人物命运关系"后，需要完成以下教学内容，最终实现对课时大概念的理解，并指向单元大概念。

（1）主要人物"命不由己"的悲剧性。

（2）社会环境在人物悲剧性命运中产生的支配性影响。

（二）学习目标

1.学生通过自主阅读小说文本，围绕主要人物梳理故事情节，概括人物命运的起伏变化（语言建构与运用）。

2.学生通过分组探究与讨论，分析各篇小说中环境的构成，并结合具体内容分析社会环境对主要人物命运的支配性影响（思维发展与提升，审美鉴赏与创造）。

3.学生从主要人物悲剧性的命运出发，推断作者的创作目的，总结小说这一文学体裁的艺术功能和目的（思维发展与提升，文化传承与理解）。

（三）学习重难点

◆学习重点：主要人物命运与社会环境之间的关系。

◆学习难点：

1.主要人物命运与社会环境之间的关系。

2.悲剧性人物命运与小说观察与批判的实现。

（四）学情分析

◆知能基础：学生在义务教育阶段，拥有一定阅读小说的经验。在高中语文必修（上册）的选文中，也编选了一些小说篇目，如《百合花》《哦，香雪》等。同时，有些小说的作者对于学生来说，也比较熟悉，如鲁迅、契诃夫等。学生对于作为中国四大名著之一的《水浒传》也有一定的了解。

◆素养基础：通过高一阶段以及义务教育阶段的小说阅读学习，学生已经具备了一定的对小说这一艺术体裁的阅读体验，在分组合作探究性学习方面也拥有一定的学习经验，能够有效、有序地开展小组合作探究。

◆不足条件：本单元入选的篇目涉及古今中外小说，甚至包括一些现代主义小说，学生对于阅读现代主义小说仍然缺乏一定的阅读素养。此外，高一阶段接触到的散文化小说在一定程度上对学生阅读传统的主流小说也会产生一定的阻力。

（五）教学框架

结合本课时大概念的特点，教学中采用基于单元整体教学的情境教学模式。该模式主要包括情境创设、问题探究和知能创生等三个方面内容。情境创设主要为学生在学习活动中提供学科知识认知或语文实践参与的学习情境。问题探究将围绕单元大概念转化而成的核心问题进行分解，并设计学习任务，落实课堂教学。知能创生是学生在基于对大概念认知和理解的基础上对学科核心知识的迁移拓展。

以单元大概念为统领，本课时大概念"社会环境支配人物命运"将采用两个课时进行学习活动设计。第一环节的学习将以小说文本为基础，设定小说故事情境的方式进行建构，引导学生理解小说人物、情节、环境之间的相互联系，特别是人物命运和社会环境的关系，此环节主要以单篇阅读为主，主要分解为阅文猜人和探寻祥林嫂死亡之谜两个学习活动。第二环节采用单元整体学科知识情境统领下的问题探究的方式展开，合作探究"社会环境支配人物命运"的小说艺术逻辑，此环节将以群文阅读的方式实现，最终使学生获得对小说艺术目的的理解。具体分解为两个学习活动，一是对比分析并探究散文化小说与传统主流小说艺术目的上的差异，二是读书交流会。具体框架如图3-3-1所示，为避免重复，本单元之后的课时大概念的教学设计示例中的框架流程图仅展示相对应的子任务的学习活动解构内容。

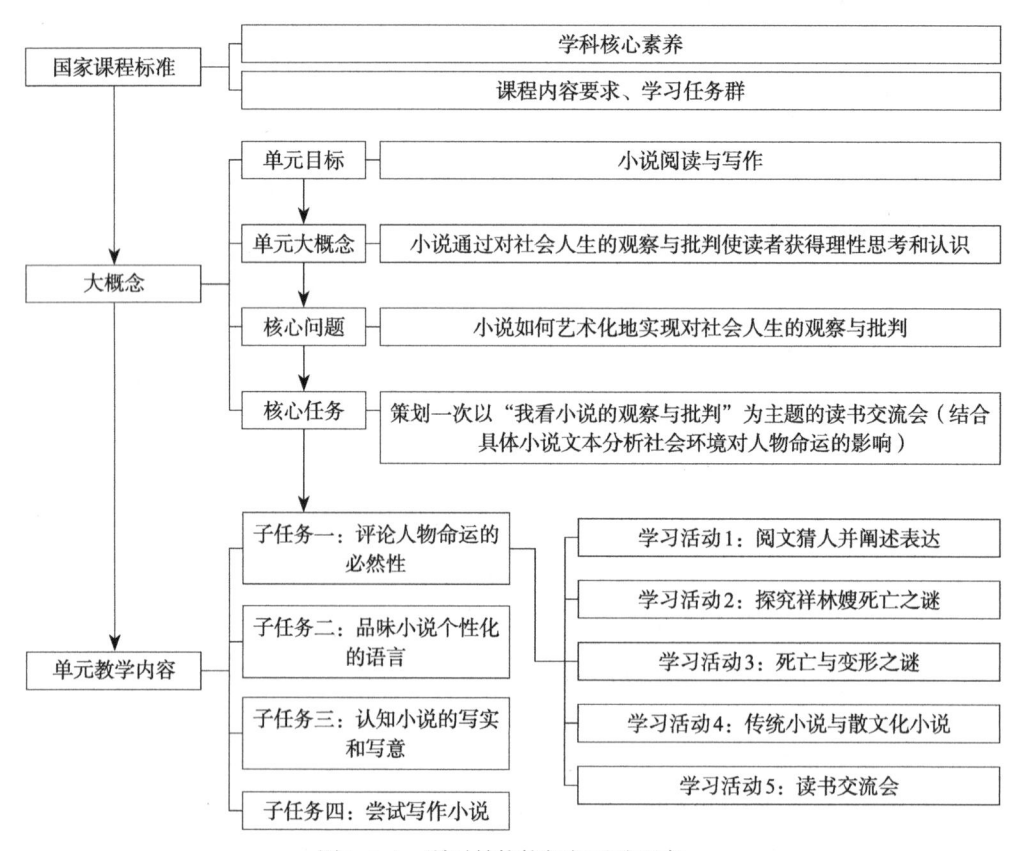

图3-3-1 课时结构构架与活动程序一

（六）教学过程设计

"我命由我不由天"？
—— 人物命运与社会环境

第1课时

（1）导语设计

美国小说家亨利·詹姆斯说："除了决定情节以外，性格又是什么呢？除了说明性格以外，情节又是什么呢？"[①] 人物性格决定故事情节的发展，那么，人物性格能决定人物命运吗？我命由我还是由天？今天，就让我们一起探究小说中主要人物命运的决定因素。

师生交互：

生：人物会基于性格做出选择，推进故事的发展，同时，故事在推进中，又反过来凸显人物的性格，性格左右人物命运。

师：小说故事情节和人物形象有着不可分割的联系。性格一定程度上能左右个人的命运，但在小说中，决定人物命运的不仅是人物性格，更是社会环境。

（创设意图：理解小说人物、情节、环境之间的相互联系，特别是人物命运和社会环境的关系，暗示大概念）

（2）学习活动1：阅文猜人

阅读下面两段文字，试猜文段中所描写的人物。思考并表达：是什么力量主宰了人物的人生命运？

少年时：紫色的圆脸，头戴一顶小毡帽，颈上套着一个明晃晃的银项圈。

中年时：头上是一顶破毡帽，身上只一件极薄的棉衣，浑身瑟索着；手里提着一个纸包和一支长烟管，那手也不是我所记得的红活圆实的手，却又粗又笨而且开裂，像是松树皮了。

师生交互：

生：闰土（鲁迅《故乡》）。社会现实主宰了闰土的人生命运。

师：人物和环境之间关系紧密，性格决定命运是浅层的，环境决定命运是终极的。

（创设意图：围绕课时大概念"社会环境支配人物命运"，根据小说文本创设认知情境，引导学生走向主题探究）

[①] 李晋山、宋红军.小说叙事简析[M].长春：东北师范大学出版社，2018：176.

(3) 学习活动2：探究祥林嫂死亡之谜

祥林嫂死亡之谜

爆竹之声连绵不绝，夹着团团飞舞的雪花拥抱着全市镇。在鲁镇的"祝福"声中，在毕毕剥剥的鞭炮声中，祥林嫂寂然死去。死讯传出，但死因不详。有人猜测说是"穷死的"。四叔说了一句："不早不迟，偏偏要在这时候，——这就可见是一个谬种！"

阅读上文及《祝福》全文，梳理并概括主要人物祥林嫂的主要人生经历，结合人物命运中的选择与畏惧，阐述人物的死亡之谜，并在班上进行交流。

明确思路：祥林嫂的主要人生经历可概括为"初到鲁镇 — 被迫改嫁 — 再回鲁镇 — 寂然死去"。面对命运的困境，祥林嫂两次主动选择试图改变人生命运：一次是在第一次婚姻变故后选择前往鲁镇做工，但最终被绑改嫁；另一次是以捐门槛的方式试图改变自己再到鲁镇时不被待见的处境，但最终失败。在其悲惨的一生中，祥林嫂的畏惧可以从其生前向"我"的郑重问询来把握和理解。"人死后究竟有没有魂灵？"这一生命疑惑和郑重询问隐喻着封建礼教、迷信思想对人物心灵的钳制和压迫。真正在挤压祥林嫂生存空间并导致其死亡的罪魁祸首正是不合理的封建社会礼教秩序和迷信思想。

祥林嫂的死亡与畏惧

主要经历	人生选择	生命畏惧
初到鲁镇 被迫改嫁 再回鲁镇 寂然死去	做工谋生 反抗 捐门槛 自杀？	"人死后究竟有没有魂灵？"

（创设意图：紧扣课时大概念，在解读小说文本故事的基础上，创设学生表达交流的真实语文实践情境与追问式问题，培养学生探究问题的能力）

(4) 课堂小结

在小说中，主要人物的活动都离不开一定的时代与社会环境。人最终是社会的人、时代的人；社会环境可以是庞大的决定人物命运的力量，它可以被视为某种物质的或社会的因素，左右着人物的命运。在美好的人性与罪恶的社会环境发生冲突时，决定人生命运的究竟是性格还是环境？显然，从《祝福》中可以看出，社会环境的影响是终极致命的。小说正是从这里出发，以这种特有的方式，引导读者切入对人生和社会的观察，以及对社会和人性的批判，从而获得理性认知。小说的艺术目的也正是由此最终得以实现。

（创设意图：从小说的单篇精读与探究出发，通过分析社会环境对人物命运的影响，引导学生初步获得对小说旨在实现对社会人生观察与批判的艺术功能的认知。）

第2课时

（1）导语设计

人生的悲剧或社会的悲剧最容易引起读者阅读时内心的激荡，主流的小说因为承担着对社会人生进行观察与批判以使读者获得理性认知的现实功能，所以，在小说的故事世界里，主要人物的命运往往呈现出一致的悲剧性。

（创设意图：紧扣课时大概念中环境与人物命运的关系，衔接第1课时中单篇精读探究，引导学生走向单元的群文阅读赏析，并彰显课时大概念）

（2）学习活动3：死亡和"变形"之谜

在本单元中，无论是最终死亡的祥林嫂或别里科夫，还是"变形"的格里高尔、成名之子，以及林冲，每个人都有自己的选择，也有自己的畏惧，但人物的死亡或"变形"无一不带有命运的悲剧性。请任选一人，在分析人物选择和畏惧的基础上，阐述人物死亡或"变形"之谜。在课堂上进行阐述。

这一学习活动的设计涉及本单元所有篇目，下文以林冲"变形"之谜为例进行赏析探究。

林冲"变形"之谜

在人生命运面前，尤其是在需要做出人生选择之时，林冲总是习惯于以"忍"的方式来对待。可以说，《林教头风雪山神庙》中"火烧草料场"是林冲命运的转折点，从某种意义上看，也可以看作是林冲性格的一种"变形"，从此，林冲"忍"中生"狠"。

阅读以上文段，思考造成林冲由"忍"生"狠"的性格变形的原因是什么？林冲性格的"变形"最终有没有改写自己的人生命运？小说的这种处理方式的意图是什么？

明确答案：忍无可忍。社会环境已经将林冲的生存逼入死角。观水浒全书可知，即使性格变形，林冲仍然无法改变自己悲剧性的人生命运。因为，最终决定命运的是人物所处的社会环境。小说的这种处理方式实际上就是为了实现小说的艺术目的，或者说作者的创作目的，最终实现对社会人生问题的理性思考。

（创设意图：回归教材，从单元出发，以群文阅读赏析的方式，强化对课时大

概念的理解，并指向单元大概念）

（3）学习活动4：传统小说与散文化小说

必修（上册）第一单元中入选了《百合花》和《哦，香雪》两篇小说，请对比这两篇小说与本单元的小说在艺术目的的实现上有何不同？

明确答案：《百合花》和《哦，香雪》是中国近现代文学史上带有散文化特征的两篇小说。相对于传统的主流小说而言，散文化小说的艺术目的有所偏移，很明显的一点就是淡化了对社会的批判色彩，更多的是通过散文化的语言实现作者情感的自然流露，往往带有很强的美感特质和主观色彩，而其承担的社会功能则有所下降。

（创设意图：围绕大概念，将支撑大概念理解的相关学习内容重新组织架构，在学习活动中创设学科知识认知情境，强化对大概念的深入理解）

（4）学习活动5：读书交流会

班上拟将开展以"我看小说的观察与批判"为主题的读书交流会，请结合对你印象最深刻的一部小说谈谈小说中社会环境对人物命运的影响，并赏析小说如何艺术化地实现对社会人生的观察与批判。

（创设意图：以读书分享交流的方式，创设学习活动的真实情境，延伸学生的阅读视野，增强学生对课时大概念和单元大概念的深入理解，优化学生的小说阅读思维，提升审美鉴赏能力）

（5）课堂小结

通过本节课的探究学习可以发现，关注小说中人物的命运是我们阅读小说的切入点，在传统的主流小说中，人物命运往往"命不由人而由天"，社会环境是决定人物命运的终极因素，小说中，主要人物承载着对社会问题的揭示与思考的艺术目的，因而，人物命运多带有悲剧性的意味，小说艺术由此实现对社会人生问题的理性思考与批判。

（创设意图：进行学科知识总结，回归课时大概念，并指向单元大概念，体现单元整体教学理念）

◆板书设计

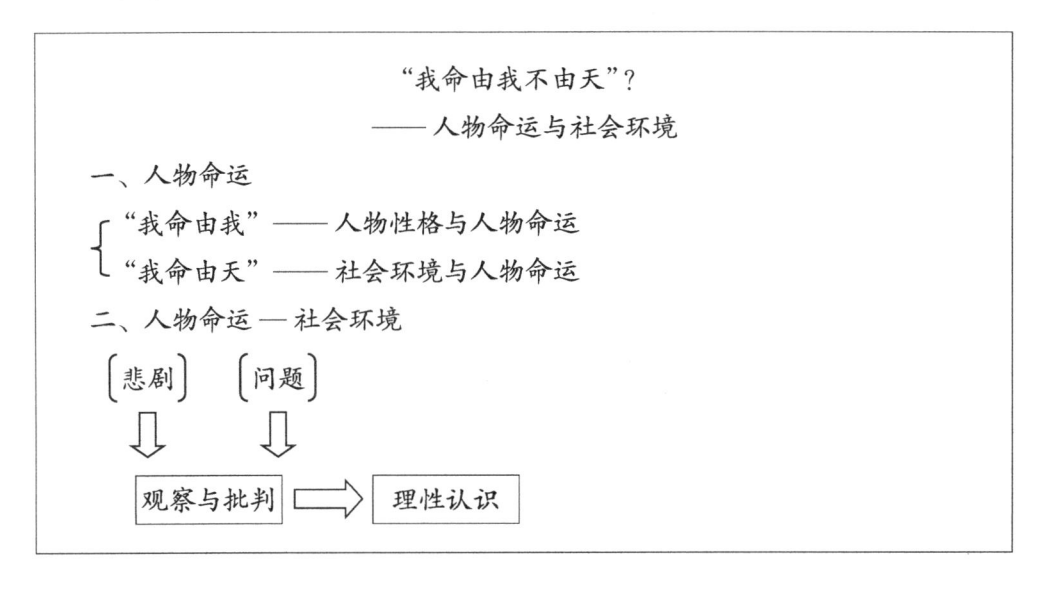

```
                    "我命由我不由天"?
                  —— 人物命运与社会环境
一、人物命运
    ┌ "我命由我" —— 人物性格与人物命运
    └ "我命由天" —— 社会环境与人物命运
二、人物命运 — 社会环境
      [悲剧]   [问题]
         ⇩      ⇩
      [观察与批判] ⟹ [理性认识]
```

（七）教学反思

主要亮点：本单元教学中的第1课时大概念为"社会环境支配人物命运"，在引导学生的学习过程中，为实现对教学知识内容的结构化，教师在进行情境创设时，既有学科知识的认知情境创设，也有活动参与的真实情境的创设，特别是利用小说文本设计情境引出问题任务，能让学生在自主探究与合作探究中顺利达成知能目标。同时，在基于情境创设上的问题探究也能精准明确地围绕课时大概念进行展开，教学设计逻辑严密，学习目标明确。

存在不足：围绕本课时大概念的教学课时为第2课时，教学容量相对偏大，以致有些知识内容的落实未能深入展开。从课堂效果上看，学生的前置学习也略显不充分，不同层级的班级学生在相应情境中思考问题和解决问题所达到的深度差异较大。

再教设计：根据不同层级的班级学生调整好课堂容量，满足不同能力层次学生需求，注重培养学生的高阶思维，强化对学生在阅读上思维过程和思维品质的培养。在前置学习中，根据教学班级的具体学情适当增补相关的学习内容。

三、课时大概念Ⅱ（个性化的人物语言）教学设计示例
徐国芬　雷艳珠

本课时大概念为"个性化的人物语言"，属于小说艺术鉴赏的重要内容。重点引导学生体悟小说个性化的人物语言中体现出的人物境遇与人物性格，分析并评价性格对命运的影响，以及由境遇指向的社会环境对人物命运的影响，进一步深入对单元大概念的理解。

（一）大概念析读
1. 大概念理解

品味小说个性化的人物语言是阅读小说的一把核心钥匙，探索人物个性化语言的特点，不仅可以让读者感受到小说人物个性化语言在塑造人物形象方面的重要性，同时也能引导学生深入思考人物语言与人物境遇、性格之间的密切关系，指向本单元"小说如何实现对社会人生的观察与批判"这一核心问题。在小说阅读中，读者可以通过对人物个性化语言的赏析加深对小说人物形象的理解和认识，和对社会人生的理性认识，进而理解小说艺术对社会人生观察与批判的艺术功能。

2. 大概念解构

实施"个性化的人物语言"大概念教学，根据学习内容和课堂容量，本课时大概念的学习将用1课时完成，重点探究小说个性化语言中的人物性格和人物境遇，并围绕主题"观其言知其性情，品其语明其境遇"展开学习活动。

（二）学习目标

1.学生通过对本单元四篇小说人物个性化语言的研读，感受人物个性化语言在塑造人物形象方面的重要性。

2.学生通过深入探究、细腻品味、小组分享等活动，思索个性化的人物语言中体现出的人物境遇和性格，尝试分析并评价性格对命运的影响。

3.学生通过在具体设置的语文实践活动中，分组进行"个性化语言"的语段练习，在真实情境中体验小说个性化的人物语言。

（三）学习重难点

◆学习重点：

品味小说个性化的人物语言。

◆学习难点：

1.探索人物个性化语言的特点，感受人物个性化语言在塑造人物形象方面的重要性。

2.思索个性化的人物语言体现出的人物境遇和性格，以及对命运的影响。

（四）学情分析

◆知能基础：高一学生对于小说的基本知识已有所了解，对一些小说的作者也比较熟悉，学生对于《水浒传》也有一些基本的了解。

◆素养基础：通过以前的学习，学生已具备了一定的对小说这一艺术体裁的理论认知。在分组合作探究性学习方面也拥有一定的学习经验，能够有效有序地开展小组合作探究。

◆不足条件：本单元入选的篇目涉及古今中外小说，学生在阅读上有一定的难度，尤其对于小说人物个性化语言的赏析仍停留在粗浅的层面。

（五）教学框架

以课时大概念为统领，子任务二将采用1个课时进行学习活动设计。本课时的学习将以活动情境为导入，根据教学目标设计相应的认知情境，让学生感受什么叫"个性化的人物语言"。然后再结合本单元所学的文本，具体理解个性化语言带来的魅力，让学生感受到小说人物个性化语言在塑造人物形象方面的重要性，同时深入思考人物语言与人物境遇、性格之间的密切关系。最后让学生分组进行"个性化"语言的语段练习，巩固并强化学生对本课时大概念的理解。（具体见图3-3-2）

子任务二：品味小说个性化的语言
- 学习活动1：结合文本，找寻并分析极具个性化的人物语言，感受其中的魅力。
- 学习活动2：学生分组进行"个性化语言"的语段练习

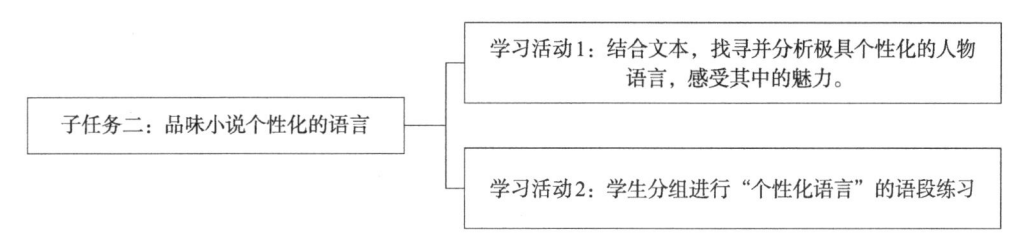

图3-3-2 课时结构构架与活动程序二

（六）教学过程设计

观其言知其性情，品其语明其境遇
——小说"个性化"的人物语言

1.导语设计

什么是个性化的语言，个性化的语言是指根据不同的听众或读者，以及不同的交流场景，灵活运用语言，以表达个性化的情感、态度和观点。它与人物性格及命运有一定的关系，一个人的性格和命运会影响其语言的使用方式和习惯。它能使作品中的人物血肉丰满，神情毕肖地站在读者面前。我们在初中阶段也接触过不少，先来看九年级教材《故乡》《孔乙己》中几个经典的语言描写，同学们一起来讨论一下这些个性化的人物语言能让我们感受到什么？

  师生交互：教师呈现部分语段，学生展开个性化人物语言的赏析。

  （创设意图：围绕课时大概念进行知识铺垫，引导学生认知个性化的人物语言，指向主题探究。）

  2.学习活动1：小说个性化人物语言赏析

  根据单元选文，选出最具个性化的人物语言。以小组合作的方式探讨个性化的人物语言中体现的人物性格和人物境遇，并在班上进行分享交流。

  学生探究分享实录：

  祥林嫂："我真傻"前后出现四次，即她的四次哭诉。不过，只有两次（第一次和第二次）完整地叙述了失子经过，另外两次仅开了头，就被鲁镇的人无情打断，不让她说下去，即使让她说，也是借她的额头上的伤口和阿毛的岁数来对她进行再次的凌辱和伤害，把她作为茶余饭后的谈资，甚至使自己心理上得到满足。这既表现了祥林嫂的丧夫失子之痛，希望找人倾诉却不得，也预示了祥林嫂在以鲁四老爷（统治阶级）与柳妈（和祥林嫂同阶级）为代表，在"神权""夫权""族权"压榨下的悲惨命运，无人同情，无人关心，最终走向死亡。

  林冲：东京八十万禁军教头，"匹夫无罪，怀璧其罪"。因美眷贾祸，"脊杖二十，刺配沧州"。到达沧州，见到了故人李小二，自然提起了往事。这时的林冲，如何叙述自己遭遇的呢？"我是罪囚，恐怕玷辱你夫妻两个。"他自认"罪囚"，他真的认为自己有罪吗？只是怕给自己、给别人招惹是非，足见他的随遇而安、小心谨慎。"奸贼！我与你自幼相交，今日倒来害我！怎不干你事？且吃我一刀！"高衙内步步紧逼，步步迫害，林冲失去一切，愤而反抗，最终被逼无奈上了梁山。但这也是他不得已的选择，只是为了保护自己的生命和尊严。他表现出的坚定和勇气，让人感到他尽管遭受命运不公，但他仍然没有被击垮，而是选择了挣脱束缚，追求自由和尊严的道路。

  别里科夫："这是怎么回事？或者，也许我的眼睛骗了我？难道中学教师和小姐骑自行车还成体统吗？"别林科夫的这些语言表现出他具有顽固、落后、保守的性格，只要是政府文书，公告，报纸杂志里没有的东西，他都不允许。这同时也暴露出他的生活和命运也是受沙皇统治的限制和控制的。所以，尽管整天战战兢兢，小心翼翼，六神无主，面如死灰的他却管辖了镇里的人十五年，所以，面对青年科瓦连科姐弟骑自行车，因为政府文告里没有，所以他觉得不成体统！他希望他们在学校里保持他所认为的行为和习惯。这些都体现其怀旧，极力维护旧秩序，惧怕新事物，维护现行秩序的沙皇走狗的特点。

格里高尔："'我的妈呀！'他想，'现在已经是五点半了，指针还在静静地走着，甚至已经是五点半多了，接近于五点三刻了，闹钟没有闹过吗？从床上看，钟停在四点没错，肯定响过铃'。"这是作为推销员的格里高尔的内心独白，每天早上四点起床，只为让家里人过着舒适，体面的生活，这一段独白，体现了他生活的紧张、压力的巨大，性格的焦虑，以及他在时间和命运面前的无力感和绝望。在发现自己变成甲虫后最担心的却依然是工作和生计，只因为了自己的父母和最亲爱的妹妹，很好地表现了"异化"这一主题。

教师小结：人物语言的个性化，是语言描写最基本的也是最高的要求。到什么山上唱什么歌，什么人说什么话，都要符合他的身份、地位、性格以及所处的特定环境，使读者观其言知其性情，品其语明其境遇。所以"个性化语言的作用"有四个方面：表现性格（特征）；反映心理（情绪）；显示身份（地位）；刻画灵魂（主旨）。

（创设意图：紧扣课时大概念，创设情境与问题，进一步深入理解个性化的人物语言与人物性格、境遇之间的密切关系）

（3）学习活动2：演练小说个性化的人物语言

演练活动1：

"况且这通身的气派，竟不像老祖宗的外孙女儿，竟是个嫡亲的孙女。"

——选自《红楼梦》

个性化语言解读：这句话的言下之意是，黛玉就像是"老祖宗"亲自调教出来的孙女一样。因为在传统中国文化里，外孙女属于外人，孙女才是自己人，但正因为有了这么一句属于王熙凤个性化的语言，可以说"凤辣子"又一次美美地拍了一回贾母的马屁，而且这一句也让三个小姑子感到凤嫂子说咱们孙女辈都漂亮，她也在夸我们做孙女的呢。然后，任凭"凤辣子"前面把黛玉夸得多"过"，三个小姑子听了也不会不高兴，说不定心里还偷着乐呢！

演练活动2：

"忽然，这贱畜生无缘无故就咬了我的手指头一口……这得叫他们赔我一笔钱才成。""哎呀，天！……他是惦记他的兄弟了……可我还不知道呢？这么一说，就是他老人家的狗？高兴得很……把它带走吧……这小狗还不坏……怪伶俐的……好一只小狗……"

——选自《变色龙》

个性化语言解读：透过这一语言片段，可以看出，在契诃夫的笔下，奥楚蔑洛夫的语言不仅带有粗鄙庸俗、对沙皇警官毕恭毕敬的特点，而且也带有鄙陋、奉承、仗势要挟的庸俗小市民的性格特点。通过奥楚蔑洛夫个性化语言的描写，我们感受到沙皇统治下社会的黑暗与腐败对人性的扭曲，也更能深刻地理解作者对黑暗社会的批判和对见风使舵、趋炎附势等丑陋人性的讽刺。

（创设意图：选择具体小说文本，创设语文实践真实情境。学生以分组的形式进行小说个性化语言的演练，教师引导学生展开对小说语言个性化的解读，并对学生的演练进行评点）

（4）课堂小结

本单元课文中的几位人物语言各有特色，同学们所分享的这些人物语言也是极为个性化的，辨识度很高。希望在以后的阅读中，我们都能多加留意、学会鉴赏并尝试运用这样一些极具个性化的人物语言。

（创设意图：知识迁移，创设语文实践参与情境，巩固大概念。从课内文本迁移到课外文本，强化对大概念的理解）

◆板书设计

> 观其言知其性情，品其语明其境遇
> ——个性化的人物语言
> 表现性格（特征）；反映心理（情绪）；显示身份（地位）；刻画灵魂（主旨）

（七）教学反思

主要亮点：围绕本节的教学大概念"个性化的人物语言"对教学内容进行结构化设计，根据教学目标设计相应的认知情境，特别是利用回顾旧知的方式引出问题任务，让学生在自主探究与合作探究中达成知能目标，并且循序渐进、层层深入到学习活动中，实现大概念的理解与强化。

再教设计：根据不同层次班级学生调整好课堂容量，老师也适当明确问题的指向性与开放度，让学生有路径可寻。同时老师也需因班施教、因材施教，设计个性化情境，满足不同能力层次学生需求，注重高阶思维培养。

四、课时大概念Ⅲ（小说的写实与写意）教学设计示例

王菽梅　韩玉珏

本课时的大概念为"小说的写实与写意"，对应的课程内容为"文学阅读与写作"学习任务群，意在让学生认知写实和写意两种不同类型的小说艺术特色，进而

认知小说对社会人生观察与批判的艺术功能。根据学习内容和课堂容量，本课时大概念的学习需要两个课时：第1课时为"小说的写实与写意"；第2课时为"写实与写意的艺术目的"。

（一）大概念析读

1. 大概念理解

"小说的写实与写意"的解读重点是小说中写实与写意的密切关系。小说的写意主要体现在现代主义小说之中，如《变形记》。小说的写意是指小说在叙事时充斥着创作者的主观感受与理解，通常会对人物、情节等进行"变形"处理。在塑造人物时，可能会对人物进行"物化"处理，但一定更注重人物的心理、精神、情感、情绪等内在的深入挖掘，而弱化人物的外在的形象，诸如外貌、衣着等。在处理情节时，写意小说会淡化情节或者对某一情节描绘夸张、荒诞，不再着力表现故事情节的完整性、典型性。作者的这些处理，看起来脱离了真实生活，违背了现实逻辑，本质上只是以一种"变形""怪诞"的方式感应社会现实，揭示生活本质。

小说的写实主要体现在现实主义和批判现实主义的小说中，如《祝福》。小说的写实是指小说在叙事时以一种现实、逼真的方式呈现，要求创作者客观地观察生活，按照生活的本来面目精确细腻地描写生活，不粉饰生活，大胆直面社会问题，在典型环境中，再现典型人物、典型情节。

值得注意的是，小说的写实与写意虽然各具魅力，但只是"讲故事"的方式不同，终点都是对社会现实尤其是对社会问题的思考与批判，学生可以通过对两者关系分析和思考，实现对社会人生的观察与批判，进而获得理性认识。

2. 大概念解构

实施"小说的写实与写意"大概念教学，需要根据小说文本设计相应的情境，在简要解释具体的概念"小说的写实""小说的写意"之后，需要完成以下教学内容，最终实现对课时大概念的理解，并指向单元大概念。

（1）小说的写实性。

（2）小说的写意性。

（3）写实与写意的艺术目的。

（二）学习目标

1.学生通过阅读本单元五篇小说文本，分组探究与讨论，在对故事的梳理中，概括小说的写实性与写意性的不同特征（语言的建构与运用、审美的鉴赏与创造）。

2.学生通过分组探究与讨论，结合具体内容辨析小说写实性与写意性的差别和关联（思维发展与提升）。

3.学生理解多样文化。通过学习本单元古今中外的小说,理解和借鉴不同民族、不同区域、不同国家的优秀文化,吸收人类文化的精华(文化传承与理解)。

(三)学习重难点

◆学习重点:

1.小说的写实性。

2.小说的写意性。

◆学习难点:

1.辨析小说写实与写意的关系。

2.小说的不同风格与小说主题的关系。

(四)学情分析

◆知能基础:学生在义务教育阶段,拥有一定阅读小说的经验,这之前虽未强调过小说的写意性和写实性,但已经积累学习过相关篇目,比较容易举一反三,触类旁通。

◆素养基础:通过高一的学习,学生已经具备了一定的对小说这一艺术体裁的理论认知,并对小说的三要素、主题等也有一定认知。

◆不足条件:本单元入选的篇目涉及古今中外小说,甚至包括一些现代主义小说,学生对于阅读现代主义小说仍然缺乏一定的阅读素养。此外,学生之前从未接触过写意和写实这两个概念,可能会觉得比较陌生。

(五)教学框架

结合本课时大概念的特点,教学中采用基于单元整体教学的情境——问题教学模式。在教学过程中,以课时大概念为统领,子任务二采用两个课时进行学习活动设计。

第1课时的学习主要以鉴赏绘画的不同表现形式为导入,根据教学目标设计相应的认知情境,让学生感受什么叫"小说的写实与写意",以此暗示了大概念。活动一引导学生结合相关阅读资料分别概括小说的写实性与写意性的特征,并谈谈个人的理解,这里是在围绕教学大概念进行知识铺垫,用于主题探究。活动二则是通过合作探究的方式回归文本,完成表格信息,培养学生分析与对比文本的能力,关注到文本的内在联系,在紧扣文本的基础上又培养学生解决问题的能力。活动三比较表格,辨析写意与写实,紧扣课时大概念,引导学生走向单元的群文阅读赏析,又初步完成对大概念的理解。

第2课时引导学生围绕课时大概念,同样以绘画的方式来引导学生进一步理解写实与写意,思考两者的关系。求同存异,殊途同归,总结知识,回归大概念,体现单元整体教学理念（图3-3-3）。

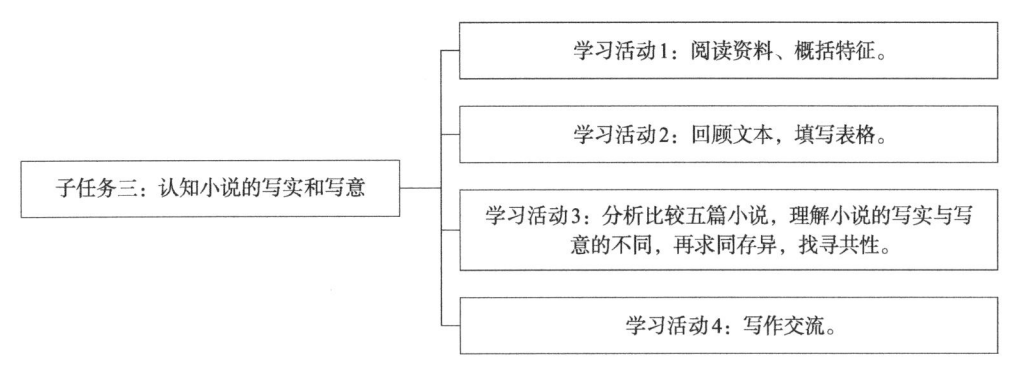

子任务三：认知小说的写实和写意
- 学习活动1：阅读资料、概括特征。
- 学习活动2：回顾文本，填写表格。
- 学习活动3：分析比较五篇小说，理解小说的写实与写意的不同，再求同存异，找寻共性。
- 学习活动4：写作交流。

图3-3-3　课时结构构架与活动程序三

（六）教学过程设计

以眼观象，以心窥意
——小说中的写实与写意
第1课时

（1）导语设计

请同学们鉴赏两幅绘画作品（颜梅华的《李白·镜心》，李白头像），同学们不难发现这两幅作品画的都是同一个人物，那么同学们知道是谁吗？

师生交互：

生：李白。

师：对，是李白。同是李白，这两幅画有什么不同吗？

生：第一幅笔法比较简练，只做简单的勾画，侧重于呈现李白的神韵；第二幅笔法比较细致、精细，更注重描绘李白的长相。

师：同样是描绘李白，但两个画家却采取了不同的绘画方式。其实这两种画法有一个专有名词，第一种叫写意画，第二种叫写实画。写意画不重真实，常常削繁为简，高度洗练，不追求惟妙惟肖，而追求神似。简单来说，写意画主要是以画家自己的意念占主导，摆脱现实的束缚，在创作中自由发挥主观意识，强调画家之"意"，通过描绘形象的神韵，来抒发自己的感情。而写实画则相反，是画家通过对外部形象的观察和描摹，亲历自身的感受和理解来再现外界的物象，简单说就是力求形象逼真，追求真实地表现形象，以形写神，所以写实画笔墨工整，刻画细致。当然不管画家采取的是何种方式，都是为了更好地表现自己心目中的李白，只是一个是通过"心"去看的，一个是通过"眼睛"去看的。那有的同学可能有疑惑了，我们明明在讲小说，怎么讲到绘画去了？

生：不同艺术的表现形式有共通之处。

师：写实和写意两种方法不仅可以运用到绘画中，也能运用到小说中。现在我们就一起来了解一下小说中的写实和写意。

（创设意图：以两幅画作导入，让学生对写意和写实有一个初步感知，暗示大概念，为下一步教学进行铺垫）

（2）学习活动1：阅读资料，概括特征

学生阅读《浅谈文学的"真实"》（刘江玲）、《新写实小说的写实性分析》（姜玉梅）、《略论五四时期的写意小说》（季桂起）、《写实与写意——鲁迅与沈从文乡土小说艺术风格比较研究》等相关资料。根据资料，分别概括小说写意性与写实性的特征，并结合自己的阅读经验，谈谈对二者的理解。

明确思路：小说写意性主要体现在现代主义小说中，如《变形记》。小说写意性是指小说在叙事时到处充斥着主观的感受与理解，通常会对人物、情节等进行"变形"处理。在塑造人物时，可能会将人物"物化"处理，但一定更注重人物的心理、精神、情感、情绪等内在的深入挖掘，而弱化人物的外在的形象，诸如外貌、衣着等。在处理情节时，写意小说会淡化情节或者对某一情节描绘夸张、荒诞，不再着力表现故事情节的完整性、典型性。作者的这些处理，看起来脱离了真实生活，违背了现实逻辑，本质上只是以一种"变形""怪诞"的方式感应社会现实，揭示生活本质。小说写实性主要体现在现实主义和批判现实主义的小说中，如《祝福》。小说写实性是指小说在叙事时以一种现实、逼真的方式呈现，要求作家客观地观察生活，按照生活的本来面目精确细腻地描写生活，不粉饰生活，大胆直面社会问题，在典型环境中，再现典型人物、典型情节。

（创设意图：围绕课时大概念，引导学生理解什么是小说中的写实性与写意性）

（3）学习活动2：回顾文本，填写表格

本单元的五篇小说也运用到了写实和写意两种表现形式，那写实性与写意性是如何体现在本单元的五篇小说中的？请同学们分小组探究与讨论，完成以下表格信息的填写。

	《祝福》	《林教头风雪山神庙》	《装在套子里的人》	《促织》	《变形记》
人物（描写人物的主要方法）					
情节（简要概括故事情节特征）					
环境（刻画了怎样的环境）					

明确思路：《祝福》主要采用的人物描写为外貌描写、语言描写、细节描写、神态描写；叙述故事情节时采用倒叙的方式，完整讲述故事情节；在环境刻画上既有社会环境，也有自然环境，描写详细真实，笔调冷峻客观。《林教头风雪山神庙》主要采用的人物描写为外貌描写、语言描写、动作描写、细节描写；叙述故事时采用双线结构，明暗线交织，情节完整；环境既凸显以风、雪为背景的自然环境，又兼具社会环境的暗示。《装在套子里的人》主要采用的人物描写为外貌描写、语言描写；情节完整连贯；环境上主要以社会环境为主，刻画了沙皇专制统治下的俄国。《促织》主要采用外貌描写、语言描写、动作描写、神态描写；情节一波三折，完整连贯，社会环境典型，刻画了明朝时期封建官僚制度的腐朽和百姓的艰辛。《变形记》塑造人物时主要采取心理描写，无完整故事情节和典型环境。

（创设意图：培养学生对比分析文本的能力，关注文本的内在联系，在紧扣文本的基础上培养学生解决问题的能力）

（4）课堂小结

通过表格的填写与对比，并根据先前对小说写实与写意特征的概括，我们大致可以认定在本单元的小说选文中，《祝福》《林教头风雪山神庙》《装在套子里的人》《促织》为写实性小说，《变形记》为写意性小说。当然，小说中的写实和写意也并非存在不可逾越的鸿沟，写实性小说中往往也会出现写意，写意性小说中也存在写实的成分，二者常常互相渗透，相与为一，共同指向小说的艺术目的。

（创设意图：紧扣课时大概念，引导学生走向单元的群文阅读赏析，初步完成大概念的理解）

第2课时

（1）导语设计

昨天上课我们是从两幅绘画的赏析开始的，今天这节课我们依然从画作的赏析开始。我们来看这幅画，这是意大利艺术家维丹的人物画，大家觉得这幅画是写意还是写实呢？

明确答案：其实这幅作品既有写意，又有写实，是写意和写实的结合。维丹的人物画作用一种笔到随意的感觉去展现人物，力图传达女性的性感和梦幻，有一种意境之美，激发观者的想象力与参与感。同时也注重写实，加入了素描的造型和光影的表达，两者结合表现出耳目一新的视觉效果。这幅画向我们说明了绘画可以写实，也可以写意，更可以将写实和写意相互结合，方式可以多种多样，取决于画家个人的绘画风格或是他想表达的主题。同理，既然绘画可以写实与写意结合，那文学创作是不是也可以呢？写实的作品可以有写意的成分，写意的作品也可以兼具写实。

（创设意图：围绕课时大概念，同样以绘画的方式来引导学生进一步理解写实与写意，思考两者的关系）

（2）学习活动1：结合文本，辨析关系

在本单元的五篇小说中，《祝福》《林教头风雪山神庙》《装在套子里的人》《促织》属于写实作品，《变形记》是典型的写意之作。请思考并分析，四篇写实的作品里，有没有写意的成分，在这四篇作品中，哪些属于典型的写实小说，哪些是以写实为主，兼具写意成分。请小组讨论，结合文本具体阐述理由。

明确思路：《祝福》和《林教头风雪山神庙》属于典型的写实小说，《装在套子里的人》《促织》以写实为主，也兼有写意的成分。总的来说，符合客观现实就是写实，走向主观情感倾向就是写意。《装在套子里的人》绝对意义上属于写实小说，俄国19世纪批判现实主义小说，因为批判，所以对人物处理上有艺术夸张，也因为"批判"本身就带有主观情感倾向，所以，我们也可以说这种艺术夸张带有一定的写意性。写实和写意，还是要看相应的占比内容。而《促织》情节有部分做了"变形"处理，比较夸张荒诞，但只能说是小说中的写意成分增强了，总体而言依然以写实为主。

（创设意图：落实课时大概念，通过对四篇文本的再分析和比较，在更近一层理解文本的同时，又引导学生结合具体文本进一步理解写意和写实，以及两者的关系）

（3）学习活动2：求同存异，殊途同归

在本单元的五篇小说中，有真实触目的社会，有荒诞无比的情节，有惊异震撼的故事，有水到渠成的结局。有从写实入手，有从写意开始，有悲的，有喜的，可以说各不相同，各有魅力。

（创设意图：总结知识，回归大概念，体现单元整体教学理念）

（4）课堂小结

写意和写实的特征同学们已经很清楚了，我们就不再赘述了。那它们有没有什么相同点？无论是什么类型的小说，无论作者采取何种写作方式，表现手法，最终还是服务于主题，服务于创作意图的展现及小说主题的揭示。这五篇小说，看似殊途，实则同归，最终归宿皆是解开现实的外衣，披露社会问题，只是有的是以写实的方式，真实描写，真实呈现"丑陋"；有的是以写意的方式，通过"异化""变形""荒诞"来深刻披露现实，在异化荒诞的外衣下，我们更应看到"人性异化"的残酷现实。

◆板书设计

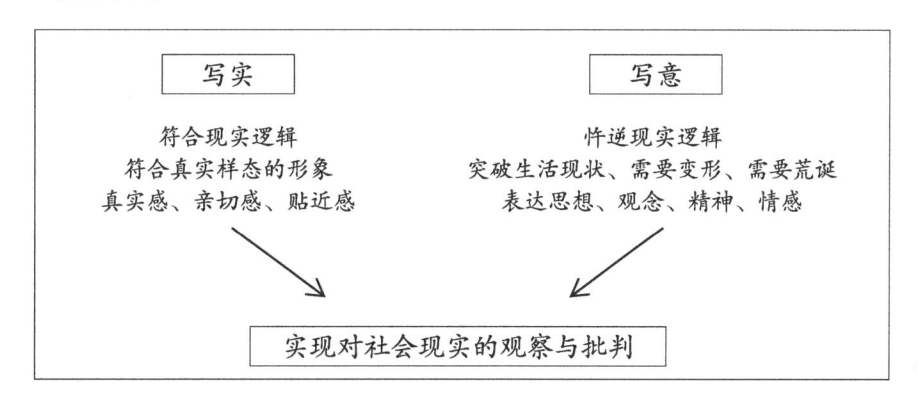

```
     写实                          写意
  符合现实逻辑                   忤逆现实逻辑
  符合真实样态的形象      突破生活现状、需要变形、需要荒诞
  真实感、亲切感、贴近感     表达思想、观念、精神、情感
              ↘              ↙
            实现对社会现实的观察与批判
```

（七）教学反思

徐洁在《基于大概念的教学设计优化》一书中提道："大概念是指学科领域中最精华、最有价值的核心内容，会成为学生解决问题的基本策略和方法。有限的课时与不断增多的知识之间存在着矛盾，应对的方法就是以最核心、最有价值的大概念作为统帅，摈弃细枝末节烦琐而细碎的知识的学习，抓住重点与重心，使课程内容结构化。"[1] 这段表述，给我们理解大概念的相关理论指明了道路，阐释清楚了意义，但也给我们带来了新的困惑。

其一，大概念引入高中语文教学，基于对学生的成长与发展素养的提升的目标而进行的顶层设计、专家思维、知识迁移等实施路径，看起来是很美好的改革方

---

[1] 徐洁.基于大概念的教学设计优化[M].上海：华东师范大学出版社，2021：25.

向，但会不会最终拔苗助长，得不偿失？知识的细节如何贯彻于大概念引领的教学之中？细枝末节、烦琐细碎的知识如何界定？这样的"十万个为什么"恐怕短时间内难以解决与消化。知识结构化的目标无可厚非，但万丈高楼空有框架，缺少泥土沙石的填充并不能稳固长久。教师基于大概念进行教学设计，目的是培养学生专家思维、迁移能力与构建生活价值的能力，说到底是希望所学有所用，不再是只解决"这一个问题"，而是解决"这一类问题"，甚至可举一反三、触类旁通，解决与之有千丝万缕的"别的问题"。这样做的优点是显而易见的，那弊端是不是不存在呢？会不会过早地代替了学生思考，以及学生实践？或者说这样做一定能够解决"有限的课时与不断增多的知识之间的矛盾"？大概念统领下的教学如何搭建有梯度的教学体系，如何引领学生的思维与能力循序渐进，是摆在每一位致力于大概念教学研究与实践的研究者面前的难题。

其二，基于大概念统领下的高中语文教学如何设计与实践？教师的专业技术水平的要求具体包涵哪些要素？学生无基础知识、无细节把控，在大概念统领下的学习会不会成为无源之水，无本之木？会不会轰轰烈烈开始，最终黯然收场？在此模式大规模研究、实践之前，我们的教学实践探索是否不存在"专家思维"？是否未完成知识迁移，一代又一代的教育工作者的努力不可能就被新出的概念、模式、方法给否定。作为教育工作者，我们所遵循、探索的学生成长的规律、学习的习惯与规律、学生认知水平与层次、知识体系与结构等并非一无是处、脱离实际，而是循序渐进，开山、铺路、搭桥、建楼，解决一个又一个的人生的难题，其价值与意义不容否定。

困惑是前进的动力，解惑是成长的道路。一路走来，可见云开，可见雾散，可见月明。

五、课时大概念Ⅳ（小说写作以实现对社会人生的观察与批判为艺术目的）教学设计示例

朱　兰　彭鸿萍

本课时的大概念为"小说写作以实现对社会人生的观察与批判为艺术目的"，对应的课程内容为"文学阅读与写作"任务群，意在分析作者、小说与社会的紧密联系而尝试小说写作。本课时大概念的学习需要两个课时，将以"故事新编"和"洞察社会，妙手著文"的方式进行深度学习，主题设置为"小说是对社会的审视"。

（一）大概念析读

1.大概念理解

本课时大概念的解读重点是作者、小说与社会的紧密联系，即作者根据小说创作的时代背景在刻画人物形象、描写社会环境、设定小说情节时显示出的对现实社会的观察与批判。小说的人物形象往往被作者打上时代烙印，读者从人物形象和故事情节的发展中分析人物性格，可揭示人物形象的社会意义，进而实现对现实社会的审视。

2.大概念解构

实施"小说写作以实现对社会人生的观察与批判为艺术目的"大概念教学，需要根据小说文本设计相应情境，解释作者、小说与社会的紧密联系，并能据这一关系原理进行小说创作。基于此，本课时需要完成以下教学内容，最终实现对课时大概念的理解，并指向单元大概念。

（1）《变形记》"故事新编"。发掘小说中人物形象设定的社会意义并借助小说写作完成对现实社会的审视。

（2）洞察社会，妙手著文。探析小说对社会环境的映照、典型人物的塑造方法以及波澜起伏的情节设计，从而完成小说写作。

（二）学习目标

1.学生通过阅读小说文本，分组探究与谈论，在对故事情节的梳理中，概括人物情感的变化并掌握人物形象塑造常用的手法（语言建构与积累）。

2.学生通过分组探究与讨论，发掘小说中人物形象设定的象征意义，并结合具体内容分析社会对小说人物的深刻影响（思维发展与提升，审美鉴赏与创造）。

3.学生从人物悲剧性的命运出发，分析作者的创作目的，总结小说这一文学体裁的艺术功能和目的（思维发展与提升，文化传承与理解）。

（三）学习重难点

◆学习重点：作者、小说与社会的紧密联系。

◆学习难点：社会对人的深刻影响与小说对社会审视的实现。

（四）学情分析

◆知能基础：高中学生有了一定的小说鉴赏基础，也在统编高中语文教材必修（上册）的选文中接触到几篇小说文本。本单元的篇目都是来自古今中外的名作家，学生对他们的创作有一定的了解。

◆素养基础：文本理解上，学生有一定的阅读积累；学习经验上也对分组学习、合作探究有一定的认知。

◆不足条件：本课要求学生在对作者、小说与社会的关系的深度理解基础上进行小说写作，这对学生的写作素养和体察社会的能力要求颇高，实践起来有一定难度。

（五）教学框架

以课时大概念为统领，子任务四将用两个课时进行学习活动设计。第一课时以"故事新编"的方式进行深度学习，引导学生结合小说主题和社会背景，研讨发掘小说人物形象设定的象征意义，实现对社会底层人物悲惨命运的思考及对现实社会的审视。第二课时，将本单元五篇小说作为指导小说写作素材，探讨小说环境描写、人物刻画、情节设置的技巧和方法，最终完成小说创作。（具体见图3-3-4）

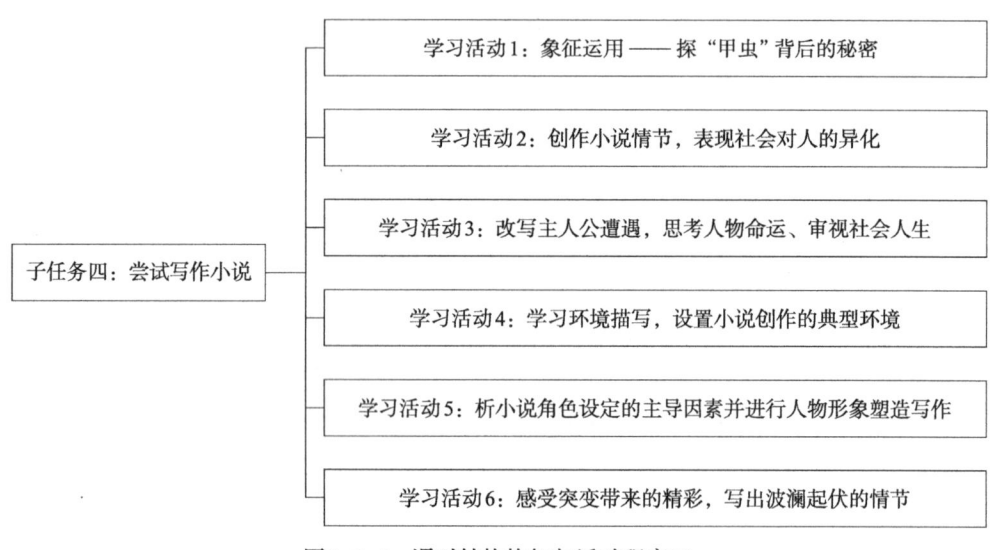

子任务四：尝试写作小说
- 学习活动1：象征运用——探"甲虫"背后的秘密
- 学习活动2：创作小说情节，表现社会对人的异化
- 学习活动3：改写主人公遭遇，思考人物命运、审视社会人生
- 学习活动4：学习环境描写，设置小说创作的典型环境
- 学习活动5：析小说角色设定的主导因素并进行人物形象塑造写作
- 学习活动6：感受突变带来的精彩，写出波澜起伏的情节

图3-3-4　课时结构构架与活动程序四

（六）教学过程设计

"故事新编"，妙笔生花
——《变形记》深度阅读与片段写作
第1课时

（1）导语设计

勤劳善良的祥林嫂在封建礼教铸就的吃人社会中没有春天；仗义隐忍的林教头在北宋王朝的黑暗统治下被逼上梁山；封闭守旧的别里科夫在腐朽僵化的沙皇专制统治下永远挣脱不了装在身上的"套子"；忠于职守的格里高尔在资本主义社会激烈的生存竞争中走向了死亡……世间百态，各色人生，生活在底层的小人物，命

运如沙子一般，随社会的风吹草动而沉浮。小说是社会的一面镜子，体现对社会的审视，今天，让我们走进卡夫卡的《变形记》，以"故事新编"的方式进行深度学习，去探究作者、小说与社会的紧密联系。

（2）学习活动1：象征运用——探"甲虫"背后的秘密

古往今来，描写变形的作品数不胜数，很少有人将人异化成甲虫。现在回顾课文内容，找出描写甲虫外貌形态的句子，思考并讨论：卡夫卡为什么让格里高尔变成甲虫而不是其他动物呢？如果你是小说作者，你会让格里高尔变成什么动物呢？请你结合小说的社会背景和主题为小说的人物设定一个适合的角色，用300字进行小说人物片段写作。

明确：作者运用象征手法来表现人物，人变成甲虫是一种象征，是人类精神世界遭受扭曲和异化的表现，更是人与人之间的冷漠、孤独、绝望与隔膜的折射。甲虫的大身躯、小细腿、行动缓慢，是格里高尔不堪生活重负的表现。甲虫有"甲"，是人际关系冷漠的反映，是现代社会中人与人之间心理壁垒的映射。甲虫是弱小的、任人宰割的，反映出人对自身命运感到无法掌控、把握的恐惧……卡夫卡通过人变成甲虫这一荒诞的情节，体现对社会的审视，隐喻现代社会中存在的普遍问题，严酷而缺乏人情味的社会环境和机械繁重的劳动使每一个生活在其中的人逐渐变得麻木、萎缩，情感冷漠，成为工具，成为"非人"，揭示了人被残酷的社会所"异化"的深刻主题。

（创设意图：让学生化身为"小说家"，从创作者的角度阅读课文，进行知识回顾，再结合小说的主题和社会背景，研讨发掘小说中人物形象设定的象征意义，并在此基础上发挥想象，以"创作者"的身份进行故事新编，使得学生学会运用象征手法来表现人物的精神状态和深层心理情感，揭露人物异化的根本原因，对现实社会进行初步思考）

（3）学习活动2：前后对比——品人情冷暖

拓展阅读《变形记》第二、第三部分，完成下列学习任务表，谈谈你所得出的结论。

	家人态度	格里高尔心理
变形前期		
变形后期		
结论		

明确：在变形前期，家人对格里高尔还有些同情，与他最亲近的妹妹还费心地为他打扫房间、送饭等。随着时间的流逝，家人为了生存只得打工赚钱，对其只剩下恐惧、厌恶与唾弃。格里高尔在变形前期仍旧关心怎样还清父母的债务、送妹妹上音乐学院等事情。变形后期，他成了全家的累赘，被家人抛弃，又痛又饿，陷入绝望，最终死去。

小说正是通过表现人的异化来反映在金钱主导的社会中、在机器生产和生存竞争的高压下人被异化为非人的社会现状，揭露金钱主导的社会摧残人性、唯利是图的社会本质，实现对社会的观察与批判。

（创设意图：让学生通过品读小说主要人物和次要人物的形象，去感受作者刻意营造的对比，了解社会对人的"异化"影响。为片段写作进行铺垫）

（4）学习活动3："故事新编"——片段写作

格里高尔的异化让我们真切感受到了社会对人的影响。其实家庭也是一个小社会，那么这个小社会对格里高尔又会产生怎样的影响呢？我们分两个组进行片段写作：如果你是格里高尔，你在这两个时刻恢复人形，你会怎么对待家人呢？

（学生分组进行片段写作，然后分享交流，总结规律）

（创设意图：通过学生对小说情节的再创造，了解小说主人公心理的转变对比，从而把握社会对人的深刻影响）

（5）学习活动4：品味结局——逃脱不掉的命运

小说中的小人物存在于社会的每一个角落，格里高尔是小人物，格里高尔的身边人也是。大胆想象，如果异化的是格里高尔的家人，格里高尔会怎样对待家人？请你来写这个故事，用一个典型片段来表达你的思考。

（学生讨论，自由发言）

明确：卡夫卡笔下主人公几乎都是小资产阶级及知识分子，他们是社会生活中被欺压、被凌辱的弱者，他们勤勤恳恳工作、努力向往美好生活，但却事与愿违，他们得不到公平对待，他们孤独、苦闷、恐惧。卡夫卡通过展现小人物的痛苦、困顿，深刻揭示弱势群体备受倾轧、艰辛痛苦的生存状态，描摹了一种近乎冷酷残忍的现实社会。

（创设意图：以"小人物"形象为切入点，将小说中的"个体"上升为"群体"，通过思考格里高尔对待变成甲虫后的家人的态度，明白人的异化背后是社会的异化，引导学生思考社会底层人物悲惨命运及对现实社会进行审视）

（5）课堂小结

卡夫卡曾这样评价自己的《变形记》："梦揭开了现实，而想象隐藏在现实后面。这是生活的可怕的东西——艺术的震撼人心的东西。"[1] 格里高尔并没有做梦，他的变形就是现实本身。卡夫卡通过象征手法、人物情感态度的转变、悲剧命运结局来揭示弱势群体备受倾轧、艰辛痛苦的生存状态，揭露金钱主导的社会摧残人性、唯利是图的本质，从而实现对现实社会的审视与批判，引发读者深思。

（6）作业布置：

以边缘人为主人公，写一篇小小说，要表现出自己对社会的审视。

◆板书设计

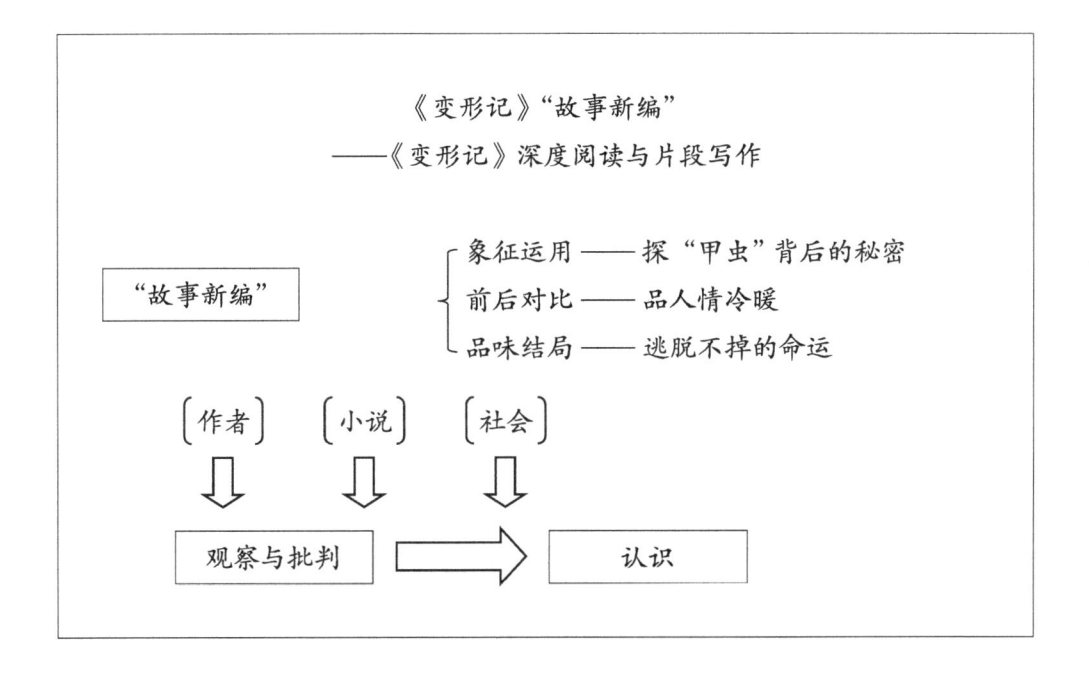

```
            《变形记》"故事新编"
         ——《变形记》深度阅读与片段写作

                    ┌ 象征运用 —— 探"甲虫"背后的秘密
    ┌──────┐    │
    │"故事新编"│ ──┤ 前后对比 —— 品人情冷暖
    └──────┘    │
                    └ 品味结局 —— 逃脱不掉的命运

    ┌──┐  ┌──┐  ┌──┐
    │作者│  │小说│  │社会│
    └──┘  └──┘  └──┘
      ↓      ↓      ↓
    ┌────────┐       ┌────┐
    │ 观察与批判 │ ═══▶ │ 认识 │
    └────────┘       └────┘
```

洞察社会，妙手著文
—— 小说艺术目的探究与小说写作实践
第2课时

（1）导语设计

作家创作与人生经历、所处时代环境密切相关，我们能据此看到作者对社会人生的观察或批判。小说要实现作家的创作目的，必须借助环境、人物和情节三要素。今天，就让我们一起探究这三要素并尝试小说创作。

（2）学习活动1：境中生志 —— 品作家人生经历和析作品的环境描写。

---

[1] 叶廷芳，主编.卡夫卡全集（第五卷）[M].石家庄：河北教育出版社，1996：353.

社会环境纷繁芜杂，作家得选择一个合适的情境作为小说的容器，从而让它在一个有限的空间展示其丰富的姿态。而这个所谓"合适的情境"，就是作家人生经历中最有感触、最想借此传达自身价值观念的凭借。请思考：鲁迅先生是在怎样的环境下"弃医从文"的？本单元五篇小说中的环境描写与作者所处现实环境有何联系？完成下表。

小说内外的环境

篇目	社会环境描写	作者所处现实环境
《祝福》		
《林教头风雪山神庙》		
《装在套子里的人》		
《促织》		
《变形记》		

明确思路：鲁迅"弃医从文"是在20世纪初人民受宗法礼教等奴役却麻木不觉的大环境下的必然选择，为的是从思想上解放国人。《祝福》中的社会环境便是底层百姓特别是女性遭受封建礼教残酷的精神压迫和奴役；《林教头风雪山神庙》表现的是封建官僚对普通百姓的残酷压榨与剥削；《装在套子里的人》则指向沙俄专制统治对人们思想行动的强烈控制；《促织》彰显的是封建社会统治者的骄奢淫逸以及各级官吏的媚上责下"假此科敛丁口"等罪责；《变形记》的背景则是奥匈帝国即将崩溃、西方资本主义兴起、人们开始追求金钱至上，个人被这样充满敌意的社会环境包围，从而陷入孤立、绝望，格里高尔变形前后正能体现这一点。

写作实践：假设你要参加贵阳市举办的首届中学生小说创作大赛，你会如何设定你小说的环境呢？请先完成以下表格再开始片段写作。

环境描写写作设计

你周围的环境	小说预设的环境（大环境、小环境）
例：新冠疫情	例：白衣天使最美逆行；一个医生世家的家庭

（创设意图：围绕课时大概念，引导学生理解小说创作中环境描写与作者所处现实环境的联系）

（3）学习活动2：典型人物——析小说角色设定的主导因素

文学归根结底是人学，作品中的人物其实是现实人物的艺术投射，具有一定的典型性。请结合小说创作背景和小说环境描写，思考：本单元五篇小说主人公的形象特点是怎样的呢？完成下表。

人场形象分析

人物	人物形象特点（外貌、神态、心理、性格职业、身份等）
祥林嫂	
林冲	
别里科夫	
成名	
格里高尔	

明确思路：小说在描写人物时都使用丰富、传神的写作手法塑造性格鲜明的人物。写祥林嫂的时候就注意对她的外貌特别是眼睛的描写，以及她在鲁四老爷家做事时的状态描写，我们据此可以总结出祥林嫂是一个勤劳、善良、质朴、顽强，但却成为一个被践踏、受鄙视而终至被封建礼教和封建迷信所吞噬的旧中国底层女性形象。林冲则是一位善良正直、武艺高强，在恶势力面前由容忍顺从到奋起反抗的悲情英雄形象。《装在套子里的人》通过描写别里科夫身上各种让人啼笑皆非的"套子"来展现一位封闭保守、胆小多疑、性情孤僻又极力维护沙皇统治秩序最终却被"套子"迫害致死的"可怜虫"。成名则是一位忠厚老实、战战兢兢，面对生活变故无能为力的社会底层人物。卡夫卡描写格里高尔时始终贴着格里高尔变形后的心理进行真切的描述，展现出格里高尔不被亲人所爱不被社会所容的悲剧存在。

写作实践：参照本单元描写人物形象的手法，从前一个环节设定的环境中选取一个或几个人物进行写作。

（创设意图：小说创作，人物是核心，在了解了经典作品中典型人物形象特点及创作方法后，有利于进行自我创作）

（4）学生活动3：突变出彩 —— 探小说情节的波澜起伏

"突变"能让小说情节曲折变化，本单元五篇小说中突变的情节便是小说主人公陷入悲剧命运的重要转折点，请略读《祝福》《林教头风雪山神庙》《装在套子里的人》，思考主人公命运是在哪些关键情节发生转折的，并完成下表。

人物命运与突转情节

人物	命运（性格）突转的情节
祥林嫂	
林冲	
别里科夫	

明确思路：祥林嫂命运发生转变的情节有多处，她的人生就因这些"突转"的情节而一再发生变化，最后凄惨地死在祝福之夜中。林冲受高俅迫害发配沧州，一路忍让，中途有反抗但意志不坚，又继续随遇而安，最后在一系列巧合下得知仇家恶毒计划才忍无可忍走向彻底反抗。而别里科夫的人生转折则来自漫画事件、骑自行车事件、吵架事件，以致最后恋爱、婚姻告吹，一命呜呼。

写作实践：阅读或者创作小说，得关注叙事技巧，如埋伏笔、设悬念、抑扬、反转、对比、延宕等。那么，你小说中的人物又会经历怎样波澜起伏的人生呢？请适当使用叙事技巧进行情节设计。

（创设意图：精彩的情节能更好地塑造人物，从而能更好地实现作者对社会人生的观察和批判）

（5）课堂小结

作家的人生经历和所处的社会环境对创作影响深远，特别是小说主题。通过仔细体悟生活、观察社会人生，有助于借助典型人物、特定环境、情节等要素完成小说写作，最终实现对社会人生的观察或批判。

（6）作业布置

将以上三个写作实践片段连缀成篇。

◆板书设计

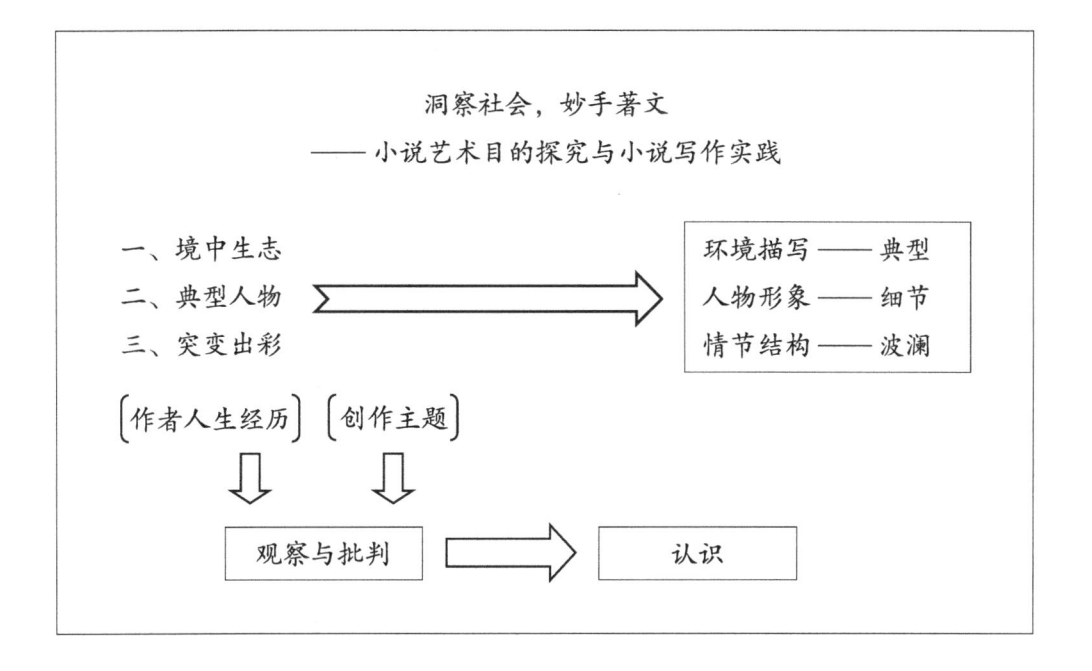

```
            洞察社会，妙手著文
         ——小说艺术目的探究与小说写作实践

  一、境中生志                    环境描写 —— 典型
  二、典型人物    ⟹              人物形象 —— 细节
  三、突变出彩                    情节结构 —— 波澜

  [作者人生经历]  [创作主题]
        ⇓            ⇓
      观察与批判    ⟹    认识
```

（七）教学反思

主要亮点：围绕课时大概念"小说写作以实现对社会人生的观察与批判为艺术目的"对教学内容进行结构化设计，本节课的核心任务是进行小说写作，而要完成这一目的必须对作家创作的意图和原理有一定了解，所以对写作的探究铺垫至关重要。特别是采用"故事新编"的方式进行深度学习与小说创作，引导学生在活动中去体验、去感悟、去创造，在文本的深度探究中获得阅读能力和人文素养，实现核心素养的提升与强化。

存在不足：本节课是写作课，在借助本单元小说篇目进行小说写作的铺垫和写作方法指导时，两者用的笔墨比重还可以更科学。本内容试图设计为2个课时，教学容量过大，没有留给学生足够的思考时间。

再教设计：根据学生活动的教学目的，拓展迁移相关文本进行对比阅读，提高思维能力，并根据不同层次班级学生调整好课堂容量、设计个性化情境，满足不同能力层次学生需求，将写作指导真正落到实处。

第四节　单元情境教学实践
——以"Nurturing Nature"为例证

人与自然和谐共生体现了一个国家的发展程度和文明程度，党的十九大把"坚持人与自然和谐共生"纳入新时代坚持和发展中国特色社会主义的基本方略。所以，保护自然环境和自然文化遗产是每个公民的责任。本单元引导学生形成并加深人与自然和谐共生这一理念，也是高中阶段的重点内容。

一、单元整体设计
章黎萍　王剑平

本单元是选择性必修 I Unit 6 Nurturing nature，其主题语境是"人与自然"，涉及的主题语境内容是保护自然环境和自然文化遗产。本单元通过介绍中外闻名的自然文化遗产，包括埃及的吉萨金字塔群、西伯利亚南部的贝加尔湖、中国的泰山和青藏铁路，以及澳大利亚的大堡礁，引导学生感受人文自然的俊美与奇特，体验古人为我们留下的自然文化遗产的魅力，使学生产生保护自然文化遗产的意愿，加深对人与自然和谐共生这一理念的认识。

（一）课程标准

主题语境：人与自然

◆自然生态：自然环境、自然遗产保护

◆环境保护：人与环境、人与动植物

（二）大概念建构

根据《普通高中英语课程标准（2017年版2020年修订）》中课程内容的模块，结合各版本教材对该部分内容的单元整合，本单元对应的学科大概念为"在人与自然的关系中，人与自然和谐共生"。在学科大概念统摄下，本单元重点关注引导学生感受人文自然的俊美与奇特，体验古人为我们留下的自然文化遗产的魅力，使学生产生保护自然文化遗产的意愿，加深对人类活动滋养自然这一概念的认识。因此，人类活动滋养自然是本单元的单元大概念。

◆人与自然和谐共生：人与自然是相互依存的有机体，人与自然是辩证统一的关系，人是自然界的产物，大自然是人类赖以生存的基础，人与自然构成了一个统一的生命系统。因此，人与自然和谐共生成了高中英语教学中本单元对应的学科大概念。

◆人类活动滋养自然：在人与自然和谐共生中，人类活动具有主观能动性，能够能动地保护自然，利用自然，改造自然，孕育独特的生态智慧。因此人类活动滋养自然就是本单元的单元大概念，是本单元学习的结构化目标指向。（具体如表3-4-1所示）

表3-4-1 "人与自然"部分大概念层级

学科大概念	单元大概念	课时大概念
人与自然和谐共生	人类活动滋养自然	Ⅰ.以生态环保为前提的环保理念的传递以及对人类改造自然的智慧的赞美 Ⅱ.观察图表所呈现的内容，引导学生运用现在完成进行时讨论自然环境的变化 Ⅲ.认知生态环境，辩证思考经济与生态环境的关系 Ⅳ.人类工作和生活与自然界协同，人与自然和谐共生 Ⅴ.自然文化遗产的保护与开放相得益彰

（三）单元学习目标

本单元是选择性必修1 Unit 6的内容，依据课程标准，分析单元内容，梳理各语篇主题意义，制订了本单元的学习目标。

语言能力目标：理解人与自然相关的内容，学习并掌握与话题相关的词汇和表达，阅读、听懂并讨论与之相关的话题，使用新学语言简单讨论人类发展经济的同时如何保护自然文化遗产。

文化意识目标：观看和阅读关于世界自然文化遗产的内容，了解中外人民优秀的自然文化遗产，正确认识人类生活与自然环境的关系，增强尊重自然、合理利用和开发自然资源、与自然和谐相处的意识；了解本民族建设者们在建设过程中遇到的环境保护的挑战及解决这些困难的方法，感受建设者的伟大，激发民族自豪感，树立文化自信。

思维品质目标：正确判断文章作者的观点和态度，辩证理解人类活动与自然环境的关系，科学分析一件事情的利弊，提高人与自然和谐相生的自觉性；理解合理利用自然，改造自然的行为，逐步培养人类活动滋养自然的意识，同时联系自身实际，实现知识与思维能力的迁移。

学习能力目标：围绕本单元的主题语境内容，基于单元多模态语篇，激发英语学习兴趣，多渠道获取英语学习资源，巩固本单元所学语言知识，丰富自己的相关知识，开阔眼界，提高英语运用能力，选择恰当的策略与方法，监控、评价、反思和调整自己的学习内容和进程。

（四）单元学习大情境

1. 大情境简介：人与自然和谐共生

自然是庞大神秘的，是我们人类生存的载体。对自然的探索、开发、改造，必须遵循自然规律。与此同时，人类发展经济对自然的保护也提出了挑战。

2. 大问题聚焦

（1）人类能通过努力改变自然吗？
（2）改变自然的过程要注意什么问题？
（3）自然环境和自然文化遗产面临的现状是什么？
（4）人类可以做些什么来保护自然环境与自然文化遗产？

二、课时大概念I（Starting Out & Understanding ideas）教学设计示例

胡文娟　王　丽　王一平

本课时是本单元的Starting out & Understanding ideas 部分。Starting out呈现了一段介绍世界遗产的视频和四张与单元主题相关的图片，图片内容分别为中国的黄龙风景名胜区、阿根廷和巴西交界处的伊瓜苏瀑布、坦桑尼亚东部的乞力马扎罗山和澳大利亚的马鲁鲁，以吸引学生对本单元话题的兴趣，激活学生已有的语言、背景知识，为接下来整个单元的学习活动做铺垫和预热。接下来的语篇*The Sky Railway*，中文标题为天路，语篇类型为游记，贴合单元主题语境。文本内容条理清晰，层次分明，共有七个段落，分为三个部分。第一部分为第一段，讲述作者即将启程，踏上天路之旅。第二部分为第二至第六段，讲述建设青藏铁路遇到的种种困难以及解决这些困难的方法。第三部分即第七段，作者见证了我国设计者和建设者在保护生态环境的前提下成功建设出了"不可能"的天路，表达了自己无比的自豪感。

（一）大概念析读

1. 大概念理解

本单元的主题语境是"人与自然"，涉及的主题语境内容是保护自然环境和自然文化遗产。本课时强调以学生为主体的整合性学习，通过视频、图片、语篇等多

模态学习手段帮助学生达到知识（语言与文化知识）、技能、策略等多维度学习目标。Starting out 部分，围绕主题创设情境，激活学生已有的知识和经验，铺垫必要的语言和文化背景知识，引出了本单元主题：人类改造大自然与保护大自然之间的关系——和谐共生。Understanding ideas 部分，该语篇是一篇典型的游记，教师研读文本，帮助学生运用语言策略，从文本中提取信息并解读文本，在分析文体类型、语篇结构、语言特点和结构化知识的基础上，把握文本的主题，为理解工程建设要以生态环保为优先的理念，在新语境中迁移所学内容、实现创新表达创造条件。

2. 大概念解构（认知内容）

本课时引导学生阅读语篇，通过略读锁定关键词，体会作者写作意图；通过精读，了解细节，找出修建过程中的种种困难和解决困难的办法的表述，让学生切实体会青藏铁路建设过程的不容易，激发民族自豪感；创设实际情境、引导学生通过拓展活动，思考这些年贵州基建的突飞猛进，了解并思考贵州人民如何智慧地因地制宜，在保护自然生态环境的同时，也带给贵州人民生活便利，实现了经济腾飞。整个课时设计指向单元大概念。

（二）学习目标

1. 学生通过运用阅读策略，获取青藏铁路修建过程中的困难和解决困难的办法，归纳出人类智慧与大自然共生的理念，体会作者自豪的情感。

2. 学生通过分析语篇，学习和掌握与问题、解决问题相关的词汇短语以及语法知识，感知游记类语篇的语言特点。

3. 学生通过所学语言知识以及主题词汇，在创设的课堂活动贵州人民如何智慧地因地制宜实现与自然共生中，实现迁移创新表达。

4. 学生通过课堂活动，进一步理解以生态保护为前提的环保理念，唤起对人类改造大自然的智慧的赞美以及自豪。

（三）学习重难点

◆学习重点：学生通过主题语境学习语言知识，初步了解现在完成进行时在语篇中的运用；学生理解语篇内容，通过阅读作者的回忆和介绍，获取收集信息并解决问题的细节，根据作者情感的表述推测作者的写作意图，总结文章主旨大意；学生了解游记类文章的文体特征。

◆学习难点：学生有效运用略读和精读的阅读策略；通过语篇学习，学生与作者产生情感共鸣；学生在短时间内运用在语篇中获取的词汇、短语以及语法结构，并进行创新性的表达。

（四）学情分析

◆**知能基础**：高二学生对英语学习有一定的兴趣，对略读和精读的阅读策略运用不熟悉，能用简单词汇和短句表达自己的观点。

◆**素养基础**：根据高二学生的心理和认知发展阶段及年龄特征，学生已经具备有一定的语言表达能力，有对青藏铁路相关背景知识的认知，能通过阅读及教师引导对文章的情感产生共鸣。

◆**不足条件**：由于英语语言知识储备参差不齐，学生在理解文本信息上有较大困难；受心理发展阶段以及知识背景积累不足的限制，不能有效运用阅读策略、主题语境等深入地思考主题意义。在创设实际情境的课堂活动中，有部分程度一般的学生较难在短时间内运用所学知识迁移创新，故安排复述课文的任务。

（五）教学资源

◆**基本教学材料**：外研版教材、多媒体课件、视频。

◆**课时大情境**：人类改造大自然与保护大自然之间的关系——和谐共生。

（六）教学框架

```
                     课时大概念
   以生态环保为前提的环保理念的传递以及对人类改造大自然的智慧的赞美

   ┌──────────────────────────┬──────────────────────────┐
   小概念1：围绕语义整合性学习词汇和表达方式   小概念2：基于单元提供的游记，从明线及暗线分层整合时间、路线、见闻和感受等相关信息，实现创新表达

   描述事实    情感主线    收集信息解决问题    语篇结构    叙事方式
```

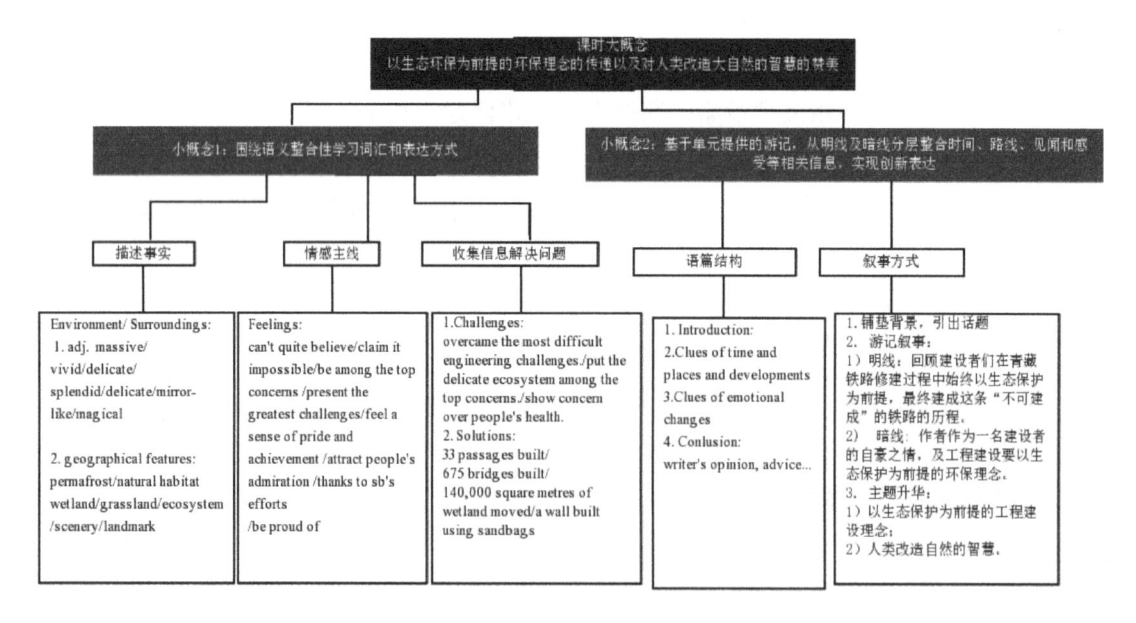

描述事实	情感主线	收集信息解决问题	语篇结构	叙事方式
Environment/ Surroundings: 1. adj. massive/ vivid/delicate/ splendid/delicate/mirror-like/magical 2. geographical features: permafrost/natural habitat /wetland/grassland/ecosystem /scenery/landmark	Feelings: can't quite believe/claim it impossible/be among the top concerns /present the greatest challenges/feel a sense of pride and achievement /attract people's admiration /thanks to sb's efforts /be proud of	1.Challenges: overcame the most difficult engineering challenges./put the delicate ecosystem among the top concerns./show concern over people's health. 2. Solutions: 33 passages built/ 675 bridges built/ 140,000 square metres of wetland moved/a wall built using sandbags	1. Introduction: 2.Clues of time and places and developments 3.Clues of emotional changes 4. Conlusion: writer's opinion, advice...	1. 铺垫背景，引出话题 2. 游记叙事： 1）明线：回顾建设者们在青藏铁路修建过程中始终以生态保护为前提，最终建成这条"不可建成"的铁路的历程。 2）暗线：作者作为一名建设者的自豪之情，及工程建设要以生态保护为前提的环保理念。 3. 主题升华： 1）以生态保护为前提的工程建设理念； 2）人类改造自然的智慧。

图3-4-1　教学框架

（七）教学过程设计

Teaching contents	Procedures		Purposes
	Teacher's activity	Students' activity	
Warming up & Lead-in	1.Teacher shows some related pictures and inspires students to answer some questions 2.Teacher plays a short video to students and asks some questions 3.Teacher asks students to finish a quiz on Page 82	1.Students enjoy the pictures and view the short video and then answer some questions 2.Students finish the quiz on Page 82 that contains the following questions: 1）*Which is the highest railway in the world* 2）*In which year was the completed Qinghai-Tibet Railway put into operation* 3）*Which of these stations is not on the Qinghai-Tibet railway* 4）*Which of these natural World Heritage Sites does the Qinghai-Tibet Railway pass by*	To introduce the topic "Qinghai-Tibet railway" and help students activate relevant knowledge about it and reserve corresponding vocabulary to pave the way for reading
General understanding	1.Teacher asks students to read the passage and figure out the attractive ones in 2 minutes 2.Teacher asks students to read for the author's purpose in writing the passage and find supporting sentences	1.Students read the passage and figure out 1）*... why the railway is particularly special to the author* 2）*... the impressive landmarks mentioned.* 2.Students read for the author's purpose in writing the passage and find supporting sentences	To get students to grasp the main idea of the text and perceive the author's writing intention

续表

Teaching contents	Procedures		Purposes
	Teacher's activity	Students' activity	
Deep reading	1.Teacher asks students to read the passage again for details and complete the table on Page 85 2.Teacher inspires students to think about some questions	Students read the passage again, organize information from the passage and complete the table on Page 85 and think about the following questions: 1) *How did the impossible turn out to be extraordinary* 2) *Why could the impossible turn out to be extraordinary*	1.To get students to learn to analyze the structure of the text and under it to gain a deep understanding of the details. 2.To improve students' awareness of protecting nature while constructing and developing human society, leading to well-coexisting life
Watching & Presenting	1.Teacher plays a video about Guizhou Highway Bridge for students, and inspires students to think about some related questions 2.Teacher encourages students to make presentations based on what they have learned in the class and then makes some comments on their presentations	1.Students watch a video about Guizhou Highway Bridge, and think about the following questions: 1) *What impresses you most about these bridges* 2) *What changes do you think the Guizhou Highway Bridge have brought to the people living along it* 2. Students make a presentation based on the answers	To have students experience the difficulties encountered in the construction of highway bridges in Guizhou and the solutions to these difficulties, and feel proud of our hometown
Assignment	Write a passage about Guizhou Highway Bridge	To consolidate what have been learned in this class	

◆ 板书设计

impossible	solution	extraordinary
... overcame the most difficult engineering challenges ... put the delicate ecosystem among the top concerns ... show concern over people's health	thirty-three passages 675 bridges 160 kilometres 140,000 square metres several twenty-kilometre	

（八）学习测评

练习一：Fill in the blanks according to the passage.

It took years 1._____ (complete) the Qinghai-Tibet Railway. The construction workers 2._____ (overcome) the most difficult engineering challenges, one of which was how to protect the delicate ecosystem. In order to allow the wild animals to move safely and freely in their 3._____ (nature) habitat, they built thirty-three passages under the railway. To prevent damage to wetlands, 675 bridges with a length of about 160 kilometres 4._____ (build) between Golmud and Lhasa. They had even moved 140,000 square metres out the wetland to 5._____ new area in order to protect its distinct ecosystem. 6._____ (locate) at over 5,000 metres above sea level, Tanggula Station is the highest railway station in the world. In locations such as this, the thin air, changeable weather and high levels of UV radiation presented the 7._____ (great) challenge for railway workers. To make sure they stayed healthy, several oxygen-making stations were constructed. To protect Cuona Lake 8._____ construction waste, the railway workers used thousands 9._____ thousands of sandbags to build a twenty-kilometre wall along the lake. In a word, the railway workers built our "impossible" railway with the care that the environment deserves. It 10._____ (true) is an extraordinary "Sky Railway".

1. to complete　考查非谓语动词。It takes some time to do sth. 花费一些时间做某事。

2. overcame　考查时态。此处叙述过去的动作，因此用一般过去时。

3. natural　考查形容词。此处作定语，修饰名词habitat，故应用形容词形式。

4. were built　考查时态和语态。此处叙述过去的动作，且bridges与build之间为被动关系，故用一般过去时的被动语态。

5. a　考查冠词。此处表示泛指，且new的读音以辅音音素开头，因此用不定冠词a。

6. Located　考查非谓语动词。Tanggula Station与locate之间为被动关系，故用过去分词短语作状语。

7. greatest　考查形容词最高级。此处指对于铁路工人来说最大的挑战，空前有the，因此用最高级形式。

8. from　考查介词。protect sb./sth. from...意为"保护某人/某物免受……"。

9. and　考查连词。thousands and thousands of 成千上万的。

10. truly　考查副词。此处作状语，因此用副词形式。

练习二：Writing.

Write a short passage introducing the constructions of the Guizhou Highway Bridge and some relevant information.

（九）教学反思

主要亮点：多模态语篇帮助学生获取了对青藏铁路的直观感受，视频、歌曲创建了一个沉浸式体验，让学生迅速抓住主题语境；通过教师带领学生对文本的研读分析，学生对游记类文体的语言特征有了深入理解，对主题词汇、语块及语法结构如何共同帮助作者实现写作意图有一定的了解；通过提炼语言表达以及分析语篇结构，帮助学生积累英语语言基础知识及培养语篇结构意识；本课时根据单元教学目标设计的语言活动方案——复述课文和介绍贵州桥梁情况，该话题具有较强的知识关联性以及实践性，最终促进自身语言能力，思维品质和学习能力的综合提升。

存在不足：在语言知识点的巩固环节，留给学生练习与内化的时间不够充分。

再教设计：增加学生构建自己的word-map的环节，让学生有充分时间内化知识。课后创设几个贴合学生实际的情境，加强练习的容量。

三、课时大概念Ⅱ（Grammar）教学设计示例

赵黔川　王德萍　刘曼玲

本课时是本单元的Using language中的Grammar部分，其主要内容为现在完成进行时的概念及用法，并在具体语境中的运用。该部分Activity 2的小语段讲述了作者戴上虚拟现实头盔装置探索亚马孙雨林的经历。接下来Activity 3通过对比二十年前和现在的环境状况使学生进一步熟悉现在完成进行时的用法，这也是单元话题下语言表达的综合活动，帮助学生聚焦语言的意义和功能，并在真实语境下运用所学语法知识来交流看法、表达思想和创造性地使用语法。

（一）大概念析读

1. 大概念理解

本课时的小语段讨论的是探索雨林的经历，接下来观察图表所呈现的内容，引导学生运用现在完成进行时讨论自然环境的变化，这两方面都是围绕"人类活动滋养自然"单元主题语境，学生从了解自然变化到保护自然需要了解的问题，从而凸显了单元主题，最终形成一个同一的概念。

2. 大概念解构

本课时在"了解自然、讨论环境变化、保护环境"大概念的引领下,依托不同语篇,通过层层递进的教学活动,并使用所学语法,探究主题意义。从而达到认识自然,保护自然,人类活动滋养自然的目的,指向单元大概念。

(1)学习理解:引导学生观察例句,通过发现、分析和比较,归纳出现在完成进行时的概念及用法,理解这种时态的功能。

(2)实践运用:通过在语境中正确运用现在完成进行时描述探索雨林的经历,以图表的形式运用本课语法知识引导学生运用现在完成进行时描述自然环境的变化。

(3)迁移创新:讨论并呈现家乡环境变化的情况及原因。

(二)学习目标

1.通过发现、分析和比较,归纳出现在完成进行时的概念及用法,理解这种时态的功能。

2.通过语篇填空,在语境中正确运用现在完成进行时描述探索雨林的经历和讨论自然环境的变化。

3.通过同伴讨论,用现在完成进行时对周围环境的变化进行描述,认识自然环境的变化,从而提升环境保护的意识。

4.各组学生展示各自的语篇,对展示的语篇进行评价,鼓励学生从不同角度思考达成共识的方法,发展思维品质。

(三)学习重难点

◆学习重点:引导学生进一步了解并掌握现在完成进行时的用法及概念。

◆学习难点:引导学生用现在完成进行时对周围环境的变化进行描述,认识自然环境的变化,从而提升环境保护的意识。

(四)学情分析

◆知能基础:教学对象为贵州师范大学附属中学高二学生,英语程度中等,对英语学习有一定的兴趣。能够积极参与课堂活动有较强的表达愿望,有很好的团队协作精神,有较强的逻辑思维能力。

◆素养基础:能通过观察、分析等方式大致归纳目标语言的知识与规律。

◆不足条件:有一定的主题语篇意识,但受词汇与表达能力水平的限制,顺利完成产出活动有困难。需要搭建一定的脚手架,才能助其进一步深入地思考主题意义。

（五）教学资源

◆基本教学材料：外研版教材、多媒体课件。

◆课时大情境：自然环境变化的讨论体现了人与自然主题语境下认识自然进而保护自然的方式，是人与自然和谐共生的前提。

（六）教学框架

本课时是本单元 Using language 中的 Grammar 部分，该部分的主要内容为现在完成进行时的概念及用法，并在具体语境中的运用。结合本课时大概念的特点，教学中采用观察—探究—总结的问题教学模式为核心环节的教学支架。置于课时大概念主题下，本主题内容分为一个课时进行学习设计。教学框架如图3-4-2。

```
课时大概念：观察图表所呈现的内容，引导学生运用
现在完成进行时讨论自然环境的变化
```

小概念1：感知与运用，梳理与整合
1. Pay attention to the words in bold, then ask students to answer Question 1.
2. Discuss the differences between sentence (a) and sentence (b).
3. Understand the definition of present perfect continuous tense.
4. Teacher helps students to summarize present perfect continuous tense.

小概念2：内化与运用
1. Read and complete the passage (Activity 2 on Page 86) with the correct form of the verbs in brackets individually.
2. Make some sentences (Activity 3 on Page 87) according to the pictures in students' book individually.

小概念3：批评与评价，迁移与创新
1. Work in groups to discuss the environmental changes of their hometown in recent years, using present perfect continuous tense as many as possible. (Activity 4 on Page 87)
2. Invite the representative of each group to present their views, and then make comments.

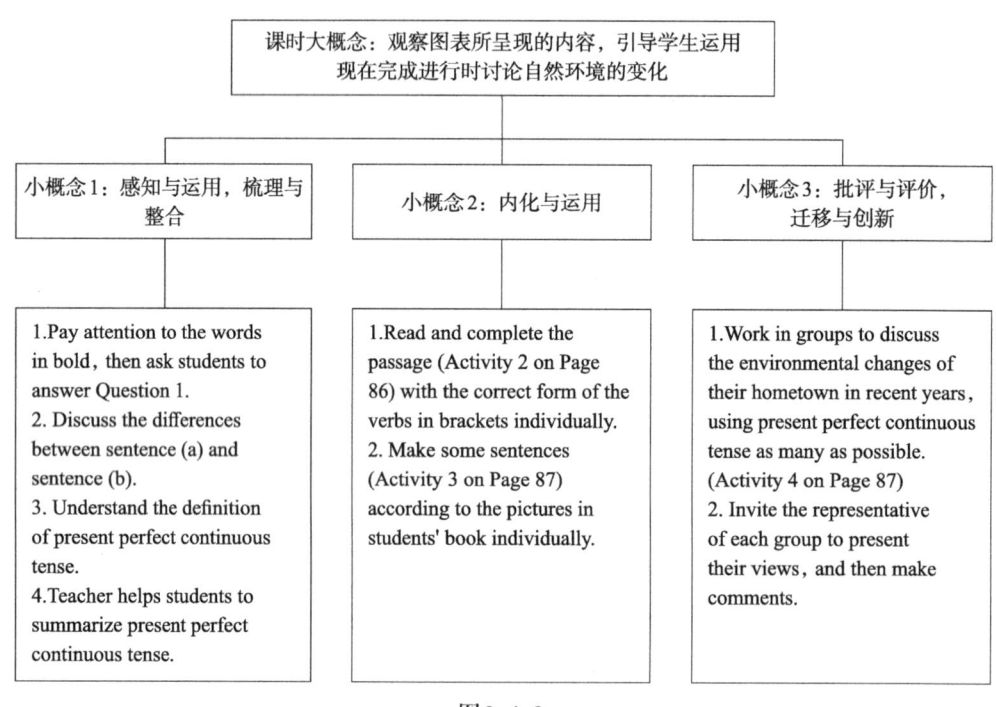

图3-4-2

（七）教学过程设计

Teaching contents	Procedures		Purposes
	Teacher's activity	Students' activity	
Activity 1: lead-in	Teacher asks students to retell the passage "the Sky Railway" they have learned in last class	Retell the passage they have learned in last class	To activate students' background knowledge

Teaching contents	Procedures		Purposes
	Teacher's activity	Students' activity	
Activity 2: Finding and Analyzing	1.Teacher asks students to read sentence (a) and pay attention to the words in bold, then asks students to answer Question 1 2.Teacher checks answers with the class 3.Teacher asks students to work in groups to look for more sentences with the similar structures in the reading passage. Then asks students to discuss the differences between sentence (a) and sentence (b)	1. Students read sentence (a) and pay attention to the words in bold, then answer Question 1 2. Students correct answers with the teacher's help 3. Students work in groups to look for more sentences with the similar structures in the reading passage and then discuss the differences between sentence (a) and sentence (b)	1.To encourage students to focus on the present perfect continuous tense in the passage 2.To encourage students to discover the grammar usage by themselves 3.To further enhance students' understanding of the functions and usages of present perfect continuous tense
Activity 3: Summarizing	1.Teacher invites the representative of each group to present their views on present perfect continuous tense 2.Teacher helps students understand the definition of present perfect continuous tense 3.Teacher helps students to summarize present perfect continuous tense	1.The representative of each group presents their views 2.Students understand the definition of present perfect continuous tense 3.Students summarize the usage of present perfect continuous tense	To learn the functions and usages of present perfect continuous tense

Teaching contents	Procedures		Purposes
	Teacher's activity	Students' activity	
Activity 4: Application	1.Teacher asks students to read and complete the passage (Activity2 on Page 86) with the correct form of the verbs in brackets individually 2.Teacher checks the answers with the class 3.Teacher asks students to make some sentences (Activity3 on Page 87) according to the pictures in students' book individually 4.Teacher asks students to share their answers and encourages students to make different sentences 5.Teacher asks students to work in groups to discuss the environmental changes of their hometown in recent years, using present perfect continuous tense as many as possible. (Activity4 on Page 87) 6. Teacher invites the representative of each group to present their views, and then makes comments	1.Students read and complete the passage (Activity 2 on Page 86) with the correct form of the verbs in brackets individually 2. Students correct the answers with the teacher's help 3. Students make some sentences (Activity 3 on Page 87) according to the pictures in students' book individually 4. Students share their answers and make different sentences 5. Students work in groups to discuss the environmental changes of their hometown in recent years and use present perfect continuous tense as many as possible 6.The representative of each group presents their views	1.To get students to practice using present perfect continuous tense 2. To arouse students' awareness of environmental protection 3. To enlarge students' vocabulary and cultivate their abilities to introduce how the environment has changed and express their ideas
Assignment	Teacher gives students' some additional exercises and asks them to finish it after class	Students' finish the additional exercises after class	To help students consolidate the application of present perfect continuous tense
Reflection after class	Reflect the teacher's teaching design, the procedures and the purposes	Reflect on their learning process, what they learn from the class, their puzzles, their difficulties, their involvement	To improve teaching and learning

◆ 板书设计

Present perfect continuous
Definition：现在完成进行时表示由过去的某一时间一直持续到现在的动作，动作或者刚刚终止，或者还将继续下去。 Form：have/ has +been doing（肯定） haven't/hasn't+been doing（否定） have/ has + 主语 +been doing（疑问） Some words of adverbial of time related with present perfect continuous. now, these days, for+时间段, all day / month, this month / week / year, these days, recently / lately, in the past few + 时间段, since +时间点 ...

（八）学习测评

练习一：单句语法填空

1. She_____（sleep）for 6 hours and still cannot wake up.

2. In order to find the missing child, villagers_____（do）all they can over the past five hours.

3. It is the third time that you_____（come）to our school.

4. Henry feels rather tired because he_____（work）in the field for six hours.

5. Up to now, the gifted child_____（win）three national prizes in music.

6. I_____（look）for my lost book for three days, but I still haven't found it.

7. The telephone_____（ring）for minutes, but no one_____（answer）it.

练习二：用现在完成进行时完成下列句子。

1.她的眼睛红红的，显然哭了很长时间。

Her eyes are red. It's obvious that she_____.

2.你的衣服满是灰尘，我想你刚才在打扫教室吧。

Your clothes are covered with dust.You_____, I think.

3.这本书我已经读了两个小时了，但我还没读完。

I_____, but I haven't finished it.

4.你看起来又瘦又累，你近来工作一定很辛苦。

You look thin and tired.You_____.

5.我已经完成了设计，所以我要去海边休息一下。

I_____, so I will go to the beach to have a rest.

6.这是他们第三次在奥运会排球比赛中获得金牌。

This is the third time that they_____in the history of volleyball at the Olympics.

（来源：学科网 www.zxxk.com）

答案：

练习一：

1. has been sleeping   2. have been doing   3. have come   4. has been working

5. has won   6. have been looking   7. has been ringing; has answered

练习二：

1. has been crying for a long time   2. have been cleaning the classroom

3. have been reading this book for two hours   4. must have been working too hard

5. have finished the design   6. have won the gold medal

（九）教学反思

主要亮点：学生观察例句理解现在完成进行时的功能，并在具体语境中应用；运用本课语法知识和观察图表的形式引导学生运用现在完成进行时讨论自然环境的变化，理解单元主题，从而达到认识自然，保护自然，与大自然和谐相处的目的，指向单元大概念；最后学生能够在分组活动中提高理解和表达能力，最终促进自身语言能力，文化意识，思维品质和学习能力的综合提升。

存在不足：课堂时间有限，学生在presentation环节，讨论与呈现时间不足，不够充分。

再教设计：（1）为学生提供更多支架便于学生语言输出。（2）可以将说的环节作为作业，课下准备充分，待下一节课再展示。

四、课时大概念Ⅲ（Listening & Speaking）教学设计示例

陈淑伊　吴　沁　李　江

本单元在人与自然的主题语境下，探讨了保护自然环境和自然文化遗产的内容，旨在帮助学生能够听懂与生态旅游相关的话题并谈论环境保护问题，使学生了解世界各地的自然文化遗产，增强爱护环境，保护自然文化遗产的意识，从而加深对于人与自然和谐共生这一理念的认知。

本课时是本单元Using language中的Listening and speaking部分。听说部分活动内容是父女之间的一段对话，讨论发展旅游经济与保护环境的问题。该板块的活动

目的是让学生在此段听力文本中学会不同的听力策略，同时结合语境，通过听和说相结合的形式，学习表达"说服"和"妥协"，帮助学生提高综合语言运用能力。

（一）大概念析读

1. 大概念理解

本课时的对话语篇，讨论的是生态旅游事宜，接下来讨论了旅游经济与环境保护问题，这两方面都是人与自然和谐共生必须解决的问题，从而凸显了文章主题，最终形成一个同一概念。

2. 大概念解构（认知内容）

本课时引导学生通过听力对话的学习，掌握说服他人的表达方式，以及在有意见分歧时如何表达说服、折中、妥协，以形成一致的看法；还引导学生通过完成听力对话活动，思考如何在发展经济的同时保护自然环境，指向单元大概念。

（二）学习目标

1.通过视频以及讨论可以在旅游时做什么活动等问题让学生认识生态旅游，帮助学生拓展与话题相关的背景知识；让学生了解生态旅游的相关信息；鼓励学生利用互联网或图书馆搜集更多关于生态旅游的信息；分享自己了解的与生态旅游相关的信息。

2.听力填空，理解并识记关于"说服他人"和"进行折中、妥协"的英语表述。

3.学生组内讨论，运用所学词汇表达各自的观点，根据利弊说服他人，最后双方达成共识。

4.各组学生展示各自的对话，对展示的对话进行互评，鼓励学生从不同角度思考达成共识的方法，发展思维品质。

（三）学习重难点

◆学习重点：

1.听懂相关话题的材料，并准确提取出相关信息。

2.根据所学并结合自身生活实际，能分析利弊，说服他人，达成妥协。

◆学习难点：根据已有认知和生活经验，引导学生通过听力获取有效信息，开展分组讨论，分析利弊，说服他人，达成妥协，并积极有效进行展示。

（四）学情分析

◆知能基础：高二学生的英语学习程度一般，对英语学习有一定的兴趣。能够积极参与课堂活动，并有较强的表达愿望，有很好的团队协作精神，但口头表达能力不足，只能用简单词汇和短句表达自己的观点。

◆素养基础：通过听力训练前的预习单词活动熟悉较为困难单词，复盘听力材料选择出帮助构建交际目的的表达。

◆不足条件：受词汇与听力水平的限制，完成听说练习有困难，主题语篇意识薄弱，不能积极、深入地思考主题意义。

（五）教学资源

◆基本教学材料：外研版教材、多媒体课件、音频、视频。

（六）教学框架

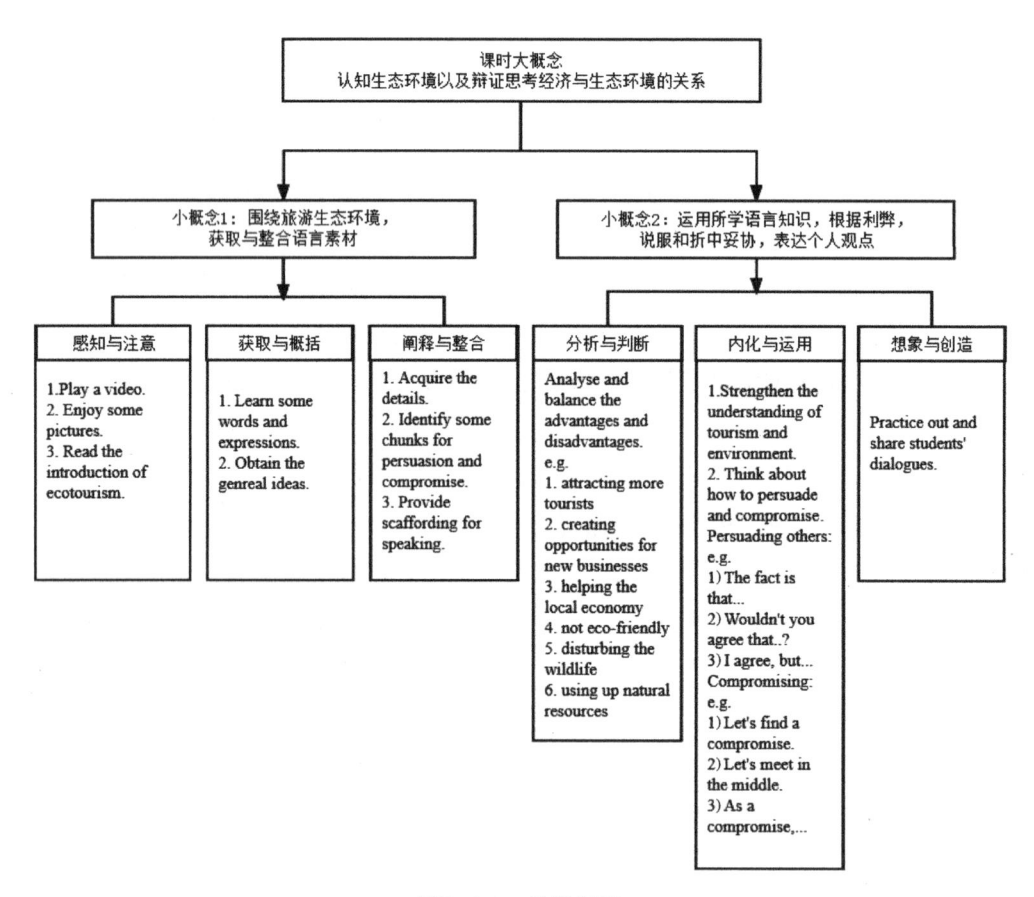

```
                        课时大概念
            认知生态环境以及辩证思考经济与生态环境的关系
         ┌──────────────────────┴──────────────────────┐
   小概念1：围绕旅游生态环境，              小概念2：运用所学语言知识，根据利弊，
     获取与整合语言素材                     说服和折中妥协，表达个人观点
   ┌──────┬──────┬──────┐              ┌──────┬──────┬──────┐
  感知与注意 获取与概括 阐释与整合        分析与判断 内化与运用 想象与创造
```

感知与注意	获取与概括	阐释与整合	分析与判断	内化与运用	想象与创造
1.Play a video. 2. Enjoy some pictures. 3. Read the introduction of ecotourism.	1. Learn some words and expressions. 2. Obtain the genreal ideas.	1. Acquire the details. 2. Identify some chunks for persuasion and compromise. 3. Provide scaffolding for speaking.	Analyse and balance the advantages and disadvantages. e.g. 1. attracting more tourists 2. creating opportunities for new businesses 3. helping the local economy 4. not eco-friendly 5. disturbing the wildlife 6. using up natural resources	1.Strengthen the understanding of tourism and environment. 2. Think about how to persuade and compromise. Persuading others: e.g. 1) The fact is that... 2) Wouldn't you agree that..? 3) I agree, but... Compromising: e.g. 1) Let's find a compromise. 2) Let's meet in the middle. 3) As a compromise,...	Practice out and share students' dialogues.

图3-4-3　教学框架

（七）教学过程设计

Teaching contents	Procedures		Purposes
	Teacher's activity	Students' activity	
Lead-in	Play a video to lead in "ecotourism". Show two more pictures to help students know about ecotourism in Nepal, Costa Rica and Kenya	Watch the video, think and answer	To guide students to know what they should learn in class
Activity 1: pre-listening for background information	1.Ask students to read the short introduction of ecotourism and get to know what ecotourism involves 2.Ask students to learn some key/difficult words and expressions related to the listening materials 3.Ask students to predict what the passage is about based on what they just learnt	1.Read and answer 2.Read the new words and expressions aloud 3.Predict and share their ideas	1.To have students get to know what ecotourism is and what it involves 2.To prepare students for listening 3.To get the skill of prediction before listening
Activity 2: listening for general ideas of the dialogue	1.Ask students to go through the listening task on Page 87 quickly and listen to find the answer 2.Check students' answer and make sure they've got the general idea of the dialogue	1.Listen to the tape and get the general idea of the dialogue 2.Share their answers and check whether they can catch the main idea of the listening material	1.To get the main idea by listening 2.To learn the skill of getting a general idea in listening 3.To encourage students to gather the information about the dialogue and prepare for Activity3
Activity 3: listening for detailed information	1.Replay the tape and help students get more details about the listening material 2.Check students' answers and make sure they can know more about the listening material	1.Listen carefully and fill the blanks on Page 88, Activity 6 2.Discuss and share answers based on their understanding	1.To improve students' ability to get details from listening 2.To engage students in listening and talking 3.To help students review the key words and expressions in the listening material

Teaching contents	Procedures		Purposes
	Teacher's activity	Students' activity	
Activity 4: listening for useful expressions	Ask students to find some chunks from the listening materials for persuasion and compromise	Listen and fill in some useful chunks guided by the scaffolding designed by the teacher	To learn some target language expressions about the topic
Activity 5: further listening and scaffolding for speaking	1.Play another short passage about tourism and the environment guide students to learn about the advantages and disadvantages between building a hotel for tourists and protecting nature 2.Help students know about the dilemma people are in when faced with the conflict between economic development and natural protection	1.Listen to the passage and fill in useful expressions in the blanks 2.Underline advantages and disadvantages of building the hotel in the passage 3.In pairs to talk about advantages and disadvantages	1.To strengthen students' understanding of tourism and the environment and learn how to balance advantages and disadvantages 2.To cultivate students' ability of getting useful information while listening 3.To help students get more useful expressions and prepare for the following speaking activity
Activity 6: persuading and compromising	Ask students to think about how to persuade others and make a compromise with the newly learned expressions	1.Based on the advantages and disadvantages of building a hotel, decide their own side whether they think the hotel should be built, and then use the new expressions they've just learned to express their ideas 2.Try to persuade their partners and make a compromise in the end 3.Make a dialogue to persuade and make a compromise with their partners	To develop students' abilities to transfer knowledge
Activity 7: presentation	To ask some students and their partners to stand up and share their speaking	Stand up and practice out their dialogue or listen to others' dialogue	To consolidate the useful expressions for persuasion and making a compromise

续表

Teaching contents	Procedures		Purposes
	Teacher's activity	Students' activity	
Activity 8: thinking and discussing	Do you know what the following types of travelling involve Which one do you prefer and why	Discuss in their group and give out their ideas	To broaden students' horizons and help them transfer knowledge
Assignment	Prepare relative reading materials for the students after class	Read more relative passages to deepen their understanding of the topic.	To help students know more about tourism and the environment
Reflection after class	Reflect the teacher's teaching design, the procedures/the purposes	Reflect on their learning process, what they learn from the class, their puzzle, their difficulties, their involvement	To improve teaching and learning

◆板书设计

Advantages	Disadvantages
1.attracting more tourists 2.creating opportunities for new businesses 3.helping the local economy 4.providing more jobs for people living in the area 5.raising awareness of protecting local wildlife 6.providing locals with a chance to experience culture	1. not eco-friendly 2. disturbing the wildlife 3. using up natural resources 4. higher carbon emissions 5. polluting inshore seawater 6. destroying local ecological environment

（八）学习测评

练习一：阅读下面短文，并按照题目要求用英语回答问题。

Ecotourism is one of the fastest growing sectors in tourism. More and more of us are becoming concerned about the effects we are having on the destinations we choose, as well as the world around us. Some of us are choosing more green modes of transport to get there instead of flying, and some of us are choosing to visit greener destinations. India is one of the best places for ecotourism, and with the destinations below you can be sure that you'll not only be protecting the earth, but giving something back to the area too.

Kerala, more commonly known as "God's Own Country", is a beautiful state on the southern tip of India. It's a biologically diverse area, with many unique animal species, and almost 2,500 plant species in its tropical forests—that's nearly a quarter of all India's plant groups. In the past, though the forests in this area were much cleared, today they are well protected. There are plenty of wildlife reserves where you can see some of these unique animals. With tourism developing in the area and money brought in, more attention can be given to protecting its plants and animals, ensuring that the people in the area have a better quality of life.

Arunachal Pradesh, situated on the most northern tip of India, is a resort for the more adventurous. With dry, desert heat in the summer and a snowfall best avoided in the winter, this area is less about greenery, and more about stunning desert landscapes. When visiting this amazing area, you'll be promoting locals earning income from their surroundings, encouraging them to make the most of them and preserve them, as well as gradually increasing their quality of life.

As a north Indian province, Ladakh supports much rare and even endangered plants and animals, which can be seen at Hemis High Altitude National Park. There are also many Tibetan monasteries, including the Hemis Monastery, to visit in the area.

【小题1】Why do people regard Kerala as a biologically diverse area?

【小题2】What's the author's attitude towards the tourist industry in Kerala?

【小题3】What can the tourists enjoy in Arunachal Pradesh despite much hardship?

【小题4】According to the passage, where would you like to go if you intend to study some endangered animals and plants?

【小题5】What is the passage mainly talking about?

答案：【小题1】Because there live many unique animal species and almost 2,500 plant species.

【小题2】The author quite approves of it./ He is in favor of it./He is for it./He is supportive./He is optimistic about it./He thinks it is quite good (beneficial).

【小题3】The beautiful/stunning desert landscapes.

【小题4】Hemis High Altitude National Park in Ladakh

【小题5】The best ecotourism destinations in India.

解析试题分析：

【小题1】根据"It's a biologically diverse area, with many unique animal species, and almost 2,500 plant species in its tropical forests"可知，人们认为Kerala是一个生态多样化的地区是因为那里有很多独特的动物物种和近2500个植物品种。所以答案是Because there live many unique animal species and almost 2,500 plant species.

【小题2】根据"With tourism developing in the area and money brought in, more attention can be given to protecting its plants and animals, ensuring that the people in the area have a better quality of life"可知，作者认为在这里发展旅游，可以赚钱用于保护这里的动植物，也可以提高人们的生活质量。所以作者的态度是赞成的。答案是The author quite approves of it./ He is in favor of it./He is for it./He is supportive./He is optimistic about it./He thinks it is quite good (beneficial).

【小题3】根据"this area is less about greenery, and more about stunning desert landscapes"可知，这里不是因为绿色，而是因为其美丽的沙漠风光。所以尽管很艰苦，但是游客来这里还是可以欣赏The beautiful/stunning desert landscapes.

【小题4】根据"As a north Indian province, Ladakh supports much rare and even endangered plants and animals, which can be seen at Hemis High Altitude National Park"可知，如果想看到稀有的濒危动植物的话，你可以去Hemis High Altitude National Park in Ladakh。

【小题5】根据第一段的最后一句"India is one of the best places for ecotourism"可知，本文主要讲述了印度是最佳生态旅游目的地之一。所以答案是The best ecotourism destinations in India.

考点：旅游环保类阅读。（选自21世纪教育）

练习二：七选五

Should Ecotourism Be Allowed?

The image was shocking, and the response was entirely predictable. The photo of a polar bear lying lifeless on a beach — blood matting the fur of its neck, with one huge paw folded under its body — received immediate criticism globally. On the shore, in the background, stand three guards, talking to each other. One of them has a rifle hanging casually on his shoulder. ____1____ The reality, however, is considerably more complex.

This powerful image has thrown into question the motivation for this kind of tourism, or ecotourism. Should we be in these environments at all? Are there regions in the world where nature should be left completely untouched? Does our proximity（接近）to large animals in the wild, frequently fueled by a desire for sensational images, lead to such animals becoming accustomed to human contact? If that is the case, surely the losing side will end up paying the ultimate price for such proximity.

Before answering these questions, we should first consider the incident that has caught global attention. ____2____ I have recently returned from a trip to Svalbard（斯瓦尔巴群岛）, and indeed stood two weeks ago on the very beach where the bear was shot. The bear's death should never have happened. Was the beach examined from the ship offshore beforehand? Were the clients themselves closely supervised to prevent one becoming isolated? Was there access to flares（照明弹）to scare off a bear that appeared suddenly? These are standard measures for any respected operator. ____3____

Nevertheless, the incident should not negate the value of ecotourism. ____4____ This can be by making financial donations to conservation groups, providing income to local communities, or ensuring protection of certain areas or animals. In Svalbard, visitors become ambassadors for the endangered polar bear, increasing awareness of the fact that the far greater danger facing them is sea-ice melt in the Arctic Ocean（北冰洋）.

Ecotourism is an expanding market that brings benefits as well as challenges to the regions around the world in which it operates. Simply closing off these regions is not the answer. ____5____ When ecotourism is conducted correctly, the benefits can be direct, immediate, positive and long-lasting.

（选自New York Times）

A. For me, this has struck home .

B. In its best form, this kind of travel has very little impact, or indeed has a positive effect, on the environment where it takes place.

C. In doing so we are therefore assured of decreasing our impact on the delicate environment.

D. The incident is probably the result of a terrible systemic failure.

E. The feeling was that of complete disregard（漠视）for the bear and the environment in which it lived.

F. This is not something that is taken lightly.

G. The key is responsible engagement and further research before you book that trip.

单词：

1. shocking adj. very surprising, upsetting and difficult to believe 令人震惊的

2. criticism n. remarks that say what you think is bad about sb. or sth. 批评，指责

→ criticize v. to express your disapproval of sb. or sth., or to talk about their faults 批评，指责

3. considerably adv. much or a lot 相当大或多地

→ considerable adj. 相当大或多的

4. accustomed adj.（be ~ to doing）to be familiar with sth. and accept it as normal 习惯的，适应了的

→ accustom v.（~ oneself to）使适应，使习惯

5. supervise v. to be in charge of an activity or person, and make sure that things are done in the correct way 监督，指导

6. isolate v. to separate one person, group or thing from other people, groups or things 孤立，隔离

→ isolation n. 使孤立，使隔离

7. donation n. the act of giving sth., especially money, to help a person or an organization 捐助（尤指捐钱）

→ donate v. 捐赠

答案：1.E   2.A   3.D   4.B   5.G

（九）教学反思

主要亮点：本课时体现了核心素养的融合发展，实践活动中，在教师的引导和帮助下，学生听懂了与生态旅游相关的话题，且进行了优势条件与劣势条件的归纳对比，达成在发展经济的同时保护自然环境的共识。学生学会辩证地看待问题，分析利弊，找到生态问题的合理解决办法，推动思维能力由低阶到高阶的发展，实现了单元目标之间的逻辑关联。

存在不足：学生受词汇与听力水平的限制，课堂上恰当运用词汇来完成如折中、妥协等交际功能性任务有难度，不能有效实现知识与思维能力的迁移。

再教设计：为了让学生做好听说准备，可以课前布置任务，让学生搜索与生态旅游有关的信息；根据学生的学情，精心为学生筛选和提供与主题意义相关的教学资源，帮学生搭建听说支架，解决听说困难；通过真实情境下的交际运用，帮助学生消化新学知识，最终达成英语学习活动观里的迁移创新要求。

五、课时大概念 IV&V（Developing Ideas）教学设计示例

刘　姜　　舒远露　　王旭荣

本单元的主题语境是"人与自然"，在本环节之前学生已经有了和单元主题紧密相关的语言输入和素养初步形成。学生通过观看视频认识了不同类型的世界遗产，领略了大自然的鬼斧神工和神奇魅力，对大自然的馈赠形成初步的认知；在 Understanding ideas 环节学生通过对文章的探究学习意识到在接受大自然馈赠，开发自然，利用自然的同时，人类也要以保护自然保护生态为前提进行工程建设，探求一种与自然和谐共生的环保理念；在 Using language 环节，学生通过阅读及听力文本，输入有关亚马孙雨林，生态旅游的观念，及其发展经济与保护环境的辩证关系的相关信息，进一步探索了单元话题，就人类发展与保护环境之间的关系这一宏观问题有了正确的认知。

Developing ideas 环节紧扣主题语境，从另一个视角来延展探索单元话题。共分为两个课时，分别聚焦阅读任务和写作模态。在阅读部分，学生首先通过视频，欣赏作为世界自然遗产之一的澳大利亚大堡礁的美丽海洋景观，同时认识到这一大自然赐予人类的奇观正在面临因人类过度开发及不当活动所带来的威胁。阅读文本顺应视频内容，呈现一篇标题为《世界上最好的工作》的文章，旨在让学生思考在自然环境遭到破坏需要维护的时候每一个普通人可以采取哪些积极行动，例如将保护自然环境与日常工作生活相结合，为保护自然贡献出自己的一分力量。写作部分通过研读和自然保护有关的工作招聘广告的范本，使学生了解此类写作的基本要素，然后进行仿写练习。在此过程中旨在升华作为个体也能为保护自然出力这一积极理念，从而让学生真正意识到个人工作与日常行为也会对保护环境这样的宏观问题带来积极影响的可能性，进一步提升语言能力和思维品质。

（一）大概念析读

1. 大概念理解

本板块是学生基于本单元前面几个板块各种途径的语料输入之后就同一单元话题语境的进一步探究学习。在对人类发展与保护环境的辩证关系有了较为体系化的认知后，学生进而思考个人生活和工作对保护自然环境是否有积极的影响作用，是否可以实施切实可行的措施对保护自然环境贡献自己的一分力量。通过阅读和写作两个部分的教学，探究梳理围绕单元主题的重要信息，引导学生形成对单元大概念的整体把握，提供学生语言输出的具体语料，让学生的语言输出更加自然，更为有效，旨在把培养学生学科核心素养落实在课堂活动的每一个环节。

2. 大概念解构（认知内容）

本板块的阅读文本中，作者通过岛屿看护员的视角展现了澳大利亚大堡礁海洋景观的魅力，同时通过对岛屿看护员这份工作职责和内容的叙述启发探讨作为个体可以通过哪些途径参与到保护海洋环境的行动中去的思维模式，唤起学生与自然和谐共处，保护环境人人有责的意识，与单元大概念默契统一；写作部分的范文及其小文段给予学生更多与保护环境相关工作的信息，让学生了解招聘广告的语言特征，学生在学习招聘广告写作要素的同时，获得"保护太湖生态""保护黄山松树""保护大熊猫""保护云台山环境"等话题的导入，为完成写作任务提供必要的支撑。整个课时是对单元主题的进一步延展，人类工作与日常生活可以与自然界共节奏共命运，人与自然和谐处之，充分指向单元大概念。

（二）学习目标

1.通过看与读，了解澳大利亚大堡礁的美丽、重要性及其因人类不当活动所面临的威胁（学习能力）。

2.通过阅读与思维活动，分析作者从两个维度呈现"世界上最好的工作"，并进行信息梳理，过程中促成人与自然环境和谐共生的意识（学习能力、思维品质）。

3.通过阅读策略的设计，学习识别、补全段落主题句，了解衔接词句、指代的功能与重要性（学习能力、语言能力）。

4.通过读和写，从内容上知晓招聘广告需要包含的要素信息；从写作策略上培养归纳信息，并基于归纳的信息进行招聘广告的写作（语言能力、思维品质）。

（三）学习重难点

◆学习重点：1.根据文本篇章模式和结构，学习并领会在文章、语段中识别或找出主题句、过渡句，并理解各衔接结构在文本中的作用、功能（第一课时）。

2.分析归纳招聘广告的基本要素（第二课时）。

◆学习难点：1."最好的工作"体现在哪些方面？如何有条理地归纳"世界上最好的工作"的相关信息（第一课时）。

2.如何通过文本平台及语境创设，让学生产生共鸣，唤起其热爱自然、保护自然、与自然和谐共生的意识（第一课时）。

3.如何根据写作要素和框架，有效完成招聘广告的仿写（第二课时）。

（四）学情分析

◆知能基础：经过必修阶段三个完整模块的学习，学生已经对理解不同主题语境及文体的文章积累了一定经验，初步具备分析篇章结构，提炼段落主旨，归纳总结细节事实的能力。学生对人与自然这一主题语境的文章较为熟悉，同时课文标题及其图片能调动学生的阅读积极性，这为学生能有效参与课堂活动，实现教学目标奠定了较好的基础。

◆素养基础：必修全阶段人与自然主题语境的大单元学习已经从不同角度渗透了热爱自然，保护环境，人与自然和谐统一这一理念，这为学生能快速把握单元大概念做了铺垫，让学生对人类与自然密切相连，在接受自然馈赠的同时也可以成为保护自然的积极力量这样的认知有所共情。

◆不足条件：受主题词汇积累不足，分析长难句的能力不够，缺乏对语言功能的正确理解等因素的影响，部分学生在梳理文章篇章模式时存在困难，有可能不能正确理解某些重要信息。学生缺乏知识归纳及迁移能力；对社会生活的理解力不足；语言输出能力相对薄弱；以上亦使得学生自由使用术语及书面表达较为困难。

（五）教学资源

◆基本教学材料：外研版教材、多媒体课件、影音视频、外刊延伸文本素材。

◆课时大情境：跟随"世界最棒工作"浏览工作地自然美与工作职责，了解美丽背后正存在的威胁，从而思考个体在自然环境遭受破坏时，能采取哪些积极措施，让个人生活融入自然环境的发展，从另一个角度探索单元主题，有效形成单元大概念的完整闭环。

（六）教学框架

Developing ideas作为单元进阶阶段的设置，板块阅读文本部分通过介绍在岛屿上的"探索之旅"的工作唤起人们保护美丽海洋的意识；写作部分通过与自然环境相关工作的招聘广告使学生了解此类写作的基本信息构架，两个课时内容设置都聚焦工作本身，又切合自然环境下特定工作的存在和与环境互动的特点，两个维度的结合铸就人与自然息息相关、密切共存的理念。环节内充分围绕主题语境，整体和谐统一单元宏观主题的引领，以及突出Developing ideas部分的大概念建构——人类工作和生活与自然界协同，人与自然和谐共生。（见图3-4-4）

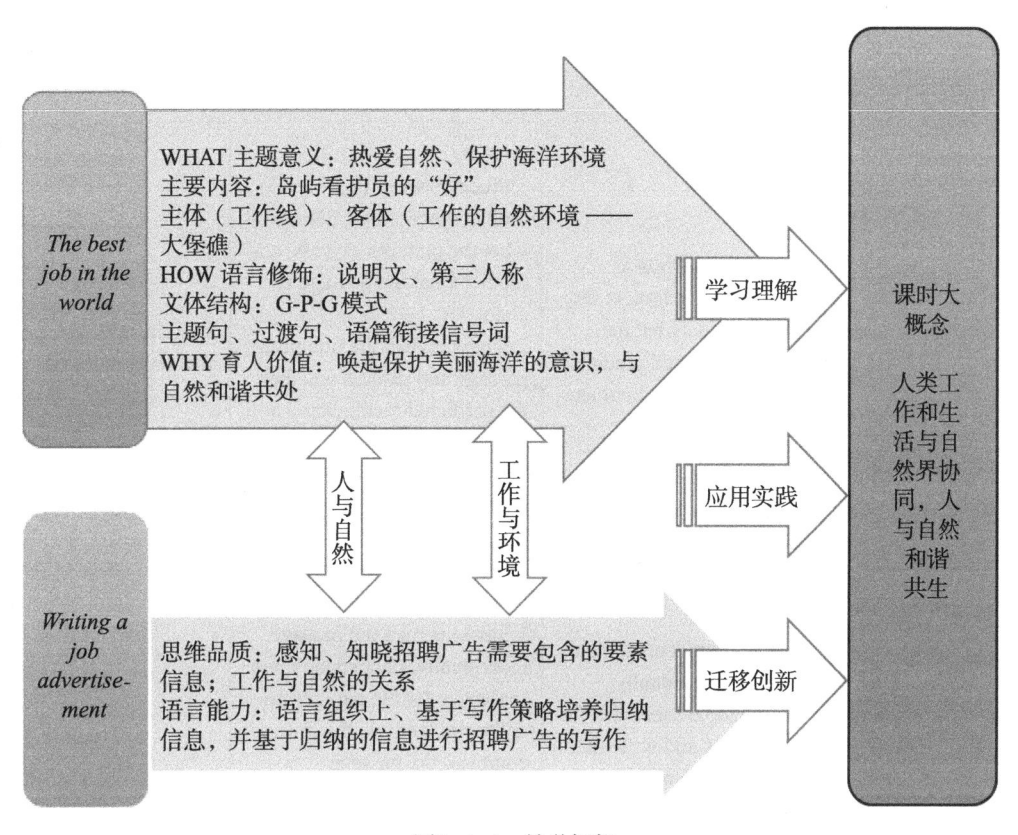

第三章　大概念统领下的单元情境教学 | 179

图 3-4-4　教学框架

(图示内容：)

The best job in the world
- WHAT 主题意义：热爱自然、保护海洋环境
  主要内容：岛屿看护员的"好"
  主体（工作线）、客体（工作的自然环境——大堡礁）
- HOW 语言修饰：说明文、第三人称
  文体结构：G-P-G 模式
  主题句、过渡句、语篇衔接信号词
- WHY 育人价值：唤起保护美丽海洋的意识，与自然和谐共处

人与自然　　工作与环境

Writing a job advertisement
- 思维品质：感知、知晓招聘广告需要包含的要素信息；工作与自然的关系
- 语言能力：语言组织上、基于写作策略培养归纳信息，并基于归纳的信息进行招聘广告的写作

学习理解 → 应用实践 → 迁移创新 → 课时大概念：人类工作和生活与自然界协同，人与自然和谐共生

图 3-4-4　教学框架

（七）教学过程设计

第1课时 1st Period — Reading *The Best Job in the World*				
Teaching contents	Procedures		Purposes
	Teacher's activity	Students' activity	
Activity 1	1.Teacher uses pictures and words to mobilize students' background knowledge, and lead students into the theme topic 2.Teacher plays the video and asks students to work in groups to discuss what kind of threat the world natural heritage is now facing	1.Students review starting out and discuss what kind of threat the world natural heritage is facing and how to solve it 2.Students watch the video and work in groups to discuss the question 3.Some students share answers and other students make supplementation	To activate students' theme-related background knowledge

Teaching contents	Procedures		Purposes
	Teacher's activity	Students' activity	
Activity 2	Teacher asks students to work in groups to look at the pictures, discuss what the pictures express and predict what the passage is about and what "the best job" is	1.Students work in groups to look at the pictures, discuss what the pictures express, and predict what the passage is about 2.Students read the title of the passage and discuss whether the predicted result can happen 3.Students present their reports and state reasons	To train students' analyzing abilities
Activity 3	Teacher asks students to read the passage individually, choose the topic sentences for the paragraphs and write them on the lines to complete the passage Teacher asks students to work in groups to share their answers with others and discuss the functions of the four sentences in the passage Teacher guides students to understand the content of *Learning to learn* and get to know the function of transition	1.Students read the passage individually, choose the topic sentences for the paragraphs and write them on the lines to complete the passage 2.Students work in groups to share their answers with others and discuss the functions of the four sentences in the passage 3.Some students present their answers and state reasons. Others make supplementation 4.Students understand the content of *Learning to learn*, and get to know the function of transition	To get students to understand the function of transition
Think & Share	1.Guide students to find more transitions in the passage 2.Set a leading thinking question: Why is the position described as "the best job in the world"	1.Students work in groups to discuss the answers to the questions 2.Some students answer the questions and other students make supplementation or free discussion	To expand the thinking about the cohesion means of the text and lay the groundwork for the following detailed reading

续表

Teaching contents	Procedures		Purposes
	Teacher's activity	Students' activity	
Activity 5	1.Teacher asks students to work in groups to discuss some basic facts about the best job and about the Great Barrier Reef. What makes a good job? Or what elements make it the best job in the world? What are the facts and features about the Great Barrier Reef that make working there the best job 2.Teacher asks students to think about the questions and other students to make supplementation or free discussion, and then complete the two charts according to the contents of the passage about this "best job" and the Great Barrier Reef	1.Students work in groups to discuss the answers about the activities 2.Some students answer the questions and other students make supplementation or free discussion	1.To help students further explore the topic 2.To improve students' advanced thinking ability 3.To guide students to complete task reading effectively
Activity 6	Teacher plays documentary clip while annotating the emotional penetration to naturally end the class	1.While watching the documentary clip, students learn to understand the communication of literacy and concept in the whole class and realize emotional sublimation	1.To achieve the sublimation of understanding the topic of the passage 2.Teacher assigns homework: Complete the extended reading section on students' handout

◆ 板书设计

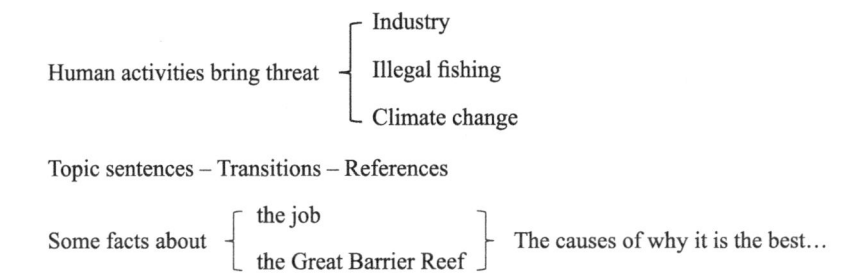

Human activities bring threat ⎰ Industry
　　　　　　　　　　　　　⎱ Illegal fishing
　　　　　　　　　　　　　⎱ Climate change

Topic sentences – Transitions – References

Some facts about ⎰ the job
　　　　　　　　⎱ the Great Barrier Reef ⎱ The causes of why it is the best…

<table>
<tr><td colspan="4" align="center">第 2 课时
2nd Period — Writing
Writing a job advertisement</td></tr>
<tr><td rowspan="2">Teaching contents</td><td colspan="2" align="center">Procedures</td><td rowspan="2">Purposes</td></tr>
<tr><td>Teacher's activity</td><td>Students' activity</td></tr>
<tr><td>Activity 1</td><td>Individual work:
1.Teacher asks students to talk about their favourite jobs and explain the reasons so as to lead in the writing topic
2.Teacher asks students what they'd like to consider when they are applying for a job</td><td>1.Students discuss their favourite jobs and explain the reasons
2.Students think of some aspects they'd like to consider when applying for a job</td><td>To arouse students' interest in a job advertisement and lead in the writing topic</td></tr>
<tr><td>Activity 2</td><td>Individual work:
Teacher lets students read the job advertisement on Page 94 and answer the following questions:
Q1: How long will the job last
Q2: What are the responsibilities of the job
Q3: What benefits does it offer</td><td>1.Students read the job advertisement individually and answer the questions
2.Students check answers with the teacher</td><td>To help students to gain some basic information about a job advertisement and prepare to write one</td></tr>
<tr><td>Activity 3</td><td>Group work:
1.Teacher divides students into several groups and lets them summarize what the basic elements are in writing a job advertisement
2.Teacher guides students to further summarize the basic elements in order to help students write the outline
3.Teacher invites some groups to present their summary</td><td>1.Students discuss in groups the essential elements in writing a job advertisement
2.Students summarize the basic elements under the guidance of teacher
3.Some groups present their summary and share their ideas</td><td>To equip students with the basic elements and put up a scaffold for writing a job advertisement</td></tr>
</table>

续表

Teaching contents	Procedures		Purposes
	Teacher's activity	Students' activity	
Activity 4	Pair work: 1.Teacher asks students to read the three short passages in pairs, choose one of the jobs they like and fill in the blanks in the chart on Page 95 2.Teacher invites some pairs to share their notes	1.Students read the three short passages in pairs, choose one of the jobs and complete the chart about the notes 2.Some pairs share their notes	To guide students to analyze the passage, train their ability to summarize and get prepared to finish the writing task
Activity 5	Individual work: Teacher introduces some key points about writing a job advertisement, like the genre, the tense, the person, as well as some linguistic features, such as choosing a creative and novel title and using shorter sentences, imperative sentences and elliptical sentences	Students get to know some key points about writing a job advertisement, like the genre, the tense, the person, as well as some linguistic features, such as choosing a creative and novel title and using shorter sentences, imperative sentences and elliptical sentences	To get students to think creatively about some key points and linguistic features about writing a job advertisement to make a foundation for students to become fully prepared for writing
Activity 6	Individual work: Teacher asks students to write a job advertisement on their own based on the notes, the structure and the key points	Students finish their writing according to the requirements	To help students put what they've learned in class into practice

续表

Teaching contents	Procedures		Purposes
	Teacher's activity	Students' activity	
Activity 7	Pair work: 1.Teacher asks students to work in pairs to polish and then present their writing 2.Teacher offers some questions as standards for the students to make evaluation Q1: Does the job advertisement include the basic elements Q2: Is the job advertisement organized properly and smoothly Q3: Does the language used in the job advertisement make sense Q4: Is the handwriting clean and beautiful Q5: Is the paper design and layout reasonable	1.Students make some improvements about their writing in pairs and present their writing in class 2.Students evaluate their writing according to the standards given by the teacher by finishing the evaluation chart	To get students to actively present their job advertisement and then have mutual evaluation to learn from each other

◆ 板书设计

A job advertisement layout

A job ad.
- Location — A heading and job title must be given first.
- Responsibilities — Essential functions of the position, required skills, duties of the position
- Benefits — Salary range, accommodation...
- Others — Contact details, application instructions

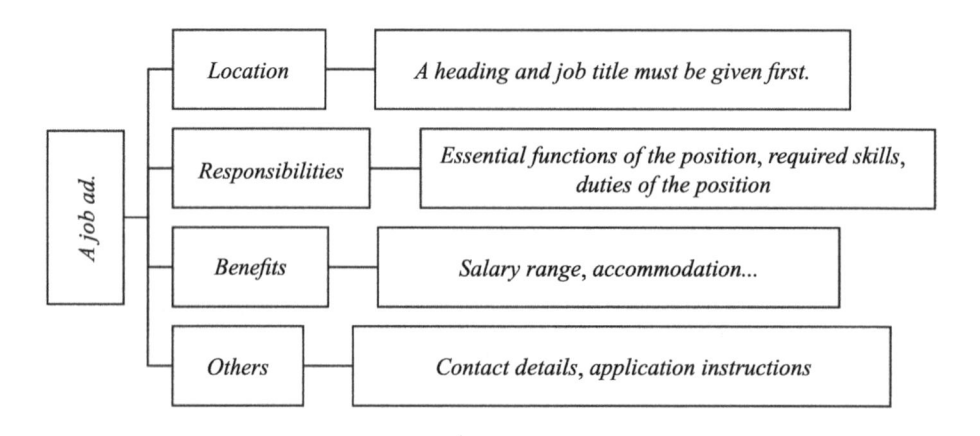

（八）学习测评

◆第一课时

1. Think & Share

1) Can you think of some other creative ways of arousing awareness of protecting the reef？（思维品质）

2) How is the theme of nurturing nature presented differently in the two reading passage of this unit？（大概念建构）

2. A small test-textual transition

Choose the key sentences for paragraphs 2 to 5.

Say Your Ideas Boldly

We all experience a situation that is causing us to feel sick, unappreciated or overwhelmed, but often we do not have the courage to do what it takes to change them. If you aren't getting something you really want, it may be because you just aren't asking for it. Complaining about your problems never solves them; whining about unmet needs never fulfills them. When you get clear about what you want, and are willing to ask for it, you will experience not only a lot less stress in your life, but greater success in your life overall. Here are four tips to help you on your way.

—— We often suppose our husbands or wives, bosses, work colleagues and even our good friends can read our minds. So when they don't act as we'd like, we end up hurt and upset. Of course, for any relationship to thrive, both parties have to take responsibility for communicating their needs. Hints just don't cut it. It's crucial to convey what you want directly, whether it's how you'd like your colleague to communicate with you about a work project, or how you'd like your boss to deliver criticisms.

—— When it comes to asking for what you really want, the Latin proverb sums it up perfectly: fortune favors the bold. The reality is, you will rarely, if ever, be given more than what you have the courage to ask for. So don't dilute your requests in order to minimize the possibility of being turned down. Asking for less than you really want doesn't serve anyone. Think about what your ideal outcome would be and then confidently, courageously, ask for it.

—— In the workplace, the biggest reason for unmet expectations is a lack of understanding of what is exactly expected. Asking someone to do something "soon" can be understood in all sorts of way. For a request to hold any water it needs to specify not just what you want, but also the time limit within which you want it. That is, a clear "what" and a "when."

—— The reality is that you won't always get what you ask for. Such is life. When people say no, you can take it really personally, get yourself in a big anger and decide never to speak to them again, or you can accept it and move on. At least now you know where you stand and can plan accordingly.

Asking for less than you really want from yourself, from others and from life does not serve anyone. You are capable of more than you think you are. Remember that fortune favors the bold.

> A. Be bold in your requests.
> B. Be specific about what you want and when you want it.
> C. Don't assume others are mind readers.
> D. Do not make a "no" mean more than it does.

3. Extended reading

BEN SOUTHALL'S GREAT BARRIER REEF

Since winning the Best Job in the World, I've swum, snorkelled, kayaked, sailed and flown all over the Great Barrier Reef and every time it's a uniquely awe-inspiring adventure. Here are my best bits, from the best reef in the world.

Seasons, months, and even the change of tide delivers unique, beautiful experiences along the entire Great Barrier Reef and over the last eight years I've been lucky enough to have travelled, lived and worked along its entirety.

I've spent months documenting exceptional natural interactions above, on and below the water from my original perspective as a curious traveler, to my current day role as an adventurer and digital journalist. It's given me a comprehensive understanding of the beauty, diversity and fragility

BEN SOUTHALL

Ben Southall is a presenter, digital journalist and professional adventurer. He beat 35,000 to win the Best Job in the World in 2009 and became the 'Caretaker of the Islands of the Great Barrier Reef' in Queensland, Australia. He has presented his own series The Best Job in the World on Nat Geo's Adventure Channel, and works with television networks across Australia and writes for a number of print and online communities. In 2011 Ben kayaked 1,600km along the Great Barrier Reef retracing Captain Cook's 'Voyage of Discovery' with the Best Expedition in the World. He currently works with the Queensland government as their Adventurer in Residence and continues to explore, promote and protect the Great Barrier Reef through his storytelling and work as a tourism ambassador.

of our World Heritage wonder and an insight not many people are lucky enough to have.

The Great Barrier Reef isn't just a plethora of coral reefs, it's so much more. Home to billions of fish and thousands of marine species, it's the nursing ground for some of the world's biggest mammals and smallest creatures.

Like every snorkeller and diver, I love to watch the big stuff — dolphins, turtles, whales and of course sharks, but I'm just as happy zooming in on the macro life too. Tiny Cleaner Wrasse work the gills of transient fish, Anemones test the water waiting for tasty morsels to float by, and Tiny Spanish Dancers float on the ocean's current, twisting and turning to a tune only they can hear.

Some of my most memorable moments come when I'm alone underwater, seen with my own eyes and shared with no one. Others with friends, family or other snorkellers, sharing a fleeting moment as nature turns on its charm to remind us how lucky we are to be there.

After reading, think about the following questions:

1) Do you think being an island caretaker of the Great Barrier Reef is the best job in the world?

2) What do you think the best job would look like?

参考答案：

1. Think & Share

1) Students' own answers.

2) In the first reading passage the author uses his own experience to describe the challenges of building the railway and the solutions to these problems. In this way, the author wants to tell us we should protect nature while constructing and developing human society. In the second reading passage the author explains the best job in the world, its requirements and its duty to raise the public awareness of the beauty of nature, and to understand the delicate balance of nature. Both of the passages stress that human beings should protect our environment and live in harmony with nature.

2. A small test-textual transition

C A B D

3. Extended reading

Being an island caretaker on the Great Barrier Reef can be considered the best job in the world because it allows me to enjoy rare natural scenery, record my exceptional interactions with the natural world and leave precious and memorable moments of marine life and the underwater world.

Students' own answers.

◆第二课时

Ask students to choose one of the following two activities based on their own learning background.

1. Class linked

Choose one of the jobs from Activity 6 on Page 95 and try to write a job advertisement. Do further research if necessary.

2. Live examination

假定你是学校英语社团团长，为了丰富学生课余生活，你校计划在五月举行英语演讲比赛，现需招聘两名英语主持人来主持本次活动，请写一则英文招聘启事，内容如下。

（1）招聘目的。

（2）应聘条件。

（3）报名及选拔方式。

注意：词数为80～100。

参考答案：

1. Class linked

> **PANDAS NEED YOU !**
> · Pandas keeper, full-time job
> · Wolong National Nature Reserve, Sichuan Province
> · Taking care of pandas; talking to visitors; posting updates on social media
> · Three days' paid leave every month; meals and a free medical check provided
> · All applications welcome, but preference will be given to those with qualifications in veterinary medicine or zoology
> · Please visit our website for more information

2. Live examination

> **Hosts wanted**
> With the purpose of enriching the after-class activities of the students, an English speech competition is to take place in our school on May Day. Two hosts are needed to host the competition and organize some activities to attract participants. Whoever is fluent in oral English and capable of hosting is welcome to apply. And those with previous experience are definitely preferred. If you are interested, please sign up through the school website before April 20th. It will be followed by an interview to select the most qualified ones.
> Come and join us!

（九）教学反思

主要亮点：围绕这一板块的大概念"人类工作和生活与自然界协同，人与自然和谐共生"对教学内容进行结构化优化设计，尤其在阅读话题导入与收尾处理上一唱两脉，使学生能共情至学习功能目标的实现；对语篇信号词衔接功能的活动设计也比较有效；写作课时中引入时下熊猫界网红"花花"及其饲养员也更有效地生成作文的输出渠道；写作活动设置成学生"二选一"的形式等可以让学生在合作探究中达成知能目标，领略课时大概念。

存在不足：对征集大堡礁岛屿看护员相关报告的外刊语料挖掘不足，所选配唯一一篇外刊并不能适应于不同教学班级学生层次需求，显得教学中难度的弹性不够。

再教设计：根据不同层次班级学生调整好课堂容量，设计个性化情境，满足不同能力层次学生需求。或可以安排让学生主导，充分利用校舍多媒体，小组活动生生互动自行搜索与本环节阅读背景相关的外刊真实语料，加强知识的融合与拓展。

六、课时大概念Ⅵ（Presenting Ideas）教学设计示例

段丽君　赵飞燕　汪　娴

What：本课主题语境是人与自然，子主题语境是社会发展与环境保护，文本提供了自然遗产是否应该对公众开放的两个论点。

How：确定论点以后，学生需寻找充足的论据支撑自己的观点，并组成正反两方进行辩论。学生还需归纳必修和选修中涉及人与自然主题语境下环境保护相关话题的表达方式，如：龙脊梯田（必修1）、澳大利亚大堡礁（必修2）等。学生需使用下定义、举例、找因果、列数据等论证方法来证明自己的观点。

Why：通过对自然遗产保护与开放的思考与交流，学生在真实的情境下对所学知识加以综合运用，学会批判性地看待自然遗产的保护与开放，从而培养关于环保方面的社会责任感。

（一）大概念析读

1. 大概念理解

（1）主题大概念

主题大概念：主题大概念是人与自然——自然环境和自然遗产的保护，其子概念是保护与开发应同向而行。

（2）语言大概念

语言大概念：本课的语言大概念主要包括两个方面：一是学生学会口头表达自己的观点、传递信息，并学会使用下定义、举例、找因果、列数据等论证方法，使自己的观点更具说服力；二是学生学会在口头表达中运用手势、表情等非语言手段辅助传递信息和表情达意。

2. 大概念解构

本课要求学生首先阅读两个不同的观点，思考自然遗产是否应该对公众开放。然后寻找充足的论据支持自己的观点，并组成正反方进行辩论。通过对观点的思考与表达，促进学生在真实情境下对所学内容加以综合运用，相互合作，展示个性，充分表达自己对主题思想的理解和认识。

（二）学习目标

1. 通过回顾"大堡礁"的保护与开放，使学生认识到保护自然遗产的必要性。

2. 通过举例分析国内外其他地区自然遗产的保护与开发方式，使学生学习和探究如何平衡自然遗产保护与开放之间的矛盾。

3. 通过辩论，使学生学会使用举例说明等方法论证自己的观点，并学会通过语气、肢体语言等使自己的观点更具说服力，从而让学生的概括、归纳和总结能力得以提升。

4. 在创设的语境下，使学生在思维的碰撞中，思想得到升华，从而提升保护自然遗产的意识。

（三）学习重难点

◆学习重点：

1. 引导学生探究保护或开放自然遗产的必要性。

2. 恰当地运用本单元所学内容进行正反两个论点的辩论。

3. 引导学生从语言能力、思维品质等方面对自己在本单元学习过程中取得的成果进行合理的评价。

◆学习难点：

1.通过从必修和选择性必修中所学到的有关人与自然主题语境下的相关主题词汇、语块，学生学会通过例证来支撑自己观点。

2.学生学会驳斥他人观点的方法，在自我评价分析的基础上确定需要改进和提高的方面，从而提升保护自然遗产的意识。

（四）学情分析

◆知能基础：高二的学生有较好的团队协作精神、积极的探索精神和一定程度的社会责任感。他们已经在必修和选择性必修中学习了大量有关人与自然的文章，掌握了许多相关主题下的词汇和表达方式，且具备了基本的环境保护意识，但对于自然遗产的保护与开放的平衡问题，他们是第一次接触。

◆素养基础：学生通过有效的小组讨论，激活了目标话题的背景知识，已具有一定的小组合作能力。部分学生能用英语自信地表达观点。

◆不足条件：多数学生口头表达能力不足，只能用简单词汇和短句表达自己的观点，在语言理解、知识整合、逻辑推理以及论证分析等方面的能力比较欠缺。

（五）教学资源

◆基本教学材料：外研版教材、多媒体课件、视频。

◆课时大情境：自然遗产的保护与开放。

（六）教学框架

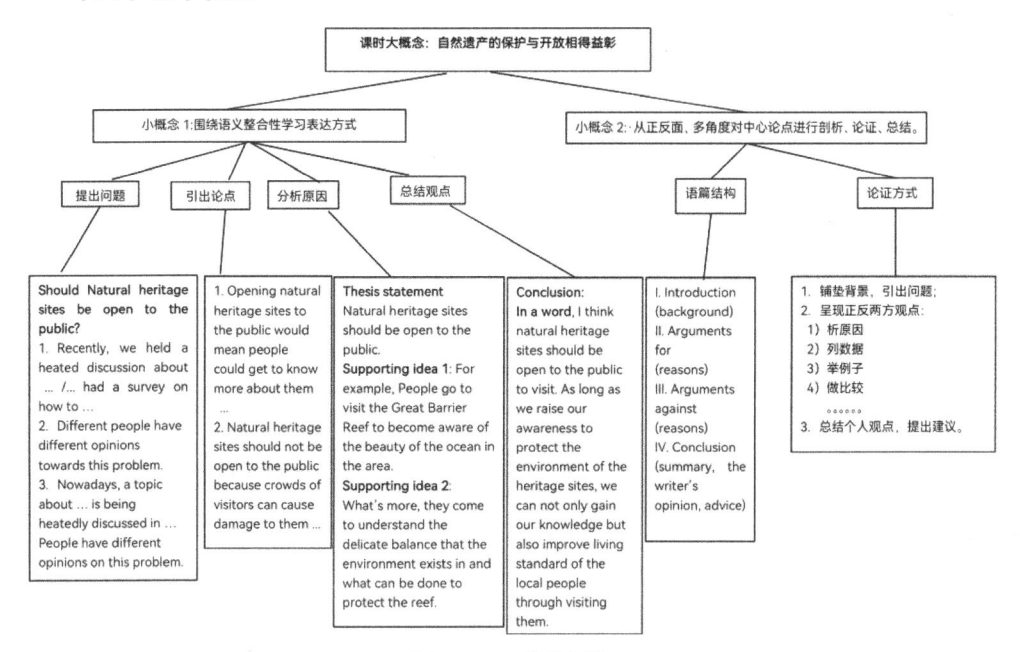

图3-4-4 教学框架

（七）教学过程设计

Teaching contents	Procedures		Purposes
	Teacher's activities	Students' activities	
Activity 1	1. Teacher guides students to watch a short video about the current situation of world natural heritage — The Great Barrier Reef to arouse their awareness of environmental protection, leading to the topic of the debate 2. By reviewing the ways of preserving and exploiting natural heritage based on the previous reading materials, students are given some expressions to convey counter-arguments to get ready for the debate later Question chain: ①Have you ever travelled to these heritage sites ②Do you know what measures the government takes to protect The Coral Bay ③What policies does your local government take to protect local natural heritage? Is it open to the natives	1. students watch a video about the current situation of world natural heritage 2. students focus on some expressions to convey counter-arguments	To mobilize students' audio-visual sense and activate their background information and get ready for the debate later To provide scaffolding for students
Activity 2&3	1. Teacher divides Ss into two groups to support their points of view and take notes on the task sheet 2. Teacher guides Ss to think of the opposite arguments they might face and write the arguments using the words, expressions and structures learned in this unit Question chain: ① Do you think whether natural heritage sites should be open to the public ② Which side will you take? Please set out your thesis statement ③ In what way is the evidence related to your point ④ What will be one of your points under the thesis statement ⑤ What type of evidence will you use to support your point ⑥ What will the evidence be mainly about? Please briefly explain it ⑦ What discourse marker (s) will you use to introduce the evidence	1. students discuss in groups, think of arguments to support their points of view and note down the key points discussed in the table 2. students think of the opposite arguments they might face and make a list of the arguments	To encourage students to cooperate with others and share their points of view

续表

Teaching contents	Procedures		Purposes
	Teacher's activities	Students' activities	
Activity 4	Teacher asks students to form two groups with the opposite points of view and hold the debate Teacher makes some comments about the debate and gives some tips Question chain: ① In what way is the evidence related to your point ② Which side do you think will be the winner	students form two groups with the opposite points of view and hold the debate	To practise the debate as well as develop students' critical thinking
Reflection	Teacher guides students to recall what they've learned in this unit Teacher guides students to complete "Reflection" in Student's Book	students rate their performance in this unit, summarize what they've learned and think about what they need to improve	To help students evaluate their performance, review the unit and think about the ways to improve
Assignments	Write an argumentative essay about whether the natural heritage sites should be open to the public Surf on the Internet for more information about natural protection		

Scaffolding for students to debate

An argumentative essay is a type of thesis or composition where you have to present your view and attempt to convince others that your facts and arguments are correct. Your view should be backed up by some facts, examples, statistics, reasons and logic.

Outline		
	Structure	Useful expressions
Introduction	Current situation of the protection and exploitation of natural heritage	Some people argue that we should ... Instead, we should ...
	The thesis statement	However, others feel this is a shallow view ...
Body	Argument 1	Firstly, ... has already made a difference in ...

续表

Outline		
	Supporting details/Evidence	It has directly resulted in ... Then, ... As a result, ...
	Argument 2	Secondly, ... has already promoted ...
	Supporting details/Evidence	For example, ...
	Argument 3	Finally, ... has helped ... and even ...
	Supporting details/Evidence	... made people realize ... In order to ...
Conclusion	Rephrasing the thesis statement	In closing, ... provides ... with ...

◆ 板书设计

Be open to the public	Don't be open to the public	
1. People can get to know more about them 2. People can understand the importance of the sites and the need to protect them 3. People can improve the local economy and their living standards	1. Crowds of visitors can cause damage to them 2. Crowds of visitors may pollute the environment 3. Crowds of visitors will ruin the harmony with nature	Types of supporting details: Logical reasoning Textual evidence Facts & statistics Examples Experts' opinions

（八）学习测评

I. Read the following sentences, identifying the approaches to make your opinions more persuasive and then make your best choice.

A.progressive （递进）	B.chronological （时间）	C.cause and effect （因果）	D.adversative （转折）	E.explaining （解释）
F.suggesting （建议）	G.conclusion （结论）	H.instructing （指示）	I. quotation （引用）	J.defining （定义）
K.giving and adding examples（举例）	L.simile （明喻）	M.metaphor （暗喻）	N.parallelism （排比修辞）	O.pun （双关）

1.Fatness is not caused by a slow metabolism（新陈代谢）. _____

2.Indeed, pain is your body telling you something's wrong, and continuing to exercise could lead to serious injury. _____

3. First you have to sign up to the scheme to be sent a key. _____

4. You have to pay an access fee for the key and then you pay as you go for the length of time you use the bike. _____

5. However, there have been a few problems since the scheme was launched last Friday.

_____

6. Some people found they couldn't dock their bikes properly and their usage of the bikes had not registered. _____

7. Our reading teacher assigns a lot of homework. For example, last night, we had to read ten pages and write an essay. _____

8. In conclusion, I believe everyone should vote in every election. _____

9. Gossip means talking or writing about other people's private affairs. _____

10. According to Oxford Dictionary, gossip is "an informal conversation, often about other people's private affairs," but this definition makes gossip sound harmless when it is really not. _____

11. Virtue is like a rich stone. _____

12. True love is the key to happiness, therefore, even students are entitled to experience it. _____

13. See how they can saw. Power saw. And drill, power drill. And sand, power sand.

_____

14. We must all hang together, or we shall hang separately. —— Reader's Digest

_____

KEYS:

1-7: CEHBDAK   8-14: GJILMNO

II. Polish your debate draft and complete an argumentative essay on the given topic with a clearly stated point supported by facts, examples or statistics.

表 3-4-2 Topic: Whether the natural heritage sites should be open to the public?

Thesis statement	
Point	
Type of evidence	
The evidence	
Discourse marker (s)	
Analysis	

III. Self-evaluation

Revise your draft using the following questions as a guide.

Checklist

☐ Have I given a clear opinion in my thesis statement?

☐ Have I given at least two supporting points?

☐ Have I presented the points logically?

☐ Have I used enough details to support my points?

☐ Have I chosen persuasive words?

☐ Have I emphasized my opinion in the ending?

（九）教学反思

主要亮点：通过图片、视频等多种方式，让学生初步了解自然遗产的定义。通过辩论，学生能够在分组活动中将本单元所学的语言知识进行一个整体的情境化体验，从而提高了学生思辨能力，促进学生语言能力、文化意识、思维品质和学习能力的综合提升。

存在不足：个别学生由于口语表达能力不足，没有更好地参与到教学活动中。

再教设计：加强前期的输入，加入信息手段，帮助学生查找在线资料。

第四章

大概念统领下的问题教学

第一节　问题教学的模式建构

金儒成　王开江

对问题产生探索动机是人的本能，利用问题的新颖性引领教学，可促进教学的有效开展和学生的深层次认知。问题教学起源于苏格拉底的"产婆术"，以及孔子的"启发式"教学，在"新课程、新教材、新高考"背景下得到了大力的推广与应用，有些课程标准隐含了问题教学的思路，如数学课程课标在数学建模过程中指出："在实际情境中从数学的视角发现问题、提出问题，分析问题、建立模型、确定参数、计算求解、检验结果、改进模型，最终解决实际问题。"同时，也有一些课程标准把问题教学作为主要教学策略或模式，如地理课程课标中指出要"重视问题式教学"，以激发学生的学习、探究与创造兴趣。

一、教学问题与问题教学

问题教学以"问题"整合相关教学内容，在问题的建构与解决中达成教学目标。问题教学中的核心是"问题"，大概念统领下的问题教学更是对核心"问题"进行充分关注，其中大问题已成为教学中的关键。

（一）教学问题

问题教学以"问题"为核心。在《现代汉语词典》中，"问题"可以是要求回答或解释的题目，也可以是需要研究讨论并加以解决的矛盾、疑难等。而在教学中，问题应该是在教学中要求学生回答或解决的问题，即教学问题。也就是说，教学中的问题是那些以促进学生思考、推进知能素养获取为目的而设置或形成的问题。这种"教学问题"可以是统领整个内容的大问题，亦可是针对某个知能或素养的具体问题。

教学问题一般具有真实性、目标性、劣构性、开放性、互动性、制导性等特征，以将学生引入问题的情境中，让学生在足够的空间里积极地解决问题。教学问题可以由教师预先设计，也可由学生在课堂教学过程中生成，以便教学中在教师的导引和学生的合作或独立思考下完成问题的解答。优秀的教学问题可以成为学生思维的跳板，让学生实现思维的飞跃，让课堂精彩纷呈，焕发生命力。教学问题根据不同的分类方法，可以得出不同的分类。明确不同类型的教学问题，可以更好地创设问题，带动问题教学的顺利推进。

根据教学问题的表现程度和时间性，可以将教学问题分为显性问题和隐性问题。显性问题即教学中直接表现出来的教学问题，这类问题在教学中有大量的应用。隐性问题需要"通过认真思考、专门研究才能发现"，是教学研究中或教学过程中生成的问题，往往表现得较为复杂或较为开放。

根据教学问题的封闭性可以分劣构问题（Ill-structured problems）和良构问题（Well-Structured problems）。良构问题是指问题条件充分、问题解决过程较为固定、问题结论较为确定的问题。劣构问题与良构问题相反，这样的问题要么初始状态与目标信息不明确、要么解决方法与途径不明确，存在一定的未知性。也就是说，良构问题有着明确的解决方案且解决问题运用到的知识具备可迁移性，突出情感性因素；而劣构问题有多种解决方案且更利于创造性思维的培养，突出社会性因素。

根据问题出现形式，可以将问题分为呈现型问题、发现型问题和创造型问题。"呈现型问题指的是由教师或教科书给定的问题，其思路和答案都是现成的，直接体现了教师和教材编写者的思想"，传统教学中的教学问题大部分属于呈现型问题。发现型问题和创造型问题具有创造价值，发现型问题是一种创造情境的再创，创造型问题是人们从未提出过的问题。这两类问题是学生在学习过程中思考与思维迁移的结果，是一种个性思维的表现。

（二）问题教学

问题教学在19世纪末20世纪初得到了进一步的重视，如杜威提出的"解决问题"五步教学模式。而苏联学者马赫穆多夫（М. И. Махмутов）1975年出版的《问题教学》一书对问题教学进行了进一步的研究、宣传与推广，使之成为一种发展性教学模式。

问题教学是以问题为中心的教学。这种教学把教学内容化作少数大问题或一些具体问题，让学生通过问题解决形成正确价值观、必备品格和关键能力。一般认为，问题教学包含问题式教学，问题式教学是问题教学的主要形式，甚至认为问题式教学等同于问题教学，本论述对两者不做具体区分。

什么是问题教学呢？不同的研究者或著作有不同的定义。《普通高中地理课程标准（2017年版2020年修订）》对问题式教学进行了定义，认为："问题式教学是用'问题'整合相关学习内容的教学方式"。这种问题式教学以"问题发现"和"问题解决"为要旨，在解决问题的教学过程中，教师引导学生开展认知活动，建立与"问题"相关的知识结构，能够由表及里、层次清晰地分析问题，合理表达自己的观点，并指出凡是基于真实问题、开放式问题、尚无现成答案问题的教学，都可视为问题式教学。也有人认为问题教学是"立足于问题，依托问题的特征属性，在解决问题的过程中进行学习的教学模式"。实际上，这里论述的问题式教学就是我们常说的问题教学。

（三）大概念统领下的问题教学

问题教学在近年来以学生为中心的教学中得到越来越广泛的应用。特别是在学科大概念的引领下，对高阶思维和学生探索能力的培养以及其操作性，得到了更多的应用。一个学科大概念的不同层级，可以形成不同的教学问题；不同层级的教学问题，指向不同的层级大概念的达成。在教学中，使学科大概念转化为大问题，并在大问题的基础上，依据具体概念形成具体问题，在问题解决的过程中实现知识的生成与迁移。无论是预设追问式问题还是主体生成式问题，都能促进教学的交互创新，指向学科大概念，实现学科素养。（具体如表4-1-1所示）

表4-1-1 大概念与教学问题的转化示例（以高中数学的函数为例）

	学科大概念（大问题）	单元大概念（大问题）	具体概念（问题）
概念表述	函数	1.函数的概念与性质	（1）函数的概念；（2）函数的性质（整体性质和局部性质）
		2.具体函数模型	（1）幂函数及其推广（一次函数、二次函数、三次函数、反比例函数等）；（2）指数函数与对数函数；（3）三角函数；（4）数列；等等
		3.函数的应用	（1）研究和求解代数方程的根和不等式；（2）讨论极值和最值问题；（3）研究图形（图象）；（4）描述、分析、解决实际问题
		4.研究函数的思想方法	（1）几何思想方法；（2）运算思想方法；（3）微积分——极限思想方法
问题表达	两个集合之间，如何建立变量间的对应关系	1.函数的概念是什么？函数的性质有哪些	函数的单调性、周期性、对称性、奇偶性、有界性、最值等的定义是什么？如何判断

续表

	学科大概念（大问题）	单元大概念（大问题）	具体概念（问题）
问题表达	两个集合之间，如何建立变量间的对应关系？	2.有哪些具体的函数模型	（1）幂函数、指数函数与对数函数的定义、图象及性质是什么？（2）三角函数的图象及性质是什么？（3）数列的定义是什么？有哪些性质？通项、求和的方法有哪些
		3.函数的应用有哪些方面	（1）如何求解代数方程的根和不等式？（2）如何讨论极值和最值问题？（3）如何研究图形（图象）？（4）如何描述、分析、解决实际问题？（5）如何体现数学建模、直观想象、数学运算的核心素养
		4.研究函数的思想方法有哪些	（1）如何由函数图象的直观性，掌握函数的基本性质，提高学生的直观想象的核心素养？（2）如何利用数学运算提高学生的解题能力和提升数学素养？（3）如何利用极限思想方法，学习"导数及其应用"，深入体会"变化"思想

从表中可以看出，可以建立大概念与教学问题之间的对应关系，让大概念教学理念落实到具体的问题教学之中，形而下形成知识的深度，以大概念目标统摄问题教学，以问题教学推进大概念目标的实现，甚至实现对大概念目标的超越，形而上形成知识的高度。

二、问题教学的模式建构

教学模式是融通教育思想、教学理论和学习理论形成的稳定结构框架和活动程序，框定着教学策略与教学方法的应用，保证预期教学目标的如期实现。问题教学的教学模式简洁明了，有利于知识的创造性生成和优质课堂的形成。

（一）问题教学的模式建构

问题教学是以探究问题、解决问题为目的的教学模式，其最终目标是教会学生解决现实中的问题。问题解决的思维过程为问题教学提供了操作路径，即在一定的情境中按照既定的学习目标进行独立探究或合作探究，经过一系列的心理操作使问题得以解决的过程。问题建构是问题教学的基础，问题探究是问题教学的核心，问题解决是问题教学的宗旨。问题教学模式的结构框架与活动程序见图4-1-1。

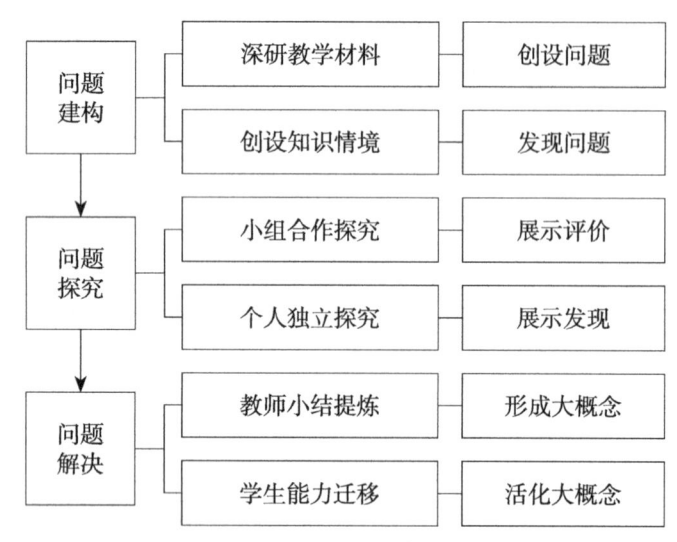

```
问题建构 ──┬── 深研教学材料 ── 创设问题
          └── 创设知识情境 ── 发现问题
    ↓
问题探究 ──┬── 小组合作探究 ── 展示评价
          └── 个人独立探究 ── 展示发现
    ↓
问题解决 ──┬── 教师小结提炼 ── 形成大概念
          └── 学生能力迁移 ── 活化大概念
```

图 4-1-1　问题教学模式的结构框架与活动程序

问题教学中，问题建构是问题教学的基础。问题建构可分为教师创设的问题和学生发现的问题。教师建构的问题具有较好的导向性，强调其社会性。教师问题的建构需要结合单元大概念和课时大概念统摄下的学习目标，依靠教学知识，围绕正确价值观、关键能力和必备品格，进行问题预设。学生发现问题需要教师根据问题建构需要创造知识情境，让学生问题的发现与提出有情境化的依据。

问题教学中，问题探究是问题教学的核心，是问题教学课堂中的主体部分。问题探究可分为小组合作探究和个人独立探究。小组合作探究中学生以小组为单位针对大问题或子问题链进行讨论、提炼、评价，在思维的相互碰撞中形成问题的初步解，并进行有序展示与交流。个人独立探究强调培养学生独立解决问题的能力，需要学生针对具体问题或大问题结合已有知识进行独立分析形成结论，并进行展示，在相互展示中得到提升。

问题教学中，问题解决是问题教学的宗旨。问题解决可分为教师小结提炼和学生能力迁移两个步骤。在问题探究的后半段或之后，教师需要根据探究结果进行小结提炼，形成结构化的知识，形成知识的大概念。在教师小结提炼的基础上，学生利用所学知识与技能，解决基于真实情境的问题，实现能力的迁移与强化，活用知识，活化大概念，指向核心素养。

（二）问题教学的价值诉求

1. 转变对学科知识的传统认知

知识是人类文化的存在形式，学科知识是基于学科属性的知识，由符号表征、逻辑形式和价值意义三部分构成。课堂教学过程中的知识处理和认知加工，并非仅仅是对符号的处理和接受，而是对知识内核的深度理解和领悟。通过问题教学，不仅可以让学生知道知识的符号表征，而且还要知道知识的逻辑形式和价值意义。在问题教学中，学生对知识的质疑、追问，经历知识与技能的形成过程，让他们在探索他们面对的未知世界时，可以进行技能的应用。学生面对知识时的"怀疑"，除了加强知识的探索外，更会埋下创新的种子。

2. 提升教师的知识追问能力

教师通过多年的知识积累，容易形成知识惯性，对知识的更新敏感性会下降。问题教学中教师在建构情境或创设问题时，需要对知识进行更深层次的把握，以建构更为贴合的知识情境和更为新颖的真实情境，以及创设更有深度、更为开放性、更贴近知识本体的问题，这必然会让教师对原有知识进行进一步追问，对新知识进行更多的学习，在走进课堂时做更充分的准备。这样，教师的专业知识会更扎实，教育学知识会更纯熟，更利于教师的成长。

3. 锻炼学生的能力素养

对问题进行探究，需要对知识进行多维度探索，需要进行更为有效的思维活动，需要更多的策略性知识与创造性知识。特别是在课堂中的问题探究环节，必然引起学生对知识来源、知识发展、知识走向的全方面思考，并进行一定量的交流与碰撞。这样，问题教学对提升学生掌握知识的质量、培养学生的责任感、锻炼学生的实践能力、增进学生的创新能力等方面有着巨大的效用。而这些能力，正是新时期教育的价值所在，正是学生必备知识、关键能力、核心素养培养的目标指向。

4. 丰富师生的课堂交互

今天的课堂是师生交互共生的课堂，学习发生在联结被建立时。只有保证教学双主体实现知识和信息流的畅通，教师才能在课堂中有更多的教学能力成长，学生才会有更多知识获得。问题教学中的师生共同探究、学生基于教师创设问题的独立探究、教师对知识的层层引导，都是知识与信息流的传递，都是对知识的再生产过程，必然能让课堂双主体更好地共任务、共成长。

三、问题教学的应用

在问题教学的实际应用中，需要把握好教学问题，并基于教学问题处理好教学双主体、教学环境、教育技术在课堂教学中的角色定位。让问题教学真正成为大概念统领下的学科教学的主要教学模式之一。

（一）教学问题应用要求

1. 重视劣构问题设置，提升学生思维能力

劣构问题为学生从不同角度思考问题与解决问题提供了更多的可能，学生在面对劣构问题时需要加以分析、比较、评价，其思维得到更大的拓展，高阶思维在不断应用的过程中逐渐习得。在问题教学中，在良构问题与劣构问题之间需要有适当的比例，我们在良构问题里进行正确价值观培养的同时，在劣构问题里进行学生关键能力的培养显得至关重要。劣构问题往往具有较大的开放性，可以树立学生主动钻研、勇于探索的精神。

2. 把握好问题的难度与梯度，让学生在问题中实现思维进阶

问题的难度是指问题的深度与广度，知识的陌生程度、调用领域知识的数量、学生背景知识与情境解读能力、知识的呈现方式都会影响问题的难度，在问题创设时需要综合权衡并设置与学情相适应的不同难度的问题，过难或过易的问题都不利于学生能力的增长与思维水平的提高。问题的梯度要求各个问题间有层次性，让学生在难度递增中逐渐贴近其学习目标，从多个侧面接近学习目标，并在层层推进中实现思维进阶。

3. 问题面向全体学生，对问题结论做好正向反馈

教学问题针对不同层次学生进行针对性设计，要么设计不同难度的问题组合，要么设计的问题对不同能力的学生都"有话可说"，以使全体学生参与到问题的探究之中，各取所需，各展所能。同时，对学生的问题结论要做正向反馈。正确的结论在充分肯定后进行适当提炼与实证，错误结论要设身处地进行论证，并进行探索过程的肯定和呈现感同身受的言语表达。

4. 问题设计以学生为中心，注重问题的可迁移性

问题教学中"问题的设计应多站在学生的立场上进行发问，最好用学生的语言设计问题，以便更有效地激发学生的思维"。问题教学是以学生为中心的教学，问题设计必须以学生为中心。设计的问题是学生知识建构所需要的问题，而不是想当然的、教师想讲的问题。同时，要注重问题的可迁移性，这里的可迁移包括发问方式的可迁移和问题解决的可迁移。发问的可迁移利于问题意识与创新能力的培养，问题解决的可迁移利于学生面对真实情境下具体问题的顺畅解决。

（二）问题教学中的各要素

教学双主体、教学环境、教育技术等深刻影响问题教学的有效推进。在问题教学中要明确各要素应承担的恰当角色，以使教学得以流畅推进，实现教学相长。

1. 教学双主体：互利共生

互利共生是"两种物种相互有利的共居关系，彼此间有直接的营养物质的交流，相互依赖、相互依存、双方获利"。在教学活动中，教学主导者和学习主体双方是一个统一的有机整体，在动态交往中生成相互有利的共生体，在环境的积极调节中实现"共生相长"。在互利共生的教学环境中，教师的主要功能是教学手段与方法的甄选者和教学过程的主导者，并对教学行为进行目的性反思，不断提升教学掌控能力；学生处于课堂交互的核心位置，需要深入理解与融入教学主导者设计的特色环境，并根据自身的认知水平和最近发展区向教学主导者展示自己的内容需要和难度需要，选择自身学习的关注点，更好地融入教学生成过程中，不断提升自身的获得感。在互利共生的教学环境中，主体间必须保证知识和信息流的畅通，强调双主体地位。"打造健康的学习生态有赖于信息流的高效互通"。"营造宽松的氛围是问题教学成功的关键"。要保证知识和信息流的畅通，教学双主体要以平等的姿态进行交流，以更好地融入教学交互过程中。

2. 教学环境：和谐共促

教学环境包含教学时空、教学目标、教学内容、教学重难点、教学方法、教学手段、教学语言、教学氛围、学习测评等元素，组成整个"通道"的各个结点共同影响教学交互生成。教学目标、教学内容、教学重难点、教学方法、教学语言等元素与教学主导者的素能高度相关，而教学时空、教学手段等元素则受到教育技术的影响很大，而且纷繁复杂。与教学主导者素能高度相关的元素，需要在教学相长中通过反思不断提升。

3. 教育技术：高效贴合

问题教学中的教育技术，必须根据教学主导者的个性化特点及教学目标需求，秉承实用性、适用性原则，关注使用的"人"，使用最实用、最简洁的技术服务教学。面对纷繁复杂的教学时空和教学手段，在现今多样的信息技术赋能下，必须把关注的视线从"技术"转向使用技术的"人"，重视学习主体和教学主导者的行动导向。课堂需要达成的是教学目标任务，建构学习主体的知识脉络、逻辑程式与价值意义，教育技术是为之服务的手段。

第二节　问题教学实践
——以"对数"为例证

在数学发展进程中，对数的问世，使计算技术发生了质的飞跃。16世纪初，天文地理兴起，在生产生活实践中，特别是需要强劲有力的计算技术，为了实现大量的精确测量和计算需要，人们由衷地希望利用先进技术进行简化计算。彼时，对数的发明给人类带来了希望，让那些需要高级运算的学者，尤其是天文地理测绘学家们欣喜若狂。拉普拉斯曾说："创造了对数，不但节约人类劳动力，还从真正意义上延长了天文学工作者的生命。"伽利略说："给我空间、时间和对数，我即可创造一个宇宙。"17世纪数学领域诞生了三个伟大的发明，即对数、解析几何和微积分。这些都足以说明，对数的发明是多么的重要和伟大。

一、单元整体设计
王开江

本教学单元是人教A版高中数学必修第一册第四章4.3和4.4的内容，其中对数是学习对数函数的重要基础，学习对数知识的目的，是为了给学习对数函数作支撑。深化对对数函数模型的认识，加深了对函数的深层感悟，多角度地理解其对应关系，体会对数函数与指数函数图象变化趋势及其在社会实践和科学技术中的广泛应用。

（一）课程标准

《普通高中数学课程标准（2017年版2020年修订）》（以下简称《标准》）指出：

单元学习目标	◆理解对数概念和运算性质，能将一般对数用换底公式，转化成自然对数或者常用对数
	◆通过数学情境，认识对数函数的概念。能用描点法或借助几何画板等工具画出对数函数的图象，研究对数函数的相关性质
	◆了解对数函数 $y = \log_a x$ 与指数函数 $y = a^x$（$a > 0$, $a \neq 1$）的关系：互为反函数，它们的图象关于直线 $y = x$ 对称

单元学习目标	◆阅读对数发展史，积累经典素材，撰写论文，论述对数发明进程和对数对简化运算的作用

（二）大概念建构

在现代数学中，函数是最基本的概念，它是一种可以用来描述客观世界中变量之间的关系和规律的最基本的数学语言，也是一种可以用来处理实际问题的工具。函数是贯穿高中数学课程的一条主线。在函数中，对数是不可缺少的一部分，也是函数的一个重要教学单元。在数学学习过程中，使学生积累必要的基础知识，掌握基本技能，从而对基本的数学概念，数学本质，以及概念、结论等产生的背景有一个清晰的认识，感悟其中所包含的数学思想方法，提升和加强学生的数学核心素养，努力培养学生适应社会，实现终身发展的能力。

根据《标准》中课程内容的模块，结合各版本教材对该部分内容的单元整合，本单元对应的学科大概念为函数。在学科大概念统摄下，本单元重点关注对数的概念、对数的运算、对数函数的概念和对数函数的图象和性质，故本单元的单元大概念确定为对数。

对数既是一个全新的概念，又是一种高级的运算，对数与指数的概念本质相通，它们从不同的角度刻画同一关系。本课时单元，是研究函数的延伸和拓展，是继初等幂函数、指数函数的又一新板块知识。其研究"对数的概念、对数的运算、对数函数的概念和对数函数的图象和性质"。它是对指数与指数函数的巩固和强化，深化了函数应用和研究，因此该板块在知识结构上，起到承上启下的作用。因此，函数成为高中数学中的学科大概念，具有强大的迁移作用和解释力。而对数成为本教学单元的单元大概念，是本单元学习的结构化目标。（具体见表4-2-1）

表 4-2-1 "对数"部分大概念层级

学科大概念	单元大概念	课时大概念
函数	对数	Ⅰ.对数的概念 Ⅱ.对数的运算 Ⅲ.对数函数的概念 Ⅳ.对数函数的图象与性质

（三）单元学习目标

◆数据分析、数学建模：通过数学情境，认识对数及对数函数的概念。

◆数学运算、逻辑推理：理解对数概念和运算性质，能将一般对数用换底公式，转化成自然对数或常用对数。

◆数学抽象、直观想象：能用描点法或借助几何画板等工具画出对数函数的图象，研究对数函数的性质。

二、课时大概念 I（对数的概念）教学设计示例

王开江

本课时大概念为"对数的概念"，根据学习内容和课堂容量为1课时。

（一）大概念析读

1. 大概念理解

对于本课时概念：对数的概念是一个全新的知识，是以幂函数、指数函数为蓝本，延伸和拓展函数的类型，通过课时概念的探讨，让学生对数系的拓展有了更加深入的认识和体验，对数的概念深化了对对数模型的认识与理解，为深入研究学科大概念——函数做准备。

2. 大概念解构（认知内容）

（1）对数的概念：通过数学情境，建构对数模型，解决实际问题，体会引入对数的必要性和价值。

（2）指数式与对数式的转化：通过师生互动，同伴协作观察分析，生成对数的概念，理解和熟练指对互化。

（二）学习目标

1.利用真实数学情境，厘清对数的概念，辨别对数与指数的关系。（数据分析、数学建模、逻辑推理）

2.理解对数的一些简单性质，熟练掌握指对互化核心思想。（数学抽象、数学运算）

通过学生分组探究，掌握对数的概念，通过指对式互化，培养学生类比、分析、归纳能力。

（三）学习重难点

◆学习重点：对数的概念；指数与对数的转化。

◆学习难点：对数的概念。

（四）学情分析

◆知识基础：学生已掌握了指数幂运算，能通过函数图象，研究函数的性质，

掌握指数函数的研究方法，能应对问题情境，调动相关知识与能力获取信息，具有自主研究对数的能力。

◆素养基础：学生逐渐适应高中的学习生活，会对原有知识结构进行合理调整；能对新情境提出新观点或发现新问题，寻求有效解决问题的办法；能综合运用联想、类比、引申等思维方法，进行独立性、批判性、发散性的思考。

◆不足条件：由于对数是全新知识，相对陌生，学生对新知识理解和迁移能力不够，部分学生学习对数可能会遇到一定的困难。

（五）教学资源

基本教学材料：人教版教材、多媒体课件、几何画板、相关统计图表。

（六）问题清单

大问题	子问题	素养指向
问题一： 如何引入对数的概念	①你发现怎样的变化规律	数据分析
	②建立经过x年后B地景区的游客人次为2001年的y倍的数学模型	数学建模
	③经过多少年游客人次是2001年的2倍，3倍，4倍，……，那么该如何解决	
	④如何求方程$3=1.11^x$，$4=1.11^x$的解	数学运算
问题二： 如何理解对数的定义	①对数符号的规范书写和读法	数学抽象 逻辑推理
	②对数、底数、真数所在的位置和意义是什么	
问题三： 指数式与对数式的互化	①$\log_a 1 =$ _____；$\log_a a =$ _____	
	②指数式与对数式的如何互化	数学运算
	③对数恒等式是什么？如何理解	逻辑推理

（七）教学过程设计

环节	知识内容（情境/问题）	师生交互	创设意图
知识复习	【情境】阅读教材P_{111}4.2.1的问题1 【问题一】如何引入对数的概念 ①你发现怎样的变化规律 ②建立经过x年后B地景区的游客人次为2001年的y倍的数学模型 ③经过多少年游客人次是2001年的2倍，3倍，4倍，……，那么该如何解决	（1）$y = 1.11^x$ （2）$2 = 1.11^x$ 　　$3 = 1.11^x$ 　　$4 = 1.11^x$ 如何求解方程中的x	借助情境，提出问题，建立关于x的方程，解方程求解未知数，不会表示x。现实生活中，需要解决大量这类问题，为了合理表达这类方程的未知数，故需引进一种新数的表示，那它就是对数了
知识生成	一、对数的概念 一般地，如果a（$a>0$且$a\neq1$）的b次幂等于N，就是$a^b=N$，那么数b叫做a为底N的对数，记作$\log_a N=b$，a叫做对数的底数，N叫做真数 【问题二】如何理解对数的定义 ①$a>0$且$a\neq1$ ②$N>0$；$b\in R$ ③对数符号的书写格式 $\log_a N$		围绕大概念进行教学，促进知识生成，掌握必备知识，用于主题探究 数学学习中，抓住定义，厘清概念，明确含义，规范书写

环节	师生交互（情境/问题）	创设意图
主题探究	二、对数式与指数式的互化： 　　　指数　　　　　　　　　　对数 　　┌─────$b\in R$─────┐ 　　│　　幂　　$N>0$　　真数　│ 　$a^b = N \iff \log_a N = b$ 　　│底　　　　　　　　　　　底│ 　　│数　　$a>0, a\neq1$　　　数│ 　　└──────────────┘ 【问题三】 ①指数式与对数式的如何互化 ②$\log_a 1 = $ _____；$\log_a a = $ _____ ③如何理解$\log_a a^b = b$，$a^{\log_a N} = N$	为了理解指对关系，明晰指对式中a、b和N的意义

续表

环节	师生交互（情境/问题）	创设意图
主题探究	三、两个重要对数 ①常用对数：以10为底的对数$\log_{10}N$，简记为：$\lg N$，即$\log_{10}N = \lg N$ ②自然对数：以无理数$e = 2.718281828459\cdots$为底的对数$\log_e N$，简记为：$\ln N$，即$\log_e N = \ln N$	认识两个重要对数，为以后换底做准备 在科学技术中，常常使用以e和10为底的对数
知识强化	课堂练习 1.将下列指数式写成对数式： （1）$2^4 = 16$　（2）$3^{-3} = \dfrac{1}{27}$ （3）$5^a = 20$　（4）$\left(\dfrac{1}{2}\right)^b = 0.45$ 2.将下列对数式写成指数式： （1）$\log_5 125 = 3$ （2）$\log_{\sqrt{\frac{1}{3}}} 3 = -2$	让学生自学$P_{122-123}$例1和例2，熟悉指对互化，加深对对数的理解，培养学生严谨的思维品质
主题探究	四、对数的性质 探究活动1 求下列各式的值： （1）$\log_3 1 = $ _____　（2）$\lg 1 = $ _____ （3）$\log_{0.5} 1 = $ _____　（4）$\ln 1 = $ _____ 问题：你发现了什么？$\log_a 1 = 0$ 探究活动2 求下列各式的值： （1）$\log_3 3 = $ _____　（2）$\lg 10 = $ _____ （3）$\log_{0.5} 0.5 = $ _____　（4）$\ln e = $ _____ 问题：你发现了什么？$\log_a a = 1$ 探究活动3 求下列各式的值： （1）$2^{\log_2 3} = $ _____　（2）$7^{\log_7 0.6} = $ _____ 问题：你发现了什么？对数恒等式：$a^{\log_a N} = N$ 探究活动4 求下列各式的值： （1）$\log_3 3^4 = $ _____　（2）$\log_{0.9} 0.9^5 = $ _____ 问题：你发现了什么？对数恒等式：$\log_a a^n = n$	探究活动由学生独立，小组合作 通过练习与讨论，让学生利用归纳、类比、推理得出结论

续表

环节	师生交互（情境/问题）	创设意图
巩固练习	巩固练习 1. 课本 P_{123} 练习 2. 提高训练 （1）设 x 满足等式 $\log_5[\log_3(\log_2 x)]=0$，求 $\log_{16}x$ 值 （2）求值：$\log_{2.5}6.25+\lg\dfrac{1}{100}+\ln\sqrt{e}$	巩固指对式互化，掌握对数的性质及其应用，熟练基本知识，提高解题能力
复习小结	归纳小结 1. 对数的概念 2. 指数与对数的关系 3. 对数的基本性质	归纳小结，整体把握，高屋建瓴，形成体系，统领单元教学
作业布置	1. 课本 P_{126} 习题 4.3 复习巩固 第 1、2 题 2. 已知 $\log_a 2=x$，$\log_a 3=y$，求 a^{3x+2y} 的值 3. 求下列各式的值： $2^{2\log_2 5}$ $2^{-\log_2 3}$ $3^{2\log_3 5}$ $3^{1-2\log_3 4}$	通过作业，查漏补缺，找准问题，弥补教学中的不足，同时达到温故而知新的目的

板书设计	§4.3.1 对数的概念		板书可以让学生清晰的听课、规范做笔记，提高学生的听课效率
	引入情境问题 一、对数定义 二、对数式与指数式的互化	练习	三、对数的基本性质 四、小结 五、作业布置

（八）学习测评

1.（2022 春·宁夏吴忠·青铜峡市学业考试）已知 $\log_3(\log_2 x)=0$，那么 $x=$

    A.1   B.2   C.3   D.4

2.（2022 秋·北京房山·高一统考期末）已知 $2^x=3$，则 $x=$

    A.$\log_2 3$ B.$\log_3 2$ C.$\sqrt{3}$ D.$\sqrt[3]{2}$

3.（2022·高一课时练习）有以下四个结论，其中不正确的是

    A.$\lg(\lg 10)=1$ B.$\lg(\ln e)=0$

    C.若 $e=\ln x$，则 $x=e^2$ D.$\ln(\lg 1)=0$

4.（2022·高一课时练习）已知 $\log_a 3=m$，则 a^{2m} 的值为 _____．

5.（2022 秋·北京海淀·阶段练习）若 $\log_a 2=m$，$\log_a 3=n$，则 a^{m+2n} _____．

【答案】1. B   2. A   3. ACD   4. 9   5. 18

（九）教学反思

◆主要亮点：（1）在大概念统领下，对单元教学整体结构把握得会更好，知识能力迁移会更强，教学单元理解会更深刻；（2）对问题教学模式，还需要收集、积累更多精彩的情境，有利于知识的生成；（3）调动学生的积极性和创造性，有利于提高学生的学习效率。

◆存在不足：对大概念理解不够深入，需要在今后的教学中反复研读提高。

◆再教学设计：对问题教学模式，还需要收集积累更多精彩的情境，提出更多新颖的、有创新性的问题，教会学生提出问题。

三、课时大概念Ⅱ（对数的运算）教学设计示例
袁　涛

本课时大概念为"对数的运算"，根据学习内容和课堂容量为1课时。

（一）大概念析读

1. 大概念理解

学习了对数的概念和性质后，根据对数与指数幂的对应关系，进一步探究对数运算性质。进而由对数的运算性质，通过对数运算，把乘法转化为加法，把除法转化为减法，把乘方转化为乘法。因此，对数的运算性质降低了运算级别，大大简化了数的运算，是数学发展史上的伟大成就。

2. 大概念解构（认知内容）

根据"对数的概念"教学，结合真实情境，在解释具体概念"对数的运算性质""对数的换底公式"最终达成课时大概念，指向单元大概念。

（1）对数的运算性质：通过类比指数运算性质，得出对数的运算性质。

（2）对数的换底公式：通过师生观察分析得出。

（二）学习目标

1.学生通过问题情境，探究出对数的运算性质，并能进行简单的计算和化简。（数学建模、数学抽象）

2.学生通过对对数换底公式的理解，能将对数式转化为常用对数和自然对数来解决有关实际问题。（逻辑推理、数学运算）

（三）学习重难点

◆学习重点：掌握对数的运算性质和换底公式及其应用。

◆学习难点：对数的运算性质和换底公式的推导过程及其正确应用。

（四）学情分析

◆知识基础：在学习本节课之前，学生已经学习了指数及其运算性质，对数的概念和对数式与指数式的互化，为本节课的学习做好了铺垫。

◆素养基础：本阶段的学生的好奇心和探索欲望比较强，而且具备了较强的逻辑思维能力和分析综合能力。

◆不足条件：由于对数的运算法则比较陌生，需要深入理解，达到熟练掌握有一个艰难的学习过程，这对意志力薄弱的学生而言是个挑战。

（五）教学资源

基本教学材料：人教版教材、多媒课件。

（六）问题清单

大问题	子问题	素养指向
问题一：汶川地震所释放出来的能量是青海玉树的多少倍	①地震的震级是怎样度量的呢	数学建模
	②震级之间的关系又是怎样的呢	逻辑推理
	③8级地震所释放的能量是7.1级和5级地震的多少倍呢？它们又是怎样计算出来的呢	数学运算
问题二：对数有什么运算性质	①能否利用指数运算性质得出相应的对数运算性质呢	数学运算 逻辑推理
	②你能将指数幂的运算性质"$a^m \cdot a^n = a^{m+n}$"中所有指数式转化为对数式吗	
	③对照指数幂另外两个运算性质，你能得出对数运算的其他性质吗	
	④计算 $\lg \sqrt[5]{100}$，$\log_2(4^7 \times 2^5)$，用 $\ln x$，$\ln y$，$\ln z$ 表示 $\ln \dfrac{x^2 \sqrt{y}}{\sqrt[3]{z}}$。并说明选择哪条运算性质作为依据	
问题三：换底公式是什么	能利用 $\ln 2$，$\ln 3$ 表示 $\log_2 3$。首先应该对哪个数进行变形？变形的方向是什么	

（七）教学过程设计

环节	知识内容（情境/问题）	师生交互	创设意图
提出问题	【情境】教材第125页例5 问题一： （1）地震的震级是怎样度量的呢 （2）震级之间的关系又是怎样的呢 （3）8级地震所释放的能量是7.1级和5级地震的多少倍呢？它们又是怎样计算出来的呢	学生口答，教师板书	让学生讨论并猜想答案，引起学生的认知冲突
复习旧知	复习对数的定义及指数幂的运算性质	学生口答，教师总结	唤起学生的记忆

环节	知识内容（情境/问题）	师生交互	创设意图
知识承转	问题二：对数运算性质 追问1：类比"$a^m \cdot a^n = a^{m+n}$"中所有指数式转化为对数式吗 $\log_a M + \log_a N = \log_a (MN)$ 追问2：你能得出对数运算的其他性质吗	引导学生回忆指数运算性质，以及指、对数的关系，初步感受对数运算与指数运算的联系	通过让学生仿照第一个结论的证明过程推导后面两个运算性质，提升学生的逻辑推理素养
主题探究	指数幂的运算性质 $a^m \div a^n = a^{m-n}$；$(a^m)^n = a^{mn}$ 现将各式化为对数形式 如果$a > 0$且$a \neq 1$，$M > 0$，$N > 0$，那么 （1）$\log_a (MN) = \log_a M + \log_a N$ （2）$\log_a \dfrac{M}{N} = \log_a M - \log_a N$ （3）$\log_a M^n = n\log_a M$（$n \in R$）	学生独立完成，集中进行展示、修改	让学生体会"归纳—猜想—证明"是数学中发现结论、证明结论的完整思维方法

续表

环节	知识内容（情境/问题）	师生交互	创设意图
知识强化	（一）对数运算性质的初步应用 例1．求下列各式的值： （1）$\lg \sqrt[5]{100}$；（2）$\log_2(4^7 \times 2^5)$ 追问：应该选择哪条运算性质作为依据 例2．用 $\ln x$，$\ln y$，$\ln z$ 表示 $\ln \dfrac{x^2\sqrt{y}}{\sqrt[3]{z}}$ 追问：类比例1，依据对数运算哪些性质 （二）探索对数换底公式 问题三：根据对数的定义，你能用 $\log_c a$，$\log_c b$ 表示 $\log_c b$（$a>0$，且 $a \neq 1$；$b>0$；$c>0$，且 $c \neq 1$）吗 追问1：能用 $\ln 2$，$\ln 3$ 表示 $\log_2 3$ 吗 追问2：能求 $\log_2 3$ 的近似值呢 追问3：类比上述过程完成问题2了吗 对数换底公式：$\log_a b = \dfrac{\log_c b}{\log_c a}$ （$a>0$，且 $a \neq 1$；$b>0$；$c>0$，且 $c \neq 1$） 我们把上式叫做对数换底公式 追问4：在4.2.1的问题1中，计算 $x = \log_{1.11} 2 = \dfrac{\lg 2}{\lg 1.11} \approx 6.64 \approx 7$	例1根据化简的情况再进行选择公式 学生独立思考，发现存在困难 学生借助以上关系进行求解 学生仿照追问1中的变换过程由特殊到一般进行推导	让学生独立阅读课本例3和例4后思考完成，巩固所学的对数运算性质，提高运算能力，体会对数的实际作用，提升数学运算素养 巩固所学的对数运算性质，提高运算能力，体会对数的实际作用，提升数学运算素养，体会对数在实际生活中的应用
知能拓展	追问：本题如何将此对象与已知建立关系 本题的求解对象是地震释放能量的倍数，即E的比值	学生独立完成引例	提高运算能力，提升数学运算素养
归纳小结	（1）对数有哪些运算性质？它们和指数幂的运算性质有什么联系 （2）什么是对数的换底公式，它有什么作用	学生总结，教师完善	培养学生从已有知识中发现和验证新知识的能力
作业布置	习题4.3第3、第4、第8题		巩固新知，提升能力

◆板书设计

4.3.2 对数的运算 一、复习 1.对数的定义 2.指数幂的运算性质	二、新课 1.对数的运算性质 2.对数换底公式	三、例题 例1 例2 例3	四、小结 1.对数的运算性质和对数换底公式 2.对数运算性质的综合运用，应掌握变形技巧

（八）学习测评

1.（沧州市2023届高三10月联考数学试题）设 $a=2^9$，$b=3^8$，则 $\log_a(ab)=$

A.$1+\dfrac{8}{9}\log_2 3$　　B.$1+\dfrac{8}{9}\log_3 2$　　C.$1-\dfrac{8}{9}\log_2 3$　　D.$1-\dfrac{8}{9}\log_3 2$

2.（广西玉林市田家炳中学2015学年高二月考试题）lg 20－lg 2的值为

A.2　　　　B.1　　　　C.10　　　　D.20

3.[苏教版（2019）必修第一册过关检测]以下运算错误的是

A.lg 2 × lg 3 = lg 6　　B.(lg 2)² = lg 4　　C.lg 2 + lg 3 = lg 5　　D.lg 4 − lg 2 = lg 2

4.（上海2022年高一试题）设 $\log_a c$、$\log_b c$ 是方程 $x^2-3x+1=0$ 的两根，则 $\log_{ab} c=$ _____．

5.（重庆市第十一中学校2023学年高一上学期期末试题）$e^{\ln 2}+\log_4 2=$ ____．

【答案】1.A　　　2.B　　　3.ABC　　　4.$\dfrac{1}{3}$　　　5.$\dfrac{5}{2}$

（九）课后反思

◆主要亮点：本节课在大概念统领下，已经对单元教学整体结构有一定把握，学生对知识的迁移能力会更强，教学单元理解会更深刻。而在对问题教学模式中，还需要收集积累更多精彩的情境，有利于知识的生成。

◆存在不足：一是在提高学生的兴趣方面有些欠缺，学生总体对数学兴趣不浓；二是在教学环节之间的衔接语言处理得不是很好，学生会觉得很突兀，不利于提高学生上课的专注力。

◆再教学设计：希望通过更多的实例说明可能更能提高他们的兴趣；恰当语言衔接，环环相扣，自然过渡，从而达到符合学生认知的规律的要求。

四、课时大概念Ⅲ（对数函数的概念）教学设计示例

刘　刚

本课时大概念为"对数函数的概念"，根据学习内容和课堂容量为1课时。

（一）大概念析读

1. 大概念理解

本单元对应的学科大概念为函数。单元大概念为对数，本节课的课时概念为对数函数的概念，对数函数既涉及对数的运算，又是一个重要的基本初等函数，而且它的相关性质与指数函数的性质密切相连。本单元课时教学是在学习了指数函数及其性质、对数的基本运算的基础上，继续学习对数函数的概念。对数函数是一个全新的基本初等函数，是学习完指数函数后的一个函数，学生可以仿照指数函数的学习方法加以类比，因此本单元在知识结构上起了总领作用。

2. 大概念解构

对数函数是高中数学在指数函数之后的重要初等函数之一。通过由特殊到一般进行归纳，抽象出对数函数的概念。由于对数函数与指数函数联系密切，无论是研究的思想方法还是图象与性质，都有其共通之处。通过对数与指数的关系，利用指数函数的变化规律，结合学生的直观想象，构建对数函数的概念，培养学生逻辑推理、数学运算、数学抽象和数学建模的核心素养。

（二）学习目标

1. 理解对数函数的概念。（数学建模、数学抽象）
2. 会求简单对数型函数的定义域。（逻辑推理）
3. 了解对数函数在生产实际中的简单应用。（数学建模、数学运算）

（三）学习重难点

◆学习重点：对数函数的概念。

◆学习难点：对数函数的概念的建立与理解。

（四）学情分析

◆知识基础：学生已经学习了指数函数及对数的运算，同时学生可以利用指数函数的学习方法加以类比学习，这能为学生顺利学习对数函数提供保障。

◆素养基础：学生学会了信息获取能力，对新信息的准确判断、分析和评价；具备运用实验操作方法，探究所要解决生活实践和学习探究情境的能力；熟练运用图象、图表和图片表达思维、观点，表达抽象的概念。

◆不足条件：部分学生对抽象的对数函数的概念理解存在困难，利用多媒体工具探究对数函数的图象不熟练。

（五）教学资源

基本教学材料：人教版教材、多媒课件。

（六）问题清单

大问题	子问题	素养指向
问题一： 生物体内碳14含量与死亡年数之间有怎样的关系	①死亡1年后，生物体内碳14含量为多少 ②死亡2年后，生物体内碳14含量为多少 ③死亡5730年后，生物体内碳14含量为多少	数据分析
问题二： x是y的函数吗	①死亡x年后，生物体内碳14含量y为多少 ②由于时间的连续性，x是y的函数吗	数学抽象 数学建模
问题三： 如何描述对数函数概念	①对数函数有什么特征 ②对数型函数的定义域是什么	逻辑推理

（七）教学过程设计

环节	知识内容（情境/问题）	师生交互	创设意图
问题提出	【情境】阅读第132页 问题一： 生物体内碳14含量与死亡年数之间有怎样的关系 问题二： 死亡时间x是碳14的含量y的函数吗	【生】 死亡1年后，碳14含量为$(1-p)^1$；死亡2年后，碳14含量为$(1-p)^2$；死亡3年后，碳14含量为$(1-p)^3$；……死亡5730年后，生物体内碳14含量为$(1-p)^{5730}$.	提出新的问题，构建对数函数的概念。培养和发展逻辑推理和数学抽象的核心素养
知识生成	问题三： 如何描述对数函数的概念 一、对数函数的概念 一般地，函数$y=\log_a x$（$a>0$，且$a\neq 0$）叫作对数函数，其中x是自变量，函数的定义域是$x>0$ 对数函数的判断依据： ①$\log_a x$的系数为1 ②底数a满足$a>0$，且$a\neq 1$ ③真数为x 只有同时满足以上三个条件才是对数函数，否则不是		理解对数函数定义中真数和底数的限制。 发展学生逻辑推理，数学抽象、数学运算等核心素养

续表

环节	师生交互（情境/问题）	创设意图
主题探究	二、典例解析 题型1　对数函数的概念及应用 例1.（1）下列给出的函数：①$y=\log_5 x+1$；②$y=\log_m x^2$（$m>0$，且$m\neq 1$）；③$y=\log_2 x$ 其中是对数函数的序号为_____ （2）若函数$y=\log_{(3a-2)}x+(a^2-4a+3)$是对数函数，则$a=$_____ （3）已知对数函数的图象过点（8，3），则$f\left(\dfrac{1}{2}\right)=$_____ 题型2　对数函数的定义域 例2.求下列函数的定义域 （1）$f(x)=\dfrac{1}{\sqrt{\log_{0.5}x+1}}$ （2）$f(x)=\dfrac{1}{\sqrt{2-x}}+\ln(x-1)$	通过典例问题的分析，让学生进一步熟悉对数函数的概念。培养逻辑推理核心素养
主题探究	题型3　对数函数的应用 例3.假设某地初始物价为1，每年以5%的增长率递增，经过y年后的物价为x （1）该地的物价经过几年后会翻一番 （2）填写下表，并根据表中数据，说明该地物价的变化规律 | 物价x	1	2	3	4	5	6	7	8	9	10 | |---|---|---|---|---|---|---|---|---|---|---|
年数y												求解对数函数的定义域，发展学生数学运算、逻辑推理的核心素养
知识强化	课堂练习 1.若函数$f(x)=(a^2+a-5)\log_a x$是对数函数，则$a=$_____ 2.求下列函数的定义域 （1）$f(x)=\lg(x-2)+\dfrac{1}{x-3}$ （2）$f(x)=\log_{(x+1)}(16-4x)$	通过练习与讨论的方式，让学生自己得出解题思路与方法
复习小结	四、小结 1.对数函数的定义 2.常见的对数函数的缩写	总结可以让学生知道本节课所学内容
作业布置	1.课本P_{140}习题4.4、复习巩固第1题 2.课本P_{131}练习1	学生自主总结知识要点，及运用的思想方法

续表

板书设计	§4.3.3 对数函数的概念 引入情境问题 一、对数函数的定义 二、函数的定义域	三、例题分析 四、课堂练习	五、小结 六、作业	板书可以让学生清晰的听课做笔记，提高听课效率。

（八）学习测评

1.已知对数函数 $f(x)=(a+1)\cdot \log_2 x$，则实数 $a=$ _____．

2.函数 $f(x)=\sqrt{x+1}+\ln(4-x)$ 的定义域为

A. $[-1, 4)$　　B. $(-1, \infty)$　　C. $(-1, 4)$　　D. $(4, +\infty)$

3.下列函数中是对数函数的是

A. $y=\log_2(x+1)$　　B. $y=\dfrac{1}{2}\log_2 x^2$　　C. $y=\log_2 x$　　D. $y=\log_3|x|$

4.若函数 $f(x)=(a^2-3a+2)\cdot \log_2 x$ 为对数函数，则下列结论正确的是

A. $a=1$　　B. $a=2$　　C. $f(4)=2$　　D. $f\left(\dfrac{1}{8}\right)=3$

5.函数 $y=\sqrt{\log_2(x-10)-1}$ 的定义域是 _____．

【答案】1.0　　2. A　　3. C　　4.C　　5. $[12, +\infty)$

（九）教学反思

◆主要亮点：1.本节课在大概念统领下，学生对本节知识整体的框架结构有了一定认识，能更好地厘清知识间的联系，学生的知识迁移能力会增强，教学单元理解会更深刻。

2.对问题教学模式，平常教学中要积累更多合适的问题情境，这有利于新知识的生成。

◆存在不足：对大概念理解不够深入，从而导致教学能力站位不够高，需要在今后的教学中反复思考。

◆再教学设计：对问题教学模式，还需要收集积累更多精彩的情境，提出更多新颖的、有创新性的问题，教会学生学会提出问题。

五、课时大概念Ⅳ（对数函数的图象与性质）教学设计示例

陈　应

本课时大概念为"对数函数的图象与性质"，根据学习内容和课堂容量为1个课时。

（一）大概念析读

1. 大概念理解

对数函数的图象和性质是学习幂函数、指数函数的后续和加深。通过指数函数的图象与性质的研究路径和方法类比探究对数函数的图象和性质，寻找互为反函数的两个函数之间的关联，深刻领会"函数"大概念的具体体现，真正体会特殊到一般、数形结合、分类讨论等数学思想，提升数学抽象、逻辑推理、数学建模等数学素养。

2. 大概念解构（认知内容）

函数大概念教学需要依托于真实情境，借助问题式教学，引导学生学习对数函数的图象和性质，以促进大概念教学。

（1）能用描点法或借助计算工具画出具体对数函数的图象。

（2）能类比指数函数图象与性质的研究路径和方法，结合指数函数与对数函数的特殊关系，在信息技术支撑下探索对数函数的图象和性质，说出对数函数的主要性质。

（3）探究互为反函数的两个函数之间的关联，互为反函数的两个函数图象的对称性。

（二）学习目标

1. 能用描点法或借助计算工具画出具体对数函数的图象，探索并理解对数函数的单调性与特殊点。（直观想象）

2. 通过类比以及图象（识图）掌握对数函数的性质，探究互为反函数的两个函数之间的关联，理解反函数的对称性。（逻辑推理）

3. 运用对数函数的性质解决一些简单的数学问题，体会对数函数的性质在具体生活和数学情境中的应用价值。（数据运算）

（三）学习重难点

◆学习重点：对数函数的图象与性质。

◆学习难点：对数函数的性质及应用。

（四）学情分析

◆知能基础：本节内容之前学生已经学习了幂函数、指数函数，具备研究函数的基本思路，即函数的概念→函数的图像→函数的性质→简单应用；能够利用类比的方法学习对数函数，并探究对数函数的图象和性质。

◆素养基础：学生具有一定的观察猜想、抽象概括、类比归纳，以及解决问题、合作交流的能力，能用有关知识解决相关知识的数学思维和数学素养。

◆不足条件：部分学生缺乏冷静思考，思维具有片面性、不够严谨，对问题解决的一般性思维过程认识比较模糊，具有一定的向师性。

（五）教学资源

基本教学材料：人教版数学教材、多媒体课件、几何画板。

（六）问题清单

大问题	子问题	素养指向
问题一：溶液的酸碱度是通过pH值计量的。pH值的计算公式为pH = –lg [H+]。如何进行溶液的酸碱度的测量	①根据函数性质及上述pH值的计算公式，说明溶液酸碱度与溶液中氢离子的浓度之间的变化关系	数学运算 数据分析 数学建模 数学运算
	②纯净水中氢离子的浓度为[H+] = 10^{-7}摩尔/升，纯净水的pH值是多少	
	③胃酸中氢离子的浓度是2.5×10^{-2}摩尔/升，胃酸的pH值是多少	
问题二：如何作出对数函数的图象	①如何作出函数$y = \log_2 x$与$y = \log_{\frac{1}{2}} x$的图象	数学抽象 直观想象 数学建模 数学运算
	②底数互为倒数的两个对数函数，其图象有何关系	
问题三：对数函数有哪些性质	③观察底数不同的各对数函数的图象的位置、公共点、变化趋势，它们有哪些共性？有哪些区别	
	④利用对数函数的性质说明溶液酸碱度与溶液中氢离子的浓度之间的变化关系	
问题四：互为反函数的两个函数的图象和性质	①同底的指数函数与对数函数有何关系	逻辑推理
	②互为反函数的两个函数图象间有何关系	数学运算

（七）教学过程设计

环节	知识内容（情境/问题）	师生交互	创设意图
知识情境	【情境】阅读教材第134页例4	用对数运算性质进行运算	通过提出问题、解决问题
知识铺垫	指数函数$y=\log_a x$ $(a>0, a\neq 1)$的图象和性质	教师引导，学生回答	为对数函数作铺垫

环节	情境/问题	创设意图
主题探究	一、对数函数的图像 1.用列表、描点、连线的方法作出函数$y=\log_2 x$与$\log_{\frac{1}{2}} x$的图象. | x | $y=\log_2 x$ | $y=\log_{\frac{1}{2}} x$ | | --- | --- | --- | | $\frac{1}{8}$ | -3 | 3 | | $\frac{1}{4}$ | -2 | 2 | | $\frac{1}{2}$ | -1 | 1 | | 1 | 0 | 0 | | 2 | 1 | -1 | | 4 | 2 | -2 | | 8 | 3 | -3 | 思考：底数互为倒数的两个对数函数，其图象有何关系？（类比底数互为倒数的两个指数函数，其图像的关系） 2.利用信息技术在同一坐标系中画出以下对数函数的图象 （1）$y=\log_2 x$与$y=\log_{\frac{1}{2}} x$ （2）$y=\log_3 x$与$y=\log_{\frac{1}{3}} x$ （3）$y=\log_4 x$与$y=\log_{\frac{1}{4}} x$	利用列表描点法画出特殊对数函数的图像，进而归纳出一般对数函数的图像，通过比较底数互为倒数的两个对数函数图像，找到图像间的关系

续表

环节	情境/问题	创设意图
主题探究	二、对数函数的性质 观察底数不同的各对数函数的图象的位置、公共点、变化趋势，它们有哪些共性？有哪些区别？由此归纳对数函数的性质 		$0<a<1$	$a>1$
图像	（图象）	（图象）
定义域	\multicolumn{2}{c}{$(0,+\infty)$}
值域	\multicolumn{2}{c}{R}
性质	\multicolumn{2}{c}{过定点（1，0），即 $x=1$ 时，$y=0$}
	减函数	增函数		利用图象归纳性质，这是函数研究的基本途径
	练习： 1.利用对数函数的性质说明溶液酸碱度与溶液中氢离子的浓度之间的变化关系 2.比较下列各题中两个值的大小 （1）$\log_2 3.4$，$\log_2 8.5$ （2）$\log_{0.3} 1.8$，$\log_{0.3} 2.7$ （3）$\log_a 5.1$，$\log_a 5.9$（$a>0$，且 $a\neq 1$）	呼应情境问题，并解决问题，学以致用

环节	情境/问题	师生交互	创设意图
知能拓展	问题一：同底的指数函数与对数函数的关系 问题二：互为反函数的两个函数图像间的关系	学生通过指数函数与同底的对数函数图象的关系，找到互为反函数的两函数图象间的关系	教师提出问题，促进学生思考和探究，进一步了解指数函数与对数函数之间的密切关系

续表

环节	情境/问题	师生交互	创设意图
课时小结	1.通过几个特殊的对数函数的图象归纳出一般的对数函数的图象 2.通过研究几个特殊的对数函数的性质归纳出一般的对数函数的性质 3.同底的指数函数和对数函数互为反函数,加深两种函数的关联	教师引导,学生归纳	让学生学会总结,加强知识的理解和掌握
作业布置	P_{140}习题2.4 复习巩固 2、4、6 综合应用 7、8、12、13	学生课下独立完成,教师批阅	巩固知识

板书设计	§4.4.2对数函数的图像与性质		
	引入情境(例4) 一、对数函数的图象 (两个图)	二、对数函数的性质 (一张表) 三、反函数	小结: 1.知识 2.方法 3.素养

(八)学习测评

1.下面不等式成立的是

A.$\log_3 2 < \log_2 3 < \log_2 5$　　　　B.$\log_3 2 < \log_2 5 < \log_2 3$

C.$\log_2 3 < \log_3 2 < \log_2 5$　　　　D.$\log_2 3 < \log_2 5 < \log_3 2$

2.当$a > 1$时,在同一坐标系中,函数$y = a^{-x}$与$y = \log_a x$的图像是

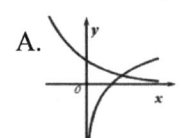

A.　　　　B.　　　　C.　　　　D.

3.下列函数中,既是偶函数,又在$(0, +\infty)$上单调递增的是

A.$f(x) = \ln|x|$　　　　B.$f(x) = x + x^{-1}$

C.$f(x) = e^{|x|}$　　　　D.$f(x) = \begin{cases} x^3 + x + 1, & x > 0 \\ -x^3 - x - 1, & x < 0 \end{cases}$

4.已知$\log_a \dfrac{1}{2} < \log_b \dfrac{1}{2} < 0$,则下列不等式一定成立的是

A.$(a)^{\frac{1}{2}} < (b)^{\frac{1}{2}}$　B.$\left(\dfrac{1}{2}\right)^a > \left(\dfrac{1}{2}\right)^b$　C.$2^{\ln(ab)} = 2^{\ln a} \cdot 2^{\ln b}$　D.$\lg(b - a) > 0$

5.若函数$y = \log_a(x + 1) + 1$($a > 0, a \neq 1$)的图像恒过一定点,则此定点坐标为_____.

【答案】1.A　　2.A　　3.AC　　4.ABC　　5.（0，1）

（九）教学反思

◆主要亮点：1.提出问题使学生学习目标明确，兴趣浓厚，提升学生原动力。

2.借助多媒体教学，使学生直观感受数学的变化和魅力，乐意投身数学的学习中。

◆存在不足：1.如何在课时教学中融入大概念需要加强学习和思考。

2.短时间无法体会和评估大概念教学对学习产生的积极影响。

◆再教学设计：加强大概念的学习和研究，提高提问方式的实效性和多样性，使问题教学更具趣味性和教育价值。

Dagainian Tonglingxia De
Xueke Jiaoxue
Tixi Jiangou Yu Zhengxiao Shijian

下 册

大概念统领下的
学科教学
体系建构与整校实践

王晓祥　金儒成　主编

中央民族大学出版社
China Minzu University Press

目 录

第五章　大概念统领下的情境-问题教学 ··· 001

第一节　情境-问题教学的模式建构 ·· 002
第二节　情境-问题教学实践 —— 以"地球上的水"为例 ···························· 012
第三节　情境-问题教学实践 —— 以"内忧外患与救亡图存"为例 ················ 063
第四节　情境-问题教学实践 —— 以"电磁感应"为例 ······························· 099
第五节　情境-问题教学实践 —— 以"化学反应与电能"为例 ······················ 139
第六节　情境-问题教学实践 —— 以"负性情绪"为例 ······························· 181

第六章　大概念统领下的实践教学 ·· 191

第一节　实践教学的模式建构 ·· 192
第二节　实践教学模式的实践 —— 以"烹饪与营养"为例 ·························· 198
第三节　实践教学模式的实践 —— 以"探秘技术设计"为例 ······················· 210
第四节　实践教学模式的实践 —— 以"安全组建局域网"为例 ···················· 220
第五节　实践教学模式的实践 —— 以"篮球双手传球技术动作教学与应用"为例
　　　　 ··· 234

第七章　大概念教学的整校实践 ·· 251

第一节　贵州师范大学附属中学素养时代下的课程建设 ······························ 252
第二节　贵州师范大学附属中学素养时代下的教学评一体化实践 ··················· 261

参考文献 ··· 270

第五章

大概念统领下的情境－问题教学

第一节　情境-问题教学的模式建构

金儒成

创造始于问题，问题源于情境。今天的教学呼唤真实情境下的深层学习，并指向知能的迁移与创新、素养的培育与强化、立德树人根本任务的铸就。《普通高中课程方案（2017年版2020年修订）》（本文简称"高中课程方案"）提出，"关注学生学习过程，创设与生活关联的、任务导向的真实情境，促进学生自主、合作、探究地学习。"意即我们的教学需要创设真实、问题引领的知识情境，注重问题解决的情境活动整体设计，以更好地促进教、学、评的有机协作，形成育人合力。在教学中，知识情境与问题任务因此应被置于同等重要的位置，让知识情境之下的问题教学与教学问题之上的情境教学整合为一体，形成"情境-问题"教学模式。二十年前吕传汉等提出"数学情境与提出问题"教学时就对教学中情境与问题的统合整理有所关涉。基于立德树人的时代育人使命和学科核心素养导向下的学习，"情境-问题"教学需要进一步建构与实践应用，让新课程下的教学更加行稳致远。

一、情境与问题教学的理论探源

美国教育家杜威（Dewey）提出的五步教学模式，其起点即为"情境"，紧接的第二步即为"问题"，并指出教学需要有"能产生和引起富有思想的探究的问题的情境"。问题需要建立在情境之下、情境是问题产生的前提，两者互为统一整体。在各种教学模式中，侧重点不同，会出现情境教学、问题教学等教学模式。如果注重情境与问题的逻辑关联并做好统整，则"情境-问题"教学模式便会自然形成。

（一）教学情境与情境教学

思维都是从直接经验的情境中发生的，知识的意义寓于情境之中，是学生基于特定的情境对知识的主动建构过程，这正是建构主义教学观和情境认知理论的主要观点。在教学中，知识和认知技能的获得都高度依赖于他们所处的情境，这里的情境即教学情境。教学情境是教学中影响学生学习的全部因素的总和，可以分为环境情境与知识情境。环境情境包含教学场域、学生心智等与教学间接相关的外情境，而知识情境是直接为知识生成而建构的素材情境，是能够激起学生发问并导向问题解决的情境。知识情境需要教师根据素养目标进行个性化设计，是狭义的教学情境，是需要巧构的创设情境。真实的、劣构的知识情境，连接着学生已知经验、展现学生现有的知能素养、指向学生高阶思维和正确价值观培育、面向学生未来的知能顺畅迁移与自如调用。教学场域中，知识情境起着统领整个教学内容、演绎学习目标、规范教学程式等具体功效。

情境教学是指创设具体活动场景或提供学习资源，激起学生主动学习兴趣，引导学生从被动学习者向主动学习者跃进，进行自我建构性学习，实现学生主动学习与发展的一种教学模式。情境教学是高级知识获取的有效教学范式，让学生在主动交往的学习中获得认知表征、促进知识迁移、丰润情感、应对现实问题。情境教学强调教学情境的创建与应用，对教学情境进行了有效关注。正如建构主义教学模式中的抛锚式教学，锚是某种类型的个案研究或问题情境，允许学生对教学内容进行探索，通过镶嵌式教学和合作学习完成知识的建构。

（二）教学问题与问题教学

教学问题就是在教学中要求学生回答或解决的问题，可以是统领整个内容的大问题，亦可是针对某个知能或素养的具体问题。教学问题根据其表现的程度和时间性分为"直接表现的显性问题和通过认真思考、专门研究才能发现的隐性问题"，根据其封闭性可以分劣构问题（Ill-structured problems）和良构问题（Well-Structured problems）。良构问题有着明确的解决方案且解决问题运用到的知识具备可迁移性，突出情感性因素；而劣构问题有多种解决方案且更利于创造性思维的培养，突出社会性因素。教学问题一般具有真实性、目标性、劣构性、开放性、互动性、制导性等特征，以将学生引入问题的境脉中，让学生在足够的空间里积极地解决问题。

利用教学问题的固有特征，以问题为主线，用问题来引入和归结，又以新的问题引入新的学习，问题教学这一教学模式因此而产生。也就是说，问题教学以"问题"搭建教学内容，教学围绕"问题"而展开，通过"问题"把知识联结起来，使解决问题的过程成为学生思维发展、智慧生成过程，最终达成学生的知能与素养目标。如起源于医学教育中的PBL（问题本位学习）被应用到教学之中，其"本质是学生通过分析与解决有代表性的问题来学习"，旨在培养有效地解决问题能力、发展自我导向和终身学习的技能、成为有效的协作者，以及形成内在的学习动机，成为一种问题教学模式。

（三）情境与问题的联结

情境教学强调教学情境的创建与应用，问题教学则强调以问题为主线搭建教学内容，虽然都表明了对彼此的重视，但仍存在十分明显的主次关系，既导致了情境教学中理性思维培养的不足，学生的反思性思维、知识迁移应用能力不足等问题，又导致了问题教学中知识原生性不足，问题无法考量不同层次学生能力等问题。

华东师范大学终身教授钟启泉指出："核心素养"不是直接由教师教出来的，而是在问题情境中借助问题解决的实践培育起来的。也就是说，优秀的知识情境必然能酣畅地导引出问题任务，问题任务具有画龙点睛的作用，并共同延展学生的思维、激发学生的探究欲望，指向学生知识、能力与素养目标的达成。问题任务也绝非单一的"问题"，更不是提问-回答式的表层问题，而是基于所创设情境提出的问题，并指向问题解决任务的复杂问题。

确切地说，知识情境与问题任务是教学中必须重点关注的两个立面，知识情境是蕴含问题任务的知识情境，问题任务是顺连知识情境的问题任务。只有畅通知识情境与问题任务，并置于同等关键的位置，才能让教学活动有开展的基石、有延展的方向，才能有问题解决后心灵的畅快。问题引领探究，情境创设探究的环境和条件，二者是培养学生学科核心素养的两翼。因此，我们可以将知识情境与问题任务进行统整并置于同等重要的位置，形成"情境-问题"教学模式。

二、情境-问题教学的范式

教学模式是融通教育思想、教学理论和学习理论形成的稳定结构框架和活动程序，是教学理论应用于教学实践的中介，具有简约化、概括化、理论性和相对稳定性的特点。教学模式是指导学生学习的模式，为教师和学生提供了探究具体学习进程的路径。基于建构主义学习理论，其认为学习是知识的建构和生长，知识学习的最佳方法是置于更真实、更具体的问题情境中，才能产生知识本来的价值意义，这正是情境-问题教学模式的出发点和必然归宿。

（一）情境-问题教学模式的基本框架

基于学科核心素养的教学是落实立德树人根本任务的教学。核心素养指向真实情境中复杂现实问题的创造性解决。指向学科素养的知识学习中，"情境-问题"教学模式深度契合了时代需求。图5-1-1为情境-问题教学的基本模式。该模式以建构主义学习理论和情境认知理论为理念统摄，搭建"知识情境→问题任务→知能"的结构框架和活动程序，这是一种基于真实问题情境、强调深度学习与知识迁移创新的教学模式。

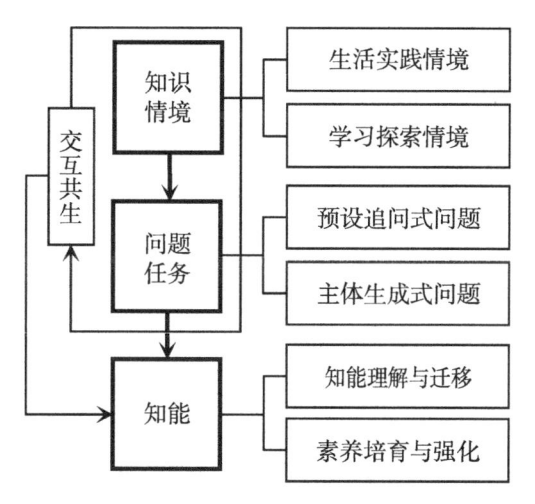

图 5-1-1　情境-问题教学基本模式示意

复杂多样的现实情境是培养和评价学生核心素养的重要载体，知识本来就产生于特定的情境中，只有在特定的情境中生成的知识才具有强大的生命力。情境-问题教学模式中"知识情境"基于教学环境创设，既有可准备性，又有随机性，需要教师具备较强的课堂主导与应变能力。根据教学情境中"知识情境"的素材来源，可以将教学情境分为"生活实践情境"和"学习探索情境"。生活实践情境与日常生活以及生产实践密切相关，这类教学情境包括生活情境、生产情境、实验情境、故事情境、新闻热点情境等；学习探索情境源于真实的研究过程或实际的探索过程，涵盖学习探索与科学探究过程中所涉及的问题，该类型的情境能引发复杂思考，需要学生调用已有知识和运用综合思维与创新思维，包括学术情境、研学情境、综合情境等。

情境-问题教学模式中的"问题任务"是对"知识情境"的顺接，由"知识情境"的诱发或导引，是对"知识情境"的映射和响应。"问题任务"与"知识情境"是不可分割的统一整体，学习者必须在脉络情境下与问题互动中才能对课题有清楚的理解。"问题任务"是根据知识情境和教学目标需要而建构的预设追问式问题，或根据情境引出的主体生成式问题，让学生不仅能解释知识性问题，还要学会向知识提问，让问题能真正引发学生深入思考。预设追问式问题具有更明显的预设性，教师在教学准备中进行了精心的设计或在对教学情境的推演中知道了问题出现的必然，这类问题对教学目标指向性和教学过程的导引性更强。主体生成式问题一般是学生在教学情境中的自主思考或协同讨论过程中生成的激发性问题，这类问题预设性较弱，但更能激发学生的高阶思维，更能拓展知识的广度和思维的深度，更利于知识的创造性获得。

知识情境的创设、问题任务的联结，其价值欲求都是学生知能与素养目标的达成，服务于知识的符号表征、逻辑程式和价值意义的共同建构。情境-问题教学模式中的"知能创生"环节需要根据知识情境导引和问题任务指向，形成对知识的理解、服务于能力迁移（主要指知能理解与迁移），经过整合加工后融入自身知识体系并带动知识的创造与创新、带动素养的默会（即素养培育与强化）。

情境-问题教学模式中，师生之间既要完成自身的主体任务，又要关照双方的知识基础与思维特质，在互利共生的教学过程中完成知识与能力的创生、素养的达成。知识情境支架需要以教师为主体，围绕知识产生的原生情境创设，并指向问题任务的生成。学生要在求知欲望的驱使下主动探究问题任务，通过独立探索、同伴协作或教师协助，调动内在动机，探求问题的解决方法，生成个性化的知识。师生交互过程中，教师要做问题的行家里手，巧妙运用问题、敏于发现问题，同时要根据知识情境引导学生提出问题、分析问题，启发学生进行知识应用与反思。在教学启动之初教师要以"局内人"身份进行更多的引导，而随着学生理解的增进与技能的获得而逐渐向"局外人"转变，让学生更多地去管理自己的学习、对自己的学习负责。最终实现知识与信息在师生之间畅快流通，形成互利共生、协作共赢的教学空间。

（二）情境-问题教学模式的实践应用

结合知识结构特点和教学过程特点，以情境-问题教学模式为核心的教学支架都应该包括以下几个环节：知识铺垫、主题探究、小结拓展。其中，知识铺垫用于铺垫知识基础、建立基本概念、唤醒已知知识；主题探究是教学支架的核心部分，囊括知识情境创设、问题任务生成、师生协同共生等，是"情境-问题教学模式"的关键和主体；小结拓展是对核心知识的归纳提升、迁移应用、拓展创新。

置于课时大概念主题下，根据课时教学内容的单主题性或多主题性，可以将其程序性支架按"一课一境"和"一课多境"进行建构。图5-1-2以信息技术课程的某单主题教学内容为例进行一课一境应用示例，图5-1-3以地理课程的某多主题教学内容为例进行一课多境应用示例。

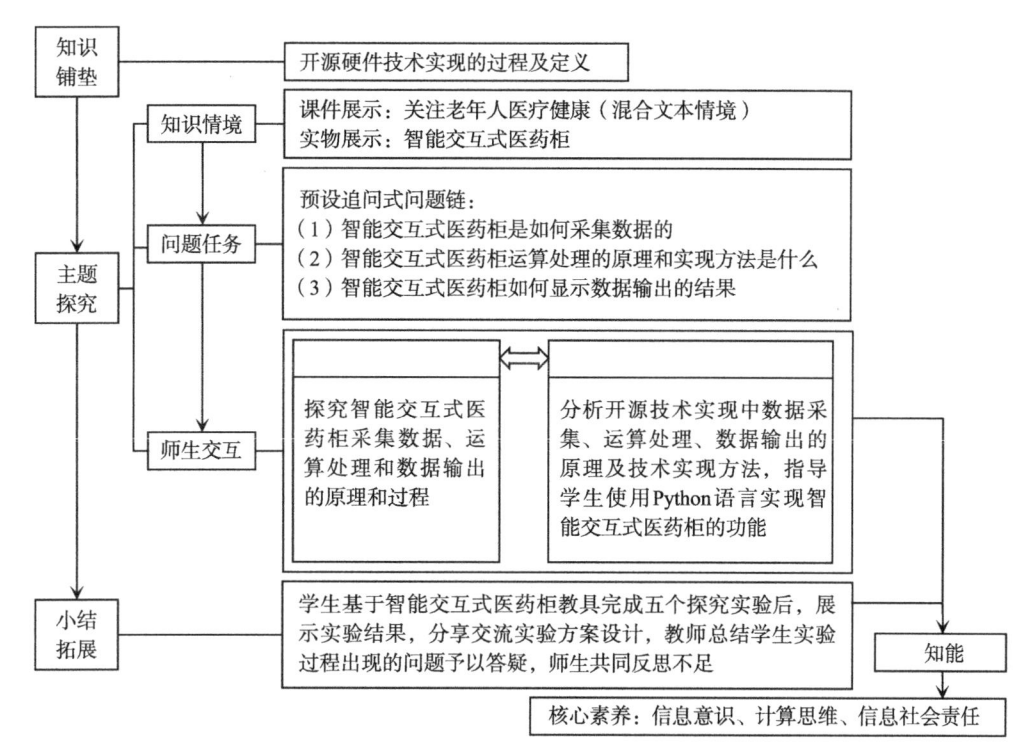

```
┌──────┐
│知识  │──┬──[开源硬件技术实现的过程及定义]
│铺垫  │  │
└──────┘  │  ┌──────┐  ┌─────────────────────────────────────┐
          │  │知识  │──│课件展示：关注老年人医疗健康（混合文本情境）│
          │  │情境  │  │实物展示：智能交互式医药柜              │
          │  └──────┘  └─────────────────────────────────────┘
┌──────┐  │
│      │  │  ┌──────┐  ┌─────────────────────────────────────┐
│主题  │──┤  │问题  │  │预设追问式问题链：                      │
│探究  │  ├──│任务  │──│（1）智能交互式医药柜是如何采集数据的     │
│      │  │  └──────┘  │（2）智能交互式医药柜运算处理的原理和实现方法是什么│
│      │  │            │（3）智能交互式医药柜如何显示数据输出的结果│
└──────┘  │            └─────────────────────────────────────┘
          │
          │  ┌──────┐  ┌──────────────┐    ┌──────────────────┐
          │  │师生  │  │探究智能交互式│    │分析开源技术实现中数据采│
          └──│交互  │──│医药柜采集数据、│←→│集、运算处理、数据输出的│
             └──────┘  │运算处理和数据│    │原理及技术实现方法，指导│
                       │输出的原理和过程│    │学生使用Python语言实现智│
                       └──────────────┘    │能交互式医药柜的功能    │
                                           └──────────────────┘
┌──────┐    ┌─────────────────────────────────────────┐
│小结  │────│学生基于智能交互式医药柜教具完成五个探究实验后，展│
│拓展  │    │示实验结果，分享交流实验方案设计，教师总结学生实验│──┐
└──────┘    │过程出现的问题予以答疑，师生共同反思不足         │  │
            └─────────────────────────────────────────┘  │
                                                              ┌────┐
                                                              │知能│
                                                              └────┘
              核心素养：信息意识、计算思维、信息社会责任
```

图5-1-2 "开源硬件项目技术实现"结构构架与活动程序

图5-1-2为某省信息技术学科实验教学技能竞赛一等奖的教学过程设计，该设计以情境-问题教学模式为核心结构框架进行架构。该教学框架围绕着教学主题"开源硬件项目的技术实现"，采用"一课一境"的方式。知识情境为学生身边的生活实践情境，问题任务通过建构递进式问题链（即预设追问式问题），激发学生问题解决欲望，调动其内部动机，充分发挥学生自主探究能力，随着教学活动的动态发展，最终达成知能创生的目的，强化学科核心素养的形成。此"一课一境"的教学支架适合单一主题、知识深度较高的教学内容。

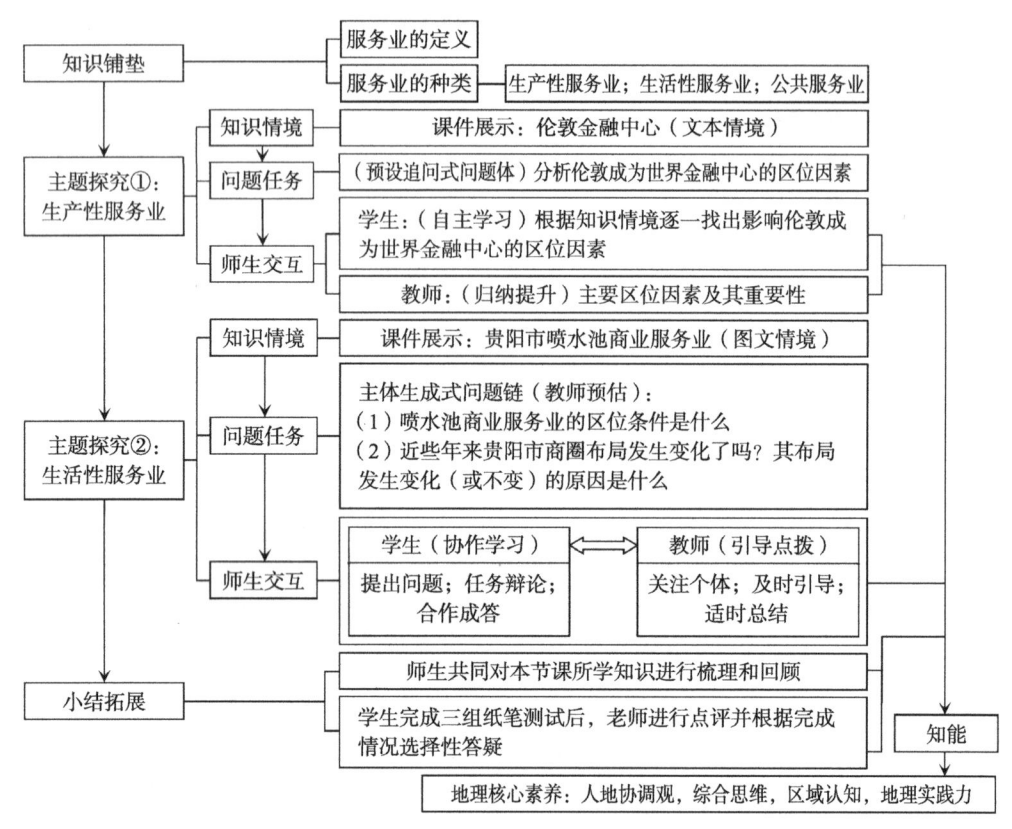

```
知识铺垫 ─┬─ 服务业的定义
         └─ 服务业的种类 ── 生产性服务业；生活性服务业；公共服务业

主题探究①：生产性服务业
  ├─ 知识情境 ── 课件展示：伦敦金融中心（文本情境）
  ├─ 问题任务 ──（预设追问式问题体）分析伦敦成为世界金融中心的区位因素
  └─ 师生交互 ┬─ 学生：（自主学习）根据知识情境逐一找出影响伦敦成为世界金融中心的区位因素
              └─ 教师：（归纳提升）主要区位因素及其重要性

主题探究②：生活性服务业
  ├─ 知识情境 ── 课件展示：贵阳市喷水池商业服务业（图文情境）
  ├─ 问题任务 ── 主体生成式问题链（教师预估）：
  │             （1）喷水池商业服务业的区位条件是什么
  │             （2）近些年来贵阳市商圈布局发生变化了吗？其布局
  │                  发生变化（或不变）的原因是什么
  └─ 师生交互 ── 学生（协作学习）⇄ 教师（引导点拨）
                  提出问题；任务辩论；    关注个体；及时引导；
                  合作成答              适时总结

小结拓展 ┬─ 师生共同对本节课所学知识进行梳理和回顾
         └─ 学生完成三组纸笔测试后，老师进行点评并根据完成
            情况选择性答疑

→ 知能

地理核心素养：人地协调观，综合思维，区域认知，地理实践力
```

图5-1-3 "服务业的区位因素"结构构架与活动程序

图5-1-3为某名师工作室精心打造的省会城市市级公开课的教学过程设计，该设计以情境-问题教学模式为核心设计教学框架。该教学框架紧扣课题大概念："服务业的区位因素"，围绕两大知识板块："生产性服务业"和"生活性服务业"。该教学设计采用"一课多境"的方式进行建构。第一是知识情境离学生生活实际较远，故问题任务设计成"预设追问式问题体"，强化教师的引导与协同作用；第二是知识情境为学生身边的生活实践情境，问题任务同时考查学生的问题生成能力，形成主体生成式问题链（即一境多问），为学生与知识对话铺设多样化路径。此一课多境的教学支架适合多主题式、知识深度较低的教学内容。

（三）情境-问题教学模式的特点与优势

情境-问题教学模式置知识情境与问题任务于同样高度，聚合融通整个教学过程，关注学生学习路径，注重学生素养默会，形成一种发展性教学模式，与当前教学理念与教学设计路径高度契合。

第一，知识情境高度还原现实情境中的劣构性、复杂性。学生"只有在真实的

情境中体现出的能力才是他们真正的能力"。知识情境的创设关系到教学理念的嵌入度与学习成果的有效性，是问题任务的生长点。情境-问题教学模式中知识情境的建构以原生知识为基础，这种依据现实素材建构的情境是一种多项互联的复杂情境、劣构情境，可还原知识本来的面目，为学生在知能习得后顺利迁移创造了先决条件。

第二，问题任务精准指向学生知识整合与能力迁升。基于情境生成的问题任务是一个问题体或问题链（组），需要学生调用领域性知识来串联、分析、评价，通过知识情境的导引完成问题任务获得陈述性知识（declarative knowledge）与程序性知识（procedural knowledge）。围绕知识产生的原生环境提出问题并参与完成，可大大提升知识掌握的质量，获得能力的迁移与强化。图5-1-2和图5-1-3均以真实素材导引出问题任务，必然利于学生程序性知识习得后的应用。

第三，情境-问题教学模式利于学习兴趣激发和学生课堂参与。高中课程方案中要求教学中要"注重培养学生的学习兴趣、学习能力和探索精神，注重培养分析问题、解决问题的能力"。教学情境能"引起兴趣""深化思维""引以共鸣"，问题任务能促成教学双方的信息传递与促成双方的教学对话，以激起学生主动学习的兴趣，让学生更为积极主动地参与课堂教学。

第四，情境-问题教学模式利于学生创造性思维培养。现实情境的释读需要学生的洞察能力，基于现实情境提出问题需要学生思维火花的迸发。整个教学模式导引下的学习使学生的问题意识、创新意识得到多次迭代，并内化成学生思维习惯。例如图5-1-2所示案例利于学生基于目标的创造性设计，利于问题的多样化解决。

第五，"情境-问题"教学模式利于学生正确价值观默会与强化。创设的知识情境必须是"一个传递积极价值的情境"，知识情境对价值观向度具有规定性作用。紧扣正确价值观的知识情境顺引出的问题任务同样是对正确价值观的锚定与强化。各学科核心素养对价值观进行了具体表达，其必然跟随情境-问题教学而得到进一步的默会与强化。地理课程内容蕴含的最为核心的价值观——"人地协调观"会在地理情境与地理问题的探究中得到启迪并强化；信息技术课程内容蕴含的价值观——"信息社会责任"会在信息技术情境与信息技术问题的探究中得到启迪并强化，形成影响学生一生的正确价值观。

三、情境-问题教学的教学落地

对情境-问题教学模式进行实践应用展示，为其在一线教师的教学中落地提供了一个范式和路径。在具体教学应用中，需要在核心素养统领下进行大概念教学，并重视新颖知识情境建构及其与问题任务的畅联，并纵贯全过程测评学生的学习质量，通过研学实践开展进行知识拓展与跨学科融合，服务学生整体学业发展。

（一）强化核心素养统领

核心素养"是育人价值的集中体现，主要是指学生应具备的、能够适应终身发展和社会发展需要的正确的价值观念、必备品格和关键能力"。高中课程方案要求要依据核心素养精选利于学生终身发展的基础知识和基本技能，围绕核心素养开展教学评价。因此，在情境-问题教学模式的教学应用中，必须让核心素养占领教学的制高点，成为教学暗线并贯穿始终。

核心素养具有一定的生成性，其建构始终是依赖且寓于情境的，并在问题提出与问题解决过程中得到转化与生成。因此，情境-问题教学模式在应用过程中要以核心素养为统领搭建核心素养生长的基础和平台。如图5-1-2中在"信息社会责任"的统领下应用信息技术原理及技术实现方法探究"智能交互式医药柜"的设计应用。

（二）紧扣学科大概念设计

大概念是指"反映专家思维方式的概念、观念或论题"，是"对不同层级核心概念理解后的推论性表达"，是将核心素养落实到教学中的中心支点。大概念统摄知识和技能，能够促进知能的高通路迁移，是知识学习的最终结果。围绕大概念进行教学结构框架和活动程序设计，可以克服浅表性、碎片化的学习，形成学生高阶思维培养的抓手。

高中课程方案指出要"重视以学科大概念为核心，使课程内容结构化，以主题为引领，使课程内容情境化，促进学科核心素养的落实"。这里的学科大概念应是位于学科之内且居于学科中心位置，跨越学科的不同内容领域并模糊了不同内容领域边界的数量很少的学科顶层概念。学科大概念的落实需要到具体的教学中，根据其统摄内容的范畴不同可以进一步拆分为单元大概念甚至课时大概念。

紧扣大概念，促使情境-问题教学模式落地，需要站在核心素养高度，以知识情境创设为大前提，以问题任务探究为主阵地，激发学生的深层认知，达到"少即多"的教学目标。课时教学要围绕课题大概念建构知识情境和问题任务，指向单元大概念，并向学科大概念聚拢，最终实现学科核心素养的默会。

（三）重视新颖情境建构

知识情境按建构主体可分为学生自主获取情境和教师按需建构情境。基于学生视角的学生自主建构情境需要教师把握情境的科学性。基于教师视角的教师按需建构情境，应该是一种新颖的知识情境，这种知识情境应该是一种贴合时代脉络、紧扣国家发展航向、表达学科经典案例、展示学科最新进展、赋予深刻价值意蕴的情境。新颖的知识情境能刺激学生产生探究兴趣并积极参与其中，让学生在对知识情境及其顺引的问题任务中深入思考，获得知能，培育正确价值观。

在情境-问题教学模式的应用中，要注重新颖知识情境的使用，将要回答的问题信息蕴含其中，并在"使用的大部分时间内提供指导和支架支持"。同时，"要以核心素养的高度提升教学情境的内涵与品味"，在新颖的知识情境中高屋建瓴，在形而下的过程中拓展知识宽度。

（四）顺引情境问题畅联

"当沉浸在基于问题的情境中时，学生不仅会获得知识，还会形成何时使用和如何使用知识的意识。"创设的知识情境要与问题任务紧密相连，问题任务要引导学生识别知识情境的条件、方向、判断。知识情境隐含问题任务完成的相关信息，学生通过对情境的剖析和对问题思索达到理解知识的目的，实现核心素养的形塑。

新颖、劣构的知识情境应该是一个复杂饱满、包含问题的情境，其呈现方式多元而自然，保有学习成分，具有召唤结构，能触发学生的思维和特定表现；其引发的问题是一个近距离的、切实的、明晰的问题，并引发学生的共鸣，使学生愿意参与。例如图5-1-3中知识情境"喷水池商业服务业"在引发学生共鸣的同时，生成了贴近学生最近发展区的问题，两者相互呼应、自然畅联。

（五）注重迁移能力评价

知能迁移是建立在知识理解基础上的知识应用，以及建立于此基础上的分析、评价和创造。对学生知识迁移能力的评价是情境-问题教学模式中的应有环节，是基于新的知识情境提出问题和解决问题的能力评价，让学生的知识从内化的隐性知识外显为可以观察和测量的显性知识，并对学生的逻辑能力、综合能力、展示能力直至正确价值观有较好的测评。

评价的目的在于判断与改进，对情境-问题教学进行评价，需要与之高度契合、与学生发展高度统一的评价方式。在过程性评价、终结性评价、发展性评价各环节评价中，表现性评价的应用是一个值得重点应用的评价方式。"表现性评价通常要求学生在某种特定的真实或模拟情境中，运用先前所获得的知识完成某项任务或解决某个问题，以考查学生知识与技能的掌握程度，或者问题解决、交流合作和批判性思考等多种复杂能力的发展状况。"表现性评价以学生的实际操作和表达表现作为评价的主要内容，以调整和促进教与学作为评价的最终目的，适合于检测高水平的、复杂的思维能力并促进这些能力的获得。

(六)驱动研学实践开展

研学实践是以核心素养为引领,以实地学习实践为开展要件,关注学科内整合与跨学科融合的实践活动。根据研究实践开展的目的,融合知识情境来源,可将其分为生活实践型研学实践(关注呈现性现实情境)和学习探索型研学实践(关注探索性现实情境)。

基于研学实践的学习是一种主题式学习、面对真实情境的学习、问题解决导向的学习。在时空压缩明显的今天,研学实践被大力倡导在各学校实施中呈现出了勃勃生机。这正是情境-问题教学的适恰延展和有益补充,可以对该教学模式成效进行实践检验和强化,共同为五育并举的基础教育高质量发展服务。

第二节　情境-问题教学实践
——以"地球上的水"为例

水是自然环境的重要组成要素,深刻影响着地理环境和人类活动。"陆地水与洋流"部分隶属于"自然环境中的物质运动与能量交换"部分,其以自然环境中水循环中的各环节和其相互间的发展演变过程以及对人类活动的影响为主干,重点关注水体的发展变化,渗透自然环境的整体性与差异性观念,是高中地理课程中的经典内容和传统内容,是高中地理学习的重点。

一、单元整体设计
金儒成

本单元以地理1水体部分(地球上的水)为基础,向选择性必修1水体部分(陆地水与洋流)提升,形成一个完整的主题单元。该主题单元以水循环为起点,从陆地水的补给来源、陆地水对海洋的影响、海洋水的运动(洋流)、海洋水与大气水的相互作用等方面围绕单元大概念进行阐析,形成一个较为完整的大概念单元,并指向学科大概念。

（一）课程标准

◆运用示意图，说明水循环的过程及其地理意义。

◆运用图表等资料，说明海水性质和运动对人类活动的影响。

◆绘制示意图，解释各类陆地水体之间的相互关系。

◆运用世界洋流分布图，说明世界洋流的分布规律，并举例说明洋流对地理环境和人类活动的影响。

◆运用图表，分析海—气相互作用对全球水热平衡的影响，解释厄尔尼诺、拉尼娜现象对全球气候和人类活动的影响。

（二）大概念建构

根据《普通高中地理课程标准（2017年版2020年修订）》中课程内容的模块，结合各版本教材对该部分内容的单元整合，本单元对应的学科大概念为"自然环境中物质运动与能量交换"。在学科大概念统摄下，本单元重点关注各种水体及其相互关系，以及对地理环境和人类活动的影响，故本单元的单元大概念确定为"水体运动影响地理环境和人类活动"（表5-2-1）。

◆自然环境中物质运动与能量交换。构成自然环境中的大气、地貌、水、土壤、生物、岩石等自然地理要素，通过大气环流、地壳物质循环、水循环、土壤循环、生物循环等时时刻刻都进行着物质运动与能量交换。自然环境中的物质运动与能量交换是通过自然地理现象和过程来实现的，对地理环境的形成和演变具有重要影响，从而对人类活动产生深远影响。因此，"自然环境中的物质运动与能量交换"成为高中地理中的学科大概念，具有强大的迁移作用和解释力。

◆水体运动影响地理环境和人类活动。在自然环境中的物质运动与能量交换中，水体扮演着极其重要的角色。水体按存在位置可以分为陆地水、海洋水和大气水，相互之间通过水循环形成一个相互联系、相互影响的统一体。在每一种类型的水体中，通过水体间相互作用及其与其他地理要素的相互作用，最终深刻影响着人类活动。因此，"水体运动影响地理环境和人类活动"成为本章节的单元大概念，是本单元学习的结构化目标指向。

表 5-2-1 "陆地水与洋流"部分大概念层级

学科大概念	单元大概念	课时大概念
自然环境中的物质运动与能量交换	水体运动影响地理环境和人类活动	Ⅰ.水循环影响地理环境变化 Ⅱ.陆地水体之间具有补给关系 Ⅲ.海水性质和运动影响人类活动 Ⅳ.洋流影响地理环境和人类活动 Ⅴ.海气相互作用影响全球水热平衡

（三）单元学习目标

本大概念单元主要围绕选择性必修1相关模块建构，同时强调地理1相关内容的基础作用，其阶段性评价以学业质量水平3为依据，最终达到学业质量水平4要求。依据《普通高中地理课程标准（2017年版2020年修订）》的学业质量要求，本单元的学习目标为：

◆人地协调观：结合现实中的水环境问题，能够从人地关系角度，分析水环境对人类活动作用和影响，归纳人类活动遵循自然规律、与自然和谐相处的必要性和路径。

◆综合思维：从各类型水体及其相互之间的物质运动和能量交换角度，分析水体运动与变化规律，以及各类型水体之间的相互影响。

◆区域认知：能够运用空间分析方法，分析特定区域（如陆地某区域或某海域）的水地理特征与水环境演变过程，评估其发展问题，提出科学决策的依据。

◆地理实践力：能够独立设计科学的地理模拟实验和考察方案，利用地理信息技术及相关工具、材料，分析与处理相关数据与信息，对陆地水体之间的相互关系进行科学解释与评价。

（四）单元学习大情境

1. 大情境简介：长江口及其邻近海域渔业资源

长江口水域是淡水和海水交汇的水域，作为我国最大的河口，在复杂的水文条件下，为鱼类和其他生物提供了有利生存条件，生物资源丰富。该区域是我国重要的渔业资源基地，各种类型的生物（如鱼、虾、蟹类等）聚集在此水域进行繁殖、育幼、索饵。长江口及其邻近海域为我国著名渔场所在地，这些渔场主要捕捞对象有黄鲫、小黄鱼、带鱼等，并有大量的人工养殖场。（图略）

2. 大问题聚焦：长江口地区渔业资源丰富的原因

（1）长江口的淡水主要的补给形式有哪些？其对河口的地理环境有什么影响？

（2）长江口渔业发展需要的营养物质来自哪里？

(3)长江口附近海域会形成水障吗？
(4)长江口渔业资源的发展对人类活动有什么影响？

二、课时大概念Ⅰ教学设计示例
冯小玲

本课时大概念为"水循环影响地理环境变化"，对应的课程标准为"运用示意图，说明水循环的过程及其地理意义"。根据学习内容和课程容量，本主题的学习仅需要一个课时，即"水循环"。

（一）大概念析读

1.大概念理解

学习水循环环节及其地理意义，帮助学生认识到单元大概念——水体运动影响地理环境和人类活动，通过课时大概念的学习可以建构完整的知识体系。固态水、液态水、气态水等水体是相互转化的，海洋水、陆地水、大气水是相互联系的，在水体蒸发、水汽输送、降水、径流、下渗的过程中，水不断去塑造地表形态、影响大气系统、调节各地水量平衡、更新净化水体等，水循环对我们地理环境意义重大。

2.大概念解构（认知内容）

本节的核心内容是水循环的概念、环节、类型与地理意义。这一课时的内涵是需要学生运用空间的视角，运用图表等工具，采用对比分析、归纳等思维方式，在"人地协调观"统领下，学习水循环的概念、环节、类型与地理意义，进而培养学生的区域认知能力、综合思维能力、人地协调观，具体认知内容如下：

（1）水循环的具体环节。
（2）水循环的动力及原因、类型。
（3）水循环的地理意义。

（二）学习目标

1.**综合思维**：结合具体案例，小组合作分析水循环的地理意义。

2.**地理实践力**：结合动画，动手绘制水循环示意图，明确水循环环节。

3.**人地协调观**：结合具体图片、案例，分析人类活动对水循环的影响，养成正确的用水观念。

4.**区域认知**：结合图、案例，认识在不同空间尺度下的水循环，并增强对长江的认识。

(三)学习重难点

◆学习重点：水循环的具体环节与地理意义、人类活动对水循环的影响。

◆学习难点：水循环的地理意义。

(四)学情分析

◆知能基础：学生已学过水的三态变化、水资源的分布，而且水循环与生活息息相关，学生对生活中关于"水"的各种现象有较多了解，但缺乏宏观想象能力，对大规模的水循环运动可能难以想象，所以需用多媒体演示等方法适当地加以引导，让学生多分析、推理，充分发表自己的见解。

◆素养基础：通过以前的地理学习，绝大部分学生掌握了一定的地理信息获取与地理知识整合能力，对现实世界的地理事象有一定的了解，部分学生通过前期积累形成了一定的学科综合思维与区域认知能力，利于对真实情境的探究。

◆不足条件：本部分内容要求绘制水循环示意图，这对学生来说不难，但要求学生在长江流域情境中去解决问题，以及要认识水循环的地理意义，这对学生是一个很大挑战。

(五)教学资源

◆基本教学材料：湘教版教材、人教版教材。

◆课时大情境：水体联系动画、长江流域示意图。

(六)教学框架

结合本课时大概念的特点，教学中采用情境-问题教学模式为核心环节的教学支架。该支架应该包括基础铺垫、合作绘制、合作探究、迁移拓展等环节。基础铺垫用于建立基本概念、铺垫知识基础；合作绘制用于增强学生的动手能力、合作能力，加深对知识的理解；合作探究是情境-问题教学模式的核心环节，囊括知识情境创设、问题任务生成、师生交互共生等内容；迁移拓展是对核心知识的归纳提升、迁移应用、拓展创新。

置于课时大概念主题下，水循环的学习采用"一课一境"进行建构，知识点"水循环环节、动力、原因、类型"较为简单，知识点"水循环的地理意义"需要用联系的观点完成教学，采用大问题统领下的主体生成式问题。(具体见图5-2-1)

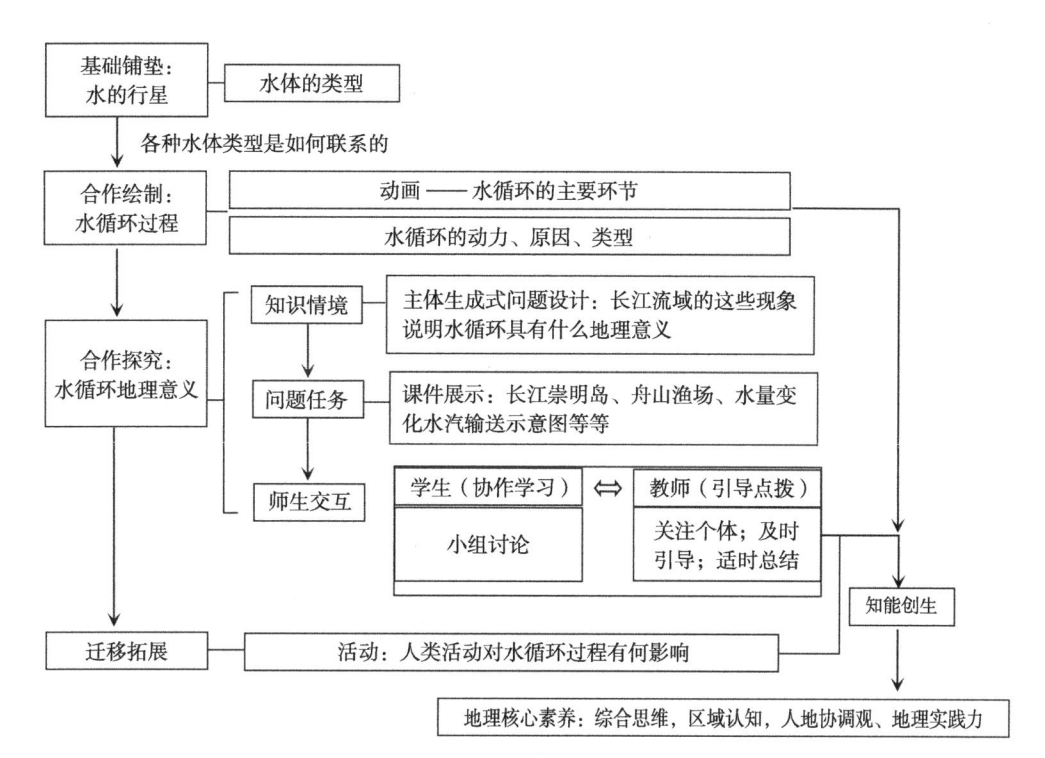

图 5-2-1　水循环结构构架与活动程序

（七）教学过程设计

◆知识联结

环节	知识内容（情境/问题）	师生交互	创设意图
知识导入-情境创设	【情境】2021年嘉陵江洪水视频与2022年嘉陵江大旱图片 【问题】为何短短1年时间却呈现如此巨大的差异？2021年水从哪来，2022年的水又到哪里去了	【生】观看图片、视频，感受强烈的对比，试着思考差异产生的原因 【师】引导学生进入新课学习	由热点问题激发学生兴趣，顺理成章展开水循环的学习

续表

环节	知识内容（情境/问题）	师生交互	创设意图
进入新课——水的行星	【情境】湘教版教材第89页内容、水圈构成图 【问题】水的三种形态是什么？水体类型有哪些？人类直接可利用的水体又有哪些	【生】回答水体类型的主要存在形式 水的形态有三种，分别是固态、液态、气态。水体类型包括：海洋水、湖泊水、河流水。人类可以直接利用的部分是河水、淡水湖泊水、浅层地下水等等 【师】总结	学生是第一次触及水循环概念，故先让学生对水体的基础知识有一定认识，人类可利用的淡水资源是十分有限的，培养学生节约用水的意识
画一画——水循环环节	【情境】动画：相互联系的水体 【问题】不同形态的水体是如何联系的？水循环各个环节的具体表现形式	【生】绘制水体联系示意图，并标注环节名称，分享绘制的思路，组与组之间进行点评 【师】引导学生针对水循环的过程进行提问，并对学生回答进行点评	学生自主观看动画，小组成员一起动手绘制，发挥学生学习的主体性
观图归类——水循环类型	【情境】水循环示意图 【问题】哪些环节的箭头是可以首尾相连形成一个环	【生】分析问题，找出水体可以在哪些空间领域形成一个循环，由此归类 【师】按照发生的空间领域，归纳水循环的类型及特点	学生自主解决问题，认识不同空间的水循环，培养区域认知能力
想一想——水循环的动力及原因	【问题】水蒸发的能量来源是什么？水为什么又能流回海洋呢？水在这个过程中又是如何配合的？（三态变化）	【生】思考老师提出的问题，总结水循环的动力有哪些、水循环的原因是什么 【师】对水循环的基础知识进行总结	教师引导，学生一步步思考，最终在思考中生成知识，启发学生思维

◆ 主题探究

环节	知识内容（情境/问题）	师生交互	创设意图
水循环的地理意义——以长江为例	【情境】崇明岛、舟山渔场的材料、海洋与陆地水资源循环数据、2021年我国水汽输送图等材料 【问题1】分析舟山渔场的形成以及不断扩大的崇明岛，体现了水循环怎样的地理意义 【问题2】长江水的更新对其水质来说，有何意义 【问题3】读图并代入数据，计算海洋、陆地水量的收入和支出，说出收入和支出的关系。由此得出水循环有什么地理意义	【师】水循环联系四大圈层，它对我们的生活，以及自然环境又有何意义呢 【生】组内交换意见，思考各个子问题，各组代表发表本组讨论的结果，其他组质疑、补充、纠正等，生生互评。结合自己在探究中的收获和倾听教师的总结，对这部分的知识做个归纳并记笔记 【师】解释水循环深入大气系统内部，深刻地影响着全球气候的变化（从水分、热量两个角度说明），并板书（塑造地表形态、影响大气系统、更新水体、水热平衡、物质迁移、联系海陆）	水循环的地理意义较难，因此采用小组合作探究的方式，突破难点，活跃课堂氛围 设计问题，学生解答，师生互动、生生互动，教师不断追问，学生不断在真实案例情境中探究、在讨论中意见不断碰撞，新的观点不断生成，学生在不断的问题思考中去建构水循环的地理意义，促进思维提升

◆ 迁移拓展

| 情感升华——培养人地协调观 | 【情境】校园路面

（沥青路面、草地、透水砖图）

【问题】校园内的沥青路面、草地、透水砖对水循环环节有何不同的影响？给出评价并说明理由 | 【师】水既然能够循环，那水资源是不是取之不尽、用之不竭呢？请从水平衡、水质变化等视角，谈谈你对这句话的看法
【生】在一定的空间与时间范围内，水资源是有限的，人类活动对水循环会产生巨大的影响，草地有利于下渗能力、沥青路面有利于增加地表径流等，总之人类活动改变了自然状态下的水循环 | 学生可能认为水既然可以循环，那水是无限的，教师需要纠正学生，让学生认识到淡水资源的稀缺，在生活中节约用水
感受人类活动对自然界水循环的影响，认识人-地关系的重要性 |

◆ 教学板书设计

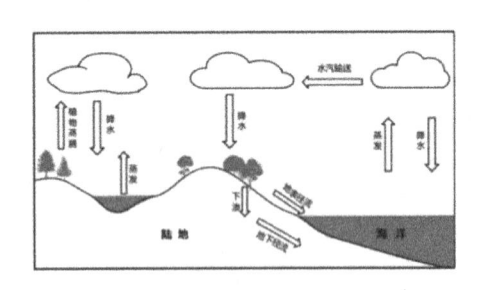

| （水循环示意图） | 4.1 水循环
1.水循环环节：蒸发（蒸腾）、水汽输送、降水、径流、下渗
2.水循环的地理意义
地：塑造地表形态
气：影响大气系统
水：更新水体、水热平衡
物：物质迁移、联系海陆 |

（八）学习测评

下图示意水循环。读图完成第1~2题。

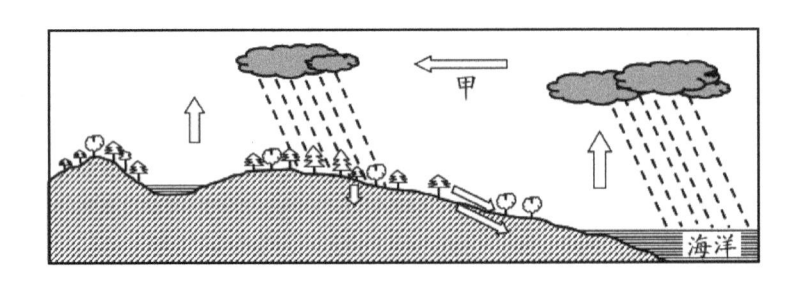

1.（2015年7月贵州学考）水循环的主要能量来源是
A.太阳辐射　　B.地面辐射　　C.大气辐射　　D.大气逆辐射

2.（2015年7月贵州学考）甲箭头表示的环节为
A.植物蒸腾　　B.水汽输送　　C.大气降水　　D.径流输送
下图示意水循环过程。读图完成第3～4题。

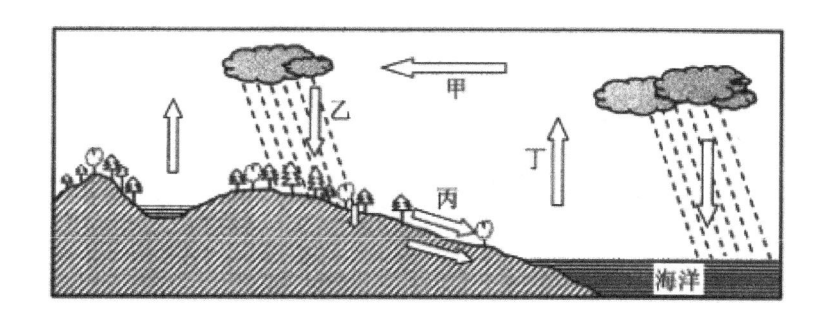

3.（2015年12月贵州学考）"一滴水借助水循环，可以融入大海的波涛，可以化为高山的彩虹，可以变成地面的积雪，融化后渗入地下，可以被植物的根系吸收"。这一段话涉及的圈层有
①水圈　　②大气圈　　③生物圈　　④地壳　　⑤地幔　　⑥地核
A.①②③④　　B.②③④⑤　　C.③④⑤⑥　　D.①②⑤⑥

4.（2015年12月贵州学考）我国"南水北调"影响的主要环节是
A.甲　　B.乙　　C.丙　　D.丁
下图示意某循环模式。读图完成5～6题。

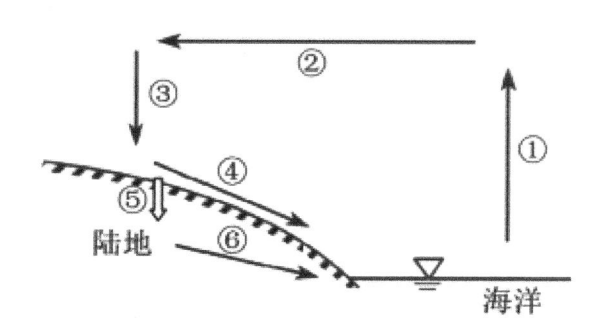

5.若图中①②③④环节表示某类水循环，其名称是
A.海上内循环　　B.海陆间循环　　C.陆上内循环　　D.地壳物质循环

6.若该图示意我国东部地区的水循环模式，则补给河流的主要环节是
A.①　　B.③　　C.⑤　　D.⑥

"我站在高山之巅，望黄河滚滚，奔向东南。惊涛澎湃，掀起万丈狂澜；浊流

宛转，结成九曲连环；从昆仑山下奔向黄海之边，把中原大地劈成南北两面……"——节选自《黄河颂》。下图示意水循环局部。读图完成第7题。

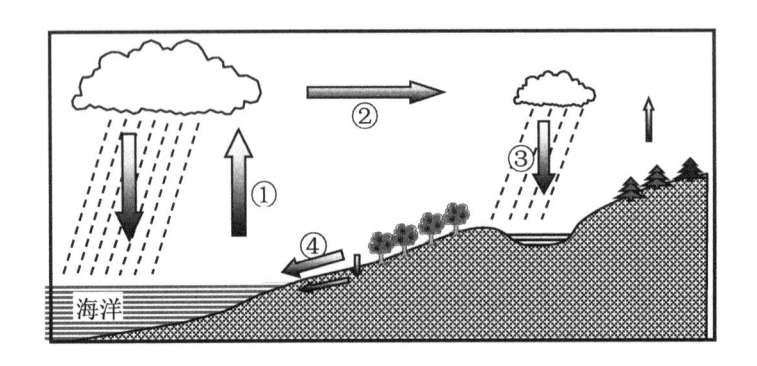

7.（2020年7月学考）黄河水"从昆仑山下奔向黄海之边"，属于水循环环节
A.①　　B.②　　C.③　　D.④

8.（2018课标Ⅲ）贝加尔湖（下图）是世界上最深的湖泊，监测表明湖水深度还在加大。贝加尔湖湖底沉积物巨厚，可达8千米。据此完成第8题。

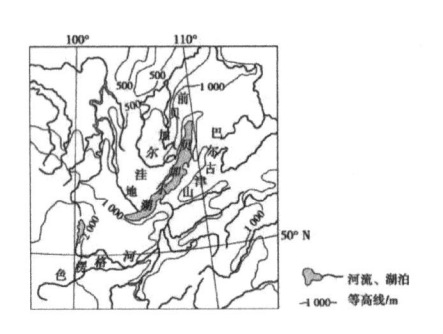

贝加尔湖湖水更新缓慢的主要原因是
A.湖面蒸发弱　　B.湖泊面积大　　C.湖水盐度低　　D.湖水深度大

参考答案：1.A　2.B　3.A　4.C　5.B　6.B　7.D　8.D

（九）教学反思

主要亮点："长江"情境贯穿全文，利用真实情境引出问题任务，让学生在自主探究与合作探究中深入挖掘情景，达成知能目标，实现核心的强化。

存在不足：学生可能对具体情境的挖掘存在困难，很难通过情境认识本质，对任务的完成度可能较低，另外，本次设计知识间的联结较为生硬。在教学上，不同班级学生知识与能力水平差异较大，很难实现差异化教学，导致教学难度的弹性不够。

再教设计：一是问题设计有难度，要加强教师自身的引导并注意在讨论中的知识生成。二是根据不同层次班级学生调整好课堂容量。设计个性化情境，满足不同能力层次学生需求，注重高阶思维培养。

三、课时大概念Ⅱ教学设计示例
金儒成

本课时大概念为"陆地水体之间具有补给关系"，对应的课程标准为"绘制示意图，解释各类陆地水体之间的相互关系"。根据学习内容和课堂容量，本主题的学习需要两个课时：第1课时为"陆地水体及其相互关系"；第2课时为"河流补给"。

（一）大概念析读

1. 大概念理解

"陆地水体之间具有补给关系"关注的重点是河流水、湖泊水、冰川融水、地下水等陆地水体的相互关系，这些相互关系是水循环的重要组成部分，也是陆地水体水文特征的重要组成部分。各陆地水体之间通过补给的形成与对方发生联系，并影响着对方的水文特征，最终形成一个统一的整体。

2. 大概念解构

完成"陆地水体之间具有补给关系"大概念教学，需要结合真实情境，在解释具体概念"陆地水""陆地水体间的补给关系""河流补给"后，完成以下教学内容，最终达成课时大概念，指向单元大概念。

（1）陆地水体的类型、储量、作用。

（2）陆地水体类型之间的补给关系。

（3）河流补给类型：雨水补给、融水补给、湖沼水补给、地下水补给等。

（二）学习目标

1.学生通过阅读示意图，了解陆地水体的类型和储量，总结陆地水体的作用。（综合思维）

2.学生结合相关情境并绘制示意图，学会解释陆地水体的相互关系。（综合思维，区域认知，地理实践力）

3.学生结合相关情境（真实素材），知道河流补给的类型及其影响。（综合思维，区域认知）

（三）学习重难点

◆学习重点：陆地水体之间的相互关系。

◆学习难点：（1）陆地水体之间的相互关系；（2）河流补给的类型及其影响。

（四）学情分析

◆知能基础：学生通过地理1相关知识的学习，已经基本掌握了水循环的主要环节及其地理意义。同时，学生在义务教育地理的学习中，通过世界地理和中国地理相关内容的学习，对教学中用到的新加坡、长江、洞里萨湖及其周围地区自然地理环境有一定的了解。此外，学生来自贵州省内各地，对贵州的自然环境特点也较为熟悉。

◆素养基础：通过高一地理学习和高二地理选择性必修1（自然地理基础）前三章的学习，绝大部分学生掌握了一定的地理信息获取与地理知识整合能力，部分学生参加过地理研学实践，对现实世界的地理事象有一定的了解，部分学生通过前期积累形成了一定的学科综合思维与区域认知能力，利于对真实情境的探究。

◆不足条件：本部分内容要求绘制示意图来解释陆地水体的相互关系，要求学生具有较强的综合分析能力，这对学生是一个很大挑战。教材参考案例需要学生了解相关背景知识，让学生感到较为陌生，这也会影响学生对知识的理解和学科素养的培养。

（五）教学资源

◆基本教学材料：湘教版教材、人教版教材、多媒体课件、相关统计图表和视频。

◆课时大情境：鄱阳湖与长江的相互补给。

（六）教学框架

结合本课时大概念的特点，教学中采用情境–问题教学模式为核心环节的教学支架。该支架应该包括知识联结、主题探究、迁移拓展等环节。知识联结用于唤起已知知识、建立基本概念、铺垫知识基础；主题探究是情境–问题教学模式的核心环节，囊括知识情境创设、问题任务生成、师生交互共生等内容；迁移拓展是对核心知识的归纳提升、迁移应用、拓展创新。

置于课时大概念主题下，本主题内容分为两个课时进行学习设计。第1课时的学习采用"一课一境"进行建构，知识点"陆地水体类型"较为简单，采用大问题统领下的主体生成式问题链，知识点"陆地水体类型之间的相互关系"需要用联系的观点完成教学，采用预设追问式问题链。第2课题的学习也采用"一课一境"进行建构，根据需要设计不同类型的问题链。（具体见图5-2-2，图5-2-3所示）

```
知识联接 ─┬─ 水循环的主要环节
         └─ 陆地水体的主要类型、储量、作用

主题探究：陆地水体类型之间的相互关系
  ├─ 知识情境 → 课件展示：鄱阳湖与长江的相互补给（图文情境）
  ├─ 问题任务 → 预设追问式问题体：鄱阳湖与长江是如何相互补给的？鄱阳湖与周边的地下水存在怎样的补给关系
  └─ 师生交互 → 学生（协作学习）：任务辩论；合作成答…… ⇔ 教师（引导点拨）：关注个体；及时引导；适时总结

迁移拓展 ── 活动：新加坡主要水体类型及转化关系

→ 知能创生
地理核心素养：综合思维，区域认知，地理实践力
```

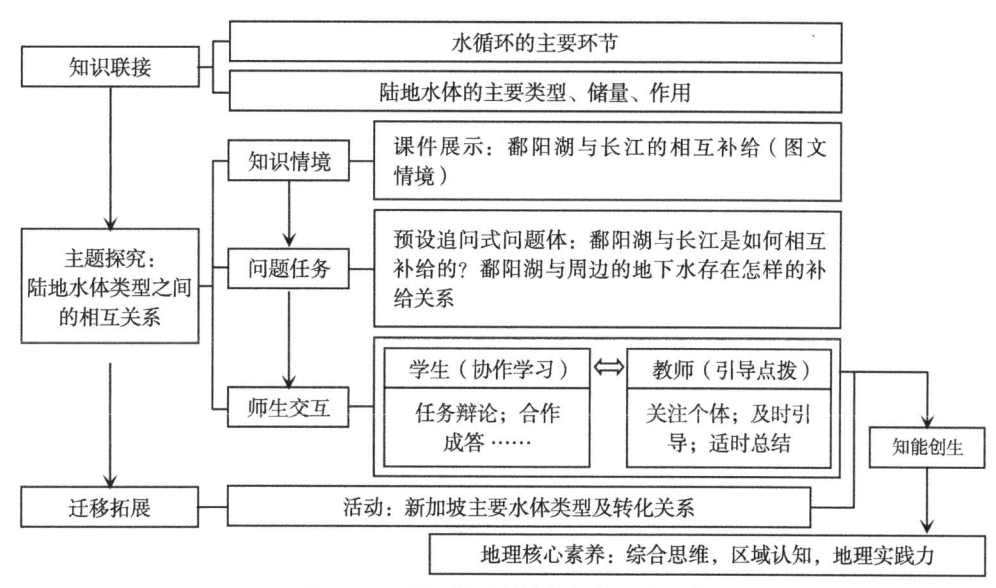

图 5-2-2　第 1 课时结构构架与活动程序

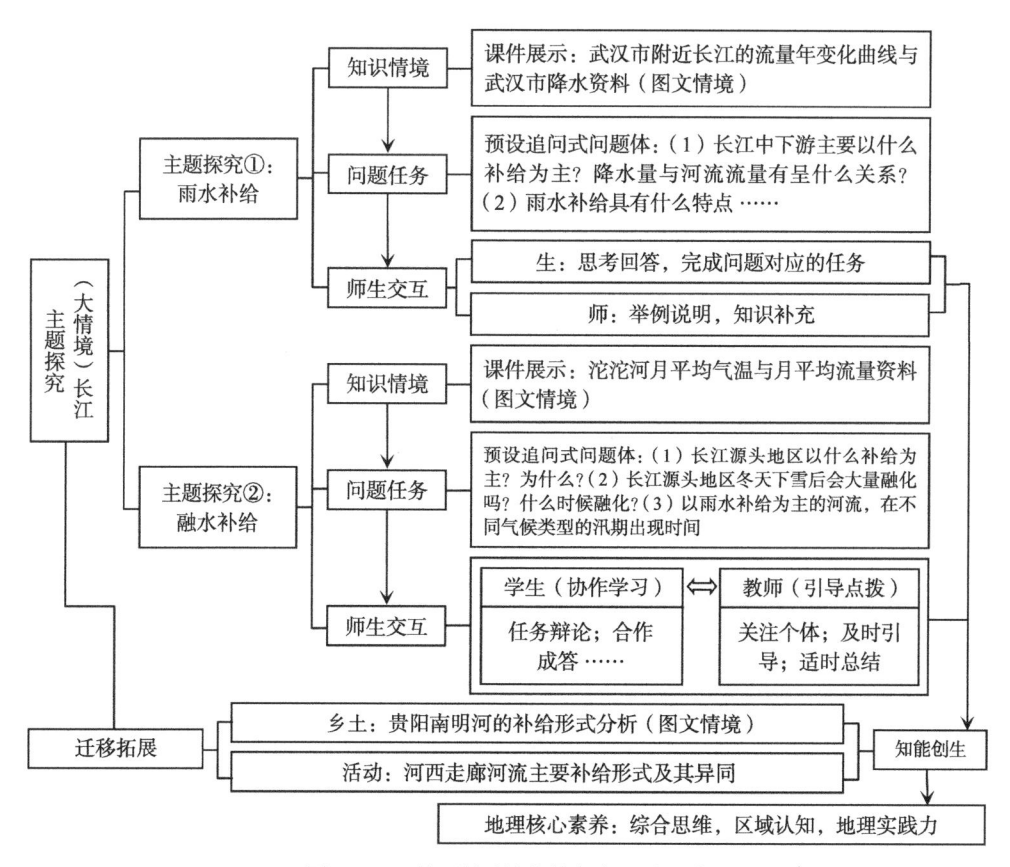

```
（大情境）主题探究　长江
  │
  ├─ 主题探究①：雨水补给
  │    ├─ 知识情境 → 课件展示：武汉市附近长江的流量年变化曲线与武汉市降水资料（图文情境）
  │    ├─ 问题任务 → 预设追问式问题体：（1）长江中下游主要以什么补给为主？降水量与河流流量有呈什么关系？（2）雨水补给具有什么特点……
  │    └─ 师生交互 → 生：思考回答，完成问题对应的任务
  │                   师：举例说明，知识补充
  │
  └─ 主题探究②：融水补给
       ├─ 知识情境 → 课件展示：沱沱河月平均气温与月平均流量资料（图文情境）
       ├─ 问题任务 → 预设追问式问题体：（1）长江源头地区以什么补给为主？为什么？（2）长江源头地区冬天下雪后会大量融化吗？什么时候融化？（3）以雨水补给为主的河流，在不同气候类型的汛期出现时间
       └─ 师生交互 → 学生（协作学习）：任务辩论；合作成答…… ⇔ 教师（引导点拨）：关注个体；及时引导；适时总结

迁移拓展 ─┬─ 乡土：贵阳南明河的补给形式分析（图文情境）
         └─ 活动：河西走廊河流主要补给形式及其异同

→ 知能创生
地理核心素养：综合思维，区域认知，地理实践力
```

图 5-2-3　第 2 课时结构构架与活动程序

（七）教学过程设计

第1课时：陆地水体及其相互关系

◆ 知识联接

环节	知识内容（情境/问题）	师生交互	创设意图
知识复习	【复习】情境（水循环示意图） 【问题】海陆间水循环包括哪些环节？它们之间是如何联系在一起的	【生】读图回答： 海洋水汽蒸发进入大气中，输送到陆地的水汽在适当的条件下形成降水，降水在地面形成径流 【师】知识升华： 陆地水是指分布在陆地上的各种水体的总称，根本来源是降水，以淡水水体为主	知识复习。暗示水体的相互联系，暗示大概念
知识铺垫	【情境】多媒体呈现： 陆地水体的类型、水量、分布受自然环境的制约。气候湿润的地区河网密度大，水量丰富；气候寒冷的高海拔、高纬度地区冰川发育；地势较低的地区容易积水形成湖泊或沼泽，断陷凹地可形成较大湖泊。下图为水圈的组成 【问题】主体生成式问题： （1）陆地水占有多大比重？其可以分为哪些类型的水体？各种类型的陆地水主要分布在哪些地方 （2）陆地水对自然环境和人类活动有什么作用	【生】（1）回答：陆地水约占3.47%，按存在空间可分为地表水（河水、湖泊水、沼泽水、冰川、生物水等），地下水（埋藏于地表之下的水）；（2）列举陆地水的作用 【师】举例与总结： 陆地水对自然环境和人类活动的作用： ①对周边气候具有调节作用 ②塑造地表形态的主要动力 ③为人类生产生活提供淡水资源 【板书】 一、陆地水体 地表水：河流水、湖泊水、沼泽水、冰川、生物水 地下水	围绕教学主题（大概念）进行知识铺垫，掌握必备知识，用于主题探究

◆ 主题探究

环节	情境/问题	师生交互	创设意图
知识承转	【情境】多媒体呈现：湘教版教材选择性必修1中所示图片	【师】定义： 各陆地水体之间的相互关系，是指陆地水体之间的运动、转化及其水源补给关系。由于自然界的各种水体处在不断的循环之中，所以各种陆地水体也在不断地运动、更新、转化 【板书】 二、陆地水体的相互关系	知识承转，具体概念定义
主题探究	【情境】多媒体呈现： 鄱阳湖与长江的相互补给 我国第一大淡水湖——鄱阳湖，位于江西省北部，是长江中下流主要的吞吐型、季节性湖泊，对生态环境和人类活动有着重要作用 鄱阳湖汛期卫星影像　　鄱阳湖枯水期卫星影像 【问题】（1）鄱阳湖汛期、枯水期各在什么季节？ （2）夏季鄱阳湖的水源主要来自哪里？冬季呢？ （3）夏季主要是鄱阳湖水补给长江还是长江补给鄱阳湖？冬季呢？为什么？ （4）鄱阳湖与长江的相互补给可以带来哪些作用 【延伸】鄱阳湖与周边的地下水存在怎样的补给关系？请设计示意图表示	【生】合作探究，得出答案： （1）汛期（丰水期）在夏季，枯水期在冬季。 （2）夏季：大气降水，长江水。冬季：地下水 （3）夏季长江汇水快，水位高，长江水流入鄱阳湖；冬季长江水位降低，鄱阳湖水进入长江 （4）雨季减轻下游地区洪水威胁；旱季有利有利于维持航行并保证下游地区的灌溉。（削峰补枯） （5）绘制示意图：	紧扣课时大概念创设主题情境与预设追问式问题链，培养学生解决问题的能力

续表

环节	情境/问题	师生交互	创设意图
		【师】(1) 绘图小结河流与湖泊的相互补给关系： 丰水期　枯水期 (2) 知识总结： 可以看出，各水体之间的补给与被补给，与水位的相对高低直接相关	
知能强化	【情境】湘教版教材选择性必修1第四章第一节"活动" 新加坡地处热带，常年受赤道低气压带控制，为热带雨林气候，气温年较差和日较差小，年平均气温24摄氏度～27摄氏度，年降水量2400多毫米，但淡水资源供给严重不足。为减少对外来水源的依赖，新加坡通过大型蓄水计划，以及海水淡化和循环再利用技术，逐步实现淡水资源自给自足		回归教材与回归大概念，强化学生结构化知识
	【问题】(1) 说出新加坡的主要水体类型。(2) 简要分析新加坡各水体的相互转化关系	【生】独立完成： (1) 河流水，湖泊水，地下水，生物水，海洋水等。 (2) 海洋水通过水汽蒸发、水汽输送、降水等环节，降水至新加坡陆地上，转换为河流水或湖泊水；有些湖泊成为河流的源头，将湖泊水转化为河流水；部分降水、河流水、湖泊水下渗至地下，转化为地下水；河流水、湖泊水、地下水注入海洋，转换为海洋水 【师】根据学生答案进行针对性改正与补充	

◆ 迁移拓展

环节	情境/问题	师生交互	创设意图
知能拓展	【试题】巩固练习： 参考"学习测评"第一至第三题	【拓展】水量平衡： 水量平衡是指任意选择的区域（或水体），在任意时段内，其收入的水量与支出的水量之间的差额必等于该时段区域（或水体）内蓄水的变化量 收入来源：降水，流入等 支出方式：蒸发，流出（含引水），下渗等 【师】绘制示意图说明	知识融通，形成整体思维

续表

环节	情境/问题	师生交互	创设意图
大概念强化		【师】课堂小结： 通过本节课的学习可以发现，陆地水体之间存在着相互补给的关系，并深刻影响着自然环境的演变，进而影响人类活动的类型、规模等	知识小结，回应课时大概念

◆ 板书设计

陆地水体间的相互关系

一、陆地水体

地表水：河流水、湖泊水、沼泽水、冰川、生物水

地下水

二、陆地水体的相互关系

1. 河流与湖泊　　　　2. 河流与地下水

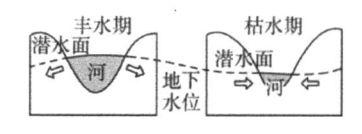

丰水期　枯水期

第2课时：河流补给

◆ 知识联结

环节	知识内容（情境/问题）	师生交互	创设意图
知识承转	【问题】（1）陆地水体主要有哪些？对人类活动影响大、水体更新速度快的陆地水是什么？（2）自然界中一条河流的水主要来自哪些地方	【生】 思考回答 【师】 大多数河流的补给，来自流域的大气降水。因降水形式的不同，一条河流的补给可以分为两大类：雨水补给和融水补给 【板书】 三、河流补给	作新课的知识铺垫，连接第1课时主题内容

◆ 主题探究

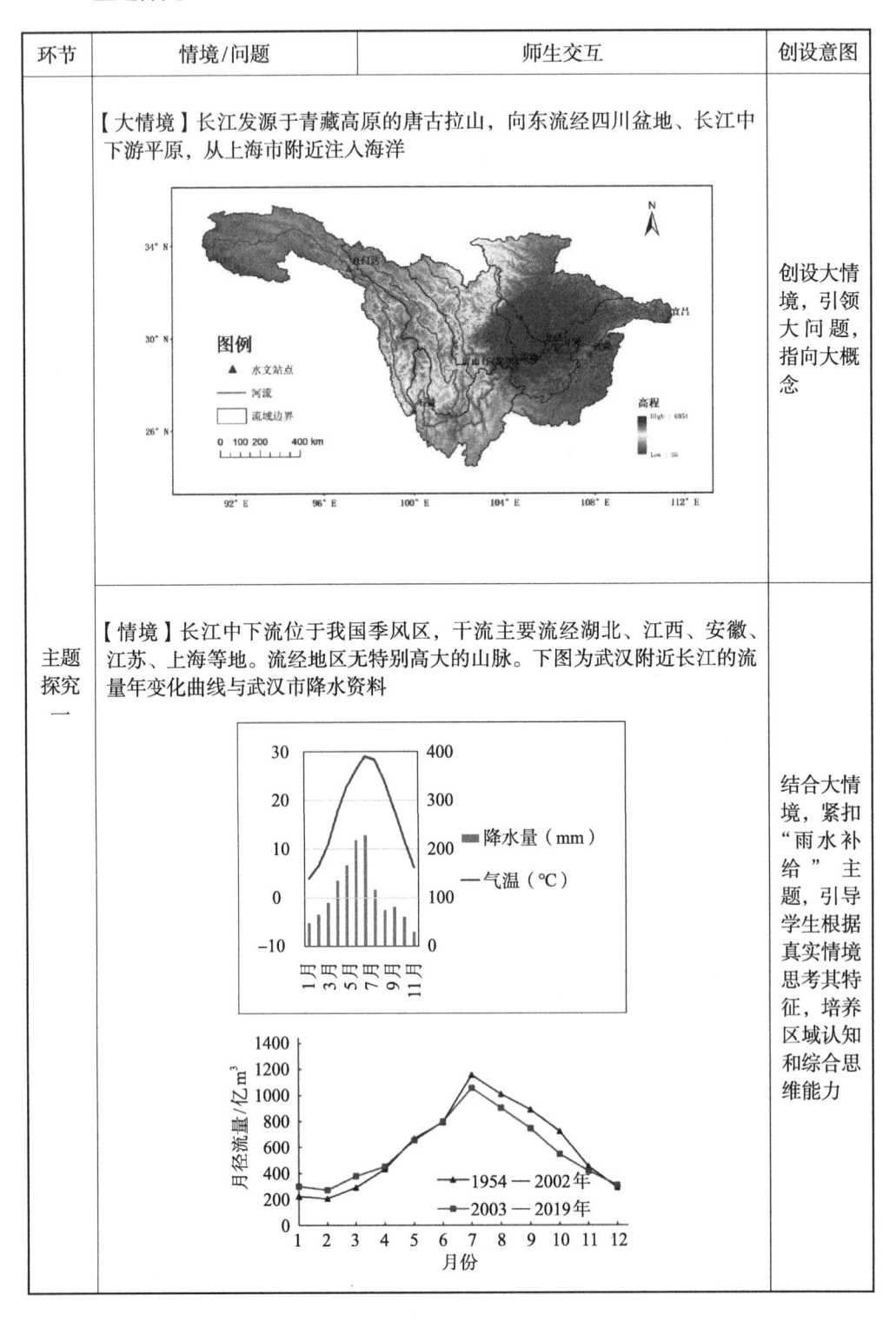

环节	情境/问题	师生交互	创设意图
主题探究一	【大情境】长江发源于青藏高原的唐古拉山，向东流经四川盆地、长江中下游平原，从上海市附近注入海洋 【情境】长江中下流位于我国季风区，干流主要流经湖北、江西、安徽、江苏、上海等地。流经地区无特别高大的山脉。下图为武汉附近长江的流量年变化曲线与武汉市降水资料		创设大情境，引领大问题，指向大概念 结合大情境，紧扣"雨水补给"主题，引导学生根据真实情境思考其特征，培养区域认知和综合思维能力

续表

环节	情境/问题	师生交互	创设意图
主题探究一	【问题】雨水补给： （1）长江中下游主要以什么补给为主？降水量与河流流量有呈什么关系 （2）雨水补给具有什么特点 【延伸】（3）以雨水补给为主的河流，在不同气候类型的汛期出现时间	【生】思考回答： （1）以雨水补给为主。呈正相关关系 （2）特征：①间断性，②集中性 【师】举例说明： （1）短时间影响（雨水补给与降水的关系） （2）较长时间影响（降水量与径流量的关系）：武汉附近的降水变化与长江降水量变化	
	【情境】我国东部河流流量变化与流域降水量之间的关系 【问题】说明我国东部河流流量变化与流域降水量之间的关系	【生】小组合作、同桌合作讨论得出答案： 流域降水量影响河流流量大小，我国降水量大致自南向北递减，河流流量自南向北递减；流域降水量季节分配影响河流流量季节变化，河流主要表现为夏汛。我国东部地区降水的年际变化大，河流径流量年际变化大，易形成洪水 【师】小结升华： 以雨水补给的河流的水量变化，与流域降水量及其变化关系密切	
主题探究二	【情境】长江上游位于平均海拔4000米以上的青藏高原，发源于唐古拉山脉的各拉丹冬（海拔6000米以上）。源头地区气候干燥，年降水量仅仅200毫米。下图示意长江源头沱沱河段 -20 ———— 41 1 3 5 7 9 11 —— 气温 —— 径流量		结合大情境，紧扣"融水补给"主题，从两个方面进行知识分析，得出一般性特点

续表

环节	情境/问题	师生交互	创设意图
	【问题】(1)长江源头地区以什么补给为主？这种补给主要集中在什么季节？为什么？(2)长江源头地区冬天下雪后会大量融化吗？什么时候融化？(3)我们把冰川融水补给和季节性积雪融水补给合称为融水补给。它们补给量的多少和什么因素有关？日变化是怎样的	【生】集中讨论，得出答案： (1)冰川融水补给为主，形成夏汛。主要集中在夏秋季节，该季节气温高（高于0℃），冰川融化后冰川融水较多 (2)不会。春季气温回升后开始融化，形成春汛。这就是季节性积雪融水补给 (3)气温。日变化大致与气温的变化一致 【师】定义： 冰川融水补给是指永久性冰川的消融对河流的补给 季节性积雪融水补给一般是指流域地表冬季的积雪，至次年春季随着天气转暖而融化，对河流进行的补给	

◆迁移拓展

环节	情境/问题	师生交互	创设意图
知能拓展	【情境】贵阳母亲河南明河位于黔中腹地，发源于贵阳市花溪区，注入乌江 【问题】(1)南明河以什么补给为主？还可能有哪些形式的补给？(2)为什么南明河没有冰川补给？为什么南明河没有春汛	【生】思考回答： (1)雨水补给为主。地下水补给、湖泊水补给为辅 (2)南明河流域没有冰川分布。南明河流域所处纬度较低，降雪会随即融化，且降雪量小，无法留存下来	进行乡土化知识应用，培养地理实践力
知能应用	【情境】湘版版选择性必修1"河西走廊"材料： 河西走廊位于甘肃省北部，祁连山以北，平均海拔1000～1500米，因位于黄河以西，南北有山脉夹峙，故名。河西走廊多沙漠、戈壁，绿洲农牧业较为发达		注重知能应用，考查学生知识迁移拓展能力

续表

环节	情境/问题	师生交互	创设意图
	【问题】(1)分析河西走廊河流的主要补给类型、径流量年变化特征。(2)为什么我国以冰川融水补给的河流主要分布在西部地区？(3)季节性积雪融水补给与冰川融水补给的河流，径流量的季节变化有何异同？为什么	【生】思考回答： (1)冰川补给。出现夏汛 (2)西部地区降水少，山地海拔高，存在冰川 (3)相同：有明显的季节变化。不同：冰川补给主要集中在夏秋季节，出现夏汛；季节性积雪融水补给主要集中在春季，出现春汛 【师】知识引导，知识补充	
大概念强化	【情境】 板书内容（见"板书设计"）	【师】课堂小结： 通过两节课的学习，我们知道了陆地水体具有补给关系，这些补给关系将对地理环境和人类活动产生巨大的影响	知识小结，总结大概念，展望新学习

◆ 板书设计

```
                      河流补给
一、雨水补给
与降水量呈正相关    特征：①间断性。②集中性
二、融水补给
与气温呈正相关，主要分布的高山、高纬地区
1.冰川融水补给：夏汛
2.季节性积雪融水补给：春汛
```

(八) 学习测评

1.课外探究

查阅相关资料，找出长江口水体的主要来源。

2.课后作业（纸笔测试）

（2017课标Ⅰ卷）下图示意我国西北某闭合流域的剖面。该流域气候较干，年均降水量仅为210毫米，但湖面年蒸发量可达2000毫米。湖水浅，盐度饱和，水下已形成较厚盐层。据此完成下面三题。

盐湖

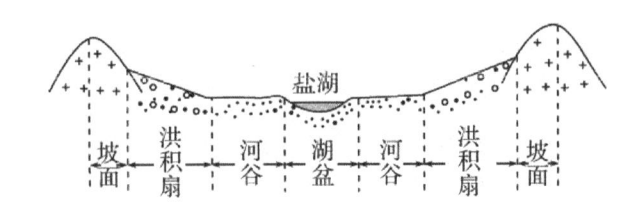

坡面 | 洪积扇 | 河谷 | 湖盆 | 河谷 | 洪积扇 | 坡面

1. 盐湖面积多年稳定，表明该流域的多年平均实际蒸发量
   A. 远大于2 000毫米　　　　B. 约为2 000毫米
   C. 约为210毫米　　　　　　D. 远小于210毫米

2. 流域不同部位实际蒸发量差异显著，实际蒸发量最小的是
   A. 坡面　　　B. 洪积扇　　　C. 河谷　　　D. 湖盆

3. 如果该流域大量种植耐旱植物，可能会导致
   A. 湖盆蒸发量增多　　　　　B. 盐湖面积缩小
   C. 湖水富营养化加重　　　　D. 湖水盐度增大

（2019海南单科）锡林河是流经内蒙古自治区东部的一条内流河。流域内多年平均降水量约为300毫米，降水集中在6～8月，4月存在春汛，但伏汛不明显。据此完成下面两题。

4. 锡林河春汛最主要的补给水源是
   A. 地下水　　B. 大气降水　　C. 冰川融水　　D. 冰雪融水

5. 锡林河伏汛不明显的主要原因是夏季
   A. 冻土融化，下渗量大　　　B. 生活用水量大
   C. 植被繁茂，蒸腾量大　　　D. 生产用水量大

（2020课标Ⅰ卷）利用大型挖泥船将海底岩石搅碎，并将碎石和泥沙一起吹填造地，成为在海中建设人工岛的主要方式。下图示意人工岛地下淡水分布。据此完成下面两题。

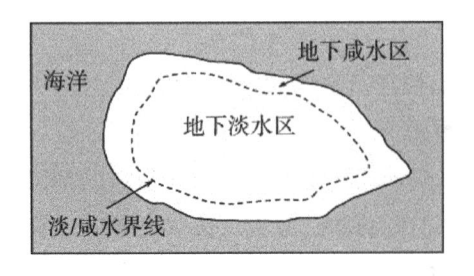

海洋　　地下咸水区　　地下淡水区　　淡/咸水界线

6. 参照上图，在造岛物质满足水渗透的前提下，人工岛形成并保持相对稳定的

地下淡水区的条件是

①降水充沛且季节分配均匀　　②降水充沛且季节集中

③人工岛足够长　　　　　　　④人工岛足够宽

A.①③　　　B.①④　　　C.②③　　　D.②④

7. 人工岛的地下淡水一般不作为日常生产生活水源，主要因为其

A. 取水难度大　　B. 开采周期长　　C. 水质较差　　D. 储量较少

参考答案：1.C　2.A　3.B　4.D　5.D　6.B　7.D

（九）教学反思

主要亮点：围绕本节的教学大概念"陆地水体之间具有补给关系"对教学内容进行结构化设计，特别是利用真实情境引出问题任务，让学生在自主探究与合作探究中达成知能目标，实现核心的强化。

存在不足：教学中对情境的挖掘不够深入，知识间的联结较为生硬。本内容根据学生情况拆分为两课时，教学容量较小。不同教学班级学生知识与能力水平差异较大，教学中难度的弹性不够等。

再教设计：根据不同层次班级学生调整好课堂容量。设计个性化情境，满足不同能力层次学生需求，注重高阶思维培养。加强知识的融合与拓展，更为贴近学业水平选择性考试"水平4"要求，让学生适应其知识考查特征。

四、课时大概念Ⅲ教学设计示例

作者：刘成名

本课时大概念为"海水的性质和运动影响人类活动"，对应的课程标准为"运用图表等资料，说明海水性质和运动对人类活动的影响"。根据学习内容和课堂容量，本主题的学习需要两个课时：第1课时为"海水的性质"，第2课时为"海水的运动"。

（一）大概念析读

1. 大概念理解

"海水的性质和运动影响人类活动"关注的重点是海水的性质和运动的具体内容，其对人类活动影响，以及影响海水性质和运动的因素。通过本节课的学习，需要让学生理解地理环境具有相互影响、相互联系的关系，即具有整体性。

2. 大概念解构（认知内容）

完成"海水性质对人类活动的影响"大概念教学，需要结合真实情境，完成以下教学内容，最终达成课时大概念，指向单元大概念。

（1）海水的温度与地理环境的关系。

（2）海水的盐度与地理环境的关系。

（3）海水的密度与地理环境的关系。

（4）海水的运动对人类活动的影响。

（二）学习目标

1.学生通过阅读课文，了解海水的性质与运动，以及影响海水性质的因素（综合思维）。

2.学生结合相关情境，学会解释海水性质与运动对地理环境的影响（区域认知，地理实践力）。

3.学生结合相关情境（真实素材），能够解释影响海水性质的因素（综合思维，区域认知）。

（三）学习重难点

◆学习重点：海水性质与运动对人类活动的影响。

◆学习难点：（1）影响海水性质的因素。（2）海水性质、运动对人类活动的影响。

（四）学情分析

◆知能基础：学生通过初中地理的学习以及"太阳对地球的影响""大气的受热过程"和本章第一课时"水循环"的学习，对于地表热量的来源，以及海水与陆地水之间的相互关系有了一定的了解。

◆素养基础：通过高一地理前三章的学习，绝大部分学生掌握了一定的地理信息获取与地理知识整合能力，部分学生参加过地理研学实践，对现实世界的地理事象有一定的了解，部分学生通过前期积累形成了一定的学科综合思维与区域认知能力，利于对真实情境的探究。

◆不足条件：我们贵州不是个沿海省份，绝大多数学生对于海洋的认识不够，对于理解本节课的内容有一定障碍。

（五）教学资源

◆基本教学材料：湘教版教材、人教版教材、多媒体课件、相关统计图表和视频。

◆课时大情境："北参南养"。

（六）教学框架

结合本课时大概念的特点，教学中采用情境-问题教学模式为核心环节的教学支架。该支架应该包括知识联结、主题探究、迁移拓展等环节。知识联结用于唤起已知知识、建立基本概念、铺垫知识基础；主题探究是情境-问题教学模式的核心环节，囊括知识情境创设、问题任务生成、师生交互共生等内容；迁移拓展是对核心知识的归纳提升、迁移应用、拓展创新。（具体见图5-2-4）

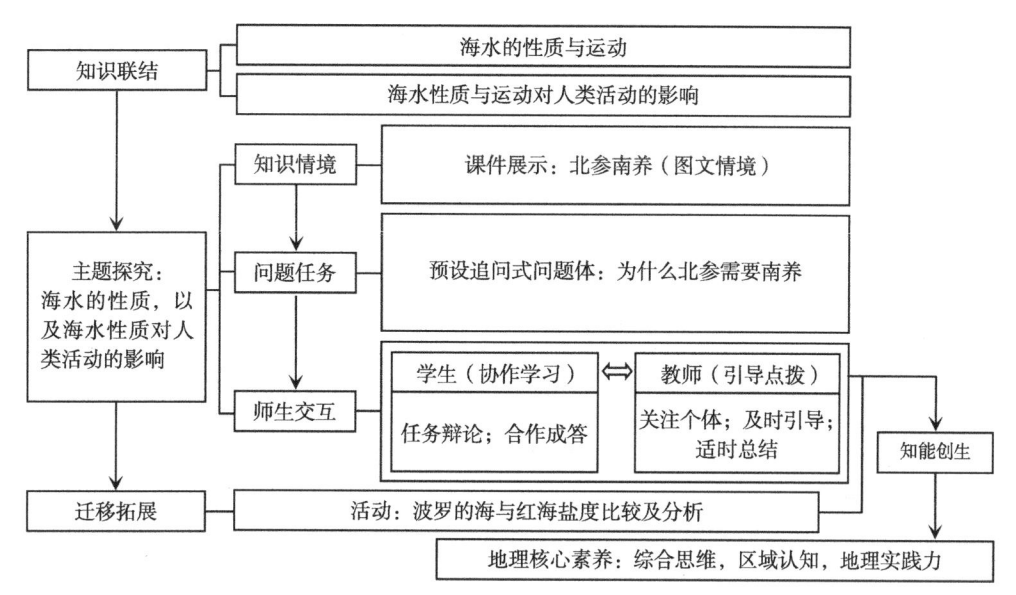

图5-2-4　第1课时结构构架与活动程序

（七）教学过程设计

第1课时

环节	情境/问题	师生交互	创设意图
主题探究一	【情境】海参营养价值高，数量少，价格高昂。海参对水温要求较苛刻：生存海水温度0～28℃，适宜海水温度5～15℃，海水温度低于5℃就会冬眠，海水水温度高于20℃会夏眠，当海水水温高于28℃时会死亡。养殖海参的生长周期四年左右（西沙16°49′N、厦门24°28′N、葫芦岛40°42′N三地2016.06—2017.06温度变化曲线图）		创设境，引领问题，指向大概念

续表

环节	情境/问题	师生交互	创设意图
	【问题】海水温度： （1）从水温角度，说出我国南北方哪个海域更适宜海参生长，并解释原因 （2）结合已学知识，解释南北方海区海水温度存在差异的原因		
	【情境】8月份世界表层海洋表层水温分布 【活动】探究世界表层海水温度分布的规律，并分析同纬度东西海区海水温度存在差异的原因	【生】思考回答： （1）北方。北方水温在为5摄氏度～15摄氏度的时间较长 （2）海水的热量来源为太阳辐射能，太阳辐射能在地球表面分布自赤道向两极递减 【生】总结规律： 海洋表层温度低纬高，高纬低；暖流流经的海区水温高于同纬度其他海区，寒流流经的海区水温低于同纬度其他海区	结合情境，紧扣"海水温度分布"主题，引导学生根据真实情境思考其特征，培养区域认知和综合思维能力
	【情境】福建霞浦是我国"海带、紫菜"的主产地之一，海水养殖历史悠久。海参生长周期为四年左右。南方海参养殖户，每年11月从辽宁、山东、河北等地购进已在北方养殖三年左右的半成品海参苗，转场至南方海域进行吊笼养殖四五个月，于第二年4月收获，该现象被称为"北参南养"，其中以福建霞浦规模最大。在进行吊笼养殖时，当气温较低时，养殖户会将吊笼挂浅一些，当气温较高时，养殖户会将吊笼挂深一些	【问题】海水温度（表层）： （1）简析南方海参养殖户"北参南养"的原因 （2）"北参南养"反映了我国南、北方海水温度有何差异？（从时、空角度） （3）养殖户为什么要在气温较低时将吊笼挂浅，气温较高时挂深	

续表

环节	情境/问题	师生交互	创设意图
主题探究二	【活动】阅读8月份世界海洋表层盐度分布 请绘制180度经线海水盐度随纬度变化的剖面图，描述表层海水盐度随纬度变化规律 【活动】分析红海盐度高、波罗的海盐度低的原因 红海位于非洲东北部与阿拉伯半岛之间，是全球盐度最高的海域 波罗的海位于斯堪的纳维亚半岛与欧洲大陆之间，是全球最低的海域 1.归纳红海、波罗的海地区的气候特征 2.结合红海与波罗的海流域河流分布及气候特征，推测影响两海域盐度的因素 3.分析红海、波罗的海与外海连通状况对盐度的影响 4.分别总结红海盐度高、波罗的海盐度低的原因 【活动】 根据不同纬度海水盐度随深度变化示意，总结盐度随深度变化规律	【生】绘制剖面图，描述盐度变化规律 规律：世界表层海水盐度由副热带海区向南北两侧降低。60度N附近海域盐度比60度S附近海域盐度低 【生】思考并分析问题 【师】总结影响盐度的因素，以及海水盐度对人类活动的影响 1.海水盐度的水平分布规律：从副热带海区分别向低纬度和高纬度海区递减（呈马鞍形曲线） 2.其影响因素主要有：蒸发量、降水量、洋流、淡水注入、海区形状、结冰、融冰等 3.垂直分布规律：①浅表层盐度比较均匀；随着深度增加，盐度会发生显著变化；到一定深度，盐度又近似均匀分布。②中低纬度海区，表层盐度较高，随深度增加，盐度降低；高纬度海区，表层盐度较低，随深度增加，盐度升高等 4.海水盐度对渔业和生态具有重大影响，还为人类提供了工业原料	结合情境，使学生了解世界海洋表层盐度分布的规律，并能分析其原因，培养综合思维与区域认知素养

续表

环节	情境/问题	师生交互	创设意图
主题探究三	【活动】根据大西洋表层海水密度、温度和盐度随纬度的分布示意，不同纬度海区海水密度随深度的变化示意，合作探究密度在水平和垂直方向上的分布特征，并简析影响因素	【生】合作探究分布规律：1.表层海水密度从低纬向高纬递增。2.低纬度海区：浅表层海水密度较低、变化小；随着深度增加，海水密度迅速增大；到一定深度，密度基本不变。3.高纬度海区：海水密度在垂向上变化很小等等【师】评价并做总结	培养学生综合思维素养及自主学习和知识迁移能力

第2课时

◆ 知识联结

环节	知识内容（情境/问题）	师生交互	创设意图
知识承转	【问题】思考为什么30°N附近，太平洋东西两岸盐度存在差异	【生】思考回答【师】上节课学习海水的性质时我们学习了影响海水温度的因素除了太阳辐射外还有洋流，洋流就是海水运动的主要形式之一【板书】三、海水的运动	复习链接上节课所学知识，为本节课所学知识做铺垫

◆ 主题探究

环节	情境/问题	师生交互	创设意图
主题探究一	【情境】播放电影《拯救大兵瑞恩》诺曼底登陆片段，告诉学生诺曼底登陆涉及陆海空军联合行动，盟军最终指挥部选择在6月6日（农历闰四月十六）作为登陆日		创设情境，引发学生学习兴趣 培养学生的探索精神及地理实践力、综合思维、区域认知素养

续表

环节	情境/问题	师生交互	创设意图
主题探究一	【问题】分析盟军选择6月6日登陆的原因 【延伸】合作探究大潮、小潮的成因，查找资料了解潮汐对生活的影响	【生】思考回答： 6月6日有大潮，水位较高，利于登陆 【师】具体讲解： （1）6月6日（农历闰四月十六）出现大潮，海水水位变化大，水位低时有利于爆破清理纳粹德军在海岸设置的障碍，海水水位最高时利于大军登陆；月光明亮，利于空军空投伞兵 （2）师生一起探究潮汐对生活的影响	
主题探究二	【情境】湘教版教材课本第108页第二个活动并用PPT播放地图和气压带风带地图，告诉学生西风带风大，并以此作为铺垫知识		结合大气相关知识解释实际现象，实现知识之间的迁移与联系
	【问题】思考为什么西方将通过好望角的航线比作"鬼门关"	【生】小组合作、同桌合作讨论，得出答案： 好望角附近海域位于西风带，终年盛行西风，风力强，风浪大，影响航海安全	
主题探究三	【情境】科隆群岛位于太平洋东部，东距南美大陆970千米，地处南北纬2度之间赤道横贯群岛北部，岛上气候凉爽，且极为干旱。群岛年平均气温月21摄氏度，比同纬度地区气温明显偏低，岛上分布着企鹅，这是所有企鹅中分布最北端的企鹅，也是唯一的一种赤道区企鹅		增强趣味性，吸引学生学习兴趣，培养以及运用所学知识解释实际现象的能力，落实核心素养
	【问题】（1）科隆群岛为什么温度比同纬度其他地区气候干旱，气温偏低？（2）科隆群岛存在众多企鹅的原因除了气温外，还有哪些有利因素	【生】集中讨论，得出答案： （1）洋流会影响沿岸的气候，秘鲁寒流流经科隆群岛，寒流具有降温减湿的作用 （2）上升流带来营养物质，食物充足 【师】定义： 讲解洋流概念和分类	
大概念强化	【情境】板书内容（见"板书设计"）。	【师】课堂小结： 通过这两节课我们共同学习了海水的性质和运动，以及其对人类活动的重要影响，了解了海洋对于人类的重要性，因此我们要强化海洋意识，保护海洋环境，合理利用海洋资源	知识小结，总结大概念，实现育人目标

◆板书设计

【教学板书设计】

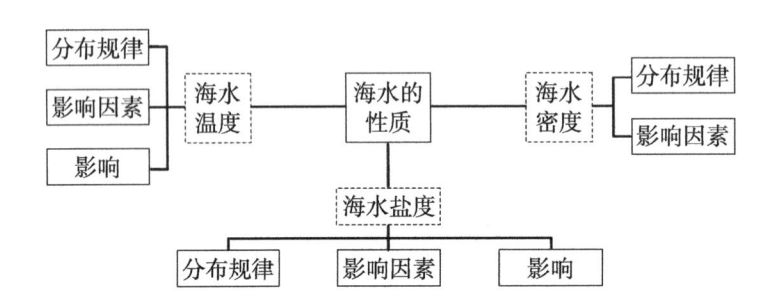

```
分布规律 ┐                                    ┌ 分布规律
影响因素 ├─ 海水温度 ─ 海水的性质 ─ 海水密度 ┤
影响   ┘      │                              └ 影响因素
              │
           海水盐度
      ┌───────┼───────┐
   分布规律  影响因素  影响
```

海水运动

一、海水运动

波浪　潮汐　洋流

二、海水运动对人类活动影响

1. 波浪：军事、娱乐、农业生产
2. 潮汐：旅游、发电、养殖
3. 洋流：航行、气候、生物、环境

（八）学习测评

（2015全国新课标Ⅰ）海冰含盐量接近淡水，适当处理后可作为淡水资源。下图示意渤海及附近区域年平均气温≤-4摄氏度日数的分布。据此完成第1题。

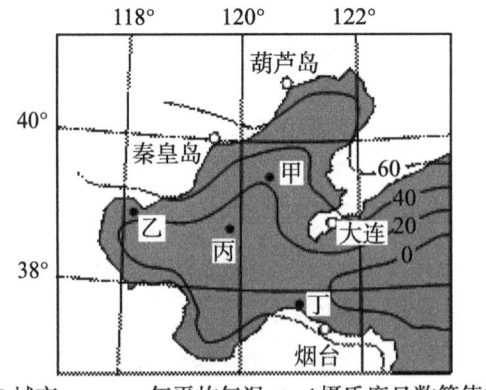

◎ 城市　——— 年平均气温≤-4摄氏度日数等值线

1.下列城市附近海域,单位面积海冰资源最丰富的是
A.葫芦岛　　B.秦皇岛　　C.大连　　D.烟台

(2022·衢州检测)下图为长江口地区某月表层海水等盐度线示意图。据此完成第2,第3题。

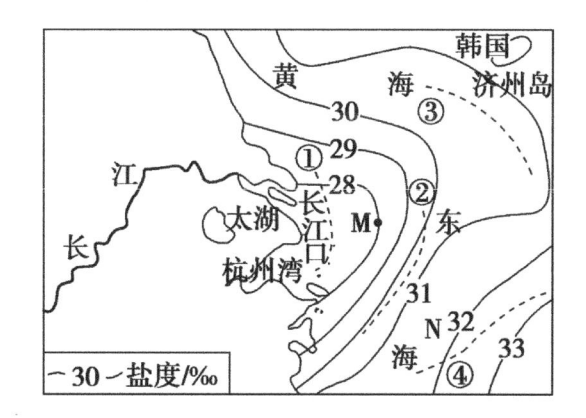

2.河口锋是河口地区不同性质水体之间形成的狭窄界面,界面两侧水体盐度、密度等明显不同。河口锋最可能分布在图中虚线中的
A.①　　B.②　　C.③　　D.④

3.某货轮从N海域沿西北方向驶向M地,货轮吃水深度
A.变深　　B.先变浅后变深　　C.变浅　　D.先变深后变浅

(2020年7月贵州学考)下图示意南印度洋局部表层洋流(①②③④代表四支洋流)。读图完成第4题(多项选择)。

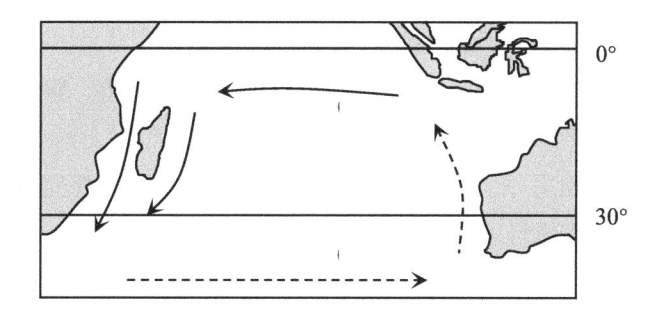

4.(2020年7月学考)图中属于寒流的有
A.①　　B.②　　C.③　　D.④

5.阅读图文资料，完成下列要求。

（2019全国卷一）随着非洲板块及印度洋板块北移，地中海不断萎缩，里海从地中海分离。有学者研究表明，末次冰期晚期气候转暖，里海一度为淡水湖。当气候进一步转暖，里海北方的大陆冰川大幅消退后，其补给类型发生变化，里海演变为咸水湖，但目前湖水盐度远小于地中海的盐度。下图示意里海所在区域的自然地理环境。

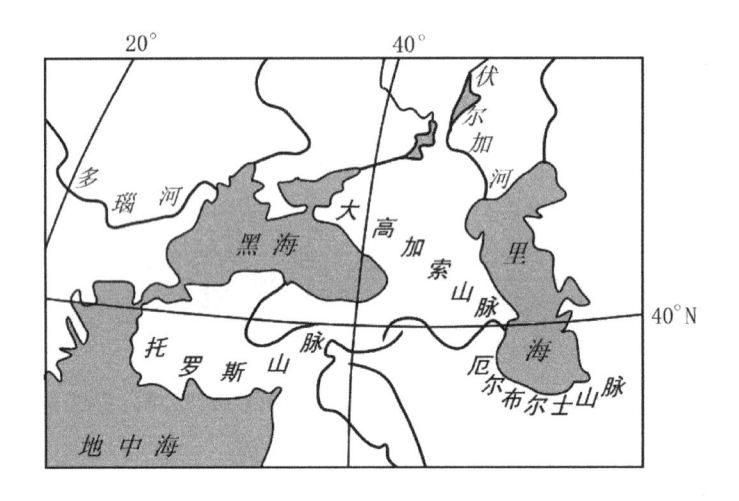

末次冰期晚期里海一度为淡水湖。对此作出合理解释。

参考答案： 1.A　　2.B　　3.A　　4.AB

5.气温仍较低，湖面蒸发弱；受冰雪融水补给；补给大于蒸发。

（九）教学反思

主要亮点：利用真实情境引出问题任务，让学生在自主探究与合作探究中深入挖掘，达成知能目标，培养了学生的地理核心素养。

存在不足：本节内容较散，难以用一根主线贯穿整个内容，整个教学过程呈现一定的零散和杂乱。

再教设计：想法能用一个情境将海水性质的三个内容进行探究，减少学生思维及情境的变换，增强逻辑性。

五、课时大概念Ⅳ教学设计示例
敖小龙

本课时大概念为"洋流影响地理环境和人类活动"，对应的课程标准为"运用世界洋流分布图，说明世界洋流的分布规律。并列举说明洋流对地理环境和人类活动的影响。"根据学习内容和课堂容量，本主题的学习需要两个课时：第1课时为"世界洋流的分布规律"；第2课时为"洋流影响地理环境和人类活动"。

（一）大概念析读

1. 大概念理解

海洋是地球上最主要的水体，在大气环流、海陆分布、地转偏向力等的作用下，形成全球性的大洋环流。大洋环流促进水分和热量在不同纬度地带和海陆间传输。海洋和大气间的相互作用，不仅调节了全球水热平衡，而且对全球的气候和人类活动产生深刻的影响。

2. 大概念解构

完成"世界洋流的分布规律"大概念教学，需要结合真实情境，在解释具体概念"洋流"后，完成以下教学内容，最终达成课时大概念，指向单元大概念。

（1）世界洋流模式。

（2）南半球的西风漂流和北印度洋海区的季风洋流。

（3）洋流影响地理环境和人类活动。

（二）学习目标

1. 通过观看视频，复习洋流的概念（区域认知）。

2. 结合实验和盛行风模式图，绘制世界洋流模式图。能够归纳世界表层大洋环流的分布规律（综合思维）。

3. 观察"世界表层洋流的分布（北半球冬季）"图，结合洋流模式图，绘制太平洋海区的洋流（综合思维，区域认知，地理实践力）。

4. 观察各海区洋流分布，对比洋流模式图。找出西风漂流和季风环流，结合所学知识，分析其成因（综合思维，区域认知，地理实践力）。

5. 举例说明洋流对地理环境和人类活动的影响（综合思维，区域认知，地理实践力）。

（三）学习重难点

学习重点：世界大洋表层环流分布规律；洋流影响地理环境和人类活动。

学习难点：世界大洋表层环流分布规律。

（四）学情分析

◆知能基础：学生通过地理1相关知识的学习，已经基本掌握了洋流的概念和性质分类。通过选择性必修1第三章大气运动的学习，初步掌握了行星风系和季风环流。同时，学生在义务教育地理的学习中，通过世界地理和中国地理相关内容的学习，对教学中用到的大洲、大洋自然地理环境有一定的了解。

◆素养基础：通过高一地理学习和高二地理选择性必修1（自然地理基础）前三章的学习，绝大部分学生掌握了一定的地理信息获取与地理知识整合能力，部分学生参加过地理研学实践，对现实世界的地理事象有一定的了解，部分学生通过前期积累形成了一定的学科综合思维与区域认知能力，利于对真实情境的探究。

◆不足条件：本部分内容要求绘制示意图来解释世界洋流模式，要求学生具有较强的综合分析能力，这对学生是一个很大挑战。教材参考案例让学生感觉较为陌生，需要学生了解相关背景知识，这也会影响学生对知识的理解和学科素养的培养。

（五）教学资源

◆基本教学材料：湘教版教材、人教版教材、多媒体课件、相关统计图表和视频。

◆课时大情境：洋流的运动规律；洋流影响地理环境和人类活动。

（六）教学框架

结合本课时大概念的特点，教学中采用情境-问题教学模式为核心环节的教学支架。该支架应该包括知识联结、主题探究、迁移拓展等环节。知识联结用于唤起已知知识、建立基本概念、铺垫知识基础；主题探究是情境-问题教学模式的核心环节，囊括知识情境创设、问题任务生成、师生交互共生等内容；迁移拓展是对核心知识的归纳提升、迁移应用、拓展创新。

置于课时大概念主题下，本主题内容分为两个课时进行学习设计：第1课时的学习采用"一课一境"进行建构，知识点"洋流的运动规律"较为困难，采用大问题统领下的主体生成式问题链，知识点"洋流的运动规律"需要用联系的观点完成教学，采用预设追问式问题链；第2课时采用案例分析，通过问题设置引发学生思考，采用大问题统领下的主体生成式问题链。（具体见图5-2-5，图5-2-6）

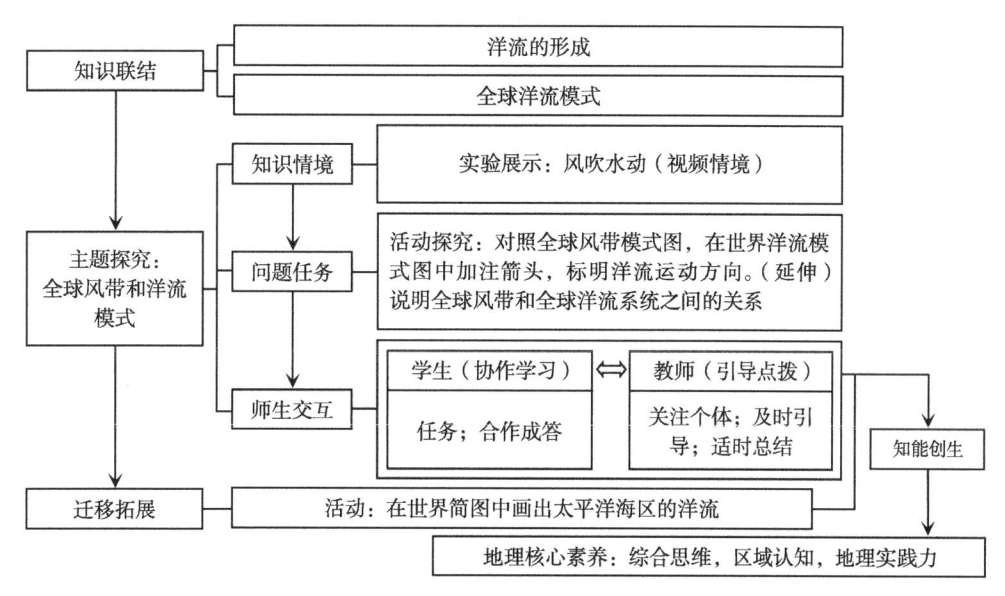

```
┌────────┐   ┌──────────────────────────┐
│知识联结│──→│       洋流的形成         │
└────────┘   ├──────────────────────────┤
             │      全球洋流模式        │
             └──────────────────────────┘

                ┌────────┐   ┌──────────────────────────────┐
                │知识情境│──→│实验展示：风吹水动（视频情境）│
                └────────┘   └──────────────────────────────┘
                     ↓
┌──────────┐    ┌────────┐   ┌──────────────────────────────────────┐
│主题探究：│    │问题任务│──→│活动探究：对照全球风带模式图，在世界洋流模│
│全球风带和│───→└────────┘   │式图中加注箭头，标明洋流运动方向。（延伸）│
│洋流模式  │         ↓        │说明全球风带和全球洋流系统之间的关系      │
└──────────┘    ┌────────┐   └──────────────────────────────────────┘
                │师生交互│──→┌──────────────┐  ┌──────────────────┐  ┌────────┐
                └────────┘   │学生（协作学习）│⇔│教师（引导点拨）  │─→│知能创生│
                             │任务；合作成答 │  │关注个体；及时引 │  └────────┘
                             │                │  │导；适时总结     │
                             └──────────────┘  └──────────────────┘
┌────────┐   ┌────────────────────────────────────┐
│迁移拓展│──→│活动：在世界简图中画出太平洋海区的洋流│
└────────┘   └────────────────────────────────────┘
                             ┌──────────────────────────────────┐
                             │地理核心素养：综合思维，区域认知， │
                             │地理实践力                        │
                             └──────────────────────────────────┘
```

图 5-2-5　第 1 课时结构构架与活动程序

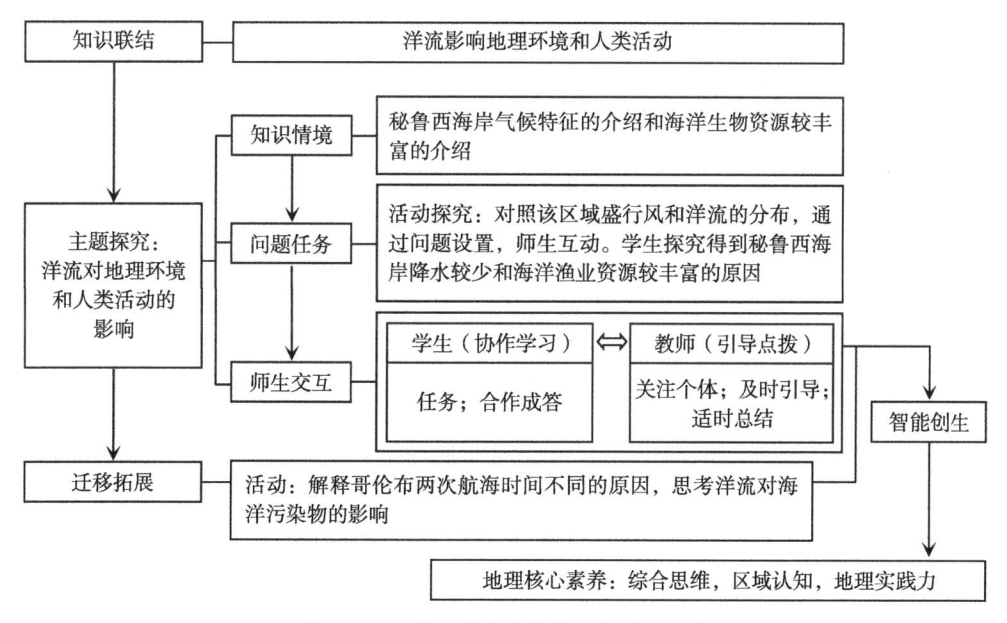

```
┌────────┐   ┌──────────────────────────────────┐
│知识联结│──→│   洋流影响地理环境和人类活动     │
└────────┘   └──────────────────────────────────┘

                ┌────────┐   ┌──────────────────────────────────────┐
                │知识情境│──→│秘鲁西海岸气候特征的介绍和海洋生物资源较│
                └────────┘   │丰富的介绍                              │
                     ↓        └──────────────────────────────────────┘
┌──────────┐    ┌────────┐   ┌──────────────────────────────────────┐
│主题探究：│    │问题任务│──→│活动探究：对照该区域盛行风和洋流的分布，│
│洋流对地理│───→└────────┘   │通过问题设置，师生互动。学生探究得到秘鲁│
│环境和人类│         ↓        │西海岸降水较少和海洋渔业资源较丰富的原因│
│活动的影响│    ┌────────┐   └──────────────────────────────────────┘
└──────────┘    │师生交互│──→┌──────────────┐  ┌──────────────────┐  ┌────────┐
                └────────┘   │学生（协作学习）│⇔│教师（引导点拨）  │─→│智能创生│
                             │任务；合作成答 │  │关注个体；及时引 │  └────────┘
                             │                │  │导；适时总结     │
                             └──────────────┘  └──────────────────┘
┌────────┐   ┌──────────────────────────────────────┐
│迁移拓展│──→│活动：解释哥伦布两次航海时间不同的原因，│
└────────┘   │思考洋流对海洋污染物的影响              │
             └──────────────────────────────────────┘
                             ┌──────────────────────────────────┐
                             │地理核心素养：综合思维，区域认知， │
                             │地理实践力                        │
                             └──────────────────────────────────┘
```

图 5-2-6　第 2 课时结构构架与活动程序

（七）教学过程设计

第一课时

◆ 知识联结

环节	知识内容（情境/问题）	师生交互	创设意图
新课引入	PPT展示玩具鸭发现地点示意 教师讲解故事梗概，提出两个问题 1.散落的塑料小黄鸭为什么会漂流 2.结合图示，说明"鸭子舰队"抵达南美西海岸的路径及原因 我们通过本节洋流的学习再来解答这些问题 板书：洋流	观看PPT，回答第一个问题：洋流	调动学生学习的积极性和主动性。提出问题，引发学生联想，激发学生的求知欲
新课导学	展示PPT 观察世界表层洋流的分布，复习洋流的概念，对概念中关键部分标红		洋流概念的认识
	讲解：洋流的主要动力来源为风。洋流具有相对稳定的流速与流向，规模较大。大气环流对洋流的形成和流向有明显影响 播放模拟风力作用而形成的洋流实验视频	听老师讲解，观看视频	学习外部圈层之间的物质运动和能量交换，引导学生，使学生的思维系统化
	活动1：PPT展示"盛行风模式图"和"南北半球洋流模式图"，要求学生对照全球风带模式图。在世界洋流模式图中加注箭头，标明洋流运动方向 全球风带和洋流模式 a.全球风带模式　b.世界洋流模式	对照全球风带模式图。在世界洋流模式图中加注箭头，标明洋流运动方向	复习盛行风的知识，为世界大洋表层环流的分布规律做铺垫 通过四个问题，层层设问，让学生有能力归纳出副热带海区洋流分布规律。增强学生的综合思维能力

续表

环节	知识内容（情境/问题）	师生交互	创设意图
	要求学生完成下面三个问题 1.读图，对照全球风带模式图，在世界洋流模式图中加注箭头，标明洋流运动方向 2.据图说明全球风带和全球洋流系统之间的关系 3.归纳以副热带海区为中心的大洋环流的方向。判断以副热带海区为中心的大洋环流东西两侧洋流的性质 板书：副热带环流分布规律 北"顺"南"逆" 东"寒"西"暖"	完成三个问题	
	活动2：展示PPT，要求学生在导学案上根据南北半球洋流模式图，结合地理教科书P₉₇，在世界简图中画出太平洋海区的洋流（用实线箭头表示暖流，虚线箭头表示寒流） 要求学生完成下面三个问题 1.北半球中高纬度地区，以副极地为中心的大洋环流东西两侧洋流的性质有什么不同 2.南纬40度~60度之间分布的是什么洋流？是寒流还是暖流 3.观察北印度洋季风图，解释北印度洋的季风环流	学生完成太平洋海区洋流，完成三个问题	运用太平洋和大西洋的洋流分布使学生进一步认识世界表层洋流的分布。提升学生的区域认知能力。巩固所学内容，增强实践能力
	我们来看一下一开始提出的问题 展示PPT 提问：结合图示，说明"鸭子舰队"抵达南美西海岸的路径及原因。	学生回答问题	前后呼应

续表

环节	知识内容（情境/问题）	师生交互	创设意图
小结	展示PPT 本节课我们认识了洋流，学习了大洋表层洋流的分布规律：在副热带海区大洋环流的分布规律为北顺南逆，冬寒西暖；北半球副极地海区与之相反，为逆时针，东暖西寒。南半球中高纬度海区受海陆分布的影响，形成持续向东流动的西风漂流，为寒流。洋流是地球表面热环境的主要调节者，巨大的洋流系统促进了地球高低纬度地区间的能量交换。洋流与所流经区域之间，也通过能量交换来改变其环境特征。我们下节课再来学习洋流对地理环境和人类活动的影响，本节课就到这里。谢谢大家		

第二课时

◆ 知识联结

环节	知识内容（情境/问题）	师生交互	创设意图
新课引入	PPT展示秘鲁西海岸的地理环境 教师讲解该区域的气候特征和丰富的渔业资源，提出三个问题 1.根据"气压带与风带影响气候"的内容，秘鲁西海岸应具有怎样的气候特征 2.分析秘鲁西海岸气候干燥的原因 3.分析秘鲁西海岸渔业资源丰富的原因 我们通过本节洋流的学习再来解答这些问题 板书：洋流影响地理环境和人类活动	观看PPT 回答第一个问题：全年高温，有明显的干湿两季	结合案例，调动学生学习的积极性和主动性 提出问题，引发学生联想，激发学生的求知欲
新课导学	展示PPT 观察秘鲁西海岸盛行风和表层洋流的分布，提出三个问题 1.控制秘鲁西海岸的盛行风是＿＿＿，该盛行风为＿＿＿（离/向）岸风，较为＿＿＿（干燥/湿润） 2.寒流比流经海区温度较＿＿＿，蒸发较＿＿＿（弱/强） 3.分析秘鲁西海岸气候干燥的原因 讲解并板书：寒流降温减湿 展示PPT 观察巴西东南海岸热带雨林气候的分布，要求同学们运用刚才的分析方法，说明其成因 讲解并板书：暖流增温增湿	讨论完成问题 听老师讲解	洋流对气候特征的影响 外部圈层之间的物质运动和能量交换，使学生的思维系统化

续表

环节	知识内容（情境/问题）	师生交互	创设意图
新课导学	观看视频：离岸上升流，提出两个问题 1.受离岸东南信风的影响，秘鲁西海岸表层海水____（远离/靠近）海岸，深层海水____补偿。在此过程中，海水将营养盐带到表层，____生物大量繁殖，为鱼类提供饵料，鱼群大量集中 2.寒流和暖流交汇也会扰动海水，将洋底营养盐带到表层，形成规模较大的渔场。请在地图上找到"北海道渔场"，说明其成因 讲解并板书：渔场 寒暖流交汇：北海道渔场；纽芬兰渔场；北海渔场 冷海水上泛：秘鲁渔场	讨论完成问题 听老师讲解	通过层层设问，让学生归纳出海洋部分大型渔场的形成原因。增强学生的综合思维能力
	展示PPT，哥伦布的两次航海 要求学生完成下面两个问题 1.哥伦布第二次航海到美洲的航程较长，但所用时间较短。结合书本"世界表层大洋环流分布图"，解释原因 2.运用辩证的思想，讨论洋流对海洋污染物的影响 展示PPT，墨西哥湾石油泄漏	观看PPT，完成两个问题	通过这两个问题，提升学生的区域认知能力，综合思维能力，增强实践能力
小结	展示PPT 本节课我们认识了洋流对地理环境和人类活动的影响：从气候特征来说，暖流对沿岸气候增温增湿，寒流对沿岸气候降温减湿；从渔业资源来说，寒暖流交汇和冷海水上泛能将洋底的营养盐带到表层，浮游生物大量繁殖，鱼群大量集中，形成世界级的大渔场；从海洋航运来说，顺洋流航行可以加快航行速度，节约燃料；从海洋污染物来讲，洋流可以加快污染物的净化速度，但也会扩大污染范围 洋流是地球表面热环境的主要调节者，巨大的洋流系统促进了地球高低纬度地区间的能量交换。洋流与所流经区域之间，也通过能量交换来改变其环境特征。本节课就到这里，谢谢大家		

◆板书设计

第一课时：洋流

分类 { 暖流
寒流

副热带环流分布规律 { 北"顺"南"逆"
东"寒"西"暖"

第二课时：洋流对地理环境和人类活动的影响

洋流对沿岸地区气候特征的影响：暖流增温增湿；寒流降温减湿。

渔场：寒暖流交汇：北海道渔场；纽芬兰渔场；北海渔场；冷海水上泛：秘鲁渔场。

（八）学习测评

1.下图示意某海域洋流分布。该大洋环流为

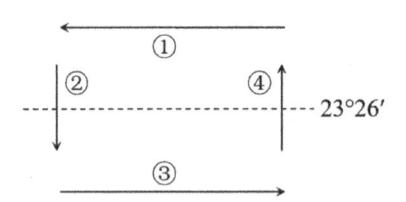

A.北半球中高纬大洋环流　　B.南半球中高纬大洋环流

C.北半球中低纬大洋环流　　D.南半球中低纬大洋环流

2.下图示意罗斯海所在区域的地理环境。据图。简述罗斯环流形成的主要影响因素。

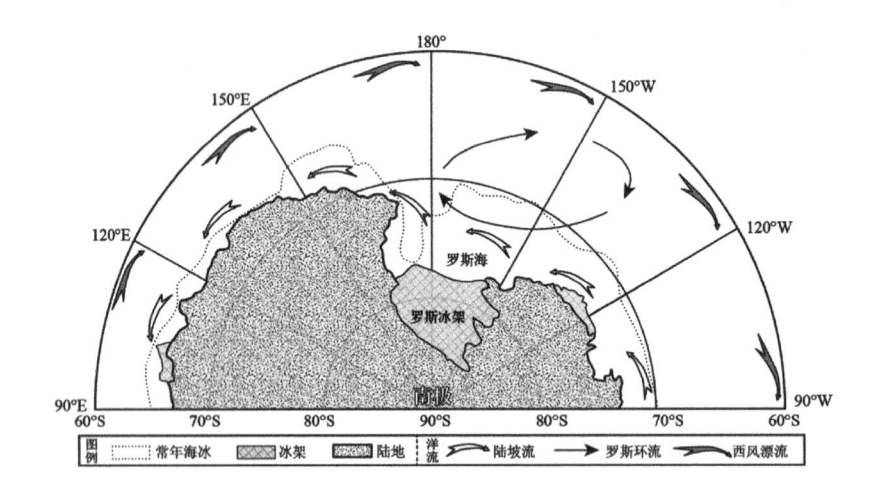

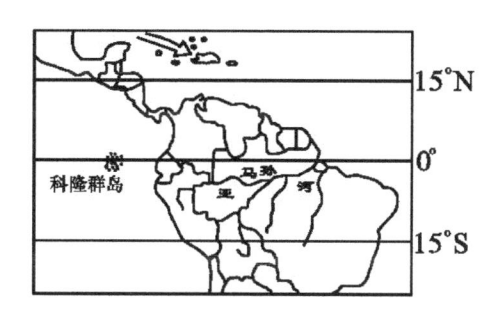

3. 读下述材料，并结合下图，分析问题。

材料一　科隆群岛是一个无比神奇的群岛。它虽位于赤道，但却很凉爽、干燥。这里的生物非常奇特，既有热带地区的生物，也有习惯生活在冰天雪地里的企鹅。

材料二　南美西海岸分布着世界上南北延伸最长、最靠近赤道的热带荒漠，气候干旱、温度较低。

材料三　教材第59页案例"北大西洋暖流与西北欧气候"

（1）本应是炎热多雨的科隆群岛如今的气候却是寒冷干燥，为什么？

（2）南美西海岸的热带荒漠为什么南北延伸很长？

（3）分别位于大西洋东西两岸的卑尔根和拉布拉多半岛纬度大致相当，但气候类型与自然景观却有明显的差异，结合气温和降水量图，归纳这种差异，并分析其原因。

（4）北极圈内气候寒冷，但为什么却出现摩尔曼斯克等终年不冻港？

参考答案： 1.D 2.影响因素：盛行风、海陆轮廓、洋流等；南极高纬地区盛行东南风，表层海水受东南风的吹拂从罗斯湾东岸向西岸运动；到西岸后受地形影响向低纬运动；到60°S附近受西风漂流影响形成环流。3.（1）受秘鲁寒流的影响。秘鲁寒流这股强大的冷海水流经科隆群岛，致使这一位于赤道上的群岛从炎热到寒冷，从湿润到干燥，温度降低了，湿度也降低了。（2）受秘鲁寒流的影响。秘鲁寒流是世界上行程较长的寒流之一，从45°S开始，沿南美大陆西岸北流，一直到达赤道附近，水温比邻近海区低7摄氏度～10摄氏度。（3）卑尔根属于温带海洋性气候，呈现森林景观；拉布拉多半岛属苔原气候，呈现苔原景观。（4）北大西洋暖流是世界上最强大的暖流之一，暖流将热量源源不断地输往欧洲西北部，使该地最冷月均温比大西洋西岸高16摄氏度～20摄氏度。

（九）教学反思

本节一共有两个小标题，即"世界洋流主要分布规律"和"洋流对地理环境的影响"。由于高一已经学习了海水的运动，洋流对地理环境的影响已经有了感性认识，其中考得最多的是洋流对海洋生物的影响（尤其是对渔业资源的影响），还有海雾的成因（即寒暖流交互形成的锋面雾；暖流流经地区，特别是中高纬地区，季节为冬季，冬季空气气温低，暖流蒸发而形成温度高而湿的空气，遇到冷空气形成蒸发雾；寒流流经地区，主要在中低纬地区，夏季空气暖而湿的空气流经寒流上空，遇到冷的下垫面，就容易形成平流雾——当暖湿空气平流到较冷的下垫面上，下部冷却形成的雾）。

第一节小标题为世界洋流的分布，这部分内容可以用版图版画的形式带着学生一起记忆。其中，最难的部分是北印度洋的季风洋流，需要详细解释一下。还有世界洋流的成因，一般而言东西向洋流为风海流，比如西风漂流和北大西洋暖流等；南北走向的洋流一般为补偿流，比如加利福尼亚寒流和秘鲁寒流等。

总的来说，可以让学生画世界洋流分布图来帮助记忆和理解世界洋流的分布。

六、课时大概念Ⅴ教学设计示例
张　艳

本课时大概念为"海气相互作用影响全球水热平衡"，对应的课程标准为"运用图表，分析海—气相互作用对全球水热平衡的影响，解释厄尔尼诺现象、拉尼娜现象对全球气候和人类活动的影响"。根据学习内容和课堂容量，本主题的学习需要1课时。

（一）大概念析读

1. 大概念理解

"厄尔尼诺和拉尼娜现象影响全球气候及人类活动"关注的重点是厄尔尼诺和拉尼娜现象对全球气候和人类活动带来的影响。首先，会影响全球气候，引起气候异常，导致太平洋东西两岸国家出现极端天气。其次，影响农产品产量，进而影响农业发展。再次，影响海洋生物的生存，进而影响沿海渔业。最后，影响人类的基本生存，即干旱、洪涝等气候灾害严重威胁人的生命和财产安全。

2. 大概念解构（认知内容）

完成"厄尔尼诺和拉尼娜现象影响全球气候及人类活动"大概念教学，需要结合真实情境，在解释具体概念"沃克环流""厄尔尼诺""拉尼娜"后，完成以下教学内容，最终达成课时大概念，指向单元大概念。

（1）厄尔尼诺、拉尼娜现象的产生及两者之间的相互关系。

（2）厄尔尼诺、拉尼娜现象对地理环境及人类活动的影响。

（二）学习目标

1.通过阅读示意图，认识沃克环流、厄尔尼诺和拉尼娜现象及三者之间的关系，并说出厄尔尼诺的概念。（综合思维）

2.结合生活中相关真实情境，知道厄尔尼诺、拉尼娜现象对地理环境和人类生产生活带来的影响。（区域认知，综合思维）

（三）学习重难点

◆学习重点：厄尔尼诺、拉尼娜及其影响。

◆学习难点：厄尔尼诺、拉尼娜及其影响。

（四）学情分析

◆知能基础：学生通过地理1及本册教材前三章相关知识的学习，已经基本掌握了大气的受热过程、水循环、气压带与风带，洋流等知识。同时，对太平洋中低纬度沿岸国家的气候与自然地理环境有一定的了解。另外，对海—气系统的相互作用机制有一定的认识，对本课时的学习起着理论支撑作用。

◆素养基础：该阶段的学生，已经初步具备一定的空间思维和空间想象能力，懂得辩证地看待问题。同时，通过高一地理学习和高二选择性地理必修1前面章节的学习，绝大部分学生已经有了一定的地理信息获取与地理知识整合的能力，能够从图表或文字素材中提取关键信息，具有综合分析问题的意识；另外还具备一定的绘图水平与审美能力，学会合作与交流。

◆不足条件：本课时内容涉及海洋与大气两个系统的相互作用，与水循环、洋流、热力环流、气压带与风带等知识密切相关，要求学生具有较强的综合分析能力，但绝大部分学生对知识的理解仅停留于表面，理解深度不足，且并未主动建立起知识点之间的逻辑联系，因此，对于分析地理问题的综合思维能力不足，深入探究意识不强，有待进一步培养。

（五）教学资源

◆基本教学材料：湘教版教材，人教版教材，多媒体课件，相关示意图、统计图表和视频。

◆课时大情境：沃克环流与厄尔尼诺现象、拉尼娜现象的关系。

(六)教学框架

结合本课时大概念的特点,教学中采用"5E"教学模式为本课时教学的核心教学模式。该模式包括吸引(Engagement)、解释(Explanation)、探究(Exploration)、迁移(Elaboration)和评价(Evaluation)等五个环节。其中,吸引为教学模式的初始环节,一般通过创设与生活有关的问题情境或者呈现概念,引发认知冲突,将课程内容与学习任务相联系,使学生带着问题进入下一阶段的学习。探究是核心环节,旨在让学生掌握控制变量比较差异的科学探究方法,以获得浅尝科学研究的感受。解释是关键环节,学生提取地理素材中的主要信息、整理和分析地理现象产生的原因,并阐释对原理的理解。同时,教师要对学生进行点评与引导,对学生的思考作出积极的反馈,并解释正确规律。迁移是重要环节,学生在运用所建构的课时概念解释新的地理问题与情境,提升解决实际问题能力并加深了对课时概念的理解。评价是贯穿始终的教学环节,以多元、综合的评价方式检验本课时的学习效果(图5-2-7)。

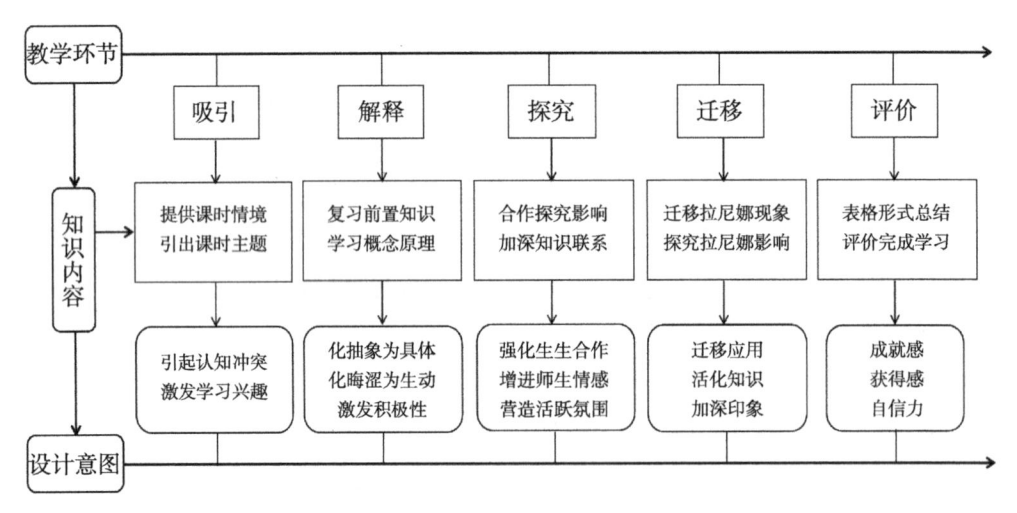

图5-2-7 课时结构构架与活动程序

（七）教学过程设计

◆ 概念引入

环节	知识内容（情境/问题）	师生交互	创设意图
故事阅读	【阅读】厄尔尼诺由来 在200多年前，生活在赤道附近太平洋东海岸的渔民发现，每隔几年，靠近厄瓜多尔和秘鲁海岸的表层海水温度就会明显升高，沿海的鱼群会神秘消失，海鸟也会大量死亡。与此同时，世界其他地方暴雨洪涝、高温干旱、森林大火、暴风雪等极端天气事件频发。由于这种现象多出现于圣诞节前后，于是渔民将它与圣诞节联系起来，称其为圣婴，西班牙语为Ei Nino，汉语音译为厄尔尼诺现象	【师】提问： 厄尔尼诺的发生时间、地点在哪里 厄尔尼诺发生时出现的异常现象是什么 【生】回答： 在圣诞节前后，主要发生赤道附近太平洋海岸 赤道附近太平洋东海岸的表层海水温度会明显升高；出现洪涝、干旱等极端天气等 【师】阐述厄尔尼诺定义： 厄尔尼诺现象是指赤道附近太平洋东中部海洋表面温度异常增暖的现象	引入课时主要内容"厄尔尼诺"的概念，直切主题；引起认知冲突，激发学习兴趣

◆ 原理解释

环节	知识内容（情境/问题）	师生交互	创设意图
知识学习	【情境】展示正常年份下海—气相互作用示意图	【师】要求学生根据已有认知，将海—气相互作用示意图补充完整，并阐明自己的绘制原理 【生】自主补充绘制中低纬度太平洋东西两岸间的环流示意图，并积极主动阐明自己这样画的理由 【师】阐述沃克环流原理	解释前置知识，为厄尔尼诺现象、拉尼娜现象的学习做铺垫
定义解释	【情境】多媒体展示"厄尔尼诺现象发生时太平洋表层水温异常示意图"与"厄尔尼诺形成的动画"		

环节	知识内容（情境/问题）	师生交互	创设意图
定义解释	【问题】（1）结合材料，分析厄尔尼诺发生的原因是什么，跟我们之前学过的又有什么关系呢？（2）此时热带太平洋海域及其上空环流系统发生了什么样的变化	【生】（1）合作探究，得出答案。（2）观察此图判断此时太平洋中东部的海水温度，画出大气环流示意图 【师】教师讲解赤道附近太平洋中东表层海水温度异常升高的现象就为厄尔尼诺现象，引起正常年份的大气环流发生改变 【生】沃克环流是东冷西暖，厄尔尼诺与其相反，说明沃克环流消失或者信风减弱，使得温暖海水在东岸聚集没有流向西岸	通过地图获取地理信息，培养学生地理学习勤用地图，以问题形式引导学生探究厄尔尼诺与沃克环流的关系，培养学生善于思考发现地理事物之间的联系，加深学习深度，提高学习效果

◆ 主题探究

环节	知识内容（情境/问题）	师生交互	创设意图
主题探究	【探究】（1）结合所学热力环流知识，根据东西两岸的大气环流示意图，推测此时太平洋东岸秘鲁的气候特征、西岸澳大利亚、印度尼西亚的气候特征。（2）思考厄尔尼诺会对秘鲁及生长冷海水鱼的渔业，澳大利亚、印度尼西亚的生产生活带来什么影响	【小组完成探究】（1）太平洋东岸部海水温度升高，蒸发强，呈上升气流，秘鲁此时降水较多、气候湿润；西部海水温度低，蒸发弱，呈下沉气流，澳大利亚、印度尼西亚此时降水较少，气候较干旱。（2）东岸海水温度上升，导致秘鲁冷水鱼无法生存，渔业减产，带来洪涝灾害；澳大利亚、印度尼西亚由于气候干旱会导致农业减产、干旱气象灾害的出现 （完成厄尔尼诺的知识统计图）	学生通过运用所学知识，分析厄尔尼诺对气候的影响，加深地理知识之间的联系与运用

◆ 拓展迁移

环节	知识内容（情境/问题）	师生交互	创设意图
知识承转	【案例素材】拉尼娜是西班牙语"La Niña"是"小女孩，圣女"的意思，是厄尔尼诺现象的反相，也称为"反厄尔尼诺"或"冷事件"，它是指赤道附近东太平洋水温反常下降的一种现象，表现为东太平洋明显变冷，同时也伴随着全球性气候混乱，总是出现在厄尔尼诺现象之后 【探究】（1）绘制拉尼娜发生时的大气环流示意图；（2）拉尼娜的发生与的沃克环流之间存在何种关联？（3）拉尼娜对全球的影响	【生】对比厄尔尼诺，请小组合作完成以下三个任务，并补充完成表格中拉尼娜的相关内容，完成后邀请小组代表展示	在合作学习下，学生通过比较的方法，学习拉尼娜的知识点，培养学生的合作意识，增强学生地理学习的参与度，真正参与地理知识的学习，掌握拉尼娜及其对全球带来的影响
拓展迁移	【迁移探究】根据以下材料，分析厄尔尼诺与拉尼娜现象会对我国产生什么影响 材料1：国家气候中心监测表明，2018年9月，我国进入厄尔尼诺状态。2019年1月达到厄尔尼诺事件标准。受其影响，我国共有五个台风登陆，较多年平均偏少两个，台风强度整体偏弱。6—8月，南方地区多轮降雨过程集中且重叠，主雨带始终在广西、江西、湖南等地徘徊，导致广西、江西、湖南、贵州、四川五省（区）发生严重洪涝灾害；2—5月，我国东北地区遭遇春旱；5—8月，江淮黄淮等地温高少雨，其中山西、河南等地旱情较重，出现阶段性夏伏旱。贵州省气象台发布，2019年冬季（2019年12月—2020年2月），是贵州1961年以来的第六个强暖冬年，全省冬季气温偏高，平均气温为8.1摄氏度，较常年同期偏高1.7摄氏度，为1961年以来历史同期第3高值	【生】分析材料得出：厄尔尼诺年，我国台风减少，出现南涝北旱，可能出现暖冬现象	以我国受厄尔尼诺与拉尼娜的影响材料，锻炼学生地理信息提取能力，培养学生关注生活中的地理现象，学习生活中的地理

续表

环节	知识内容（情境/问题）	师生交互	创设意图
拓展迁移	材料2：拉尼娜事件发生于2020年8月—2021年3月，该年全国共出现33次大范围强降水过程，平均降水量689.2毫米，较常年偏多11.2%，为1961年以来第三多；西北太平洋和南海共有23个台风生成，11—12月，中东部地区出现两次大范围雨雪降温天气过程，造成不同程度受灾，多地电力设施受损；12月份，湖南、福建、广西等南方地区遭受低温冷冻灾害，农作物遭受一定损失	【生】分析材料得出：拉尼娜年，我国降水增多、台风增多、南旱北涝，可能出现冷冬现象	

◆ 总结评价

环节	知识内容（情境/问题）	师生交互	创设意图
总结评价	【小结】以表格的形式，总结厄尔尼诺及拉尼娜的知识，并讲述科学家仍然在探索厄尔尼诺与拉尼娜的成因与影响机制，科学探索是不断发展进步的过程，希望同学们也能保持勇于求知、积极探索的科学精神，参与到科学探索中		

◆ 板书设计

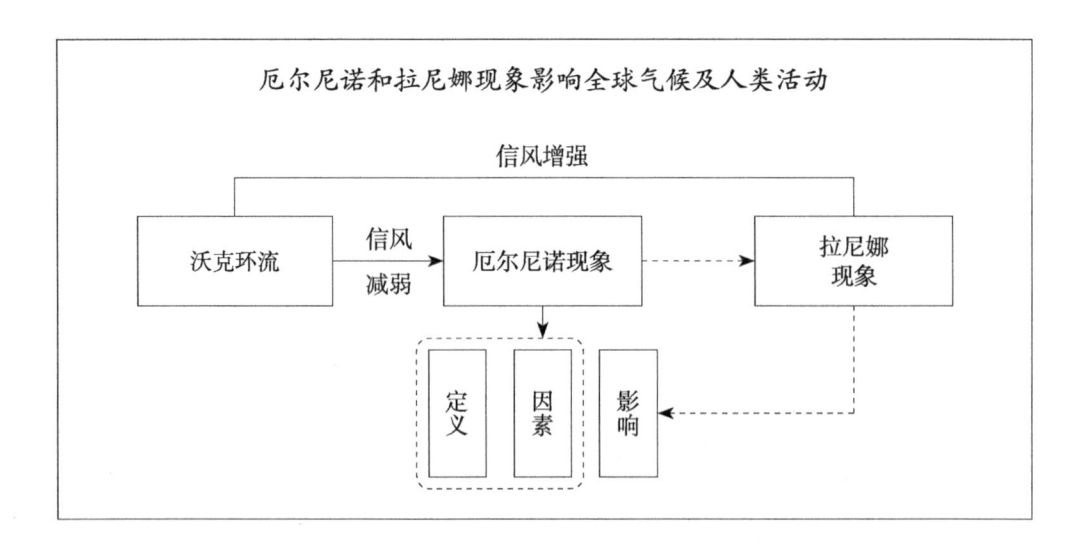

厄尔尼诺和拉尼娜现象影响全球气候及人类活动

沃克环流 —信风减弱→ 厄尔尼诺现象 ⇢ 拉尼娜现象

信风增强

定义　因素　影响

(八)学习测评

1.课外探究

查阅相关资料,找出最近一次厄尔尼诺或拉尼娜事件发生的年份,并阐述该事件对我国气候、环境、产业等某一领域带来的具体影响。

2.课后作业(纸笔测试)

丰富的海洋资源,多变的海洋环境,对人类生产、生活产生巨大的影响。

(1)在下列世界著名渔场中,位于墨西哥湾暖流与拉布拉多寒流交汇海域的是

A.纽芬兰渔场　　B.北海道渔场

C.秘鲁渔场　　D.北海渔场

(2)当"拉尼娜"发生时,往往会出现的现象是

A.热带太平洋东部暴雨频繁

B.南美太平洋沿岸鱼类大量死亡

C.东南亚地区持续干旱

D.亚洲东部沿海台风次数增加

厄尔尼诺通常是在冬春形成,翌年冬春结束,持续一年左右。读下图,完成第3、第4题。

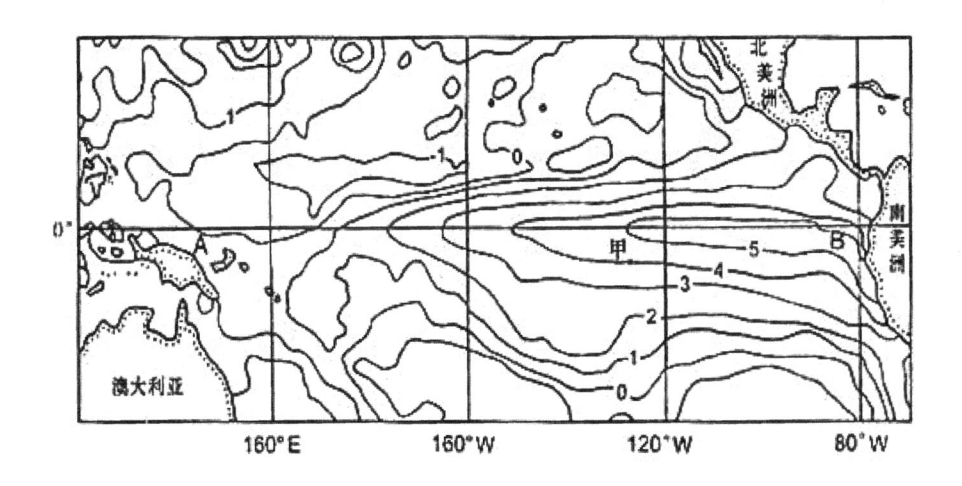

(3)下列现象,可能与"厄尔尼诺"密切相关的是

①东太平洋暴雨异常增多

②东南亚暴雨异常增多

③东北太平洋飓风概率减小

④北美洲北部异常严寒

A.①②　　B.③④　　C.②③　　D.①④

（4）关于"厄尔尼诺"现象对我国的影响，叙述正确的是
①我国北方冬雨增多
②我国南方冬雨增多
③全国冬季异常寒冷漫长
④登陆我国的台风数目减小，但台风个体威力增强

A.①②　　B.③④　　C.①③　　D.②④

茎柔鱼通常的表层适温范围为15摄氏度-28摄氏度，在东太平洋分布广泛，生命周期短，其种群对栖息地环境及气候变化极为敏感。研究表明，海水表面温度是造成茎柔鱼资源丰富程度和栖息地变化的最主要因素。下图示意1950—2015年东太平洋某渔场HSIl（栖息地适宜性指数将HSI<0.2、0.2HSI<0.6及HSI≥0.6分别定义为不适宜的、正常的及适宜的栖息地）在不同气候模式下的变化情况，黑色区域为陆地。完成第5、第6题。

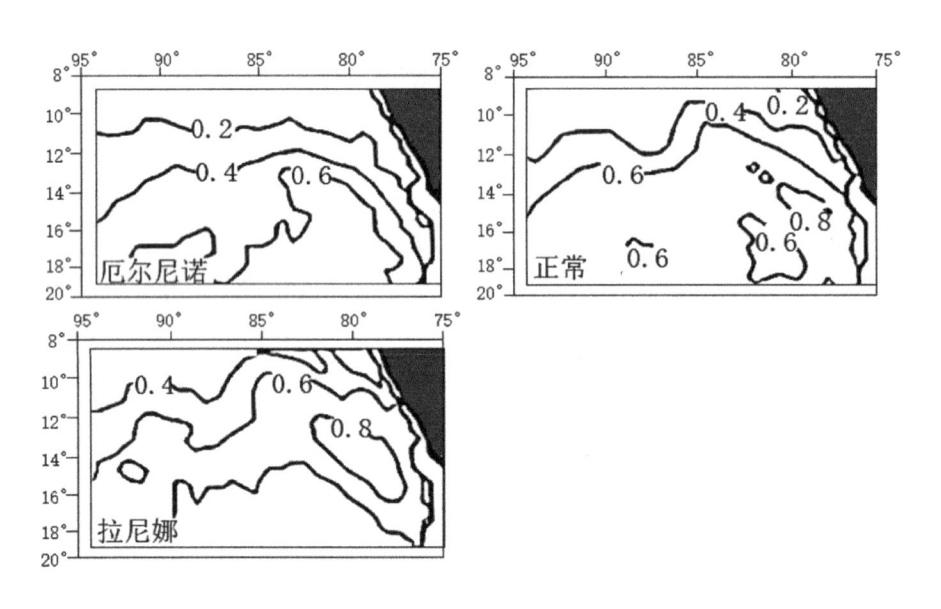

（5）据图文推测厄尔尼诺发生时茎柔鱼主要栖息地迁移方向最可能为
A.东南　　B.西北　　C.西南　　D.东北

（6）当该渔场喜迎茎柔鱼丰收大年时，下列地理事件发生概率增大的是
A.该渔场海水表面温度比往年偏高　　B.该渔场信风增强
C.澳大利亚东部降水量比往年偏少　　D.我国南涝北旱

参考答案： 1.A　2.D　3.D　4.D　5.A　6.B

（十）教学反思

主要亮点：采用"5E"教学模式，环环相扣，以学生为中心，利用真实情境进行情境教学，学生通过"吸引""解释""探究""迁移""评价"五个环节达到教、学、评一致，培养了学生的地理核心素养。

存在不足：由于厄尔尼诺、拉尼娜现象较为抽象，采用图示讲解，部分理解较慢的学生理解起来比较晦涩。

再教设计：将平面的示意图转化为动态的模拟视频，调动学生思维，直观形象。

第三节 情境-问题教学实践
——以"内忧外患与救亡图存"为例

一、单元整体设计
刘 娟

鸦片战争后的数十年间，清政府被迫签订了一系列不平等条约，国家陷入内忧外患的严重局面，逐步沦为半殖民地半封建社会，中国历史进入近代时期。面临"数千年未有之大变局"，各阶层开始寻找"救亡图存"之道。

（一）课程标准

认识列强侵华对中国社会的影响，概述晚清时期人民反抗外来侵略的斗争事迹，理解其性质和意义；认识社会各阶级为挽救危局所作的努力及存在的局限性。了解孙中山三民主义的基本内容，理解辛亥革命与中华民国建立对中国结束帝制、建立民国的意义及局限性。认识五四运动的历史意义，认识马克思主义在中国的传播与中国共产党成立对中国革命的深远影响。

(二)大概念建构

表 5-3-1 "晚清时期的内忧外患与救亡图存"部分大概念层级

学科大概念	单元大概念	课时大概念
向近代转型	内忧外患与救亡图存	1. 两次鸦片战争 2. 列强侵略与国家出路探索 3. 挽救民族危亡的斗争 4. 革命促成中国近代社会变迁 5. 北洋军阀统治时期的政治、经济与文化 6. 五四运动与中国共产党诞生

(三)单元学习目标

◆通过时空坐标,梳理列强侵华和社会各阶级探索的相关史实,认识各阶级为挽救危局所作的努力及存在的局限性。

◆能够说出孙中山三民主义的主要内容,可以依托史料认识辛亥革命结束帝制、建立共和国的历史意义,能够运用唯物史观进行辩证分析,理解辛亥革命的历史局限性。

◆通过合作探究,了解北洋军阀统治的特点,概述新文化运动的主要内容,探讨其对近代中国思想解放的影响。

◆概述中国人民的反侵略的基本史实,体会中国人民在抗击外来侵略时的不屈精神,涵养家国情怀。

◆通过时空坐标,梳理新民主主义革命发展的相关史实,正确认识不同时期中国共产党的工作重心和革命重心,认识到中国共产党对革命道路的艰辛探索和中国共产党人的家国担当、开拓创新的精神。

二、课时大概念 I(两次鸦片战争)教学设计示例
李 健

本课时大概念为"鸦片战争",对应的课程标准为认识列强侵华对中国社会的影响,概述晚清时期中国人民反抗外来侵略的斗争事迹,理解其性质和意义;认识社会各阶级为挽救危局所作的努力及存在的局限性。根据学习内容和课堂容量,本主题的学习需要一个课时。

（一）大概念析读

1. 大概念理解

"两次鸦片战争"是中国步入近代半殖民地半封建社会的标志性历史事件，是中国近代史的起点。鸦片战争是晚清时期外患的最早体现，西方列强的入侵将中国拉入了内忧外患的状况，在这种状况之下，中国各阶级开始了救亡图存的运动。鸦片战争的影响贯穿中国百年的屈辱史和奋斗史。本课集中体现了中国步入内忧外患的原因，展示东西方文明的发展差距。

2. 大概念解构

完成"鸦片战争"大概念教学，需要结合情境，在解释具体概念后，完成以下教学内容，最终达成课时大概念，指向单元大概念。

"19世纪中期的世界与中国"，鸦片战争前，东西方文明发展的差异性。

"两次鸦片战争"，两次鸦片战争的概况和相关条约内容及影响。

"开眼看世界"，鸦片战争后，晚清士大夫阶层的初步反思。

（二）学习目标

1.通过合作探究的方式，正确认识鸦片战争前夕，西方资本主义工业文明发展状况，殖民扩张情况；清朝农业文明政治、经济、文化外交的发展状况。进一步认识到工业文明与农业文明相遇的必然性和农业文明的落后性。（唯物史观）

2.通过史料阅读和地图分析，从时空上梳理两次鸦片战争的经过，正确认识以《南京条约》为代表的不平等条约对中国的主权侵害和深远影响。（时空观念、历史解释）

3.通过史料阅读和教材的整合，认识到在鸦片战争中，中国人民的英勇抗争活动和部分先进的中国人开始关注世界局势的转变。提升民族责任感和培养爱国情怀。（史料实证、家国情怀）

（三）学习重难点

◆学习重点：鸦片战争前东西方文明的认识。

◆学习难点：《南京条约》等不平等条约的认识。

（四）学情分析

◆知能基础：学生通过初中的学习，对两次鸦片战争一定的认识，对于相关史实也有一定的了解。

◆素养基础：通过初中的学习，部分学生具备一定的历史分析能力，具备一定的时空观念和历史解释、史料实证等素养，部分学生积累具备了家国情怀素养。

◆不足条件：之前的学习主要停留在史实层面，缺乏用唯物史观进行指导，缺乏对历史事实进行解释。

（五）教学资源

◆基本教学材料：统编版教材。

◆课时大情境：两次鸦片战争。

（六）问题清单

核心问题	子问题	素养指向
鸦片战争为何会爆发	西方资本主义发展状况如何 中国农业文明发展状况如何	唯物史观、历史解释
《南京条约》对中国产生的影响	清政府在《南京条约》中丧失了哪些主权 列强在《南京条约》中获得了哪些特权	史料实证、历史解释、家国情怀
开眼看世界的意义	开眼看世界的代表人物有哪些 开眼看世界的作品有哪些	历史解释、家国情怀

（七）教学过程设计

1. 导入新课

1840年前的中国和世界形势图展示。

英国，一个距离中国8800千米面积仅20多万平方千米的岛国，为何会在1840年与远在东亚大陆上的大清帝国发生战争？这场战争给中国社会又带来了什么样的影响？

2. 学习新课

学习任务一：19世纪中期的世界与中国。

探究问题：鸦片战争背景研究。

学生活动：阅读教材"1840年前的中国和世界形势图"。思考世界形势呈现的特征并分析原因。分析鸦片战争前中国的社会状况，思考中国在国际格局中的处境。

教师活动：引导学生观察地图。得出西方资本主义在全球扩张，特别是在亚洲，很多国家已经成为列强的殖民地。列强的侵略矛头下一步将指向中国。

材料一　乔治三世国书

如今我们国家同世界各国和睦相处……故此希望特派一位有权柄之人常驻贵国，管束我国臣民的行为，有委屈也可以保护他们。……

第一，请中国允许英国商船在珠山、宁波、天津等处登岸，经营商业。

第二，请中国……允许英国商人在北京设立一洋行，买卖货物。

第三，请与珠山附近划一未经设防之小岛归英商使用。

第四，请于广州附近得一同样权利，且听英国商人自由往来，不加禁止。

第五，凡英国商货自澳门运往广州者，请特别优待赐予免税。

——摘自《1793乾隆英使觐见记》

乾隆皇帝敕谕：……尔国王表内恳请派一尔国之人住居天朝，照管尔国买卖。此则与天朝体制不合，断不可行。……向来西洋各国，前赴天朝贸易，俱在澳门……所有尔使臣请向浙江、宁波、珠山等地船泊贸易之处，皆不可行……又据尔使臣称，欲求相近珠崇山峻岭地方小海岛一处……天朝尺土俱归版籍，疆址森然……此事尤不便准行。

——《清实录》

学生活动：阅读史料，概括英国政府的主张并分析目的。概括清朝政府的主张并分析原因。

学习任务二：两次鸦片战争。

探究问题：鸦片战争的直接原因。

材料二　迨流毒于天下，则为害甚剧，法当从严。若犹泄泄视之，是使数十年之后，中原几无可以制敌之兵，且无可以充饷之银。

——林则徐《湖广总督林则徐奏折》

材料三　把能给我们大英帝国带来无限利益的大批的商品，全部给予销毁！这是我大英帝国的奇耻大辱！我要求议会批准政府派遣远征军去惩罚那个极其野蛮的国家……要迫使它开放更多的港口，要保护我们天经地义的合法贸易！

——英国外相巴麦尊

学生活动：阅读史料并结合教材内容，分析中英对鸦片贸易的态度及目的？试图说明中英冲突的根源。

教师活动：引导学生分析史料，归纳总结。

探究问题：鸦片战争的影响。

学生活动：阅读教材，归纳以《南京条约》为代表的不平等条约，思考主权丧失对中国的影响。

教师活动：引导学生分析，中国丧失了领主主权、关税自主权、片面最惠国待遇、司法主权等。中国开始被资本主义列强欺凌和奴役。

材料四　道光皇帝："著耆英等向该夷反复开导，不厌详细，应该添注条约者，必须明白简当，力杜绝后患，万不可讲究目前，草率了事……"

——《鸦片战争档案史料》

材料五 今本公使以已当两国中人之委，详论出口入口之饷税……税之太重者，走漏之弊，税之太轻者，则以为不足算，均所不悦……应另缮一单，附粘本约……

——璞鼎查（英方代表）

学生活动：阅读教材，总结中国丧失的主权；思考清朝政府看待与英国签订合约的态度。

教师活动：引导学生归纳总结。

学习任务三：开眼看世界。

探究任务：鸦片战争后，国人的反应。

材料六 "夸诈迂怪，为异端之尤"；"所格之物，皆器数之末，所穷之理，又支离神怪而不可诘。"

——《四库全书》

材料七 "是书何以作？曰：为以夷攻夷而作，为以夷款夷而作，为师夷长技以制夷而作。

——魏源《海国图志》

学生活动：阅读史料，分析《四库全书》《海国图志》对西方科技的态度。

教师活动：引导学生分析。

材料八 议和之后，都门仍复恬嬉，大有雨过忘雷之意。海疆之事，转喉触讳，绝口不提，即茶坊酒肆之中，亦大书"免谈时事"四字，俨有书偶语之禁。

——《软尘私论》，《丛刊·鸦片战争》

道光时代的人的目光中，不过是让夷人管夷人。他们想那是最方便，最省事的办法。至于协定关税，他们觉得也是方便省事的办法。每种货物应纳多少税都明白的载于条约，那就可以省除争执。所以他们洋洋得意，以为他们的外交成功……

——蒋廷黻《中国近代史》

学生活动：阅读史料并思考，林则徐等人和大多数中国人对鸦片战争的反思有何不同，林则徐等人的举动是否可以代表全体中国人的反应。

教师活动：引导学生分析。

3.课堂小结

一场鸦片战争,并不能惊醒清朝人的天国梦,也不能摧毁天朝上国的观念。在鸦片战争之后列强构建的不平等条约的体系中,古老的中国融入近代阶段的过程,付出了沉痛的代价。

4.板书设计

一、19世纪的英国与中国

英国:工业文明　　　　　中国:农业文明
　　资本主义经济　　　　　　自然经济
　　殖民扩张　　　　　　　　闭关自守
　　国力强盛　　　　　　　　盲目自大

二、两次鸦片战争

1840—1842:虎门销烟 《南京条约》

1856—1860:亚罗号事件《天津条约》《北京条约》

三、开眼看世界

林则徐:《四洲志》

魏源:《海国图志》

(八)学习测评

1.《南京条约》,将广州开放为通商口岸,允许英国人寄居。但是,广州各阶层民众坚决不允许外国人入城,掀起了"反入城斗争"。这从本质上反映了

A.中国民众坚决维护国家主权的决心　B."华夷之辨"传统思想的根深蒂固

C.《南京条约》是一份不平等的条约　D.广州自古缺乏开埠通商的历史传统

2.《中国近代史》中写道:"他们(负责交涉条约的人伊里布)觉得也是最方便省事的办法是每种货物应该缴纳多少税都明白载于条约,那就可以省却争执……所以他们洋洋得意,以为他们的外交成功。"下列对此解读正确的是

A."条约"指的是《马关条约》　　　B."方法"维护了中国关税主权

C."方法"有利于列强商品输出　　　D."他们"深谙近代外交之道

3.有学者认为,该书是鸦片战争之后五十年间中国成就最高、影响最大的域外史地著述,书中的设想既体现了对西方列强的抵御与抗争,也包含了对资本主义文明的肯定与仿效。该书最有可能的是

A.《四洲志》　　　　　　　　　B.《海国图志》

C.《资政新篇》　　　　　　　　D.《变法通议》

4.1848年徐继畬的《瀛环志略》初刻时，士林间反应冷淡，因书对英国多有正面述评，被时人认作"颇张大英夷"。直至19世纪60年代影响才逐渐扩大，成为国人直面世界的启蒙书。这反映出

  A.时人抛弃了传统的夷夏观念 B.列强侵略激起民众抵制

  C.当时学习西方已成社会共识 D.国人思想解放逐渐深入

5.阅读材料，完成下列要求。

材料一 道光帝：该国地方周围几许？所属国共有若干？（《筹办夷务始末》）……和议之后，都门仍复恬嬉，大有雨过忘雷之意。

——林则徐《软尘私议》

材料二 1841年，中国人民发出《申谕英夷告示》警告英军"若敢再来，不用官兵、不用国帑，自己出力，杀尽尔等猪狗，方消我各乡惨毒之害也"！

材料三 《海国图志》成书于1842年，近代中国最早介绍外国历史地理的书籍之一，魏源在书中提出了"师夷长技以制夷"。

（1）根据材料一、二概括材料中鸦片战争爆发后统治阶层和普通人民的反映。并结合所学知识说出鸦片战争失败的原因。

（2）根据材料三中这些知识分子的共同诉求是什么？

参考答案：1~4：BCBD

5.（1）反映：统治阶层愚昧无知；普通人民不畏强暴，自发抗击英国侵略。

  原因：政治腐败；经济落后；军事落后；指挥失当。

（2）共同诉求：向西方学习，寻求强国御侮之道。

三、课时大概念Ⅱ（国家出路的探索与列强侵略的加剧）教学设计示例
刘 娟

  本课时大概念为"国家出路的探索与列强侵略的加剧"，对应的课程标准为认识列强侵华对中国社会的影响，概述晚清时期中国人民反抗外来侵略的斗争事迹，理解其性质和意义；认识社会各阶级为挽救危局所作的努力及存在的局限性。根据学习内容和课堂容量，本主题的学习需要1课时。

（一）大概念析读

1. 大概念理解

  "国家出路的探索与列强侵略的加剧"是西方工业文明冲击下近代中国的救亡图存，讲述了西方冲击下农民阶级和地主阶级的探索，列强侵略的加剧和中国人民

的抗争。本课内容集中体现了本单元主题内忧外患与救亡图存。上承鸦片战争，下启戊戌变法。

2. 大概念解构

完成"国家出路的探索与列强侵略的加剧"大概念教学，需要结合情境，在解释具体概念后，完成以下教学内容，最终达成课时大概念，指向单元大概念。

（1）"太平天国运动"：西方冲击下农民阶级的探索。

（2）"洋务运动"：列强侵略加剧之下，地主阶级洋务派的探索。

（3）"边疆危机与甲午中日战争"：外患的加剧和中国人民的抗争。

（4）"瓜分中国的狂潮"：危机的进一步加深。

（二）学习目标

1. 通过合作探究的方式，正确认识农民阶级和地主阶级为挽救民族危亡所做的探索和努力，并认识到他们的阶级局限性，理解这一局限性是基于经济基础之上（唯物史观）。

2. 通过史料阅读和分析，从时空上梳理国家探索和列强侵略相关史实，认识列强侵华对中国社会的影响，理性分析洋务运动，客观分析甲午中日战争（时空观念、历史解释）。

3. 通过史料阅读和教材的整合，认识到先进的中国人为挽救民族危机而进行的艰难探索，体会中国人民在抗争和探索中体现出的勇敢、爱国的宝贵精神（史料实证、家国情怀）。

（三）学习重难点

◆学习重点：农民阶级和地主阶级洋务派对国家出路的探索，甲午中日战争的影响。

◆学习难点：对寻求国家出路的探索及其阶级实质的认识和理解。

（四）学情分析

◆知能基础：学生通过初中的学习，对列强的侵略和国家出路的探索有一定的认识，对于相关史实也有一定的了解。

◆素养基础：通过初中的学习，部分学生具备一定的历史分析能力，具备一定的时空观念和历史解释、史料实证等素养，部分学生具备了家国情怀素养。

◆不足条件：之前的学习主要停留在史实层面，缺乏用唯物史观进行指导，缺乏对历史事实进行解释。

（五）教学资源

◆基本教学材料：统编版教材。

◆课时大情境：列强侵略的加剧和国家出路的探索。

（六）问题清单

核心问题	子问题	素养指向
中国各阶级的探索，是在什么条件下进行的	中国近代"直接面对的、已成事实的、从过去传承下来的条件"有哪些	唯物史观、历史解释
农民阶级为挽救危局所作的努力有哪些？存在什么局限性	分析太平天国政权的特点，辩证分析太平天国运动	史料实证、历史解释
全面客观地分析洋务运动	如何认识"中学为体、西学为用"	时空观念、历史解释
边疆危机的表现有哪些	探究西北边疆危机、中法战争，感悟民族精神	时空观念、家国情怀
分析甲午中日战争	分析甲午中日战争的背景；分析《马关条约》的内容及其影响；从长时段来认识甲午中日战争的影响	唯物史观、历史解释
总结社会各阶级为了挽救危局而作出的努力及存在的局限性	探讨什么阶级才能领导中国革命取得成功	历史解释、唯物史观

（七）教学过程设计

1. 导入新课

"人类创造着自己的历史，但是他们并不能随心所欲地创造。他们自己不能选择创造的条件，而是只能在直接面对的、已成事实的、从过去传承下来的条件下创造。"

——《马克思恩格斯选集》第1卷，人民出版社，1995年第2版

工业革命后，英国为了打开中国市场、掠夺原料，悍然发动了鸦片战争，中国被迫卷入资本主义世界市场。鸦片战争以后，列强侵略加剧，中国不同的阶层探索国家的出路。中国各阶级的探索，在什么条件下进行？

2. 学习新课

学习任务一：天国迷梦——农民阶级的初探。

探究问题：农民阶级的初探。

学生活动：用时间轴形式梳理1840—1895年西方的侵略和中国做出的探索。阅读教材《太平天国运动形势图》，结合太平天国玉玺文本，思考天国政权特点，并结合其他史实来论述太平天国的特点、进步性和局限性？结合教材史料阅读《天朝田亩制度》的内容，评价太平天国运动。

教师活动：教师引导学生完成时间轴，并进行补充完善。通过展示天国玉玺的文本内容，引导学生分析太平天国政权的特点。天国玉玺内容如下。

天父上帝　天兄基督　天王洪日　主王輿笃　救世幼主　真王贵福　八位万岁　永锡天禄　永定乾坤　恩和辑睦。

学生从天国玉玺认识到政权有宗教性、封建性、空想性、革命性等特点。结合教材中《天朝田亩制度》的内容，补充《资政新篇》的内容，结合天京变乱，分析太平天国的进步性和局限性，并指出局限性的原因。

材料一　所谓"以法法之"者，……如纲常伦纪、教养大典，则宜立法以为准焉。……凡外邦人技艺精巧，邦法宏深，宜先许其通商……兴车马之利……兴身桴之利……兴银行……兴器皿技艺……兴邮亭……兴医院……

——《资政新篇》

在新的冲击下，农民阶级探索国家出路，虽然带有阶级立场的闪光点，但是农民阶级不可能触及封建专制统治，无法建立"地上天国"，自然也不能从根本上遏制列强侵略的步伐。

学习任务二：洋务运动——地主阶级的自救。

探究问题：地主阶级洋务派的探索。

学生活动：结合教材"学思之窗"板块，分析洋务运动的内容和目的。学生合作探究，如何认识"中学为体，西学为用"？

教师活动：从史料中"购买外洋器物"发现洋务运动的内容，从"演习""试造"了解洋务派买器物的动机，从"剿发逆，勤远略"探知洋务新政的目的。洋务运动的目的是通过学习西方，达到自强，巩固统治。镇压农民起义，保障国家安全，抵御外敌侵略，最终的目的乃是巩固清朝的统治。这也可以看出洋务运动的阶级立场，进而理解其局限性。

教师补充材料，学生辩证分析，如何认识"中学为体，西学为用"？

材料二　"中国遗其体而求其用，无论竭蹶趋步，常不相及。"

——郑观应《盛世危言》

材料三　"能变则全，不变则亡；全变则强，小变仍亡。"

——康有为《上清帝第六书》

材料四　如果没有"中体"作为前提，"西用"无所依托，它在中国是进不了门，落不了户的。

——陈旭麓《近代中国社会的新陈代谢》

19世纪中后期，西方列强由于第二次工业革命的深入开展，纷纷进入帝国主义阶段，加紧了对外侵略扩张，致使中国边疆形势骤然紧张。

学习任务三：危机加深——列强侵略的加剧。

学生活动：自主学习边疆危机。结合甲午中日战争形势示意图，分析甲午中日战争中国战败、日本战胜的原因。分析《马关条约》的内容，探究《马关条约》给中日双方带来的影响？并思考，从长时段来看，如何看待日本战胜、中国战败。结合教材19世纪末帝国主义列强在华划分势力范围示意图，思考列强在华划分势力范围具有哪些特点？这反映当时的中国面临怎样的局面？如何理解在经过一系列斗争与探索后，中国的民族危机不仅没有缓解，反而加剧了？

教师活动：

西北边疆危机：19世纪六七十年代，阿古柏在英国支持下试图分裂新疆。年逾花甲的左宗棠借款出征，队伍面前抬有棺材一口，终以摧枯拉朽之势击溃新疆叛军。挫败英俄图谋，西北边疆渡过危机。

中法战争：1883年8月，法国控制了清王朝的藩属国越南。1884年法军偷袭马尾军港，炮毁福州造船厂；法军进攻台湾，当地军民在台湾军务大臣刘铭传的领导下严密布防，多次击退法军；1885年3月清军在70多岁老将冯子材率领下取得镇南关大捷。法军败退，法国内阁因此倒台，然而却签订丧权合约，中国虽胜犹败。

甲午中日战争中国战败原因：清政府方面，统治腐朽，制度落后；战略失当，消极备战；未能充分动员民众。日本方面，日本蓄谋已久，制度先进，日本海军的整体实力超过中国海军；西方列强对日本的支持。

《马关条约》进一步把中国推向了半殖民地半封建社会的深渊。《马关条约》签订后，各帝国主义国家纷纷在中国划分势力范围。

指出以下误区。

误区一：不应该赞扬日本天皇出钱支援海军建设，这是穷兵黩武的表现。

误区二：不应该过分解读甲午中日战争日本的胜利。从长时段来看，这一胜利对日本乃至世界都是灾难。补充材料，进一步认识日本战胜的消极影响。

材料五　日本受这场战争胜利的刺激，一路狂飙地走上了疯狂扩军备战的军国主义道路，最终在二战结束时遭遇惨败。中国虽然自此陷入任由列强宰割的半殖民地命运，然而却从思想层面和制度层面进行觉醒和反思，走上了探索寻求"救亡"与"启蒙"之路。

——田庆立　宋志艳《甲午战争对近代以来中日两国的影响》

结合教材19世纪末帝国主义列强在华划分势力范围示意图，分析列强在中国划分的势力范围，列强在中国掀起一轮又一轮瓜分势力范围的狂潮，中国的国家主权和领土完整收到严重损害，"战争赔款"成为天文数字，清政府向欧洲大借款、列强在华划分势力范围和强租租借地，加重了中国的民族危机。

3. 课堂小结

鸦片战争的炮火带来了中国近代百年的屈辱，农民阶级和地主阶级进行了国家出路的探索，但都不可能触及封建专制统治，危机进一步加深。在新的历史时期，中国革命需要新的代表时代发展方向的阶级力量充当领导者，传统阶层的探索逐步落下帷幕，成长中的新兴阶级正在酝酿着新的救亡图存运动。

◆板书设计

1. 天国迷梦 —— 农民阶级的初探
2. 洋务运动 —— 地主阶级的自救
3. 危机加深 —— 列强侵略的加剧

（八）学习测评

1. 1861年，慈禧发动政变处置政敌时，特别把"不能尽心和议"列为罪状。英国人在华创办的《北华捷报》称："在这个特别的关头，我们要比我们同中国发生联系的其他任何时期，更有必要去支持帝国的现存政府。"由此可知

　　A. 太平天国将面临更严峻的形势　　B. 清政府沦为洋人的朝廷
　　C. 清廷顽固派势力地位得到加强　　D. 传统的外交体制被抛弃

2. 《申报》曾报道，"奉天为我圣祖神宗当日发祥之地，今虽势不能敌，岂可轻以尺寸与人"，还有旅顺、威海皆军事要地，因而"中国万不可允倭人割地之请"。与此报道相关的战争应是

　　A. 鸦片战争　B. 第二次鸦片战争　C. 甲午中日战争　D. 八国联军侵华战争

3. 甲午之役，民族之殇。对此，史学家陈旭麓说："深重的灾难同时又是一种精神上的强击。"阅读下列材料，回答相关问题。

材料：当中国盛时，日本不敢与抗。咸丰庚申中英之战，败衄，英、法、俄、美并为有约之国，日本不得与……是役（甲午战争）后，日人资中国赔款以兴百政，培力既厚。俄、法、德以仗义归辽，责报殊奢，而中国复乖于应付，于是俄据旅顺、大连湾，英据威海卫，德据胶州，法据广州湾，以互为钤制。中国乃不国矣。

—— 摘编自杨松《中国近代史资料选编》

根据材料并结合所学知识，概括指出甲午战争中国战败所带来的危害。结合

19世纪末20世纪初相关史实,对"深重的灾难同时又是一种精神上的强击"这一论断加以说明。

参考答案:1~2:AC

3.危害:引发了列强瓜分中国的狂潮;大大加深了中国社会的半殖民地化(民族危机的加深);刺激了日本军国主义的扩张野心。

说明:甲午战争客观上唤醒了国人的民族意识;推动了救亡图存运动;激发了政治变革思潮;加快了中国近代化(现代化)进程。

四、课时大概念Ⅲ(挽救民族危亡的斗争)教学设计示例
左天伦

本课大概念为"挽救民族危亡的斗争"。对应课标为"认识列强侵华对中国社会的影响,概述晚清时期中国人民反抗外来侵略的斗争事迹,理解其性质和意义;认识社会各阶级为挽救危局所作的努力及存在的局限性"。根据学习内容和课堂容量,本主题的学习需要1课时。

(一)大概念析读

1. 大概念理解

"挽救民族危亡的斗争"主要介绍了晚清时期列强侵华步步紧逼和各阶层探索斗争步步增强两大线索。本课内容作为这一单元的最后一课,具有承上启下的地位。甲午战争后,危机不断加剧,挽救民族危亡成为时代需求。资产阶级的戊戌维新运动和农民阶级的义和团运动均告失败后,民族危机还在加深,探索出路的任务还在继续,也为下一单元辛亥革命的爆发做出铺垫。

2. 大概念解构

完成"挽救民族危亡的斗争"大概念教学,需要结合情境,在解释具体概念后,完成以下教学内容,最终达成课时大概念,指向单元大概念。

(1)"戊戌维新运动":在民族危机冲击下,资产阶级维新派的探索。

(2)"义和团运动":列强侵略加剧之下,农民阶级义和团的抗争。

(3)"八国联军侵华":外患的加剧和中国人民的抗争。

(4)"民族危机的加深":各阶级的探索并未挽救中国,危机反加深。

(二)学习目标

1.学生通过学习,运用联系发展、客观辩证的方式,评价戊戌变法、义和团运动、八国联军侵华的影响(唯物史观)。

2.学生通过历史图片和历史资料提出问题、设置悬念，实证戊戌变法运动的原因、经过、特点、影响，提升学生探究分析历史问题的能力（史料实证、历史解释）。

3.学生通过学习认识义和团运动反对列强侵略的爱国主义精神，培养中华民族不屈不挠的民族精神和爱国主义情怀（家国情怀）。

（三）教学重难点

教学重点：维新派和义和团为挽救危局所做的努力。

教学难点：戊戌维新运动和义和团运动的局限性。

（四）学情分析

◆知能基础：学生通过初中的学习，对戊戌变法、义和团运动和八国联军侵华有一定的认识，对于相关史实也有一定的了解。

◆素养基础：通过初中的学习，部分学生具备一定的历史分析能力，具备一定的时空观念和历史解释、史料实证等素养，部分学生具备了家国情怀素养。

◆不足条件：之前的学习主要停留在史实层面，缺乏用唯物史观进行指导，缺乏对历史事实进行解释。

（五）教学资源

◆基本教学材料：统编版教材。

◆课时大情境：挽救民族危亡的斗争。

（六）问题清单

核心问题	子问题	素养指向
如何理解严复《论世变之亟》中的这段文字 戊戌维新运动的内容和局限性	"运会"指的是什么 "世变之亟"下如何救亡 资产阶级维新派挽救危局的认识和主张 戊戌维新运动失败的原因有哪些	时空观念、史料实证、历史解释
义和团运动的性质和局限性	义和团运动的性质 如何评价义和团"扶清灭洋"的口号	史料实证、唯物史观、历史解释
如何认识各阶层为挽救危局所做出的不懈努力	引导学生分析和思考	家国情怀

（七）教学过程设计

1. 导入新课

"呜呼！观今日之世变，盖自秦以来未有若斯之亟（危急）也。夫世之变也，莫知其所由然，强而名之曰运会（时势）。运会既成，虽圣人无所为力，盖圣人亦运会中之一物。"

——严复《论世变之亟》

教师活动：近代思想家严复把当时中国遭遇的危机归结于"运会"，指的是当时的世界潮流，并认为即使是圣人也对此无能为力。甲午战败后，民族危机加深，中华民族将如何进行救亡图存的斗争和继续国家出路的探索？

2. 学习新课

学习任务一：戊戌维新运动。

探究问题：认识戊戌维新运动的贡献和局限性。

学生活动：阅读教材，用图表形式梳理出戊戌维新运动的简要过程。根据教师提供的材料，结合教材，自主思考维新派的主要斗争方式和救国方案。

教师活动：通过要求学生阅读教材，梳理清楚戊戌维新运动的大致经过。并展示四则史料，引导学生分析维新派挽救危局的认识和主张。

展示材料：

材料一 "欲自强，必先致富，欲致富，必首在振工商；欲振工商，必先讲求学校，速立宪法，尊重道德，改良政治。"

——郑观应《盛世危言》

材料二 "考中国败弱之由，百弊丛积，皆由体制尊隔之故。"

——康有为《康有为自编年谱》

材料三 "观大地诸国，皆以变法而强……能变则全，不变则亡；全变则强，小变则亡。"

——康有为《应诏统筹全局折》

材料四 "天下理之最明，而势所必主者，如今日中国不变法则必亡是已。"

——严复《救亡决论》

学生活动：在理解维新运动性质后，学生继续阅读教材"历史纵横"板块中对《新学伪经考》和《孔子改制考》的介绍，思考康有为写这两本书的动机是什么？并对比"学思之窗"板块中"明定国是"诏书的内容，思考康有为选择儒家学说来为改制做宣传的原因又是什么？然后采用小组竞争机制，对讨论的问题进行阐述。

教师活动：要求学生阅读教材"历史纵横"中对《新学伪经考》和《孔子改制

考》的介绍以及"学思之窗"中的内容，引导学生得出康有为撰写的这两本著作是借用孔子的权威，打击维护封建专制制度的理论基础和"恪守祖训"的封建教条，有助于学生理解维新变法的理论史实，以及资产阶级维新派为挽救民族危亡在理论方面所做出的努力。另外，根据诏书的内容，并未从根本上脱离"中体西用"的架构，新旧杂糅说明了变法的不彻底。

学习任务二：义和团运动。

探究问题：认识义和团运动的性质和局限性。

材料展示：《义和团揭帖》节选。

教师活动：根据材料思考义和团运动因何而起？运动口号是什么？如何认识这一口号？

学生活动：自主思考，总结归纳。

（1）义和团运动是在民族危机加剧和反洋教斗争的背景下兴起的。

（2）义和团以"扶清灭洋"为口号。

（3）扶清：有利于争取官兵，却对清政府抱有幻想；分不清清朝和中国。

灭洋：能动员民众反帝，但带有盲目排外行为。

学习任务三：八国联军侵华和民族危机的加深。

探究问题：认识民族危机加深的原因和后果。

学生活动：阅读教材，根据教师提供的清廷眼中和洋人眼中对"扶清灭洋"口号的反应和态度的材料，结合八国联军侵华示意图，完成八国联军侵华过程的表格。

教师活动：通过指导学生阅读教材和完成表格，让学生更直观地认识到"扶清灭洋"口号的局限性，这场爱国运动最终在中外反动势力的联合绞杀下失败，说明清政府和外部势力的勾结是近代民族危机加深的重要原因，也说明只有推翻清王朝的统治才能真正挽救中国。

学生活动：自主阅读教材，概括和归纳《辛丑条约》的影响。

教师活动：通过让学生概括《辛丑条约》的内容，引导学生认识到《辛丑条约》的内容要比以往的不平等条约危害更甚。尤其是使馆区的设立、惩办"首祸诸臣"等条款，让学生认识到清政府俨然已经成为"洋人的朝廷"，中国彻底沦为了半殖民地半封建社会。理解民族危机加深的事实，进而引发对中国何去何从的思考。

教师活动：随着中国半殖民地半封建的完全确立，民族危亡不断加深，说明了维新变法和义和团的救亡方案都行不通。

学生活动：结合本单元所学知识，通过小组讨论，合作探究。

教师活动：各阶层救亡图存的斗争虽然失败，但他们所做出的努力，以及爱国之心都是值得肯定的。中华民族为挽救民族危亡不屈不挠地顽强抗争，勇于探索的民族精神就是希望，正是这种抗争精神，探索救亡的任务仍在继续。而各阶层所依靠的清政府已逐渐被抛弃，革命成为时代的主流。

3. 课堂小结

通过本课的学习，可以了解到在甲午战争后，挽救民族危亡成为时代需求。资产阶级的戊戌维新和农民阶级的义和团由于自身局限性，救亡运动均告失败。随着八国联军侵华和《辛丑条约》的签订，国难加深，探索近代国家出路的任务和方案仍在继续。也可以感悟近代以来，中华民族为挽救国家危亡顽强抗争，勇于探索的民族精神和家国情怀。

4. 板书设计

挽救民族危亡的斗争

1. 世变之亟：民族危亡　救亡图存
2. 应变之道：维新派：变法改良　义和团：暴力抵抗
3. 国变之惑：进步性　局限性

(八) 学习测评

1. [2021年高考福建卷] 1898年夏，吴汝纶为严复的译著《天演论》作序，称誉该书"与晚周诸子相上下"，但又担心难以引起"以时文、公牍、说部为学"的一般士子的关注。据此可推知当时

　　A. 维新运动的社会基础较为薄弱　　B. 新旧知识分子阵营分明

　　C. 救亡图存的时代主题尚未彰显　　D. 科举制度改革势在必行

2. [2021年全国乙卷] 1898年，某书商慨叹废八股将使自己损失惨重，后来发现"经学书犹有人买"，其损失并不如以前估计之大，而该书商对新学书籍的投资不久又面临亏损。这可以反映出该时期

　　A. 儒学地位颠覆　　B. 列强侵略加剧　　C. 政局变化迅速　　D. 西学深入民心

3. [2022年全国甲卷] "百日维新"前，梁启超任教于湖南时务学堂，"所言皆当时一派之民权论"，又窃印《明夷待访录》《扬州十日记》等禁书，"加以案语，秘密分布，传播革命思想，信奉者日众"，于是"湖南新旧派大哄"。这反映出，当时

　　A. 革命已成为主要思潮　　　　　B. 维新派变法策略未能统一

　　C. 变法思想的根本转变　　　　　D. 维新派侧重动员民众变法

参考答案： 1. A　2. C　3. D

五、课时大概念Ⅳ（辛亥革命）教学设计示例
王康

中华民国的建立，承续晚清以来各阶层不断探索救亡道路的历史进程，取得了重大阶段性成果，具有重大历史意义。但同时，由于民族资产阶级的历史局限，民国的建立并没有完成民族独立和人民解放的历史任务，因此救亡道路的探索并未终止。

（一）大概念析读
1. 大概念理解

辛亥革命在政治文明进程中，是当时中国如何由传统走向近代、如何由专制走向民主法制的关键节点。辛亥革命是中国近代史上的重大事件，是中国人民寻求民族解放和政治民主的重要部分。

2. 大概念解构

武昌起义这一子目，主要讲述辛亥革命的背景。即甲午战争和八国联军侵华后，清政府的改革自救和革命党人为推翻清政府所做的努力。不过，清末新政在客观上培育了革命力量，使其壮大，清政府的假立宪使改革和革命最终合流，促成武昌起义的胜利和全国十多个省份的独立；独立的省份在孙中山的集合与带领下，在南京组织建立一个民主共和的民国，具体强调了资产阶级民主宪法。即《中华民国临时约法》，以法制的方式建构了民主和共和制度的基本框架。

（二）学习目标

1.学生通过对辛亥革命背景学习，知道清末新政客观上对资本主义经济发展的促进作用，清政府因假立宪与皇族内阁而离心离德，最终使改革与革命合流。理解社会存在决定社会意识，社会从专制、独裁走向民主、法制是历史的大势所趋。

2.学生通过对辛亥革命中的南北妥协和《中华民国临时约法》的学习，知道中国民主进程、中华民族伟大复兴的艰难历程。理解辛亥革命有狭义和广义的区别，中国革命是长时过程而非某一节点就毕其功于一役。

（三）学习重难点

◆学习重点：辛亥革命爆发的原因；《中华民国临时约法》；辛亥革命的历史意义。

◆学习难点：辛亥革命的历史功绩和教训。

（四）学情分析

◆知能基础：辛亥革命，初中历史介绍的已比较详细。高一新生们对孙中山主

要的革命活动、武昌起义的经过、中华民国的建立以及袁世凯上台的概况等，有一定程度的了解。

◆**素养基础**：通过初中的学习，部分学生具备一定的历史分析能力，具备一定的时空观念和历史解释、史料实证等素养，部分学生具备了家国情怀素养。

◆**不足条件**：之前的学习主要停留在史实层面，更多的是，只知其然，不知其所以然。

（五）教学资源

◆**基本教学材料**：统编版教材。

◆**课时大情境**：辛亥革命。

（六）问题清单

核心问题	子问题	素养指向
辛亥革命发生的背景	改良与革命最终的殊途同归	史料实证、时空观念
如何看待南北妥协	辛亥革命是成功还是失败	史料实证
辛亥革命的意义	辛亥革命打开革命挽救中国之路，是民族伟大复兴的开端	家国情怀

（七）教学过程设计

1.【导入新课】

学生活动：观察《时局图》，齐读陈天华的《猛回头》。

俄罗斯，自北方，包我三面；

英吉利，假通商，毒计中藏。

法兰西，占广州，窥伺黔桂；

德意志，胶州领，虎视东方。

新日本，取台湾，再图福建；

美利坚，也想要，割土分疆。

——陈天华《猛回头》

近代史上，中国一方面遭受着侵略，一方面被侵略者拖入了近代化的历史潮流中。面对如此深重的民族危机之时，当时的中国是继续固守传统，还是融入近代化大潮寻求民族自救呢？我们一起进入《辛亥革命》的学习。

2.【学习新课】：

学习任务一：为何选择民主共和制度？

教师活动： 19世纪六七十年代以来，中国兴起了学习西方先进科技的洋务运动，民族资本主义产生并缓慢发展，进入工业化的近代化潮流。

20世纪初，民族资本主义……有了比较迅速的发展。1901年至1911年，全国新设立的厂矿有320多家，资本总额1亿多元，是以前三十余年的两倍多。

——人教版《中国近现代史》

设问： 请同学们看材料，你能从材料中得到什么信息？

经济发展的大背景下，专制制度已然不能适应需要。1905年，清政府很大一部分汉族官员认为：中国应学习西方制度，适应用法治保障民主权利的近代化潮流，早日走上君主立宪以图自救。清政府也给予了积极回应，1906年，宣布预备立宪。1908年，清政府颁布宪法文献《钦定宪法大纲》：

一、大清皇帝统治大清帝国，万世一系，永永尊戴；三、钦定颁行法律及发交议案之权；四、召集、开闭、停展及解散议院之权；五、设官制禄及黜陟百司之权；六、统率陆海军及编定军制之权；十、总揽司法权……

——《钦定宪法大纲》

学生活动： 阅读材料，分析《钦定宪法大纲》的特点。

1911年5月8日，清政府终于宣布成立责任内阁。

总理大臣庆亲王奕劻（宗室）

协理大臣大学士徐世昌（汉）

大学士那桐（满）

外务大臣梁敦彦（汉）

民政大臣肃亲王善耆（宗室）

度支大臣加贝勒衔镇国公载泽（宗室）

学务大臣唐景崇（汉）

陆军大臣荫昌（满）

海军大臣加郡王衔贝勒载洵（宗室）

司法大臣绍昌（宗室）

农工商大臣加贝勒衔贝子溥伦（宗室）

邮传大臣盛宣怀（汉）

理藩大臣寿耆（宗室）

学生活动： 观察内阁名单，找出其隐藏信息。

（内阁成员）总共由13人组成，其中皇族成员占了5名，满族占了8名，这就是臭名昭著的"皇族内阁"……"皇族内阁"的成员构成,背离了皇族人士不得入阁的宪政基本原则,其维护专制皇权统治的用意昭然若揭……

—— 张建刚、颜吾芟《清末"预备立宪"——皇族内阁出现》

皇族内阁让立宪派和汉族官员彻底失望,与清政府离心。

教师活动:清末改革试图以近代化改革来维护统治,但君权宪法化和皇族内阁严重背离了近代化的潮流,促成了清政府内部的分裂,立宪派和汉族官僚对革命和民主共和道路的态度发生了转变。同时,新政的经济措施壮大了资产阶级的力量。

学生活动:资产阶级革命党人要走民主共和道路。首要任务是推翻清政府。结合教材,我们一起看看为实现目标,他们都做了哪些努力?

1894年,孙中山在檀香山建立革命团体兴中会。

1905年,孙中山在日本东京组建了中国同盟会。

《民报》:"驱除鞑虏,恢复中华,创立民国,平均地权"革命纲领。

自1906年起,革命党人陆续发动了一系列起义,如1911年的黄花岗起义。尽管一系列起义均没有成功,但革命党人在不断积累经验,扩大影响,可以说革命蓄势待发,渐成气候。

教师活动:1911年4月,清政府镇压黄花岗起义后;5月,宣布皇族内阁的第二天,清政府又颁布了"铁路国有"政策。

清政府强行收回铁路路权,破坏民众的基本经济权益。继立宪派和汉官离心,清政府通过铁路国有失去了最后的民心。我们来看一段外国人对清政府做法可能引起后果的描述。

大多数老百姓是希望换个政府的。不能说他们是革命党,但是他们对于推翻清朝的尝试是衷心赞成的。我看在不久的将来,一场革命是免不了的。

—— 1911年5月,长沙税务司伟克非

教师活动:铁路国有成为压倒清政府的最后一根稻草。四川掀起了保路运动。清廷旋即派湖北新军顺长江进入四川镇压,事实上造成湖北的防务空虚。

新军多出身底层,他们对破坏基本经济权益的政策本就极为不满。且留日归国同盟会员的宣传深入新军,1911年10月10日,新军在湖北发动起义,光复武汉三镇,建立湖北军政府。新军成为清政府的掘墓人。

武汉光复后,湖北军政府通电全国,陆续十几个省份通电独立,赞成共和。

学生活动:同学们是否知道贵州在辛亥革命中的相关史实?

11月4日凌晨,在张百麟带领下,汇合南厂新军和陆军小学宣布起义。贵州巡抚沈瑜庆本想借巡抚衙门卫队顽抗,但卫队在管带彭尔坤领导下响应起义。沈瑜庆

见大势已去，遂交出印信，清王朝在贵州的统治宣告结束

——沈启源《辛亥革命在贵阳》，《贵阳文史》2011年第5期。

学习任务二：如何构建民主共和制度。

1912年元旦，中华民国临时政府在南京建立，以五色旗——满汉蒙回藏五族共和为国旗，孙中山为临时大总统。形成与北京清政府的南北对峙。

北方清政府、南方孙中山为首的中华民国临时政府，以及被起复的袁世凯。

教师活动：同学们不妨分析一下，对决中各自的想法。

其一，载沣：依然试图镇压革命，维护统治；其二，孙中山：推翻帝制，建立民主共和。

我们看看袁世凯的方案。

在此潮流转变之下，民心思动，已非一朝，不是单靠兵力所能平定，主张剿抚兼施。

——张国淦《辛亥革命史料》

袁世凯：剿抚兼施，从中渔利。

南北妥协：1912年2月12日，清帝退位；2月15日南京选袁世凯为临时大总统；3月10日袁世凯在北京就任临时大总统。

在此，教师点出南北妥协的意义，客观看待。

帝制终结，3月11日，孙中山在南京临时参议院公布《中华民国临时约法》以《中华民国临时约法》之宪法基础，制定中国的民主共和制度。

对比清政府的《钦定宪法大纲》，突出其民主共和内涵。

大清皇帝统治大清帝国，万世一系，永永尊戴；君上神圣尊严，不可侵犯。

——《钦定宪法大纲》1908年

中华民国由中华人民组织之；中华民国之主权属于国民全体。国内各民族一律平等。

——《中华民国临时约法》1912年

学生活动：从政治权利主体看，两者的区别是什么？

前者突出君主大权，后者突出人民主权和平等。凸显了现代国家观（国家属于国民）和现代民族观（民族平等）。

学生活动：从政府结构看，该架构形式体现了什么思想？责任内阁因何存在？

体现了三权分立思想，限制袁世凯。

臣民于法律范围以内，所有言论、著作、出版及集会、结社等事，均准其自由；臣民之财产及居住，无故不加侵扰。

——《钦定宪法大纲》

国民有人身、居住、财产、言论、出版、集会、结社等自由；国民有选举和被选举权。

——《中华民国临时约法》1912年

学生活动：从人权如何体现的视角看，两者的区别在哪里？

教师活动：《中华民国临时约法》是中国历史上第一部资产阶级民主宪法。它用法治框架保障民主权利，用三权分立确定了政府组织形式，构建了当时中国的民主共和制度。辛亥革命推翻了帝制，宪法和分权政府确定了人民主权和民主共和制度，使得民主共和观念逐渐深入人心，推动了资本主义经济的进一步发展和社会风俗的转变。

民主共和是否就此一帆风顺？

1915年袁世凯称帝破坏共和，孙中山先生为维护民主共和进行了护法、护国和二次革命等。故常把辛亥革命分为广义和狭义。

武昌起义发生于旧历辛亥年，武昌起义被称为狭义的辛亥革命。

以孙中山为代表的资产阶级革命派为推翻清王朝帝制，建立和维护资产阶级民主共和国的全过程是广义的辛亥革命。

学习任务三：民主共和制度构建的启示。

学生活动：当时中国顺应近代化潮流过程中，西方民主共和的方案为何没有达成革命派的目的？辛亥革命的实践给后来的革命者和我们什么启示？

主题：国情、历史传统、受压迫的阶级等。

国民性改造："旧邦新造"，不仅要造出新的国家机器，更重要的是造出操纵新机器的新国民。

"所谓立宪政体，所谓国民政治，果能实现与否，纯然以多数国民能否对于政治、自觉其居于主人的主动地位为唯一根本之条件。"

—— 陈独秀《吾人最后之自觉》，《青年杂志》第一卷第六号

"觉得凡不是中国人，都没有权来管中国的事情。觉得凡是中国人，都有权来管中国的事。前者叫民族精神的自觉，后者叫做民主精神的自觉。……诸君啊，我们年年双十节纪念，纪念什么呢？就是纪念这个意义。"

—— 梁启超《辛亥革命之意义与十年双十节之乐观》

真正的革命是极其深刻的，因为它将导致人们行为方式和思维方式的变革，并最终塑造和改进一个民族的精神。

——（法）古斯塔夫·勒庞《革命心理学》

教师活动：辛亥革命推翻帝制使中国走出千年来"治乱循环"的同时，民主共和制度构建的探索给后继的革命者这样的启示：中国革命要基于中国国情，中国革命不仅要建立民主共和政府，还要塑造和改进民族精神；辛亥革命的不足为后继的革命者提供了充分的经验和借鉴，是中华民族伟大复兴的开端。

◆板书设计

辛亥革命

——民主共和制度的构建与启示

一、为何选择民主共和制度

二、如何构建民主共和制度

三、民主共和制度构建的启示

（八）学习测评

1.1905年，清廷宣布废除科举制。令人惊讶的是，废除这样一种关联无数人切身利益的选官制度，在当时并没有引起太大的社会风波，而是能够较平稳的实施。这说明

　　A.新式学堂激增改变旧式价值观念

　　B.清末新政有效满足民众利益诉求

　　C.近代中国国民权利意识尚未觉醒

　　D.教育形式内容革新渐成社会共识

2.中华民国建立后，最初想模仿美国实行三权分立的总统制，后来又改为责任制内阁。但按照英国的责任制内阁，议会多数党党魁出任内阁首相后，阁员由首相任命。而《中华民国临时约法》规定，中华民国责任内阁的阁员，必须由参议院审定后方可任命。这一规定

　　A.阻止了袁世凯复辟帝制的野心　　B.体现了典型的三权分立特点

　　C."因人立法"，缺乏法治精神　　　D.事实上确立了共和制

3.清宣统三年十二月二十五日（1912年2月12日），清隆裕太后代行颁布的清宣统帝爱新觉罗·溥仪的退位诏书。这份诏书

　　A.属于一手史料，见证了中国近代历史的结束

　　B.标志着中国延续两千多年的封建帝制的终结

　　C.促使半殖民地半封建的社会性质发生根本改变

　　D.意味着反帝反封建的辛亥革命取得完全胜利

4.有学者认为辛亥革命预示着从"朝代国家"向"共和国家"的转变，从"封

建政治制度"向"现代民主政治制度"的转变。这说明辛亥革命

  A.打开了中国进步的闸门 B.实现了社会转型的目标
  C.促成了社会性质的转变 D.完成了民族革命的任务

参考答案：DCBA

六、课时大概念Ⅴ（北洋军阀统治时期的政治、经济与文化）教学设计示例

邓 梅

  本课时大概念为"北洋军阀统治时期的政治、经济与文化"，对应的课程标准为了解孙中山三民主义的基本内容，理解辛亥革命与中华民国建立对中国结束帝制、建立民国的意义及局限；了解北洋军阀的统治及特点；概述新文运动的主要内容，探讨其对近代中国思想解放的影响。根据学习内容和课堂容量，本主题的学习需要1课时。

（一）大概念析读

1. 大概念理解

  "北洋军阀统治时期的政治、经济与文化"是在辛亥革命的果实被袁世凯窃取后，中国进入北洋军阀统治时期，这时期各种社会乱象主要表现为新旧事物的交织和碰撞，它既体现了辛亥革命产生的积极影响，也存在着局限性，在新旧事物不断的碰撞中产生出火花——新文化运动，此中孕育出新机——马克思主义在中国传播和中国共产党的成立。本课内容集中体现了本单元主题走向共和，孕育新机。上承辛亥革命，下启中共的诞生。

2. 大概念解构

  完成"北洋军阀统治时期的政治、经济与文化"大概念教学，需要结合情境，在解释具体概念后，完成以下教学内容，最终达成课时大概念，指向单元大概念。

  "袁世凯复辟帝制与护国战争""北洋时期的军阀割据"，民主与专制的斗争。

  "民国初年经济、社会生活的新气象"，民主斗争不断坚持和探索的经济根源。

  "新文化运动的开展"，各阶级继续探索挽救中国的出路。

（二）学习目标

  1.通过了解宋教仁、孙中山、陈独秀等为追求民主共和所做出的努力和牺牲，培养对社会的责任感和使命感。

  2.通过史料，分析这一时期中国政治、经济、文化状况，理解北洋军阀统治与

出现"新机"的关系，认识到近代化是这一时期的方向，培养史料实证和历史解释能力。

3.通过分析北洋政府时期民主政治发展的原因，学会多维度思考问题的历史思维方式。通过分析这一时期经济、政治与文化的发展，理解三者之间相互作用关系，培养唯物史观。

（三）学习重难点

教学重点：北洋军阀统治时期的政治、经济和思想文化状况。

教学难点：北洋政府统治时期民主政治发展的表现和原因。

（四）学情分析

◆知能基础：学生通过初中的学习，对北洋军阀的统治及新文运动的主要内容有一定的认识，对于相关史实也有一定的了解。

◆素养基础：通过初中的学习，部分学生具备一定的历史分析能力，具备一定的时空观念和历史解释、史料实证等素养，部分学生具备了家国情怀素养。

◆不足条件：之前的学习主要停留在史实层面，缺乏用唯物史观进行指导，缺乏对历史事实进行解释。

（五）教学资源

◆基本教学材料：统编版教材。

◆课时大情境：北洋军阀统治时期的政治、经济与文化。

（六）问题清单

核心问题	子问题	素养指向
民主与专制的斗争	哪些体现封建势力的专制独裁统治 哪些是革命党人维护民主共和的斗争 民主政治发展的表现和原因	唯物史观、时空观念
民族资本主义经济的短暂发展	民族资本主义经济发展的原因及特点 民族资本主义经济发展产生的影响	史料实证、历史解释
新文化运动概况	新文化运动发生的原因和内容 新文化运动的影响	家国情怀

（七）教学过程设计

1.导入新课

1916—1927年，由于一个强权人物的消失产生了离心力，令国家陷入杂乱无序的状态。军阀为了权利和自我扩张而相互攻伐，毫无理智、逻辑可言，造成民国历史上最黑暗的一段时间。

——徐中约《中国近代史》

一个空前混乱的年代，一个思想大解放的年代，英雄群起逐鹿中原的混乱时代，思想自由，百家争鸣的黄金时代，一个说真话的时代，一个出大师的时代。

——陈钦《北洋大时代》

这是两则对北洋军阀的统治的不同观点，辛亥革命的果实被袁世凯窃取后进入北洋军阀统治时期，中国社会出现很多新旧事物交织和冲突的现象，为什么会出现这样的现象？应该怎样看待这个历史时期呢？

指出北洋军阀统治分两个时期：一是袁世凯统治时期（1912—1916）；二是北洋军阀割据混战时期（1916—1928年）。

2. 学习新课

学习任务一：新旧政治势力的斗争——北洋军阀的统治。

探究问题：民主与专制的斗争。

学生活动：让学生在教材按时间顺序梳理课本上的历史大事件。然后引导学生分类，哪些体现封建势力的专制独裁统治？哪些是革命党人维护民主共和的斗争？

教师活动：展示专制统治的历史事件和维护民主共和的斗争事件。指出政治上呈现出民主与专制的反复斗争，实际上是新旧两股势力的不断较量，但总体上北洋政府的政治是在向民主化迈进的。引导学生从这时期的政权体制上找民主政治发展的表现。指出北洋军阀统治从专制到复辟，背弃了《临时约法》的民主精神，体现旧势力的顽抗，但从当时的体制来看，北洋政府并没有完全抛弃民主制的框架，形式上还保留着三权分立和人民主权的原则，对比清政府的专制是具有进步性的。

教师补充材料：段祺瑞被解职的历史图片和报刊通报袁世凯"刺宋案"的书影，以及中国华工参加一战的图片，从中可看出国会并不是虚设的，而是真正的起到了一定的制约和监督政府的职能，同时也看出北洋政府统治时期人们的言论自由还是得到了一定的保障，舆论环境还是比较宽松的。同时指出北洋政府主导参加第一次世界大战，并通过抗争，收回了一些主权，体现了北洋政府的近代外交意识的增强。

设计意图：学生梳理事件，形成知识结构，通过分析民主政治发展的表现，认识到辛亥革命的局限性和产生的积极影响。

学生活动：小组讨论北洋统治时期民主政治发展的原因。

教师活动：对学生进行指导，引导学生多维度分析原因，形成以下观点。

（1）辛亥革命使中国的政治环境发生了变化，革命党人宣传的民主共和的观念深入人心，民众不再接受任何人以任何方式恢复封建专制统治。

（2）军阀混战的乱世环境为民主政治提供了发展的空间，因为乱世中还未形成严密的中央集权统治，给民主留出了一些空间。

（3）革命党人的不懈努力。

（4）民族资本主义的发展是民主政治得以发展的经济根源（根本原因）。

设计意图：学生分小组讨论北洋政府统治时期民主政治得以发展的多方面原因，认识到北洋军阀统治时期在政治上的一些表现与变革，不能简单地理解为北洋军阀的进步，而应把它看作是辛亥革命的伟大成果之一，是当时中国社会所有进步力量共同努力斗争的结果，也为国人继续探索新的出路萌发"新机"做了铺垫。从中体现学生之间协作和思辨的主体学习理念。培养学生多维度思考分析问题的能力和历史唯物主义的观念。

学习任务二：新旧经济的交织 —— 民族资本主义的短暂发展。

探究问题：民族资本主义经济的短暂发展。

学生活动：根据一战期间各类民族工业分布情况地图和1920年前后近代工业总产值仅占全国工农业总产值的7.8%的数据图，以及1912 — 1920年民族资本主义工业发展速度表，并阅读教材"学思之窗"板块的史料，分析民族资本主义发展的表现和特点，学生阅读教材分析民族资本主义发展的原因。

教师活动：引导学生分析数据和史料，并分析发展的原因，得出并强调发展的特点，即主要分布在沿海，而且是轻工业发展快，从中认识到中国的经济发展受到社会性质的影响，所以发展必然是短暂的，自然经济仍占主导地位。

展示北洋军阀统治时期婚礼和服装新旧并存的历史图片，让学生感觉到社会生活中新旧事物共存的社会现象。并从中可以看到人们的思想不断开化，逐渐接受新思想新事物的过程。

设计意图：分析影响经济发展的原因及特点，培养学生史料实证和历史解释的核心素养。从一战期间民族资本主义经济发展的情况，体现新旧经济的交织，总体仍然是自然经济占主导地位，但民族资本主义经济的发展，壮大了资产阶级和无产阶级，为中国寻求救国出路萌发"新机"奠定了阶级基础。

学习任务三：新旧思想文化的碰撞 —— 新文化运动。

问题探究：新文化运动的概况。

学生活动：分析新文化运动发生的原因，回答新文化运动的主要内容。

教师活动：展示北大教授的图片，简介图片中的人物辜鸿铭及他的主要思想，指出在北大的教授中就存在着新旧思想并存的现象。教师引入教材中陈独秀《吾人最后之觉悟》，引导学生分析新文化运动中陈独秀等人为何打出"德先生"和"赛先生"的旗号？当时，中国虽已建立共和政体，但却无共和之实，其根本原因是其民众的民智未开，民主观念的缺乏，而在陈独秀看来中国民主观念的缺乏是受中国的传统伦理道德的束缚和绑架，这使中国向西方学习内容从器物到制度，再深入到思想文化的一个渐进过程。

设计意图：学生和教师的一起分析，认识到北洋时期新旧思想的剧烈碰撞，进一步解放了人们的思想，打开了人们的眼界，于是在新文化运动的后期，转向学习马克思主义，这在新旧思想的碰撞中萌发"新机"，为中国探索救亡找到新的出路。从中培养学生家国责任感，以及正确对待不同文化的认识观。

课堂小结：通过本课学习，我们对北洋军阀统治有一个较为全面的认识，此时期在政治、经济、社会生活、思想文化等都存在着新旧矛盾的冲突，在冲突和碰撞中，孕育和萌发出新的生机，为中国的救亡图存找到新的出路——中国共产党的诞生。

◆板书设计

北洋军阀统治时期的政治、经济与文化

新旧政治势力的斗争 —— 北洋军阀的统治

新旧经济的交织 —— 民族资本主义经济的短暂发展

新旧思想文化的碰撞 —— 新文化运动

（八）学习测评

1.北洋军阀集团内部各派都奉行"一朝天子一朝臣"的信条，所谓"一荣俱荣，一损俱损"正是北洋军阀集团派系势力消长的真实写照。北洋军阀统治时期中国政局的特点是

　　A.政局稳定，国家发展　　　　B.国家统一，社会发展

　　C.民主政治得到健全　　　　　D.军阀割据，国家四分五裂

2.陈独秀说："三年以来，吾人于共和国体之下，备受专制政治之痛苦。"为此，他把启蒙视为"救国之要道"，此处"启蒙"的主要内容是

　　A.民主与科学　　B.马克思主义　　C.实业救国　　D.君主立宪

3.1914年《申报》报道，上海家庭的祭祖仪式，首先悬列祖先像于中堂之上，具体祭祖仪式如下："一，肃立。二，向祖先行礼。三，家长献花。四，报告说明纪念意义。五，行辞岁礼，卑幼向家长鞠躬。六，合家欢宴。"这一仪式

A.颠覆了传统的伦理纲常秩序　　B.受到辛亥革命移风易俗的影响
C.是新文化运动影响下的产物　　D.加速民主科学思想的传播

参考答案：DAB

七、课时大概念Ⅵ（五四运动与中国共产党的诞生）教学设计示例
金文才

本课时大概念为"五四运动与中国共产党的诞生"，课标要求为"认识五四爱国运动的历史意义，认识马克思主义在中国的传播与中国共产党成立对中国革命的深远影响；认识国共合作领导国民革命的历史作用"。根据课标要求和课堂容量，本课学习时间为1课时。

（一）大概念析读

1.大概念理解

"五四运动与中国共产党的诞生"明确了五四运动与中国共产党诞生之间的内在关系，指明了五四运动为中国共产党的诞生奠定了阶级基础和思想基础。从单元中本课的地位来看，起到提纲挈领的作用，同时本课在中国近代史进程中起承上启下的作用。

2.大概念解构

完成"五四运动与中国共产党的诞生"大概念教学，需要结合情境，在解释具体概念后，完成以下教学内容，最终达成课时大概念，指向单元大概念。

（1）"五四运动和马克思主义的传播"，无产阶级登上政治舞台。

（2）"中国共产党的诞生"，无产阶级政党的建立。

（3）"国共合作与国民革命"，无产阶级政党的革命探索。

（二）学习目标

1.通过合作探究的方式，回顾梳理中国不同阶级救亡图存的探索，认识五四运动所处的特定时空背景及其爆发的必然性。（唯物史观）

2.通过史料阅读和分析，认识到五四运动和马克思主义在中国传播的渐进性过程，并能准确运用史学观念辩证分析看待五四运动、国民革命相关事件。（时空观念、历史解释）

3.通过史料阅读和教材的整合，从革命先烈前仆后继、英勇献身的革命事迹中深刻感悟"五四精神""红船精神"，培养高尚的人格。（史料实证、家国情怀）

（三）学习重难点

◆学习重点：五四运动的意义；中国共产党的诞生及其意义。

◆学习难点：五四运动与新民主主义革命兴起的内在联系。

（四）学情分析

◆知能基础：学生在初中曾对五四运动、中国共产党诞生等史实有过初步了解，具备一定知识基础。

◆素养基础：通过初中的学习，学生具备一定的历史思维能力，初步具备时空观念和历史解释、史料实证等素养，家国情怀素养得到了一定程度的培养。

◆不足条件：初中阶段学生学习只停留在史实层面，缺乏用唯物史观指导下对历史事件的深层次分析。

（五）教学资源

◆基本教学材料：统编版教材。

◆课时大情境：五四运动与中国共产党的诞生。

（六）问题清单

核心问题	子问题	素养指向
对五四运动影响的认识	五四运动中各阶级角色	历史解释、家国情怀
	五四运动对马克思主义传播的影响	
	"五四精神"的内涵	
中国共产党诞生的认识	中国共产党诞生的条件	史料实证、历史解释
	中国共产党诞生的影响	
国共第一次合作的认识	国共合作实现基础	历史解释
	国共合作的革命目标	
	国共合作的失败	

（七）教学过程设计

1. 导入新课

情境导入：巴黎和会召开之际，梁启超正在欧洲游历，在得知巴黎和会上列强无视中国主权诉求后，将相关信息通过电报告知亲家林长民，以此打破了北洋政府企图封锁巴黎和会中国外交失败信息的企图，北京各大高校爱国学生群情激愤，山雨欲来。

材料一　中国的土地可以征服而不可以断送！中国的人民可以杀戮而不可以低头！国亡了！同胞起来呀！

——罗家伦《北京学界全体宣言》（1919年5月4日）

由北京学界开启的一次进步爱国运动，表现出了前所未有的决心，将近代中国的民主革命推向了新阶段。

学习任务一：新阶段——新民主主义革命的崛起。

PPT展示：袁世凯复辟帝制背景下的倒行逆施，置国家主权于不顾，签订了《二十一条》的图片材料；袁世凯死后，军阀混战造成的大量人口死亡和军费开支的剧增等社会问题的表格材料。进一步引用以下材料。

材料二　夫去一满洲之专制，转生出无数强盗之专制，其为毒之烈，较前尤甚。于是而民愈不聊生矣！

——孙中山《建国方略》

教师活动：引导学生思考材料背后的实质，并进行讲解。

阅读教材完成自主学习任务。

五四运动	时间	中心	先锋/主力	口号	主要方式	结果
第一阶段	5月4日起	北京	学生	外争国权、内惩国贼 废除《二十一条》还我青岛等	学生罢课	遭到北洋军阀政府的镇压，学生被捕
第二阶段	6月5日起	上海	工人		学生罢课 商人罢市 工人罢工	释放被捕学生，免除三个卖国贼职务，拒绝在和约上签字

学生活动：根据以下材料并结合教材知识，分析五四运动的性质。

材料三　在工商机构以外，也有数量众多的市民也参加了罢工。此次运动的影响力深入社会底层，连乞丐、小偷……都参加罢工。后来，邮局职员、警察、消防队员都威胁，如果政府仍然对学生保持这样的态度，他们也要停止工作。

——周策纵《五四运动史》

材料四　1919年以后，有关社会主义的文献进入中国，其数量之多令人吃惊，全国主要报纸、杂志都以大幅版面介绍社会主义思想。五四爱国运动后，许多革命的青年知识分子开始身体力行，到田间去，到工厂去。共产主义小组的成员穿起工人的服装，学习工人的语言，从事工人的劳动，力求与工人打成一片。

——石川祯浩《中国共产党成立史》

在五四运动中，作为知识精英阶层，学生充当了先锋队的作用，作为主力军的无产阶级向世人昭告自身力量的崛起，马克思主义进一步传播，走向了与工农运动相结合的道路，社会主义团体建立起来，为即将诞生的中国共产党奠定了思想基础和组织基础。

学习任务二：新领导 —— 中国共产党的诞生。

教师活动：引导学生自主阅读教材，对中国共产党诞生的条件进行分析概括，指导学生从经济基础、阶级基础、思想基础、组织基础、外部条件等方面进行概括。

学生活动：在教师指导下，通过阅读教材和交流讨论，就共产党诞生的历史条件概括观点进行分享。

教师活动：讲述中共一大前后的历史细节，使学生认识到建党的艰辛和革命先辈的忘我精神，并简要介绍一大代表，尤其是籍贯贵州荔波的济南代表邓恩铭，结合乡土历史拉进与革命先辈的距离，并指导学生自主概括中国一大相关史实。

引导学生阅读史料，并对党的两个纲领进行对比分析，比较其异同点。

材料五 革命军队必须与无产阶级一起推翻资本家阶级的政权，必须援助工人阶级，直到社会的阶级区分消除的时候；承认无产阶级专政，直到阶级斗争结束；消灭资本家私有制，归社会公有。

—— 1921年《中国共产党第一个纲领》

材料六 最高纲领：组织无产阶级，建立劳农专政的政治，铲除私有财产制度。最低纲领：消除内乱，打倒军阀，建设国内和平；推翻国际帝国主义的压迫，达到中华民族完全独立；统一中国为真正的民主共和国。

—— 1922年《中共二大宣言》

教师活动：根据两则材料，引导学生思考二大纲领和一大纲领的异同，并对二大纲领从国情出发、实事求是予以肯定，并向学生介绍两则史料的类型。

中国共产党的诞生给中国革命带来新的气象，1923年初的京汉铁路大罢工，将工人运动推向了高潮。由于帝国主义和直系军阀吴佩孚的残酷镇压，爆发了二七惨案，革命队伍亟须壮大，反帝反封建的步伐不会停止。

学习任务三：新动向 —— 国共合作与国民革命。

学生活动：根据材料回答问题。国共两党对中国革命有何共识？该共识对中国革命发展有何推动性作用？

材料七 依中国社会的现状，宜有一个势力集中的党为国民革命运动之大本营，中国现有的党，只有国民党比较是一个国民革命的党。工人阶级尚未强大起来，自然不能发生一个强大的共产党——一个大群众的党，以应目前革命之需要，因此，共产国际执行委员会议决中国共产党须与中国国民党合作，共产党党员应加入国民党……

——1923年中共三大《关于国民运动及国民党问题的议决案》

材料八　中华民国就像我的孩子，他现在有淹死的危险……我向英国和美国求救，他们只顾着站在岸上嘲笑我。这时候，漂来了苏俄这根稻草。因为要淹死了，我决定抓住它。

——孙中山谈话录

教师活动：引导学生通过阅读材料，正确认识建立革命统一战线的必要性，同时补充孙中山新三民主义相关内容，并引导学生自主学习国共第一次合作相关史实，结合地图对北伐的进程进行讲解。

学生活动：在教师引导下正确认识革命统一战线的建立。

教师活动：讲述大革命失败，国共两党关系破裂的相关事实，引导学生认识大革命失败的教训，武装反抗国民党的反动统治已成为历史的必然。

课堂小结：无产阶级的呐喊，给孱弱的近代中国带来了新的希望。近代各阶级的探索，随着五四运动的爆发，进入了无产阶级领导的新篇章。中国共产党的建立，革命的强有力领导架构形成。面对列强的枪炮，面对军阀的屠刀，工人运动被迫转入低潮。寻找革命的同盟，确立志同道合的目标。北伐的节节胜利，震颤了帝国主义的胆，灭掉了封建军阀的身。国民党右派的叛变，给革命阵营以沉重打击。共产党人的探索依然还在继续，革命的敌人终究会覆灭，新的篇章在持续续写。

◆**板书设计**

第21课　五四运动与中国共产党的诞生

1. 新阶段——新民主主义革命的崛起
2. 新领导——中国共产党的诞生
3. 新动向——国共合作与国民革命

（八）学习测评

1.1919年6月9日，天津总商会发出布告称："对于外交失败，惩办国贼，惟有以罢市为最后要求。本会鉴于人心趋向，局势危迫；无可挽回，当即决定自明日起罢市。"对上述材料解读正确的是

　　A.商人是五四运动的领导者　　B.五四运动的中心已从北京转移到天津
　　C.工人阶级登上了政治舞台　　D."罢市"是商人爱国行动的一种方式

2.1919年11月,全国各界联合会在上海成立,发表宣言:"数月以来,国内之群众运动,风起云涌,虽受种种压迫,而前仆后继,不少顾却;大义当前,绝不退让……全国各地,知合群自救为万不可缓之图。"这说明当时各界团体

  A.对社会改造道路认识趋于一致   B.爱国觉悟得到提高
  C.反思资产阶级个人主义的弊端   D.接受了马克思主义

3.1922年8月,中国劳动组合书记部(中共领导工人运动的总机关)向全国发出《关于开展劳动立法运动的通告》,强调"将劳动者应有之权利以宪法规定之",并拟定了"劳动立法四项原则"和《劳动法大纲》。这次劳动立法运动

  A.推动了工人运动高涨   B.加快了国共合作进程
  C.保障了劳工合法权益   D.借鉴了苏俄革命道路

4.阅读材料,完成下列要求。

材料:五四运动……成为每个中国人自我认同、民族意识崛起的契机。五四运动后不久,梁启超也改变了自己过去的看法,将"中华民族"的概念扩大为所有民族的共同体。

——摘编自《近代中华民族意识的觉醒》

依据材料及所学知识,指出五四运动成为每一个中国人自我认同、民族意识崛起的契机的原因。

参考答案:1.D   2.B   3.A

4.原因:①19世纪中期以来民族危机日益严重;②巴黎和会上中国外交的失败导致五四运动的爆发,反帝爱国运动是五四运动的鲜明主题;③五四运动由爱国学生发起,工人阶级、商人相继加入,开展三罢联合斗争,群众基础广泛。

第四节　情境-问题教学实践
——以"电磁感应"为例

在必修第三册第十三章《电磁感应与电磁波初步》，学生已了解"电生磁""磁场""电磁感应现象""感应电流产生条件"等基础知识。本章《电磁感应》是针对选物理学生，进一步学习电磁感应内容，通过实验探究总结感应电流方向，知道感应电动势的大小，了解感生电动势和动生电动势产生原因，了解电磁感应的应用，发展学生电与磁的物质观、相互作用和能量观。

一、单元整体设计
汪芝海　邓　兴

（一）课程标准

◆通过实验，探究影响感应电流方向的因素，理解楞次定律。

◆通过实验，理解法拉第电磁感应定律。

◆通过实验，了解自感现象和涡流现象。能举例说明自感现象和涡流现象在生产生活中的应用。

（二）单元大概念建构及学习内容分析

大概念是指学科领域中最精华、最有价值的核心内容，会成为学生解决问题的基本策略与方法。物理大概念教学思路的基本要求是把握住在物理学习中起核心统领作用的概念，比一般概念更具统领性、抽象性。单元教学能把类似的、可以统一的、有着相同规律的内容整合在一起，引导学生构建结构化知识，让学生学会用专家思维分析与处理真实情境中的问题。本章在必修3《电磁感应与电磁波初步》的基础上，进一步学习电磁感应内容，通过实验探究总结感应电流方向，知道感应电动势的大小，了解感生电动势和动生电动势产生的原因，了解电磁感应的应用，了解电磁波。紧密联系实际生产生活，发展科学思维和科学探究能力等核心素养，单元整体设计进一步发展学生物质观、运动与相互作用观和能量观。

本单元涉及的大概念层级关系见表5-4-1。

表 5-4-1 "电磁感应"部分大概念层级

学科大概念	单元大概念	课时大概念
物质和能量	电磁感应	Ⅰ.电磁感应现象及应用 Ⅱ.楞次定律 Ⅲ.感应电动势 Ⅳ.涡流、电磁阻尼和电磁驱动 Ⅴ.自感和互感 Ⅵ.电磁振荡

◆学科大概念：物理学是研究物质的基本结构、物质运动的一般规律、物质之间相互作用的一门学科。物理观念是从物理学视角形成的关于物质、运动与相互作用、能量等的基本认识，是物理概念和规律在头脑中的提炼与升华，是从物理学视角解释自然现象和解决实际问题的基础。在高中阶段，学生深入理解力学、电磁学、热学、光学等经典物理概念和规律，逐步形成经典的物质观念、运动观念、相互作用观念和能量观念。

◆单元大概念：电磁感应单元围绕电磁感应现象及应用、楞次定律（判断感应电流的方向）、感应电动势、涡流、电磁阻尼和电磁驱动、自感和互感、电磁振荡与电磁波展开。通过对电磁感应的深入学习，建立本单元的知识体系，领会电磁感应蕴含的物质性、相互作用和能量守恒，发展学生的物质观、相互作用观和能量观。

◆单元学习内容分析：本单元紧扣必修3《电磁感应与电磁波初步》，包含磁通量、楞次定律（判断感应电流的方向）、法拉第电磁感应定律（感应电动势的大小），然后学习电磁感应的应用，即涡流、电磁阻尼和电磁驱动、自感互感、电磁波。图5-4-1为大概念统领下的单元知识结构进阶图。

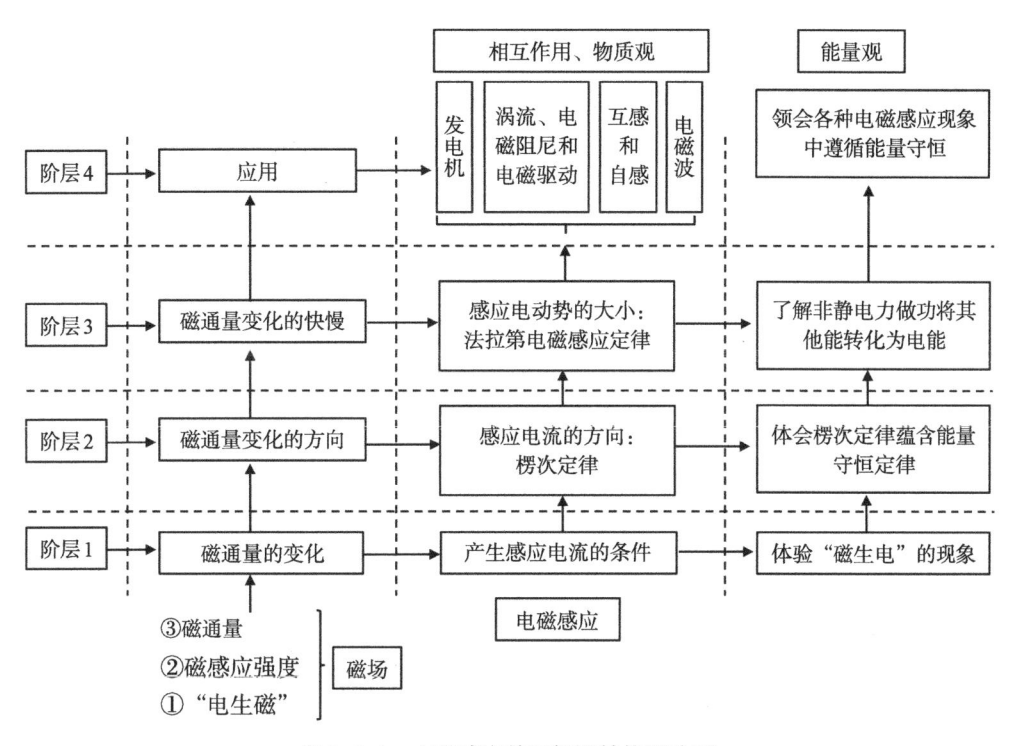

图 5-4-1 电磁感应单元知识结构进阶图

（三）学情分析

认知层面：通过高一学习，学生能够区别磁通量、磁通量的变化量以及磁通量的变化率。

知识层面：学生在初中已经学习了一些电磁感应的知识，在高中必修3《电磁感应和电磁波初步》内容学习，初步了解电磁感应现象，知道产生感应电流的条件，初步了解电磁波。

能力层面：通过高一年级的学习，学生初步经历了从大量事实经验中抽象概括建立模型的过程，具备了一定的分析实验数据、解释实验现象并进行归纳总结得出一般规律的能力。本章探究感应电流的方向要求学生能够从实验的表象中归纳出共同特征，从科学思维角度来说，要求学生有较高的归纳和推理能力。对动生电动势和感生电动势、反电动势等概念的理解相对抽象，需要学生有较高抽象思维能力。

（四）单元学习目标

◆ 逐步完善电磁场物质观念、运动和相互作用观念及能量观念。具体包括：感应电流产生的条件、法拉第电磁感应定律等，理解楞次定律是能量守恒定律的必然结果。

◆ 掌握科学推理的一般方法。具体包括：通过几个典型的实验探究得出感应电流产生的一般条件；通过实验，总结归纳得出感应电流的方向，即楞次定律。与力学中加速度的定义类比，通过比较磁通量、磁通量变化量、磁通量变化率理解法拉第电磁感应定律。

◆ 能够应用电磁感应知识解释生产生活中的相关现象并解决问题，逐渐形成解决实际问题的大思路。具体包括：能应用法拉第电磁感应定律和楞次定律等解决相关的实际问题；了解发电机和电动机工作过程中的能量转化，体会反电动势的意义；了解涡流、电磁阻尼和电磁驱动，互感和自感现象，知道电磁场与电磁波的产生机制，发展物质观。

（五）单元学习的重难点分析

重点分析：通过实验，探究感应电流的方向，掌握楞次定律，理解法拉第电磁感应定律以及电磁感应的应用。

难点分析：会用楞次定律判断感应电流的方向，理解楞次定律背后蕴含能量守恒思想，掌握法拉第电磁感应定律，理解动生电动势和感生电动势，会用法拉第电磁感应定律计算感应电动势的大小。

（六）单元设计

1. 单元学习大情境

生活实践大情境：发电机、电磁炉、变压器等生活中常见用电器与电磁感应紧密联系，其工作原理是什么？

学习探究大情境：电能生磁，磁如何才能生电呢？"磁生电"的方向、大小与哪些因素有关？"磁生电"有哪些应用？

2. 单元学习大问题

问题1：何为电磁感应现象？如何才能"磁生电"？

问题2：感应电流方向如何判断？

问题3：感应电动势大小满足什么规律？动生电动势和感生电动势是如何将其他能转化为电能的？

问题4：电磁感应有哪些应用？

3. 单元学习大设计

层级发展	具体内容	情境创设及学习指导
层级4	应用： ①涡流、电磁阻尼和电磁驱动； ②互感和自感； ③电磁振荡与电磁波	情境创设：通过演示电磁炉隔空点亮小灯泡实验，引导学生思考产生感应电动势的本质 学习指导：通过趣味演示实验，引导学生思考产生感应电动势的本质，深入理解感生电动势和动生电动势产生的本质。然后通过问题引导电磁感应现象的应用：涡流、电磁阻尼和电磁驱动，自感和互感，电磁振荡与电磁波，发展学生电磁感应的物质观、相互作用观和能量观，以解决实际问题
层级3	法拉第电磁感应定律	情境创设：通过趣味实验，引出感应电动势的大小满足什么规律 学习指导：通过演示实验，引起学生思考感应电动势的大小与哪些因素有关。分析归纳，引出法拉第电磁感应定律
层级2	楞次定律	情境创设：观察演示实验，引出感应电流方向满足什么规律，如何判断感应电流的方向 学习指导：利用自制教具，两根完全相同的铝管和两个质量相同的物块（一个有磁性，一个没有磁性）穿过铝管，让学生观察现象，设置悬念 学生通过演示实验和分组实验探究影响感应电流方向的因素，分析、归纳总结出楞次定律
层级1	磁通量的变化	知识回顾：认识电磁感应现象，了解感应电流产生的条件，即闭合回路磁通量发生变化

二、课时大概念Ⅰ（电磁感应现象及应用）教学设计示例
王玲玲

本课时大概念为"电磁感应现象"，对应的课程标准为"通过实验，了解电磁感应现象，了解产生感应电流的条件。知道电磁感应现象的应用及其对现代社会的影响"。根据学习内容和课堂容量，本主题的学习需要一个课时。

（一）大概念析读

1. 大概念理解

"电磁感应现象及应用"是电磁学部分的核心与基本内容，是学生接触与认识电磁部分的起步阶段。本概念关注的是电磁感应现象及感应电流产生的条件。科学家们经历了许多年的艰苦探索，才得到了电磁感应的产生条件，因此学生也需要在这个过程中经过探索与思考的活动，获得相应的规律与知识。

2. 大概念解构

完成"电磁感应现象及应用"的大概念教学，需要经历历史脉络的学习以及实验探究和理论推导等环节。

（1）划时代的发现。

（2）定性探究产生感应电流的条件。

（3）探究感应电流的产生与磁通量变化的关系。

（二）学习目标

1.通过学习，掌握电磁感应及感应电流的产生条件，促进学生物理观念的形成。

2.通过实验探究，归纳总结出感应电流的产生条件。从中学会从现象分析物质本质的科学思维方法，培养学生在探究过程中的观察能力以及逻辑推理能力。

3.经历探究感应电流产生条件的实验过程，培养学生的自主探究能力，以及解决实际问题的能力。增强学生在实验过程中，科学探究的核心素养的提升。

4.体会科学家们探索发现电磁感应现象的艰苦历程，感受科学规律的来之不易，培养学生积极良好的科学态度与责任。同时，感受电磁感应现象具有的重大历史意义和实际应用意义，感受生活中电磁感应现象的广泛应用，加强物理学科与实际生活的紧密联系。

（三）学习重难点

◆学习重点：（1）归纳总结感应电流的产生条件。（2）感受科学家们探究过程的艰苦与曲折，培养学生积极良好的科学精神。

◆学习难点：通过实验归纳总结出感应电流产生的充要条件。

（四）学情分析

◆知能基础：学生通过之前的学习，已经对电磁部分诸如磁感应强度、磁通量、磁通量变化等物理量有一定的认识，能够初步理解磁场的定义，为本节探究感应电流的产生条件提供一定的知识基础。

◆素养基础：通过前面的学习，绝大部分学生已经掌握了一定的综合探究能力，能够通过实验探究，结合相关知识解决实际问题。同时，学生在学习过程中也养成了一定的逻辑推理和信息整合的能力。

◆不足条件："电磁感应现象及应用"探索历程本身较为曲折，要求学生沉浸式地去体验科学家发现定义电磁感应现象的过程。因此，要求学生关注规律的形成过程，而非是简短的理论内容和使用条件。学生要着重认识、理解规律形成的过程，才能更好地认识本节内容。这对学生来说，是一个很容易被忽视的问题。

（五）教学资源

◆基本教学材料：人教版教材、多媒体课件、相关实验器材。

◆课时大情境：电磁感应。

（六）教学框架

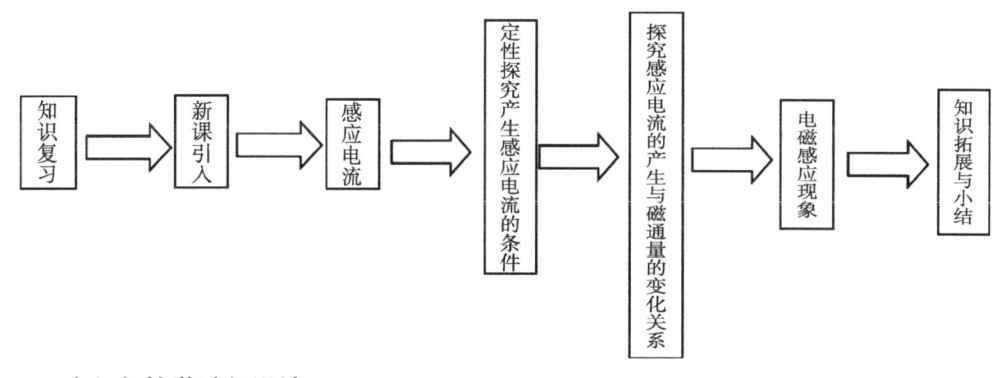

知识复习 → 新课引入 → 感应电流 → 定性探究产生感应电流的条件 → 探究感应电流的产生与磁通量的变化关系 → 电磁感应现象 → 知识拓展与小结

（七）教学过程设计

◆知识联结

环节	知识内容（情境/问题）	师生交互	创设意图
知识复习	【复习】情境（提供器材） 【问题】 （1）切割磁感线是产生感应电流的唯一方法吗 （2）还有其他方法吗 今天我们就跟随历史的足迹，来探究产生感应电流的条件	【生】操作回答： （1）不是 （2）有的 【师、生】知识升华：一起探究产生感应电流的方法	知识复习，暗示电磁感应大概念
知识铺垫	【情境】（观看视频）：奥斯特发现通电导线能使小磁针偏转，即电流的磁效应		围绕教学主题（大概念）创设情境引入主题。进行知识铺垫，让学生掌握必备知识，用于主题探究

续表

环节	知识内容（情境/问题）	师生交互	创设意图
知识铺垫	【问题】（1）既然电流能够引起磁针的运动，那能不能用磁体使导线中产生电流呢？（2）请问你依据什么原理得出的结论呢	【生】对称性原理，既然电可以生磁，磁应该也可以生电 【师】一起探究电磁感应现象 【板书】13.3 电磁感应现象及应用	

◆ 主题探究

环节	情境/问题	师生交互	创设意图
知识承转	【情境】划时代的发现——磁生电 英国科学家法拉第敏锐地觉察到，磁与电流之间应该有联系。他在1822年的日记中写下了"由磁产生电"的设想。十年失败，一朝顿悟 【问题】请问法拉第领悟到"磁生电"是一种在什么过程中才能出现的效应	【生】变化的、运动的过程 【师】展示法拉第线圈 【师】法拉第又设计并动手做了几十个实验，使各种"磁生电"的现象显现出来 【板书】一、划时代的发现 1.法拉第发现了电磁感应现象 2.电磁感应中产生的电流叫作感应电流 【师】与电磁感应擦肩而过的科学家——科拉顿，并介绍科拉顿的实验过程	了解电磁感应现象曲折的发现过程，学习法拉第坚持理想信念、不畏艰辛、勇于探索的科学精神
主题探究	【情境】探究产生感应电流的条件 实验1：导体棒切割磁感线 【问题】AB切割磁感线时，与磁场相关的哪个物理量发生了变化 【延伸】感应电流的产生是否与磁通量的变化有关呢	【生】磁通量 【生】可能有关 【师】我们可以通过实验来继续探究这个问题	紧扣课时大概念创设主题情境，进一步理解产生感应电流的条件，为下面实验操作顺利进行打下基础

续表

环节	情境/问题	师生交互	创设意图
主题探究	【情境】探究产生感应电流的条件 实验2： 同学们观察现象并完成教材第115页的表格		科学探究：学生经历感应电流产生条件的探究活动，提高分析论证能力
	【问题】由实验现象可知，迅速移动滑动变阻器的滑片或开关的闭合、断开瞬间线圈B中有感应电流，穿过线圈B的磁通量发生了变化吗 【延伸】是什么原因引起了线圈B的磁通量发生变化	【生】线圈B的磁通量发生了变化 【生】线圈A中的电流迅速变化，产生的磁场的强弱也在迅速变化，又由于两个线圈套在一起，所以线圈B内的磁场强弱也在迅速变化。这种情况下，穿过线圈B的磁通量也发生了变化，线圈B中有感应电流	
	【情境】简化实验，将电磁铁替换成条形磁铁，进行实验。 实验3：磁铁插入或从螺线管中拔出（演示实验）		
	【问题】磁铁插入或者拔出线圈时有感应电流，磁通量变了吗？是如何变化的	【生】磁铁插入圈时，磁通量变大；磁铁拔出线圈时，磁通量变小 【师】总结：线圈中的磁场变化时，线圈中有感应电流；线圈中的磁场不变化时，线圈中无感应电流。可见，感应电流的产生与磁通量的变化有关	

续表

环节	情境/问题	师生交互	创设意图
知能强化	【情境】结合以上三个实验，分析并总结感应电流的产生条件 【问题】请从引起磁通量变化的原因，分析并总结三个实验 【延伸】三个实验的共同点是什么	【生】实验1中导体棒做切割磁感线运动，回路的有效面积发生变化，从而引起了磁通量的变化，产生了感应电流 实验2中开关闭合、断开或滑动变阻器的滑动触头移动时，小线圈A中电流变化，从而引起穿过大线圈B的磁通量变化，产生了感应电流 实验3中磁体插入或拔出线圈时，线圈中的磁场发生变化，从而引起了磁通量的变化，产生了感应电流 【生】产生感应电流时闭合回路的磁通量都发生了变化 【板书】当穿过闭合导体回路的磁通量发生变化时，闭合导体回路中就产生感应电流	科学思维：学会通过现象分析归纳事物本质特征的科学思维方法，认识实验观察能力和逻辑思维能力在科学探究中的主要作用

◆迁移拓展

环节	情境/问题	师生交互	创设意图
知能拓展	【情境】电磁感应现象的应用	【师】三峡电站是世界上最大的水力发电工程，每日发电量将近4亿千瓦时，足够点亮半个中国 【师】生产、生活中广泛使用的变压器、电磁炉等都是根据电磁感应制造的	了解电磁感应的广泛应用，体会科学技术对人类文明的推动作用

续表

环节	情境/问题	师生交互	创设意图
大概念强化	【师】课堂小结： 电磁感应现象在从科学到技术的转变过程中，不断改变人类社会，造福人类！由于法拉第的伟大贡献，他被尊称为"电学之父""交流电之父"电磁感应现象开辟了人类社会的电气化时代。已经成为当今社会不可或缺的一项技术。如果今天还有人问这有什么用？相信同学们都可以给他一个满意的答案		知识小结，回应课时大概念，科学服务生产

◆板书设计

13.3 电磁感应现象及应用

一、划时代的发现

1.法拉第发现了电磁感应现象

2.电磁感应中产生的电流叫作感应电流

二、产生感应电流的条件

实验1：导体棒切割磁感线

实验2：探究产生感应电流的条件

实验3：磁铁插入或从螺线管中拔出

结论：当穿过闭合导体回路的磁通量发生变化时，闭合导体回路中就产生感应电流。

三、电磁感应现象的应用

三、课时大概念Ⅱ（楞次定律）教学设计示例
张荣碧

本课时大概念为"楞次定律"，选择性必修2第二章《电磁感应》第一节，对应的课程标准为"培养学生科学探究和归纳思维的能力"。根据学习内容和课堂容量本，主题的学习需要1课时。

（一）大概念析读

1. 大概念理解

（1）楞次定律这一课时大概念是本单元大概念教学的重点，也是难点。

（2）能用能量观点解释楞次定律，能更深入地理解能量及其转化，建立更宽泛

的能量观，最终形成电磁感应和能量的大概念。

2. 大概念解构

完成"楞次定律"大概念教学，需要结合实验探究，完成以下教学内容：引导学生通过实验探究、分析、归纳、概括、总结得出感应电流方向所遵循的一般规律——楞次定律，最终达成课时大概念，指向单元大概念。

（二）学习目标

1.通过观察教师演示当N级插入和抽出闭合线圈时，电流表指针的偏转情况，提出感应电流的方向不同，培养观察能力。

2.通过实验猜想、实验设计、实验操作、提升学生科学探究能力。

3.通过分析实验数据，归纳、概括、总结得出楞次定律，学生体会归纳推理的科学思维方法。

（三）学习重难点

◆学习重点：实验探究得出楞次定律的过程，理解楞次定律的内容及实质，掌握利用楞次定律解决问题的方法。

◆学习难点：分析、归纳、概括、总结得出楞次定律，发现以感应电流的磁场作为"中介"来确定感应电流的方向。

（四）学情分析

◆知能基础：学生已经了解电磁感应现象，了解产生感应电流的条件，知道电磁感应现象的应用及其对社会的影响。

◆素养基础：从科学思维来讲，要求学生有较强的推理与归纳能力；从实验设计来讲，要求学生对实验程序有一个清晰的思维通道；从分析数据来讲，要求学生有归纳思维的能力。

◆不足条件：本部分内容要求具有较强的综合能力，这对学生是一个很大挑战。需要学生有相应的素养基础，尤其是学生能否从实验的表象中看出"相关事件"的共同特征，这是归纳思维的本质，相当一部分学生不具备这样的思维能力。

（五）教学资源

◆基本教学材料：人教版选择性必修第二册、多媒体课件、实验探究器材。

◆课时大情境：电磁感应。

（六）教学框架

结合本课时大概念的特点，教学中采用情境-问题教学模式为核心环节的教学支架。该支架应该包括知识联结、主题探究、迁移拓展等环节。知识联结用于唤起已知知识、建立基本概念、铺垫知识基础；主题探究是情境-问题教学模式的核心环节，囊括知识情境创设、问题任务生成、师生交互共生等内容；迁移拓展是对核心知识的归纳提升、迁移应用、拓展创新。

置于课时大概念主题下，本主题内容按一个课时进行学习设计。学习采用情境-问题模式进行建构，根据需要设计不同类型的问题链（见图5-4-2）。

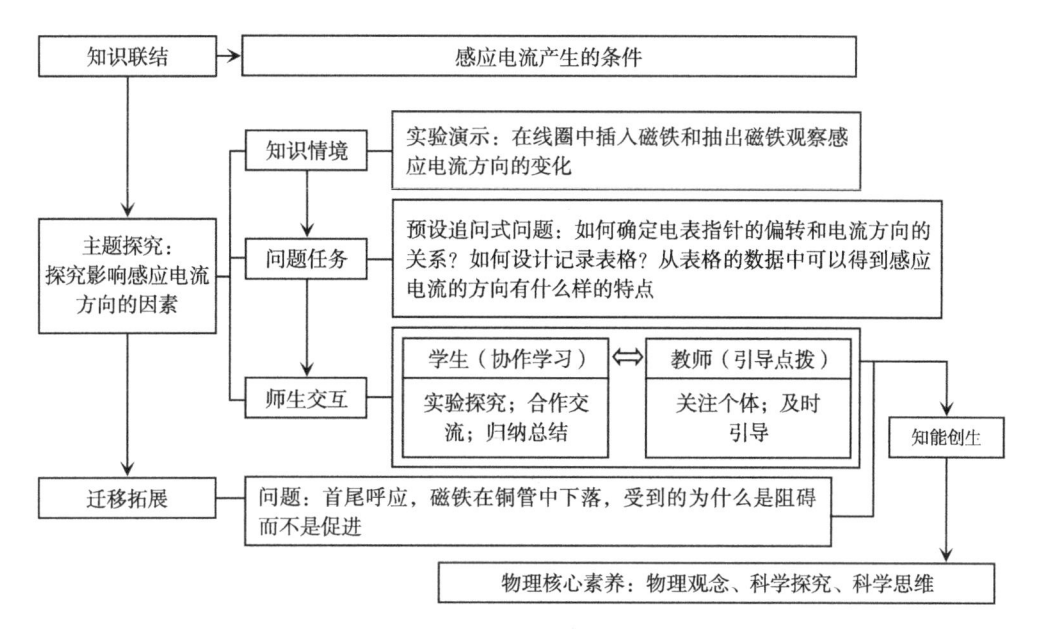

图 5-4-2　不同类型的问题链

（七）教学过程设计

◆知识联结

环节	知识内容（情境/问题）	师生交互	创设意图
知识复习	【复习】情境（提供器材） 【问题】如何让闭合回路中产生感应电流 产生感应电流的条件是什么	【生】操作回答： 插入、拔出。 闭合回路磁场发生变化 【师、生】知识升华： 产生感应电流的条件：1.闭合回路。2.磁通量发生变化	知识复习，暗示电磁感应大概念

续表

环节	知识内容（情境/问题）	师生交互	创设意图
知识铺垫	【情境】自制教具：两根完全相同的铝管；两个质量相同的物块（一个有磁性，一个没有磁性）		围绕教学主题（大概念）创设情境引入主题 进行知识铺垫，使学生掌握必备知识，用于主题探究
	【问题】（1）为什么磁铁比非磁铁掉落得要慢？如何解释这个现象？ （2）感应电流的方向如何确定	【生】回答：电池感应，有感应电流产生，电池和线圈之间有力的作用 【师】要解释这些让我们进入本堂课的学习 【板书】 2.1 楞次定律	

◆ 主题探究

环节	情境/问题	师生交互	创设意图
知识承转	【情境】探究影响感应电流方向的因素 在关于电磁感应的实验中，也许你已经注意到，不同情况下产生的感应电流的方向是不同的。那么，感应电流的方向由哪些因素决定？遵循什么规律？下面通过实验来探究这个问题	【猜想与假设】原磁场方向；磁通量的增加和减少 【板书】 探究感应电流的方向 【师】探究一个物理量与多因素有关，应该采用什么方法 【生】控制变量法 【生】设计实验方案 【师】展示其中优秀的方案，共同提出主题探究	科学探究素养的培养 物理方法的培养

环节	情境/问题	师生交互	创设意图
主题探究	【情境】多媒体呈现： 【问题】如何确定电表指针的偏转和电流方向的关系 实验1：找出电流表中指针偏转方向和电流方向的关系 试触！ 结论：电流从哪侧接线柱流入，指针就向哪一侧偏 实验前确定线圈绕向 实验2：进行探究 上面的实验用简单的图表示为： 甲　　乙　　丙　　丁 | 操作方法	插入	插出
---	---	---	---	---
填写内容	N极插入	S极插入	N极拔出	S极拔出
示意图				
原磁场方向	
原磁场磁通量的变化	
感应电流方向（俯视）			紧扣课时大概念创设主题情境与预设追问式问题链，培养学生解决问题的能力 （1）引导学生换一个角度思考这个问题，带领学生找到"中介"感应电流的磁场 （2）引导学生从阻碍的角度对进行理解

续表

环节	情境/问题	师生交互	创设意图
主题探究	【问题】从刚才的探究实验中可以得出怎样的结论 【延伸】通过上面的探究对比，大家可以得出怎样的结论？感应电流的磁场对原磁通量的变化的作用，是促进还是阻碍呢	【生】合作探究，得出答案： N极向下插入或S极向上抽出时，感应电流方向相同；N极向上抽出或S极向下插入时，感应电流方向相同 【师】尝试用更有代表性的语言描述 比如：可以描述磁通量变化和感应电流方向的关系，看看感应电流产生的感应磁场方向。让学生在表格中记录感应电流的磁场方向 【生】磁通量增加时，感应电流的磁场与原磁场方向相反；磁通量减少时，感应电流的磁场方向与原磁场方向相同 【师、生】共同总结 【板书】楞次定律：感应电流具有这样的方向，即感应电流产生的磁场总是阻碍引起感应电流的磁通量的变化	
知能强化	【情境】简单介绍学者楞次的生平，引导学生学习楞次敏锐地察觉能力和坚持不懈的精神。引导学生欣赏物理规律的简洁美 闭合回路原磁通量的变化 —产生→ 感应电流 —产生→ 感应电流的磁场（中间量） —阻碍→ （闭合回路原磁通量的变化） 【问题】追问式问题链： 在楞次定律中大家觉得关键词是什么 谁在阻碍谁的变化 如何阻碍 能否阻止	【生】（1）阻碍变化。（2）感应电流的磁场阻碍原磁通量的变化。（3）当磁通量增加时，阻碍磁通量增加；当磁通量减少时，阻碍磁通量减少 【师】根据学生答案进行针对性订正与补充，带领学生最终总结出"增反减同" 不能。延缓了增加和减少磁通量的时间	归纳推理，深层次理解楞次定律

◆ 迁移拓展

环节	情境/问题	师生交互	创设意图
知能拓展	【情境】当磁铁与线圈有相对运动时，会有什么现象发生 【首尾呼应】为什么磁铁比非磁铁掉落的要慢 【问题】为什么是阻碍而不是促进呢	【拓展】（1）磁体靠近铝环时，铝环后退。（2）磁体远离铝环时，铝环跟随 【师】归纳推理：来拒去留。 楞次定律的体现：阻碍导体和引起感应电流的磁体间的相对运动 【生】铝管看成很多线圈，磁铁与铝管之间有相对运动，管中有感应电流产生，下面的线圈对磁铁有排斥力，所以下落慢 【师生】从能量的角度分析，根据能量守恒，有感应电流产生一定有能量减少，磁铁的机械能要减少，所以比自由落体的铁块下落慢 【板书】 相对运动 —引起→ 闭合回路原磁通量的变化 —产生→ 感应电流 ↑阻碍— 感应电流的磁场（中间量） ←产生—	知识融通，形成整体思维
大概念强化		【师】课堂小结： 通过本节课的学习可以发现，磁能生电，楞次定律体现的是能量守恒。生活中的水力发电站也体现了科学服务生产这一大概念	知识小结，回应课时大概念，科学服务生产

◆ 板书设计

2.1 楞次定律

一、影响感应电流方向的因素

$\begin{cases} 原磁场方向 \\ 磁通量的变化 \end{cases}$

二、楞次定律

感应电流具有这样的方向，即感应电流产生的磁场总是阻碍引起感应电流的磁通量的变化。

表述一：增反减同
表述二：来拒去留

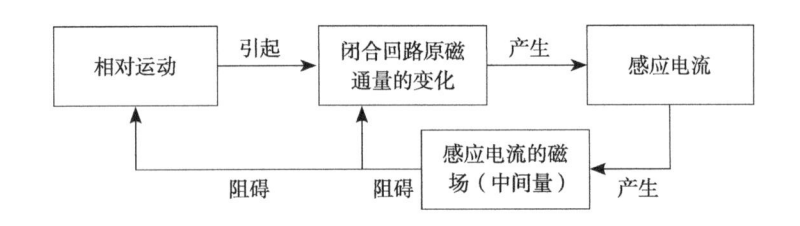

```
相对运动 —引起→ 闭合回路原磁通量的变化 —产生→ 感应电流
              ↑阻碍        ↑阻碍    感应电流的磁场（中间量） ←产生
```

四、课时大概念Ⅲ（法拉第电磁感应定律）教学设计示例
宋　静

本课时大概念为"法拉第电磁感应定律"，对应的课程标准为"通过实验，理解法拉第电磁感应定律"。根据学习内容和课堂容量，本主题的学习需要一个课时。

（一）大概念析读

1. 大概念理解

"法拉第电磁感应定律"是电磁感应部分的核心内容，本概念关注的是感应电动势的大小与磁通量变化率的关系。规律比较抽象，规律的得出需要以实验为基础，因此需要学生经历完整的探究过程进行理解。

2. 大概念解构

完成"法拉第电磁感应定律"大概念教学，需要经过实验探究和理论推导。

（1）感应电动势。

（2）磁通量变化率。

（3）感应电动势与磁通量变化率关系。

（二）学习目标

1. 知道决定感应电动势大小的因素。

2. 能区别 $\varPhi$、$\Delta\varPhi$、$\dfrac{\Delta\varPhi}{\Delta t}$ 的物理意义。

3. 理解法拉第电磁感应定律。

4. 体会类比法、控制变量法在学习新知识和在实验探究中的应用。

（三）学习重难点

◆学习重点：1.探究影响感应电动势大小的因素。

2.$E=\frac{n\Delta\Phi}{\Delta t}$这一规律的得出过程。

◆学习难点：1.区别Φ、$\frac{\Delta\Phi}{\Delta t}$

2.通过实验现象总结出规律

（四）学情分析

◆知能基础：学生通过对必修3中第十三章的学习已经掌握磁感应强度、磁通量、磁通量变化等物理量。对"磁场"这一大概念已有初步认识。

◆素养基础：通过高一物理学习和高二物理选择性必修1的学习，学生掌握了一定的知识整合能力，通过实验探究课，学生已经具备一定科学探究的素养以及从实践中获取知识的能力。

◆不足条件："法拉第电磁感应定律"内容比较抽象，要求学生具有较强的综合分析能力，从实验现象中总结规律，这对学生是一个很大挑战。

（五）教学资源

◆基本教学材料：人教版教材、多媒体课件、相关实验器材。

◆课时大情境：电磁感应。

（六）教学框架

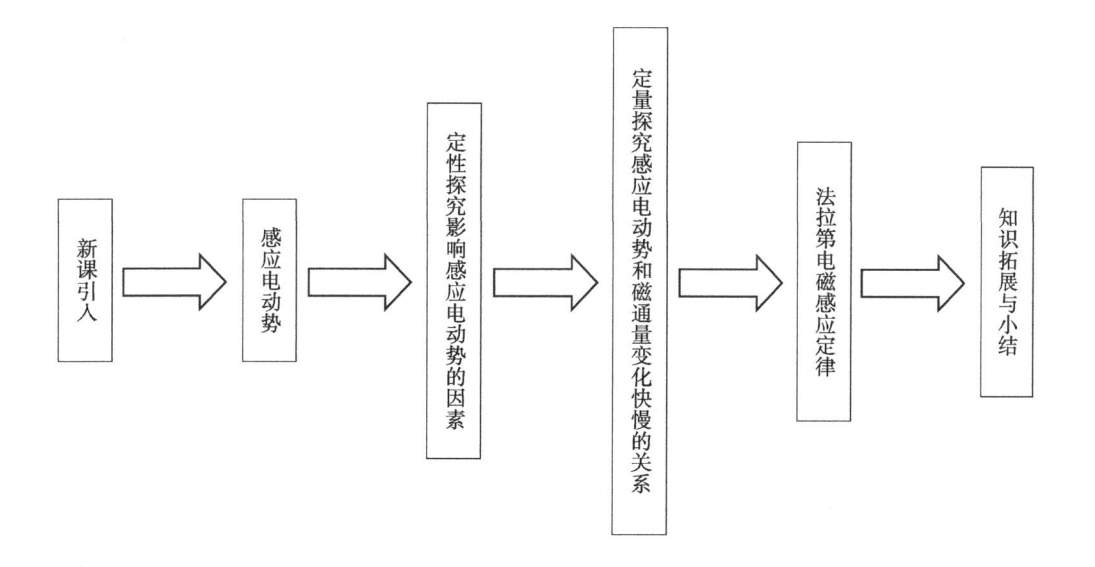

新课引入 → 感应电动势 → 定性探究影响感应电动势的因素 → 定量探究感应电动势和磁通量变化快慢的关系 → 法拉第电磁感应定律 → 知识拓展与小结

（七）教学内容设计

◆ 知识联结

教学环节	教学内容	教师活动	学生活动	设计意图
一、创设情境，引入新课	【情境】演示两种手电筒 【问题1】产生感应电流的条件是什么 【问题2】试从本质上比较甲、乙两电路的异同	演示实验：打开普通手电筒开关，灯亮，上下抖动带有磁铁和线圈的手电筒，灯也会亮 引导学生思考并讨论第二种手电筒发光的原理，回顾前面所学知识。学生已经知道，电路中产生了感应电流，就一定有电动势。通过类比，学生很容易得出感应电动势的概念	观察与思考并理解感应电动势的概念	从生活实际情境入手，根据类比方法，比较两种手电筒工作原理上的差异，激发学生探究新知识的兴趣

◆ 主题探究

教学环节	教学内容	教师活动	学生活动	设计意图
二、实验探究	分组实验 【情境1】演示 【问题1】猜想：感应电动势跟什么因素有关	感应电动势跟什么因素有关 （1）用相同的磁铁，第一次，慢慢插进螺线管；第二次，快速插入螺线管 实验现象：灵敏电流计指针偏转角度不同 猜想：磁通量变化的时间 Δt 可能影响感应电动势 E 的大小 （2）以相同的速度，第一次，用一根条形磁铁插入；第二次，用两根同时插入。观察灵敏电流计指针变化 实验现象：指针偏转角度不同 猜想：感应电动势 E 的大小可能与磁通量的变化量 $\Delta\Phi$ 有关	思考参与猜想	让学生经历一个完整的探究过程 突破难点，引导学生大胆猜想

续表

教学环节	教学内容	教师活动	学生活动	设计意图
三、总结规律	【情境2】提供器材 【问题2】如何设计并完成实验 探究一：Δt不变 探究二：$\Delta \Phi$不变 归纳实验 【问题】由以上实验，我们可以总结出怎样的结论 电路中感应电动势的大小，跟穿过这一电路的磁通量变化率成正比，即法拉第电磁感应定律 表达式：$E = n\dfrac{\Delta \Phi}{\Delta t}$ 加深理解定律	通过实验，我们可以得到以下结论 感应电动势E的大小与磁通量的变化量$\Delta \Phi$和磁通量的变化时间Δt有关 分别将一根和两根条形磁铁快速插入匝数相同的螺线管，观察灵敏电流计指针偏转角度，记录实验现象 	所用条形磁铁的数目	磁铁插入或拔出的方式	螺线管中磁通量的变化量$\Delta \Phi$	电流表指针的偏转情况	感应电动势E的大小
1根	快速	较小	较小	较小
2根	快速	较大	较大	较大 | 分别将两根条形磁铁快速和慢速插进螺线管，观察电流计指针偏转，并记录实验现象 | 所用条形磁铁的数目	磁铁插入或拔出的方式	螺线管中磁通量的变化量Δt	电流表指针的偏转情况	感应电动势E的大小
2根	快速	较短	较大	较大
2根	慢速	较长	较小	较小	 由实验一得出结论：相同的Δt，E随$\Delta \Phi$增加而增加 由实验二得出结论：相同的$\Delta \Phi$，E随Δt增加而减小 由此可知，E不完全由$\Delta \Phi$决定，还与Δt有关，即由磁通量的变化率$\dfrac{\Delta \Phi}{\Delta t}$决定 首先：由实验一和实验二，得到感应电动势$E$的大小与磁通量的变化率成正比，即$E = k\dfrac{\Delta \Phi}{\Delta t}$；因为在国际单位制中，电动势单位是伏（V），磁通量的单位是韦伯（Wb），时间单位是秒（s），可证明式中比例系数$k=1$。则可以将上式写成$E = \dfrac{\Delta \Phi}{\Delta t}$	概括讨论与交流 实验操作记录现象 得出实验结论 观察现象，思考得出结论：磁通量的变化率相同时，感应电动势的大小与匝数成正比根据实验结论，总结出规律 根据学生自己的理解，能用自己的语言概括理解法拉第电磁感应定律内容。锻炼学生总结概括能力。加深学生理解	培养学生猜想、概括和表达能力 培养学生探究精神和协作精神 培养学生分析实验的能力 从实验现象中总结出规律，是探究过程的一个难点，让学生体会严谨的科学方法。 体验数学方法在物理研究中的重要作用 培养和锻炼学生的表述能力，也让学生体验和感受实验成功的喜悦

续表

教学环节	教学内容	教师活动	学生活动	设计意图
		由实验可以得出可磁通量的变化率相同时，感应电动势的大小与匝数成正比，即：$E = n\dfrac{\Delta \Phi}{\Delta t}$ 最后，由表达式，引导学生用自己的语言表述法拉第电磁感应定律内容。加深学生的理解 【板书】法拉第电磁感应定律的内容和表达式 类比思维： 通过类比速度、速度变化、加速度，进一步区分和理解磁通量、磁通量的变化量、磁通量的变化率		

◆迁移拓展

教学环节	教学内容	教师活动	学生活动	设计意图
四、知识延伸拓展	【情境】 【问题】如何计算上图中导体棒两端产生的感应电动势	$E = \dfrac{\Delta \Phi}{\Delta t} = B\dfrac{\Delta S}{\Delta t} = B\dfrac{Ls}{\Delta t} = BLv$ $E = BLv_1 = BLv\sin\theta$	学生思考并推导	从一般到特殊，加深学生对定律的理解

◆板书设计

2.2 法拉第电磁感应定律

1. 感应电动势的概念
2. 法拉第电磁感应定律，表达式：$E = n\dfrac{\Delta \Phi}{\Delta t}$
3. $E = BLv_1 = BLv\sin\theta$

五、课时大概念Ⅳ（涡流、电磁阻尼和电磁驱动）教学设计示例
李玉鹏

本课时大概念为"电磁感应"现象在实际生活中的应用，对应的课程标准为"涡流和电磁阻尼和电磁驱动的利弊两个方面的关系"。根据学习内容和课堂容量，该部分的学习需要一个课时，可以结合涡流、电磁感应的实例，培养学生认识事物的全面性思维。

（一）大概念析读

1. 大概念理解

涡流、电磁阻尼和电磁驱动是一种特殊的电磁感应现象，也是感应电流、楞次定律、法拉第电磁感应定律等内容在实际生活中的真实应用。"楞次定律"和"法拉第电磁感应定律"通过简单的理论分析，而"涡流、电磁阻尼和电磁驱动"是这些单一的理论在生活中的综合的应用。通过感应电流、楞次定律、法拉第电磁感应定律的学习了解电磁理论基础，涡流、电磁阻尼和电磁驱动是电磁理论的应用发展学生物质与能量观。

2. 大概念解构

完成"电磁感应"理论在日常生活中的应用大概念教学，需要结合具体的实例，在解释具体概念"感应电流""楞次定律"和"法拉第电磁感应定律"后，完成以下教学内容，最终达成课时大概念，指向单元大概念。

（1）涡流产生的原因以及涡流的特点。

（2）涡流的利弊以及如何利用和防止涡流的产生。

（3）电磁阻尼和电磁驱动现象，分析二者的异同点及其实质。

（二）学习目标

1.物理观念

（1）学习掌握涡流的本质及其产生的原理，知道涡流的热效应和磁效应及其应用。

（2）能够了解电磁阻尼及电磁驱动的工作原理和工作过程。

2.科学思维

（1）通过涡流的学习，知道在日常生活中我们需要根据事实所需进行防止和利用，培养学生以辩证的角度看待事物的思维和能力。

（2）培养学生的创新意识，鼓励学生思考并创新，将涡流应用到生活实际中来，帮助学生养成发散性和开拓性的创造思维。

（3）通过实验培养学生探究思维，促进学生养成分析与比较事物的思维和能力，同时培养学生积极的探索精神。

3.科学探究

（1）通过实验探究，培养学生自主探究实验的能力，以及应用所学知识解决实际问题的能力，完善并提升学生的科学探究素养。

（2）通过对实验过程中，相关装置与器材的使用与分析，培养学生将理论与实际应用相结合的能力，促进学生分析与表达能力的提升。

（3）培养学生在实践中开拓创新的思维，促进学生养成自主进行创新探究的习惯。

4.科学态度与责任

（1）通过对涡流的学习与研究，培养学生自主思考、勇于猜想与探究的能力，帮助学生养成以探究的视角认识和发现生活中相关现象的习惯。

（2）了解涡流在生活中的利用与防止，帮助学生加强物理学科与生活实际的桥梁，帮助学生养成在生活中发现物理知识的习惯，增强学生利用所学知识服务于社会的意识。

（三）学习重难点

◆教学重点：1.涡流的概念及其应用。

2.电磁阻尼和电磁驱动的实际分析。

◆学习难点：电磁阻尼和电磁驱动的实际分析。

（四）学情分析

◆知能基础：学生在之前的学习中，已经对电磁感应的基本概念有了一定的认识，但是其学习的对象主要都是块状的金属导体，因此很难上升到本节所学的多匝非块状的金属导体的学习中来。此外，在之前的学习中电磁学与动力学的结合较为简单，学生能够很好地掌握，但本章的学习涉及的物理原理较多，非常考验学生综合运用知识的能力。

◆素养基础：学生已经系统学习了电磁感应的基本知识，这为本节课的学习奠定了一定的基础。同时初步具备团队协作的能力与独立思考的能力，具备一定的探索科学现象、科学定律的基本素养。

◆不足条件：本部分内容通过具体的生活实例来理解涡流、电磁阻尼和电磁驱动的原理，要求学生具有较强的综合分析能力，这对学生是一个较大挑战。

（五）教学资源

◆基本教学材料：可拆的变压器铁芯、涡流热效应演示仪、铜管、磁铁、铁块、灵敏电流表、导线、线圈、条形磁铁、斜面、小车、易拉罐、人教版教材、多媒体课件和视频。

◆课时大情境：电流表、变压器到磁悬浮列车的发展。

（六）教学框架

结合本课时大概念的特点，教学中采用实验探究和启发式教学为核心环节的教学支架。该支架应该包括以下几个环节：知识联结、主题探究、迁移拓展。知识联结用于唤起已知知识、建立基本概念、铺垫知识基础；主题探究是情境-问题教学模式的核心环节，囊括知识情境创设、问题任务生成、师生交互共生等内容；迁移拓展是对核心知识的归纳提升、迁移应用、拓展创新。

置于课时大概念主题下，本主题内容为一个课时进行学习设计。结合知识点"楞次定律"和"电磁感应定律"，用联系的观点完成教学，采用预设追问式问题链。本节教学框架如下：

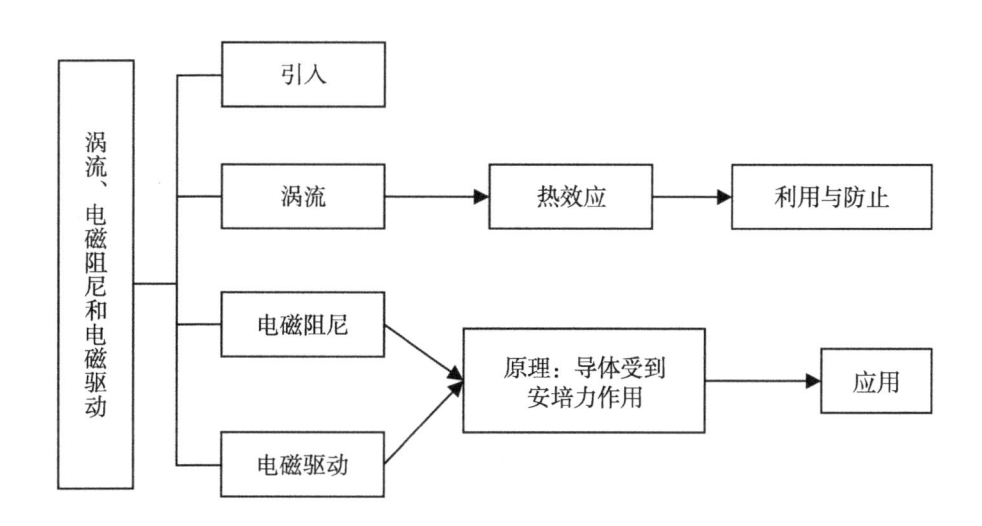

（七）教学过程设计

◆ 知识联结

教学环节与教学内容	教师活动	学生活动	设计意图
由硅钢片叠合而成的变压器铁芯	【情境】学生观察变压器铁芯，总结有什么特点 【问题】：结构为何这样？用一整块铁是否更好	【解答】结构都不是整块铁，而是由硅钢薄片叠加	学生观察激发兴趣

◆ 主题探究

	教学环节与教学内容	教师活动	学生活动	设计意图
电磁阻尼	1.观察电磁阻尼现象 磁体在铜管内自由下落的时间变长	【情境】时间隧道 实验操作： （1）在铜管上方由静止释放小物体，如橡皮 （2）在铜管上方由静止释放小磁铁	【现象】（1）物体下落时间0.5s左右；（2）磁铁经过十几秒才通过铜管	激发学生兴趣和好奇心
	2.体会电磁阻尼 将器材发给学生，让学生自己实验发现时间隧道的本质	【问题】现象本质是什么	【探究】只有磁铁下落才会变慢 本质：磁铁与导体发生相对运动时，导体受到阻碍其运动	教导学生构建物理模型
	3.探究电磁阻尼原理 猜想假设 由于安培力阻碍了磁铁的运动 设计实验 进行实验 得出结论 感应电流，产生安培力	【问题】（1）什么力阻碍了导体的运动？（2）安培力由什么产生	灵敏电流表的指针偏转，说明感应电流的产生，存在安培力	明确物理实验的步骤，培养学生探究能力

续表

电磁阻尼	4.电磁阻尼的定义 回顾实验，总结电磁阻尼	[总结] 通过实验发现，安培力始终阻碍线圈的运动，这个现象叫电磁阻尼		用楞次定律和左手定则分析，培养学生解决问题的能力
电磁驱动	1.演示电磁驱动现象 2.电磁驱动的定义 让学生结合电磁阻尼的探究过程，分析电磁驱动定义	【情境】磁铁驱动铝线框 【问题】解释"磁驱动铝线框"的实验现象 一个磁场相对于导体转动，会产生感应电流，使导体受到安培力作用，从而使导体运动	生：观察、讨论和交流涡流使导体受安培力作用转动起来	激发学生学习兴趣 培养学生注意力

◆迁移拓展

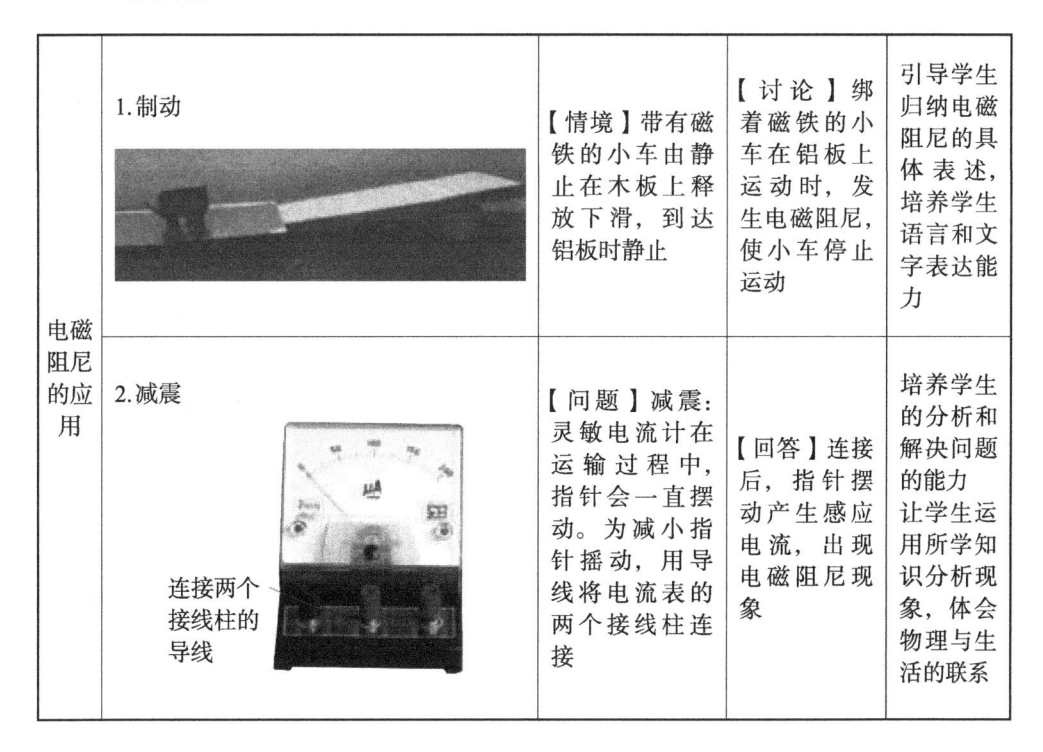

电磁阻尼的应用	1.制动	【情境】带有磁铁的小车由静止在木板上释放下滑，到达铝板时静止	【讨论】绑着磁铁的小车在铝板上运动时，发生电磁阻尼，使小车停止运动	引导学生归纳电磁阻尼的具体表述，培养学生语言和文字表达能力
	2.减震 连接两个接线柱的导线	【问题】减震：灵敏电流计在运输过程中，指针会一直摆动。为减小指针摇动，用导线将电流表的两个接线柱连接	【回答】连接后，指针摆动产生感应电流，出现电磁阻尼现象	培养学生的分析和解决问题的能力 让学生运用所学知识分析现象，体会物理与生活的联系

| 电磁驱动的应用 | 交流感应电动机实物与线圈模型 | 【问题】展示交流感应电动机，观察结构，展示线圈工作原理模型图，分析交流感应电动机的工作原理 | 【解释】三个线圈连接到三相电源上，能在线圈中产生特殊磁场。利用电磁驱动原理，磁场中的导线框会转动 | 让学生运用知识分析实际现象，体会物理技术与社会的联系 |

◆板书设计

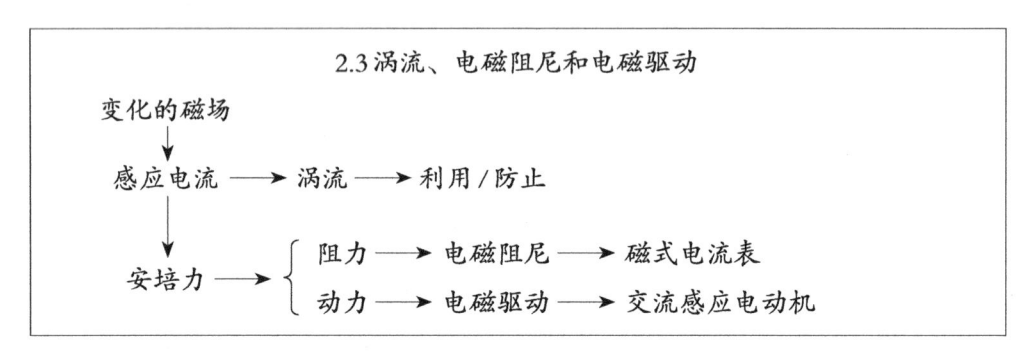

2.3 涡流、电磁阻尼和电磁驱动

变化的磁场
↓
感应电流 —→ 涡流 —→ 利用/防止
↓
安培力 ┬ 阻力 —→ 电磁阻尼 —→ 磁式电流表
      └ 动力 —→ 电磁驱动 —→ 交流感应电动机

六、课时大概念Ⅴ（互感和自感）教学设计示例

何小辉　毛　伟

本课时为大概念"电磁感应"现象在生产生活中的应用。根据学习内容和课堂容量，该部分的学习需要1个课时，通过对互感和自感的现象，进一步巩固和深化电磁感应的认知。同时从能量守恒的角度理解电磁感应，培养学生全面认识和理解事物的科学态度。

（一）大概念析读

1. 大概念理解

本节之前的电磁阻尼和电磁驱动，是动生电动势在生产生活中的应用。而本节则是感生电动势在技术中的应用。电磁感应告诉我们，产生感应电流的原因是磁通量发生变化。而互感和自感则是从磁通量变化的原因加以区分的两种不同现象，即磁通量变化是因为其他线圈的电流发生变化还是导体自身的电流发生变化。这两种现象其本质上都是变化的磁场产生感生电场从而产生感生电动势。在前面学习的基础上，通过自感互感的学习进一步深化电磁感应理论知识，最终形成一个统一的电磁整体。

2. 大概念解构

在解释具体概念"感应电流""楞次定律"和"法拉第电磁感应定律"后，完成以下教学内容，最终达成课时大概念，指向单元大概念。

（1）互感现象的原因以及互感现象的防止与利用。

（2）会根据通电自感以及断电自感的特点进行电路分析，知道自感现象的利用与防止。

（3）分析互感和自感二者的不同点和相同点，以及实质。

（二）学习目标

1. 物理观念

（1）通过实验了解互感与自感现象。

（2）知道互感现象与自感现象的在实际生产生活中的应用。

（3）了解自感系数。

2. 科学思维

（1）会从楞次定律以及电磁感应的视角认识自感现象。

（2）会用自感与互感解释简单的电磁现象，能从能量守恒的角度知道互感现象与自感现象是磁场能变化的一种表现。

3. 科学探究

通过实验观察通电自感和断电自感现象，并利用所学知识解释其原理。

4. 科学态度与责任

了解自感现象在生产生活中的应用，体会推理分析的科学思维方法。

（三）学习重难点

◆教学重点：自感现象产生的原因及特点。

◆学习难点：在楞次定律以及右手螺旋定则的基础上分析自感现象。

（四）学情分析

◆知能基础：学生通过前面的学习，已经知道了引起电磁感应现象的条件，能够判断感应电流方向以及计算影响感应电动势大小。

◆素养基础：学生通过之前的学习，已经能够通过协作完成简单的实验，具有初步的协作能力、独立思考能力，并且具有强烈的好奇心和求知欲，对于通过观察实验现象、经历思考来理解现象产生的原因，并且总结出其中规律有着强烈的期望。

◆不足条件：学生之前学习的情境都是外部条件改变磁通量，产生感生电动势，互感理解起来相对容易，但是在分析自感现象的原因时要求学生具有较强的理解能力，这对学生而言是一个挑战。

（五）教学资源

◆基本教学材料：通电断电自感演示仪、可拆的变压器线圈、音响、手机、双头音频线、电磁炉、导线、灯泡、人教版教材、多媒体课件和视频。

◆课时大情境：金属探测仪的原理、整流器的原理。

（六）教学框架

结合本课时大概念的特点，教学中采用实验探究和启发式教学为核心环节的教学支架。该支架应该包括以下几个环节：知识体系构建、问题探究、迁移拓展。知识体系构建用于复习已学知识、构造基本观念、铺垫知识基础；问题探究是情境－问题教学模式的核心环节，囊括现实情境创设、问题任务生成、师生交互共生等内容；迁移拓展是对核心知识的归纳提升、迁移应用、拓展创新。

置于课时大概念主题下，本主题内容为一个课时进行学习设计。结合知识点"楞次定律"和"电磁感应定律"，用联系的观点完成教学，采用预设追问式问题链。本节教学框架如下：

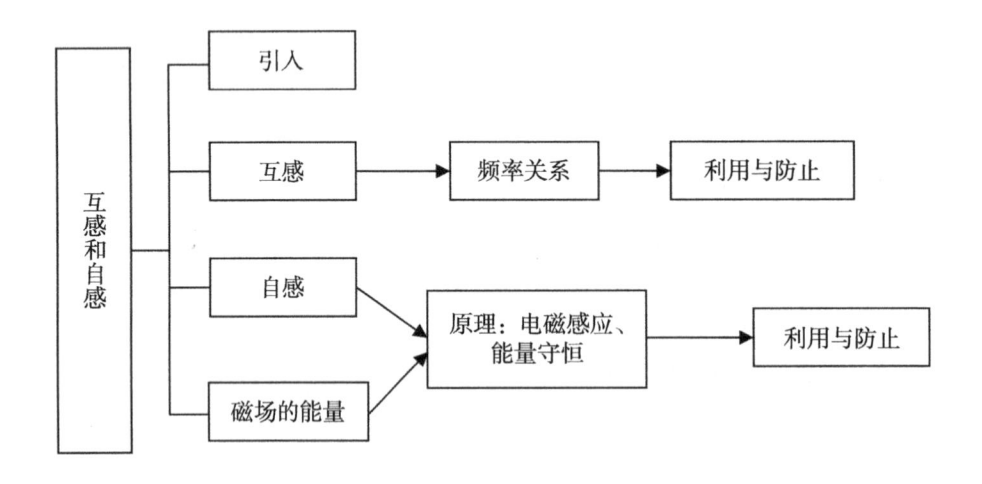

（七）教学过程设计

◆ 知识联结

环节	知识内容（情境/问题）	师生交互	创设意图
引入新课	【引入】情境（提供器材） 【问题】我们都听到了音乐，我们听到的音频信号实际上是什么信号 为什么能在扩音器上听见由手机输出的音乐	【生】思考讨论后回答： ①手机输出的音频信号，是一种强度和频率都在变化的电流信号 ②连接手机的线圈使连接音响的线圈磁通量发生变化，产生感应电流 【师、生】回归本质： 产生感应电流的条件：1.线圈组成闭合的回路；2.穿过闭合回路磁通量 Φ 发生变化	实验引入，提高兴趣，同时知识复习，强调本节内容是电磁感应大概念的应用

◆ 主题探究

	引出互感概念		
知识学习	【问题】我们已经知道，线圈之间相互感应会产生感应电流。那么，两线圈中电流的频率之间有什么关系 A线圈能在B线圈中产生感应电流，那么感应出变化的感应电流的B线圈能不能在A线圈中也产生感应电流呢	【生】讨论猜想回答问题： 回答：二者频率相同，才能输出不变的音乐。同时根据感应电流产生的条件，被感应的B线圈中如果产生了变化的电流，也会反过来使A线圈中再次产生出感应电流 【师】所以互感现象是两个线圈相互感应，就像人一样，会相互影响	围绕教学主题（大概念）创设情境引入主题，加深知识理解
知识应用	无线充电　　　变压器　　　收音机的磁性天线		让学生了解我们知识的应用，知道学以致用的道理

合作探究	【问题】当一个电流变化的线圈靠近另一个线圈时，能在邻近的这个线圈中激发出感应电动势；而线圈可以看作是很多小线圈组合而成，那么对于一个线圈是否也能在它本身激发出感应电动势呢	【学生】基于已有知识，进行思考、讨论、猜想。	科学探究和科学方法的培养
主题探究	【实验】实验电路图如图所示，灯泡A₁、A₂是相同的两个灯泡（预先调节R的阻值，使其等于线圈电阻） 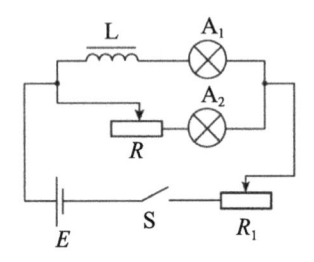 请同学们在合适的光照条件下进行实验并仔细观察：闭合开关S的一瞬间，对比电路中两个灯泡的亮度变化情况 【学生】灯A₂在开关闭合后马上变亮，灯A₁在开关闭合后相对缓慢变亮 【教师】请同学们结合之前的猜想，从电磁感应感应电动势的角度，尝试分析A₁没有直接变里亮而是逐渐变亮的原因 【学生】可以用实验前的猜想解释这一实验现象：线圈可以自己感应自己激发出感应电动势；闭合开关后，A₁这条支路通过的电流I增大，则与其串联的线圈L磁通量相应地也在增大，根据楞次定律：磁通量增大时，线圈自己要产生与原来电动势相反方向的感应电动势，阻碍这种变化，而阻碍不是阻止，所以A₁中的电流只能缓慢增大，所以A₁灯泡在缓慢变亮 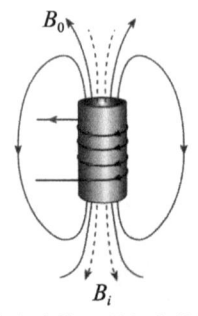 感应电动势阻碍电流的增加		紧扣课时大概念创设主题实验，培养学生语言表达能力以及举一反三的推理能力

主题探究	【教师】以上实验说明：当一个线圈中的电流变化时，它不仅能感应别的线圈，也能自己感应自己激发出感应电动势。这种现象叫自感。就像人不但相互影响，还要能够自省 【演示实验3】按如图电路图连接电路。其中线圈的电阻小于灯泡的电阻 实验前先闭合开关，电路稳定后，断开开关S；大家仔细观察灯泡A的亮度变化情况，并分析原因 【学生】A灯泡先闪亮一下，再熄灭 【教师】为什么会闪亮后熄灭？同学们能否用"自感"的原理来解释 【学生】开关断开瞬间，线圈支路中的电流I减小，磁通量减小，根据楞次定律，线圈会感应出一个阻碍电流变化的电动势。产生一个与原电流I同向的感应电流$I_感$，此时线圈充当电源的作用给灯泡A供电，使得有电流从A中流过，同样的，感应电动势阻碍磁通变化但是并不阻止，电流依然要减小，所以A要缓慢熄灭 【教师】按照刚才的分析，我们已经判断出了开关断开前后电流大小变化，那么通过灯A中的电流方向有什么变化 【学生】电流减少时，线圈中的感应电流与原电流同向，根据电路实际情况，电流流经灯A时，与原电流反向 【教师】那么灯泡突然闪亮一下如何解释呢 【学生】说明断开后的一瞬间，感应电流要大于灯泡原来的电流 【教师】当线圈的电阻R_L<灯泡电阻R_A时，在电压相同的情况下，线圈电流I_L>灯泡的I_A；断开开关后，根据电磁感应中自感的规律，线圈中的感应电流不会突然减少，而是要从原值开始减小，虽然灯泡电流直接减到0，但线圈的电流比断开开关前灯泡电流大，从这个较大值逐渐减小，大电流流过灯泡，灯泡就要闪亮一下再熄灭 【教师】通过视频解释通电自感（多媒体逐步分析） 现象：A_1灯泡 逐渐变亮，最终一样亮 　　　A_2灯泡 立即亮起来 自感现象　阻碍电流（磁通量）变化："增反减同" 　　　　（1）$I_原$增加，$I_原$与$I_感$方向相反（2）$I_原$减小，$I_原$与$I_感$方向相同 　　　　线圈L电流变化⇒磁通量变化⇒自身产生自感电动势⇒感应电流	引导学生利用通电自感的结论去解释断电自感的原因，并描述出来

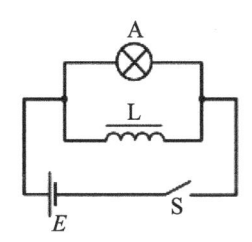

续表

	开关断开前后通过灯泡A、线圈L的电流I_A、I_L随时间变化的数据我们可以用电流传感器收集	
	【教师】自感现象指的是线圈中电流保持原来状态的现象，就像电流也有惯性一样，而不同的线圈，这种"惯性"也不一样，科学家将描述线圈这种性质的参数称为自感系数，根据法拉第电磁感应定律，有公式：$$E = L\frac{\Delta I}{\Delta t}$$ 其中E是感应电动势，L就是自感系数，单位为亨利（H），大小与线圈的大小、形状、圈数及有无铁芯有关	

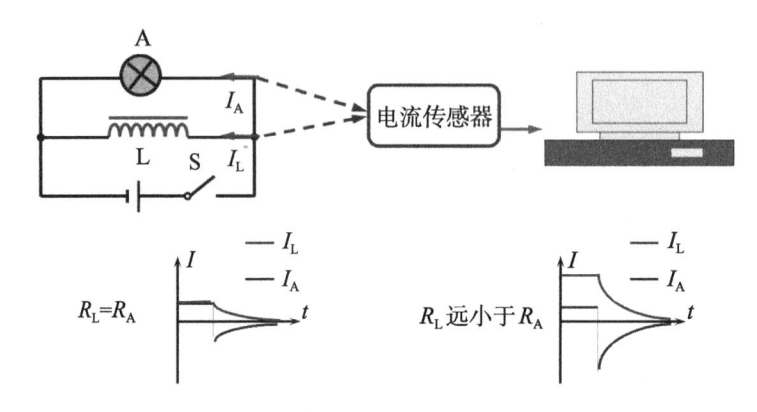

◆迁移拓展

问题思考	【问题】在断电自感的实验中，开关断开，电池没有接入电路，但是灯泡还能持续发光一段时间，那么是什么能量转化为了灯丝的热能呢	【解释】自感现象中的磁场能量 （1）电流变大时：磁场也变强，电源的能量一部分储存在磁场中 （2）电流减小时：磁场中的能量释放出来为灯泡提供电能	从能量的角度认识自感。培养学生从不同角度认识问题的思维方式
大概念强化		【师】课堂小结： 通过本节课的学习可以发现，无论自感还是互感，都是法拉第电磁感应的应用，磁通量变化产生感应电动势。反映了磁生电的大概念	知识小结，回应课时大概念，科学服务生产

◆板书设计

```
                    2.4 互感和自感
1.互感
2.自感
3.磁场的能量：
              阻碍电流（磁通量）变化："增反减同"
自感    （1）$I_原$增加，$I_原$与$I_感$方向相反（2）$I_原$减小，$I_原$与$I_感$方向相同
现象   线圈L电流变化 ⟹ 磁通量变化 ⟹ 自身产生自感电动势 ⟹ 感应电流
```

七、课时大概念Ⅵ（电磁振荡）教学设计示例
刘宝平

本课时大概念为"电磁振荡"，对应的课程标准为"通过实验，了解电磁振荡"。根据学习内容和课堂容量，本主题的学习需要一个课时，教学主题是了解LC振荡电路中电磁振荡产生的过程。

（一）大概念析读

1. 大概念理解

"电磁振荡"关注的重点是电磁振荡过程中LC回路中的电流变化规律、电容器极板上电量变化规律、电场能与磁场能的转化过程，这些动态变化过程是理解电磁振荡原因和本质的必要组成部分，为进一步认识电磁波的产生、发射和接收奠定基础。

2. 大概念解构

完成"电磁振荡"的大概念教学，需要结合演示实验，化抽象为形象，通过创设连贯的问题情境，在解释具体概念"振荡电流""振荡电路"后，完成以下教学内容，最终达成课时大概念，指向单元大概念。

1.电磁振荡产生的过程。

2.电磁振荡中的能量变化。

3.电磁振荡的周期和频率。

（二）学习目标

（1）通过回顾电容器的充电、放电作用及线圈的自感现象，分析LC振荡电路

在一个周期内物理量 i、q、E、B 的变化规律，理解电磁振荡的原因与过程。

（2）结合示波器显示的波形图，分析波形变化的原因，理解阻尼振荡和无阻尼振荡的区别，以及振幅减小的原因。

（3）结合周期和频率的相关知识，猜想影响 LC 电路周期与频率的因素，得出电磁振荡周期与频率的表达式。

（三）学习重难点

◆学习重点：电磁振荡过程中电场能与磁场能的相互转化规律。

◆学习难点：LC 回路振荡过程中电场强度和磁感应强度的相互转化规律。

（四）学情分析

◆知能基础：学生通过必修3与前几章的学习，学生已经学习了电场，以及磁场的一些性质，也学习了电磁感应的现象。同时，学生具备分析电容器充放电、线圈自感现象的能力。此外，通过义务教育与高中阶段的学习，能量守恒的观念已经根植于心。

◆素养基础：通过高一物理学习和高二物理选择性必修2前三章的学习，绝大部分学生已经形成了一定的物理观念，能够以物理学视角解释自然现象和解决实际问题，部分同学经历了大量的物理实验后，形成了一定的科学探究思维、跨学科综合思维，有利于对真实情境的探究。

◆不足条件：电磁振荡的产生过程比较抽象，分析电磁振荡规律变化的原因要求学生具有较强的综合分析能力，这对学生是一个很大挑战。

（五）教学资源

◆基本教学材料：人教版教材、多媒体课件、传感器与电脑软件、相关统计图表和视频。

◆课时大情境：电磁波与现代生活的联系。

（六）教学框架

结合本课时大概念的特点，教学中采用情境-问题教学模式。包括知识联结、主题探究、迁移拓展等环节。知识联结用于唤起已知知识、建立基本概念、铺垫知识基础；主题探究是情境-问题教学模式的核心环节，包括知识情境创设、问题任务生成、师生交互共生等内容；迁移拓展是对核心知识的归纳提升、迁移应用、拓展创新。本节教学框架如下：

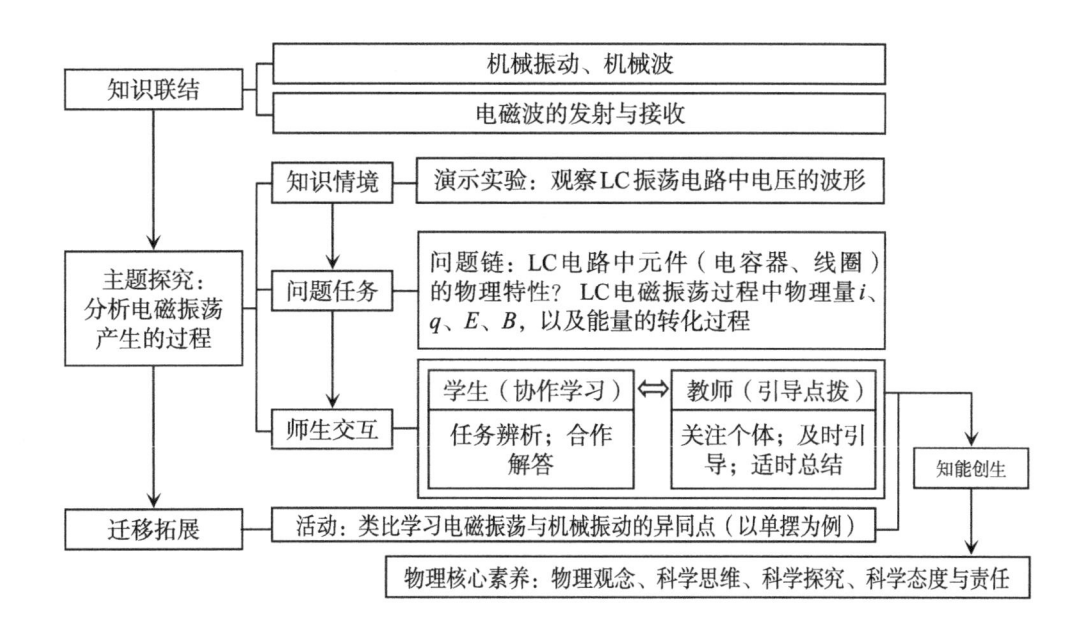

```
┌──────────┐     ┌─────────────────────────┐
│ 知识联结 │────▶│   机械振动、机械波       │
└──────────┘     ├─────────────────────────┤
     │           │   电磁波的发射与接收    │
     │           └─────────────────────────┘
     ▼
┌──────────┐     ┌──────────┐  ┌─────────────────────────────┐
│          │────▶│ 知识情境 │─▶│演示实验：观察LC振荡电路中电压的波形│
│ 主题探究：│     └──────────┘  └─────────────────────────────┘
│ 分析电磁 │     ┌──────────┐  ┌─────────────────────────────────────┐
│ 振荡     │────▶│ 问题任务 │─▶│问题链：LC电路中元件（电容器、线圈）│
│ 产生的   │     └──────────┘  │的物理特性？LC电磁振荡过程中物理量i、│
│ 过程     │                   │q、E、B，以及能量的转化过程          │
│          │                   └─────────────────────────────────────┘
│          │     ┌──────────┐  ┌──────────────┐ ┌──────────────┐
│          │────▶│ 师生交互 │─▶│学生（协作学习）│⇔│教师（引导点拨）│─┐
└──────────┘     └──────────┘  │任务辨析；合作│ │关注个体；及时│ │
                               │    解答      │ │引导；适时总结│ │ ┌────────┐
                               └──────────────┘ └──────────────┘ ├▶│知能创生│
┌──────────┐     ┌──────────────────────────────────────────────┐ │ └────────┘
│ 迁移拓展 │────▶│活动：类比学习电磁振荡与机械振动的异同点（以单摆为例）│─┘
└──────────┘     └──────────────────────────────────────────────┘
                 ┌──────────────────────────────────────────────┐
                 │物理核心素养：物理观念、科学思维、科学探究、科学态度与责任│
                 └──────────────────────────────────────────────┘
```

（七）教学过程设计

◆知识联结

环节	知识内容（情境/问题）	师生交互	创设意图
知识复习	【复习】情境（水波示意图）： 【问题】在前面几章中，我们学习了机械波，根据机械波的知识，我们如何能在平静的水面形成持续的波纹	【生】思考回答： 要有机械振动作为波源，并且在传播过程中还要有介质的作用 【师】知识总结： 波源持续不断地振动就能在水面形成持续的水波	知识复习，暗示机械振动与电磁振荡的相互联系，唤起大概念

续表

环节	知识内容（情境/问题）	师生交互	创设意图
知识铺垫	【情境】电磁波的发射与接收： 电磁波与现代的科技以及人类的生活密切关系。无线电广播、电视、人造卫星、导弹、宇宙飞船等，传递信息和跟地面的联系都要利用电磁波，收音机随时可以接收电磁波，24小时随时可以收听节目。可见，电磁波对我们来说越来越重要		围绕教学主题（大概念）进行知识铺垫，为演示振荡电流做准备
	【问题】(1) 电磁波怎么产生的 (2) 信号塔24小时持续发射电磁波，那么怎么产生持续的电磁波呢	【生】思考回答： 类似机械振动形成了机械波，需要有一个波源 【师】点明主题： 产生持续的电磁波需要持续变化的电流。怎么实现产生持续变化的电流，就是这一节主要学习的内容 【板书】 4.1 电磁振荡	

◆ 主题探究

环节	情境/问题	师生交互	创设意图
知识承转	【情境】人教版教材选择性必修2第四章第一节"演示实验" 甲 电路图　　乙 电脑里显示的电压波形 【问题】 振荡电路中电压的 U-t 图形是怎样的？那么 I-t 图像呢	【师】提示： 观察电脑显示器中显示的电压波形，考虑大小和方向两个因素 【生】观察回答： 电路的电压发生周期性的变化。电路中的电流也发生周期性的变化	进行科学探究，促进物理核心素养的达成

续表

环节	情境/问题	师生交互	创设意图
知识承转		【师】定义： 振荡电流；振荡电路；LC电路 【师】总结指出： 振荡电流实质上是学过的交流电，按正弦规律变化。振荡电流怎样产生？下面研究它的产生过程	
主题探究	【情境】多媒体呈现： 【问题】（1）分析LC电路中元件，电容器、线圈的物理特性 （2）分析LC电磁振荡产生的过程 开始放电瞬间（1）　放电完毕瞬间（2）　反向充电完毕瞬间（3）　反向放电完毕瞬间（4）　正向充电完毕瞬间（5） 探究一：电磁振荡的产生 【问题】电容器放电瞬间，能量储存在哪里？以什么形式 此时，电容器物理量的特点 线圈中物理量的特点 电容器开始放电后，电路中的电流是否马上达到最大值？为什么？ 依次分析电磁振荡过程中几个特殊时刻 q、i、E、B 的特征 【问题】根据上述分析，作出各时刻电路中 i 和电容器极板上 q 的变化图像	【生】思考回答： 电容器里，以电场的形式存在 电容器电荷量最大，两极板电场强度最大，电场能最大 线圈中电流为0，磁感应强度为0，磁场能为0 不是，因为线圈的自感现象，电路中电流会慢慢增大 【生】思考作图： 放电　充电　放电　充电	紧扣课时大概念创设主题情境与预设追问式问题链。培养学生运用知识分析、解决问题的综合品质

续表

环节	情境/问题	师生交互	创设意图
主题探究	探究二：电磁振荡中的能量变化 【问题】电磁振荡中能量变化的特征？实验中振荡电流的振幅为什么变小了 探究三：电磁振荡的周期和频率 【问题】猜想振荡电路的周期（频率）会与哪些因素有关	【师】总结： （1）电磁振荡的定义 （2）电磁振荡的本质规律 【生】思考回答： （1）放电过程：电场能转化为磁场能；充电过程：磁场能转化为电场能 （2）有能量的损失 【师】补充： 阻尼振荡和无阻尼振荡 【师】引导思考： 电容较大或线圈的自感系数较大时，电容器的充电、放电时间长些还是短些 【生】思考回答： 与电容C与电感L有关 【师】理论分析： 周期：$T = 2\pi\sqrt{LC}$ 频率：$f = \dfrac{1}{2\pi\sqrt{LC}}$	
知能强化	【情境】回顾本课堂内容 【问题】一个振荡周期分为几个充放电过程？电量，电流，电场能和磁场能有什么样的变化规律	深层次理解电磁振荡，强化学生结构化知识 【生】独立回复： 有两个充放电过程，振荡电流按正弦规律变化，电路的状态与相应的物理量对应	

◆ 迁移拓展

环节	情境/问题	师生交互	创设意图
知能拓展	【问题】 （1）本节课后习题 （2）类比学习电磁振荡与机械振动的异同点（以单摆为例）	【生】独立思考：完成课后练习，绘制表格对比说明 【师】课堂小结： 通过本课学习知道了理想振荡电路中振荡电流按正弦规律变化，电磁振荡的原因和本质，能量变化，以及周期与频率公式等	知识融通，形成整体思维 知识小结，回应课时大概念

◆板书设计

```
4.1 电磁振荡
1. 电磁振荡的产生过程
2. 磁振荡的本质规律
3. 振荡的周期和频率：
   T = 2π√LC    f = 1/(2π√LC)
```

（八）单元教学反思

电磁感应在大概念统领下进行单元教学设计，有利于学生知识结构化的构建，采用情境——问题教学模式有利于培养学生在真情实景中拥有像专家思维一样解决问题的能力，注重学生构建知识体系的过程感悟和体验。将电磁感应与生活紧密联系，让学生感受物理源于生活又服务于生活，增强学生学习兴趣，通过楞次定律、法拉第电磁感应定律等实验探究过程，培养学生科学思维和科学探究能力，发展学生物理核心素养。

第五节　情境-问题教学实践
——以"化学反应与电能"为例

能量不会凭空产生也不会凭空消失，只能由一种能量形式转化为另一种能量形式。高中化学中的能量转换集中于化学反应与热能的转化和化学反应与电能的转化。化学反应与电能包含化学反应与电能的相互关系，其体现在化学反应可以通过原电池装置实现化学能转化为电能为外界提供持续的电流；外界电流通过电解池装置将电能转化为化学能应用于工业生产来满足人们生产生活的需要。电化学及其产品与能源、材料、环境和健康等领域紧密联系，被广泛地应用于生产、生活的许多方面，所以化学反应与电能是高中化学中化学反应与能量的重要内容。

一、单元整体设计
黄晓丹

本单元是以人教版化学必修2第七章"化学反应与能量中"的"化学反应与电能"为基础，以及选择性必修2第四章"化学反应与电能"进行提升形成的一个单元主题。本单元紧扣单元大概念从化学能可以通过原电池装置转换为电能，电能又可以通过电解池装置转换为化学能，并将化学能和电能的相互转化应用于生活实践，解决生活中的实际问题而形成完整的单元整体，指向学科大概念，电化学在高中化学学习既是难点也是重点内容，学生学完遗忘得快，所以我们利用整体单元设计能提升学生对这一部分的整体理解力和认知程度。

（一）课程标准

1.认识化学能与电能相互转化的实际意义及其重要应用。

2.了解原电池及常见化学电源的工作原理。

3.了解电解池的工作原理，认识电解在实现物质转化和储存能量中的具体应用。

4.了解金属发生电化学腐蚀的本质，知道金属腐蚀的危害，了解防止金属腐蚀的措施。

（二）大概念建构

根据《普通高中化学课程标准》中课程内容的模块和《科学教育的原则和大概念》，结合各版本教材对该部分内容的单元整合，确定本单元对应的跨学科大概念为"能量"，能量大概念是科学大概念中比较特殊的一类大概念，其既蕴含在各自学科中，又体现在各个学科间，这是源于能量本身的特殊性。在化学反应中，化学能与其他形式的能量可以相互转化并遵循能量守恒定律，故将学科大概念为"化学反应能量转化及应用"。在学科大概念统摄下，本单元重点关注化学能和电能相互转化以及在生活实践中的应用，故本单元的单元大概念确定为"化学反应中化学能和电能的相互转化及应用"（表5-5-1）。

分析本单元是以化学必修2第七章"化学反应与能量"中的"化学反应与电能"为基础，向选择性必修1第四章"化学反应与电能"进行提升形成一个单元主题。结合本单元的主题，原电池、电解池都是以发生在电子导体与离子导体接触面上的氧化还原反应为基础来实现化学能与电能之间的相互转化，基于学科大概念"化学反应与能量",电能是能量之中的一种,故将本单元的单元大概念确定为"化学反应与电能",在单元大概念的引领下设计基于"真实情境-问题"下的课时大概念教学。

表 5-5-1 "化学反应与电能"部分大概念层级

学科大概念	单元大概念	课时大概念
化学反应能量转化及应用	化学反应中化学能和电能的相互转化及应用	Ⅰ.化学能转换为电能——原电池的原理 Ⅱ.化学能转换为电能——化学电源1 Ⅲ.化学能转换为电能——化学电源2 Ⅳ.电能转换为化学能——电解池的原理 Ⅴ.电能转换为化学能——电解池的应用 Ⅵ.化学能和电能转换的应用——金属的腐蚀和防护

(三)单元学习目标

本单元属于选择性必修1的第四章"化学反应与电能",依据《普通高中化学课程标准(2017年版2020年修订)》的学业质量要求,确定本单元的学习目标为:

1.能分析、解释原电池的工作原理,并利用相关信息分析常见化学电源的主要工作原理。

2.能分析、解释电解池的工作原理,并利用相关信息分析典型的电解、电镀和冶金等实际应用的主要原理。

3.了解金属发生电化学腐蚀的原理、过程和现象,学会分析、设计和选择合理的金属防护措施。

4.围绕化学反应与电能这一主题,能举例说明化学在开发和利用自然资源、解决能源危机和保护生态环境等方面的重要作用。

(四)单元学习大情境

我们的教学设计基于真实生活情境如"干电池、纽扣电池、铅蓄电池以及手机电池""盐水汽车电池和氢氧燃料电池""如何让小车跑起来""如何让小车跑得更好""用水质电解器测水质是否靠谱"等,通过发现问题——实验探究——得出结论——构建模型,将本单元三个方面的内容,即将化学能转化成电能的装置——原电池;将电能转化成化学能的装置——电解池;金属的防护与腐蚀串联了起来。三节内容将原理与实践贯穿,既体现了化学能与电能的相互转化,又能将原理应用于实际生活中,让学生学以致用。

二、课时大概念Ⅰ（以"原电池"例证）教学设计示例

吕　军

（一）大概念析读

本课时是在学科大概念化学反应与能量与单元大概念化学反应与电能的统领下，围绕课时大概念"原电池的工作原理"构建"宏－微－符"三重表征意识，基于宏观现象思索原电池背后蕴藏的微观机理，结合微观动画机理紧密联系氧化还原反应得失电子知识点，开拓对电极反应式的书写，充分发挥"建构－关联"功能，对原电池概念初步形成全面认识，为搭建原电池认知模型提供学习扳手和思维建构工具。基于生活中的化学电源，搭建与原电池组成和工作原理的桥梁，在形成系统全面认知的基础上，帮助学生搭建原电池认知模型，从装置和原理两个维度展开对原电池工作原理的深化理解，紧密联系概念间的关联。

（二）学习目标

1.通过介绍原电池的工作原理，认识原电池的形成条件并能够设计直观的原电池，理解原电池的本质和原电池的正负极与氧化还原反应的关系，构建原电池认知模型，培养"证据推理与模型认知"核心素养。

2.通过对比实验的探究认识到原电池在化学能转变为电能过程中所起到的作用，分析并概括出来构成原电池的条件，学会通过对比的方法来处理实验结果，由具体的实验现象描述逐渐形成抽象概括，培养"科学探究与创新意识"核心素养。

3.通过多媒体动画分析原电池中微观粒子的移动，深入理解原电池的本质，认识到科学对人类产生的影响就是多方面的，培养"宏观辨识与微观探析"核心素养。

4.通过电池研发进展的了解，认识到化学电源对节能减排的贡献和推动人类发展的价值，认识到个体与群体是密切相关的关系，从而形成"环保从我做起"的意识，培养"科学态度与社会责任"核心素养。

（三）学习重难点

◆学习重点：深入了解原电池的概念、构造、功能和应用。

◆学习难点：构建原电池认知模型。

（四）学情分析

化学能与电能教学前，学生已在必修1第一册教学阶段中系统学习氧化还原反应，并通过后续钠元素及其化合物、氯元素及其化合物和金属材料等加深对氧化还原反应的模型建构。学生明确氧化还原反应的宏观特征是化合价的升降，理解氧化还原反应的微观实质是电子的转移。经过多次的实验研究，我们发现，使用双线桥

法和单线桥法能够准确地描述化学反应的电子流动，从而进一步揭示出氧化还原反应的机理，即物理量的变动，从而使我们能够深入理解燃料电池的实际运作，包括它的正负极之间的相互作用，以及它们之间的电子消耗。经过研究发现，学生们在构建原电池时存在着不同的构思，这些构思的基础是"负极物质必须参与负极化学反应""唯有水溶剂才能做原电池的内回路"中提到的只要金属材料能够作为阴极，而且金属活动性较强的金属材料必须作为负极材料。基于对学情的把握，所以在教学中需要教师适时、适度地进行针对性的引导和帮助，需要将原电池的工作原理与氧化还原反应中得失电子相联系，借助正负极材料得失电子过程建立原电池认知模型。

（五）教学资源

PPT、微观动画、希沃授课助手。

（六）原电池教学框架

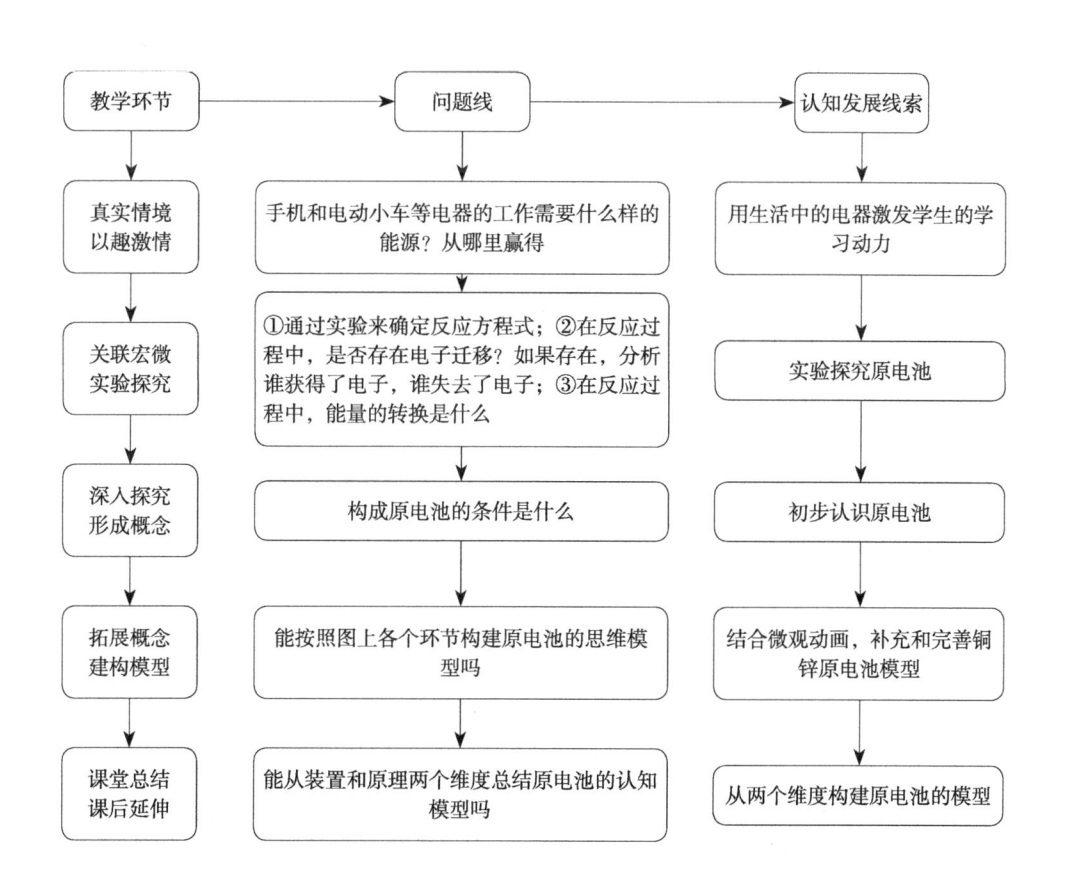

教学环节	问题线	认知发展线索
真实情境 以趣激情	手机和电动小车等电器的工作需要什么样的能源？从哪里赢得	用生活中的电器激发学生的学习动力
关联宏微 实验探究	①通过实验来确定反应方程式；②在反应过程中，是否存在电子迁移？如果存在，分析谁获得了电子，谁失去了电子；③在反应过程中，能量的转换是什么	实验探究原电池
深入探究 形成概念	构成原电池的条件是什么	初步认识原电池
拓展概念 建构模型	能按照图上各个环节构建原电池的思维模型吗	结合微观动画，补充和完善铜锌原电池模型
课堂总结 课后延伸	能从装置和原理两个维度总结原电池的认知模型吗	从两个维度构建原电池的模型

（七）教学过程设计

教学板块	教师活动	学生活动	设计意图
真实情境以趣激情	【情境引入】大家好，请您观察下面的物品。它们包括手电筒、手机和电动小车、小电风扇等电器 【设疑】这些电器的工作需要什么样的能源？从哪里获得 【小组探究】我们可以从这张发电总量表来看出一系列有关火力发电的重要信息，包括它所需要的各种能源转换方法，你认为火力发电是利大于弊，还是弊大于利	思考、回答：电能、电池 小组讨论结论：火力发电能源利用率低，对环境的污染大，特别需要一种高效的能量转换方式	用生活中的电器激发学生的学习动力，培养"科学态度与社会责任"的素养
关联宏微实验探究	【设疑】那么回顾旧知，氧化还原反应的本质又是什么 【实验】取60毫升稀硫酸；用pH试纸检查其pH值，接着把它倒进100毫升的烧杯里，分别加上一块锌和铜片，搅拌均匀，等待一定的时间，最终检查pH值，同时还要轻轻地触摸烧杯的表面 【思考】①通过实验来确定反应方程式。②在反应过程中，是否存在电子迁移？如果存在，分析谁获得了电子，谁失去了电子？③在反应过程中，能量的转换是什么	【结论】Zn与稀硫酸发生了化学反应。Cu不与稀硫酸发生化学反应 【结论】由于锌片和铜片之间存在电势差，电子发生转移，产生电流，化学能转化为电能	学生实验找寻原电池形成的原理，培养学生推理分析能力，培养"科学探究"的素养

续表

教学板块	教师活动	学生活动	设计意图
深入探究形成概念	【设疑】结合各小组设计的原电池思索原电池的构成条件有哪些 【教师整合】依据学生的回答，构建原电池形成的装置构成维度，如下图所示： 电子导体（导线） Zn　　H₂SO₄溶液　　Cu 负极材料　离子导体　正极材料　构成要素 　　　　（电解质溶液） 【过渡】通过电极反应方程式，我们可以清楚地看到电子从一个极端流向另一个极端的变化过程，从而更好地理解物质的性质。以铜锌原电池为例，指出电池的正、负极，并分析两极上可能发生的反应，结合课前预习，试写出电极反应式 通过学习，我们可以掌握总反应的符号表示：$Zn+2H^+ = Zn^{2+}+H_2\uparrow$；$Zn-2e^- = Zn^{2+}$（氧化反应）；$2H^++2e^- = H_2\uparrow$（还原反应） 【建模】同学们能按图上的各个环节构建原电池的模型吗	【小组成果展示】学生上讲台借助希沃白板的投屏功能展示原电池 【学生回答】原电池构成条件：①形成闭合回路。②有自发的氧化还原反应。③电极 学生自主思考，构建原电池思维模型，如下图 工作原理　自发的氧化还原反应 　　　　　$Zn+2H^+=Zn^{2+}+H_2\uparrow$ 电极反应　$Zn-2e^-=Zn^{2+}$　　$2H^++2e^-=H_2\uparrow$ 电极产物　Zn^{2+}　电子转移方向　H_2 　　　　　　　　电子导体（导线） 过程　　　失　　　　　　　　　得　还 　　　　　电　氧　　　　　　电　原 　　　　　子　化　　　　　　子　反 　　　　　　　反　　　　　　　应 　　　　　　　应 电极反应物　Zn　H₂SO₄溶液　H⁺ 　　　　　负极材料　离子导体　正极材料 　　　　　　　　（电解质溶液）	培养学生自主提取信息的能力
拓展概念建构模型	请结合所学知识，整合铜锌原电池的认知模型	【学生整理】结合微观动画，补充和完成铜锌原电池认知模型，如下图所示 工作原理　自发的氧化还原反应 　　　　　$Zn+2H^+=Zn^{2+}+H_2\uparrow$ 电极反应　$Zn-2e^-=Zn^{2+}$　　$2H^++2e^-=H_2\uparrow$ 电极产物　Zn^{2+}　导线　　　　H_2 　　　　　　　电子转移方向 过程　　　失　　　　　　　　　得　还 　　　　　电　氧　　　　　　电　原 　　　　　子　化　　　　　　子　反 　　　　　　　反　　　　　　　应 　　　　　　　应 电极反应物　　SO₄²⁻　H⁺　H⁺ 　　　　　H₂SO₄溶液 　　　Zn　电子导体　Cu 　负极材料　离子导体　正极材料　构成要素	利用微观动画连接宏观世界，培养"宏观辨识与微观探析"的素养

教学板块	教师活动	学生活动	设计意图
课堂总结课后延伸	【思考】你能从装置和原理两个维度总结原电池的认知模型吗	【总结】原电池的认知模型，如下图所示	从两个维度完善思维模型，培养"证据推理与模型认知"的素养

板书设计

原电池模型

（八）学习测评

基于课堂的知识掌握，课后查阅资料，对于感兴趣的新型电池进行了解，试利用原电池认知模型从装置和原理两个维度分析其原电池构成和工作原理，并用A4纸绘制。

（九）教学反思

1. 课堂教学效果

在教学过程中，我们从引入新概念开始，让它与学生的日常生活和学习环境联系，以此来激发他们的学习热情，并让他们能够将化学与日常生活紧密结合起来。学生能基于生活、生产和社会等将化学知识与其建立联系，并能够紧跟教师的思路进行积极思考。对于实验探究阶段，学生处于注意力下降区，所以通过实验的手段，加强其兴趣和注意力，引导其调动学习思维，动脑思考和动手实验相结合，极大程度上实现有意义探究。在概念形成过程中，学生从实验探究获得的结果中不断收集证据检验猜想，不断将碎片化信息整体化，形成对原电池构成要素的提炼。通过将氧化还原反应中的电子得失知识与新的知识相结合，我们可以帮助学生更好地理解原电池的工作原理，并让他们能够更好地掌握最近的发展区域。从而，有效形成大单元教学的第一步。在最后一个环节，学生们已经可以熟练地从铜锌原电池的装置中识别出电极材料、反应物和产物，并且可以根据电子的消耗情况来区分正负极，准确地定位电极，最终完成二维图的绘制。结合已有知识和情境的搭建，利于学生整理提升原电池认知模型，从而落实大单元教学。

2. 课堂教学反思

教师不仅关注课堂教学，还更应关注课后的教学反思，波斯纳提出的教师成长公式指出教师的成长等于经验加反思。教师应该充分利用化学的独特性，将其与日常生活紧密结合，精心挑选出有助于学习的表征。以电池这个知识点为例，可以清楚地看到化学在推动人类文明进步和实现现代化发展方面的重大作用。很多教师在这节课导入时直接开始讲"火力发电"，阻碍了学生思考生活中的电力来源这个问题。同时不对火力发电图进行分析，难以发展学生的环保观念和可持续发展意识。

教学过程中注重"宏观–微观–符号"三重表征，慢慢渗透，由表及里，由此及彼。有助于帮助学生对原电池从感性认识跨越到理性认识，能基于宏观现象思索微观本质，找寻学习新知识的桥梁，从而进一步从"氧化还原电子得失"角度易化问题。结合微观动画，从直观视觉上掌握原电池的构成要素和工作原理，从理性上借助思维模型构建原电池认知模型。对于总结部分，不仅采用单一习题和框架搭建，更要求掌握和熟悉原电池认知模型，目的在于理解该模型的用途。结合学生对电池的兴趣，基于自己感兴趣的电池研究其构成要素和工作原理，形成对认知模型的再建构，实现知识向能力与素养的飞跃。

三、课时大概念Ⅱ（以"化学电源之一次电池、二次电池"例证）教学设计示例

张　琳

（一）大概念析读

1. 大概念理解

从"能量转化"的角度认识化学反应是"化学能量观"的重要组成部分，其主要观点如下：物质发生化学反应伴随着能量变化，能量可以由一形式向另一种形式

转化，能量转化遵守能量规律，不同能量形式之间的转换是有条件的。作为电化学知识的重要组成部分，"原电池"是中学化学的核心知识之一。由于其综合抽象，学生学习往往存在困难，化学能与电能的相互转化需要通过氧化还原反应、借助一定的装置才能实现。

2.**大概念解构（认知内容）**

通过拆解常见的几种一次电池、二次电池，帮助学生理解原电池的构成，掌握电池的内部结构、性能及其应用；能在过程中发现问题，提出假设和猜想并通过实验解决问题，学习科学探究方法，提高科学探究能力；体会电池研发的艰辛，敢于尝试，形成热爱电化学的志趣，通过探究实验培养合作意识并提高交流和表达能力，培养学生化学学科核心素养。

（二）学习目标

1.通过对常见化学电源的分析，建立对原电池过程系统认识的思维模型，提高对原电池本质的认识。（证据推理与模型认知）

2.增强科技意识，不断研发新型电池，满足人类社会发展的需求，积极回收利用废旧电池，减少其对环境的污染。（科学态度与社会责任）

3.了解化学电源的发展史，能列举常见的化学电源，能从物质变化和能量变化的角度结合宏微结合观念分析各化学电源的构成和工作原理。（宏观辨识与微观探析）

（三）学习重难点

◆学习重点：一次电池、二次电池的反应原理、性能及其应用。

◆学习难点：化学电池的反应原理、原电池思维模型建构和应用。

（四）学情分析

通过必修阶段学生已经了解和掌握将锌片、铜片置于稀硫酸中并以导线连接起来可以组成原电池，加上前一课时深化认识原电池理论模型，这为本课时教学奠定基础。通过原电池一般理论模型的建构，学生不仅要静态认识原电池的构成，更要动态分析原电池的工作原理。随着学生的思维不断从生动直观到抽象，进一步引导学以致用，从抽象的思维过渡到实际。必修阶段学生仅仅从分类角度认识化学电源，知道"不能充电使用的是一次电池，可充电循环使用的是二次电池"，又具备干电池、纽扣电池、铅蓄电池等生活真实经验，为学生结合原电池原理分析一次电池、二次电池的主要工作原理奠定理论基础和实际模型。但是如何让学生将所学的原电池理论模型应用于各种化学电源的分析是本节课的重难点，教学中需教师适时适度地提供针对性的引导和帮助。

（五）教学资源

PPT、视频和微观动画、实验（南孚电池、纽扣电池、铅蓄电池、手机电池）、希沃投屏设备、黑板粉笔。

（六）教学框架

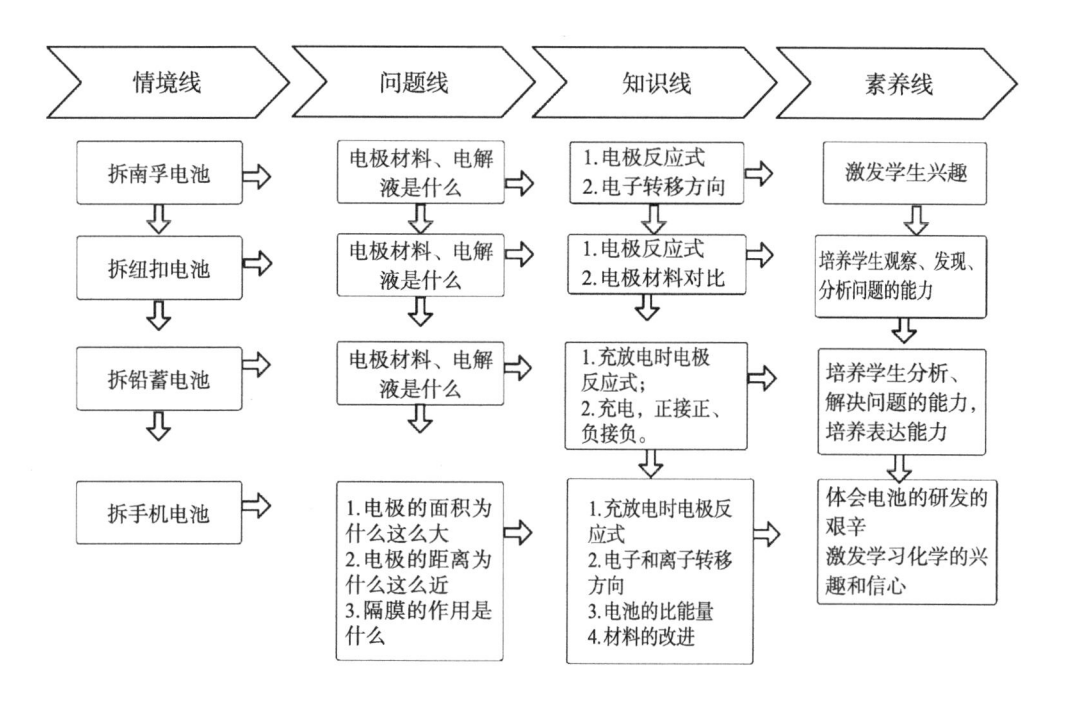

情境线	问题线	知识线	素养线
拆南孚电池	电极材料、电解液是什么	1.电极反应式 2.电子转移方向	激发学生兴趣
拆纽扣电池	电极材料、电解液是什么	1.电极反应式 2.电极材料对比	培养学生观察、发现、分析问题的能力
拆铅蓄电池	电极材料、电解液是什么	1.充放电时电极反应式； 2.充电，正接正、负接负。	培养学生分析、解决问题的能力，培养表达能力
拆手机电池	1.电极的面积为什么这么大 2.电极的距离为什么这么近 3.隔膜的作用是什么	1.充放电时电极反应式 2.电子和离子转移方向 3.电池的比能量 4.材料的改进	体会电池的研发的艰辛 激发学习化学的兴趣和信心

（七）教学过程设计

教学板块	教师活动	学生活动	设计意图
创设情境 引入新课	【引入】我们上节课已经学习了原电池的知识，那么在日常生活中你都见过哪些电池 【展示】各种电池图片 【板书】第二节 电池探秘	【思考回答】南孚电池、纽扣电池、铅蓄电池、燃料电池、手机电池等等	基于真实生活情境，引入新课，充分调动学生的好奇心和求知欲；感受化学与生活息息相关

续表

教学板块	教师活动	学生活动	设计意图
创新实验 收集证据	【活动一】展示南孚电池——碱性锌锰干电池 【组织实验】按课前分组展开小组活动拆解南孚电池，观察南孚电池内部结构和物质性状	【学生实验】小组合作严格遵循实验室安全拆解南孚电池，观察内部构造	积极观察记录南孚电池内部构造、得出南孚电池的组成要素，发展和落实学生的化学学科核心素养，提升动手能力，关注大概念引领下基于真实情境的化学教学
微观探析 理清概念	【结合微观】根据已拆解的南孚电池和微观动画，结合宏微视角分析正极、负极、电解质等各构成要素，并建构南孚电池的原电池理论模型	【联系理论】按照微观动画对应拆解的电池，小组讨论分析	引导学生结合实验现象和微观示意图，从宏微视角收集证据的能力
自主学习 实践应用	【思维引导】结合南孚电池构造示意图试着分析电极反应物，尝试规范表征、书写出电极反应式和总反应式	【符号表征】正确规范进行符号表征，投屏或上台展示	深化"宏-微-符"三重表征，突破重难点
创新实验 收集证据	【活动二】展示纽扣电池——银锌电池 【组织实验】按课前分组展开小组活动拆解纽扣电池，观察纽扣电池内部结构和物质性状	【学生实验】小组合作严格遵循实验室安全拆解纽扣电池，观察内部构造	积极观察记录纽扣电池内部构造、得出纽扣电池的组成要素，发展和落实学生的化学学科核心素养
微观探析 理清概念	【结合微观】根据已拆解的纽扣电池和微观动画，结合宏微视角分析正极、负极、电解质等各构成要素，并建构纽扣电池的原电池理论模型	【联系理论】按照微观动画对应拆解的电池，小组讨论分析	引导学生结合实验现象和微观示意图，从宏微视角收集证据的能力
自主学习 实践应用	【思维引导】结合纽扣电池构造示意图试着分析电极反应物，尝试规范表征、书写出电极反应式和总反应式	【符号表征】正确规范进行符号表征，投屏或上台展示	深化"宏-微-符"三重表征，突破重难点

续表

教学板块	教师活动	学生活动	设计意图
创新实验收集证据	【活动三】展示铅蓄电池——二次可充电电池 【组织实验】按课前分组展开小组活动拆解铅蓄电池，观察铅蓄电池内部结构和物质性状	【学生实验】小组合作严格遵循实验室安全拆解铅蓄电池，观察内部构造	积极观察记录纽扣电池内部构造、得出纽扣电池的组成要素，发展和落实学生的化学学科核心素养
微观探析理清概念	【结合微观】根据已拆解的铅蓄电池和微观动画，结合宏微视角分析正极、负极、电解质等各构成要素，并建构铅蓄电池的原电池理论模型	【联系理论】按照微观动画对应拆解的电池，小组讨论分析	引导学生结合实验现象和微观示意图，从宏微视角收集证据的能力
自主学习实践应用	【思维引导】结合铅蓄电池构造示意图试着分析电极反应物，尝试规范表征、书写出电极反应式和总反应式	【符号表征】正确规范进行符号表征，投屏或上台展示	深化"宏-微-符"三重表征，突破重难点
创新实验收集证据	【活动四】展示手机电池——锂离子电池 【组织实验】按课前分组展开小组活动拆解手机电池，观察手机电池内部结构和物质性状	【学生实验】小组合作严格遵循实验室安全拆解手机电池，观察内部构造	积极观察记录手机电池内部构造、得出手机电池的组成要素，发展和落实学生的化学学科核心素养
微观探析理清概念	【结合微观】根据已拆解的手机电池和微观动画，结合宏微视角分析正极、负极、电解质等各构成要素，并建构手机电池的原电池理论模型	【联系理论】按照微观动画对应拆解的电池，小组讨论分析	引导学生结合实验现象和微观示意图，从宏微视角收集证据的能力
自主学习实践应用	【思维引导】结合手机电池构造示意图试着分析电极反应物，尝试规范表征、书写出电极反应式和总反应式	【符号表征】正确规范进行符号表征，投屏或上台展示	深化"宏-微-符"三重表征，突破重难点

续表

教学板块	教师活动	学生活动	设计意图
思维进阶拓展延伸	【提问】1.电极面积为什么这么大 2.电极间距离为什么这么近 3.电池内部隔膜的作用是什么 【过渡】那么现在请同学们利用实验仪器和药品设计实验方案，探究来验证我们的假设和猜想，完成实验报告	【交流讨论】按照学案挑选药品和仪器设计实验方案	通过实验验证，明确电池设计的目的——电极面积、远近
课堂小结构建框架	【小结】对一次电池、二次电池知识结合原电池理论模型梳理总结	梳理知识、搭建框架，完善知识体系	利于形成思维导图式认知，促知识系统化
巩固知识学以致用	【习题训练】完成学案相应部分习题	2分钟内时间完成习题	习题检测知识掌握程度
课后存疑激发兴趣	【设疑】燃料电池是如何发明的呢？其中的构成要素和工作原理又是什么呢？同学们可课后查阅资料，我们后续进一步拆解认识燃料电池	课后查阅资料了解燃料电池种类、构造等	提升自主学习能力，发展学科核心素养
板书设计			
化学电源探秘 一、一次电池 1、碱性锌锰电池：$Zn+2MnO_2+2H_2O = 2MnO(OH)+Zn(OH)_2$ 2、纽扣电池：$Zn+Ag_2O = ZnO+2Ag$ 二、二次电池 1、铅蓄电池：$Pb+PbO_2+2H_2SO_4 = 2PbSO_4+2H_2O$ 2、手机电池：$Li_xC_y+Co_{1-x}O_2 = LiCoO_2 + C_y$			

（八）教学测评

1.微型纽扣电池在现代生活中有广泛应用。有一种银锌电池，其电极分别是Ag_2O和Zn，电解质溶液为KOH溶液，电极反应分别为$Zn+2OH^--2e^- = Zn(OH)_2$，$Ag_2O+H_2O+2e^- = 2Ag+2OH^-$。下列叙述正确的是

A.Zn是正极，Ag_2O是负极

B.在使用过程中，电子由Ag_2O极流向Zn极

C.在使用过程中，电池负极区溶液的pH值减小

D.Zn极发生还原反应，而Ag_2O极发生氧化反应

2.镉镍可充电电池的充、放电反应如下：$Cd+2NiO(OH)+2H_2O = Cd(OH)_2+$

2Ni（OH）$_2$，则该电池放电时的负极是

  A.Cd（OH）$_2$ B.Ni（OH）$_2$ C.Cd   D.NiO（OH）

（九）教学反思

  通过拆南孚电池、纽扣电池、铅蓄电池以及手机电池，使同学们对化学电源的装置、电极材料和电解液等基本装置有了直观的认识，更有利于学生理解原电池的基本知识。借助原电池装置，通过化学反应实现了化学能与电能的转化，从"能量转化"视角认识和利用化学反应，需要系统把握"能量转化"与物质的微观反应之间的内在联系。在"化学电源"教学中，通过对各种常见的化学电源进行拆解，使学生对大概念"化学能转化为电能"与化学反应原理及装置有了更直观的认识，能够用化学观念统领具体知识，将具体知识与学科视角、概念、思维与方法建立关联，注重学生的核心素养的培养，是化学教学工作者的实践追求。

四、课时大概念Ⅲ（以"化学电源之氢氧燃料电池"例证）教学设计示例

邱阳飞

（一）大概念析读

  本课时是在学科大概念"化学反应与能量"与单元大概念"化学反应与电能"的统领下，围绕课时大概念"原电池的工作原理"展开的，并以在真实问题的解决过程中发展学生认识化学能转化为电能的原理为基本思路，促进学生落实化学学科核心素养。总体而言，本节内容的教育、教学价值主要体现在理解物质变化和能量转化的关系、促进学生发展和促进学生认识社会发展这三个方面。

  为了更好地挖掘和呈现上述三个方面的教育、教学价值，在内容选择与呈现方面，该章学习的目标为：注重核心基础，体现时代要求；加强化学实验，实验理论并重；确保科学规范，加强教学适应；呈现方式多样，聚焦核心素养。在内容知识方面注重理论与实际结合，一方面通过分析和说明原电池装置及其工作原理，揭示化学能与电能、化学反应与电现象的联系；另一方面又通过常见的化学电源等教学内容，将上述电化学模型应用于科研、生产和生活之中。

  本节内容在建立在学习理解原电池原理之后，搭建原电池模型，运用原电池模型分析和解释生活中化学电源，体现"化学能与电能的相互转化"这一大概念，让学生把原有抽象的原电池原理运用在理解化学电源中，通过建立原电池模型并应用模型解决问题，锻炼了学生的思维能力。实现了"化学能与电能的相互转化"在实际生产的价值得到体现。

由于本章节所涉及的内容对学生来说陌生度较高，而且概念比较抽象，这对学生的学习造成了一定的困难，需要学生具备较强的抽象思维能力，因此在教学中，要引导学生由宏观熟悉的现象，对微观原理产生钻研的兴趣，能够站在科学大概念的高度，产生学科间的联系。

通过本节的学习能促进学生对原电池模型，氧化还原反应有更深的认识，通过电极材料的改变理解物质的性质在原电池模型中的运用，认识理解新型电池如氢氧燃料电池的工作原理，培养证据推理和模型认知的能力。

（二）学习目标

1.通过搭建的原电池模型，掌握一次电池、氢氧燃料电池的反应原理，会书写电极反应式，提高对原电池本质的认识，培养"模型认知"核心素养。

2.了解化学电源的发展历程，体会化学电源在生产、生活和国防中的实际应用。感受化学电池与生活生产的紧密联系，培养"科学态度与社会责任"核心素养。

（三）学习重难点

◆学习重点：通过原电池模型认识微型盐水汽车电池和微型氢氧燃料电池及其不同环境下的工作原理。

◆学习难点：电池工作原理和电极反应式的书写。

（四）学情分析

本节学习通过剖析化学电源，认识电池构成的四要素，体会变化与守恒思想在原电池思维模型中的运用。由于本节内容比较抽象，知识难度较大，学生对原电池思维模型的建立和运用掌握较为困难。对电极上反应物质的性质辨析能力欠缺，导致学生电极反应书写困难，以致影响其对重点内容的理解。

在能力上学生已经具备一定的实验设计观察能力，以及比较归纳能力，也已经储备了化学反应与能量的转化关系以及氧化还原反应、离子反应和一定的原电池原理等的相关知识。

在心理上，由于本节内容紧密联系生活实际，学生有强烈的好奇心和求知欲，有利于新知识的学习，具备了主动探究的原动力。存在的问题是学生对知识的学习只注重表面现象，缺少生活经验，缺乏一定的深入理解和综合思维的能力，缺乏能从宏微观结合的角度分析原电池的工作原理，运用模型知识迁移的能力。

（五）教学资源

1.实验：微型盐水汽车电池、微型氢氧燃料电池。

2.资料：化学电源资料包、PPT、视频和微观动画，希沃投屏设备、黑板粉笔。

（六）教学框架

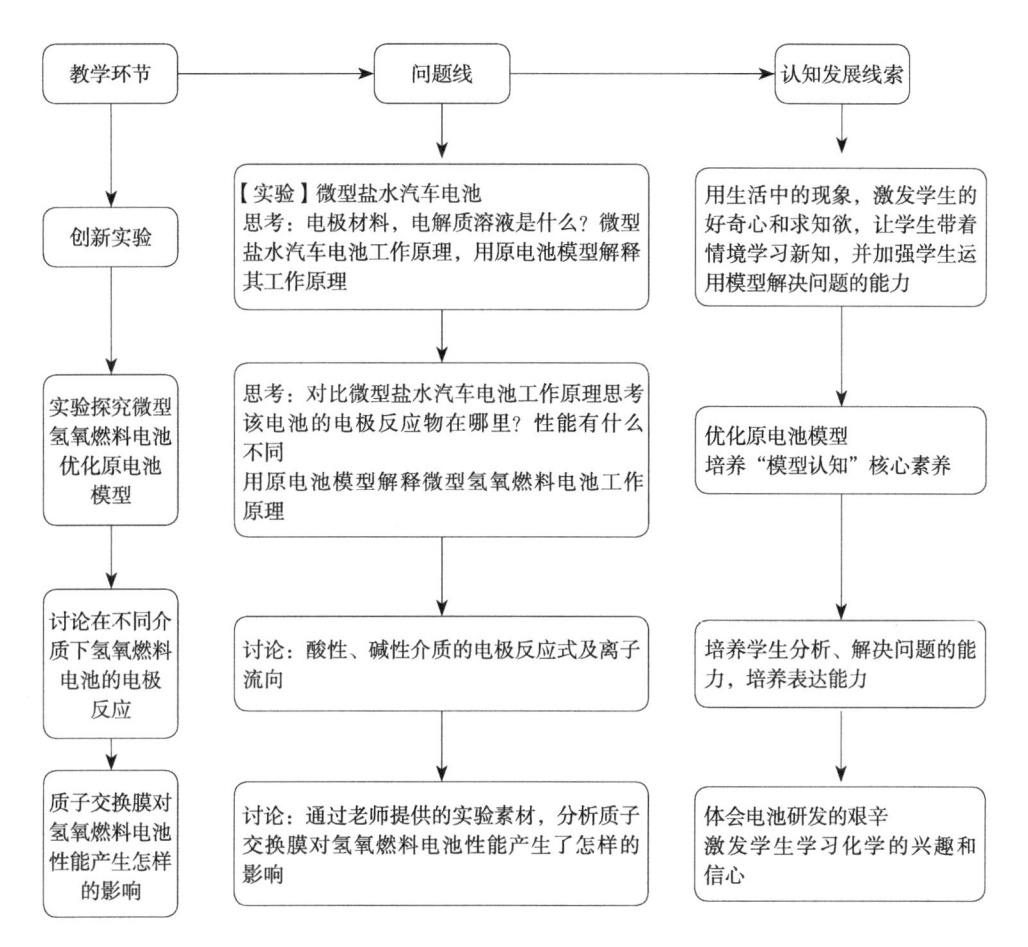

教学环节	问题线	认知发展线索
创新实验	【实验】微型盐水汽车电池 思考：电极材料，电解质溶液是什么？微型盐水汽车电池工作原理，用原电池模型解释其工作原理	用生活中的现象，激发学生的好奇心和求知欲，让学生带着情境学习新知，并加强学生运用模型解决问题的能力
实验探究微型氢氧燃料电池优化原电池模型	思考：对比微型盐水汽车电池工作原理思考该电池的电极反应物在哪里？性能有什么不同 用原电池模型解释微型氢氧燃料电池工作原理	优化原电池模型 培养"模型认知"核心素养
讨论在不同介质下氢氧燃料电池的电极反应	讨论：酸性、碱性介质的电极反应式及离子流向	培养学生分析、解决问题的能力，培养表达能力
质子交换膜对氢氧燃料电池性能产生怎样的影响	讨论：通过老师提供的实验素材，分析质子交换膜对氢氧燃料电池性能产生了怎样的影响	体会电池研发的艰辛 激发学生学习化学的兴趣和信心

（七）教学过程设计

教学板块	教师活动	学生活动	设计意图
创设情境引入新课	【情境引入】多媒体展示：1887年赫勒森让电池真正走进了人类的生活 【板书】第三节 电池探秘	观看视频，感受电池的发展史	基于真实情境，引入新课，引发学生的好奇心和求知欲 感受化学与生活息息相关，培养学生"科学态度与社会责任"的素养

续表

教学板块	教师活动	学生活动	设计意图
创新实验收集证据	【创新实验】 1.准备好材料：镁片、碳棒、导线、小汽车模板、食盐水连接好装置，观察现象，记录 2.电极上有什么现象呢	学生分组实验 【现象】镁片表面一段时间后有白色的物质附着 引导学生剖析电极反应，深入理解原电池模型	用微型盐水汽车电池实验收集原电池模型证据，培养学生推理分析能力 改进实验，方便快捷，培养学生"科学探究与创新意识及科学态度与社会责任"
微观探析理清概念	结合实验现象、通过原电池模型画出原电池工作示意图并写出电极反应式 【问题1】参与反应的电极物质是什么 【问题2】离子如何运动 【问题3】为什么镁还没有消耗完，小汽车就不跑了呢	【回答1】氧气和镁片 【回答2】OH^-向镁电极（负极）移动，Mg^{2+}向石墨电极（正极）移动 【回答3】OH^-向镁电极（负极）移动和镁片上的Mg^{2+}反应生成氢氧化镁附着在镁片表面，阻止镁的进一步反应，小汽车不跑了 【书写】相关化学方程式： 正极：$O_2+2H_2O+4e^-=4OH^-$（还原反应） 负极：$Mg-2e^-=Mg^{2+}$（氧化反应） 总反应： $O_2+2H_2O+2Mg=2Mg(OH)_2$	学生分析原电池模型微观粒子运动，联系宏观世界，化抽象为具体，深入理解原电池工作原理，培养"宏观辨识与微观探析"的素养 引导学生结合实验现象和画出微观原电池模型图并写出合理的电极反应式，培养学生收集证据的能力

续表

教学板块	教师活动	学生活动	设计意图
创新实验收集证据优化模型	【实验探究】氢氧燃料电池的工作原理 【问题1】通过实验探究，依据原电池模型分析微型氢氧燃料电池的正极、负极、电解质 【问题2】参与反应的电极物质是什么与盐水汽车的电池对比有什么不同 【问题3】电池性能有什么不同	【回答1】正极电极材料为Pt，负极电极材料Pt，离子导体为硫酸溶液 【回答2】氧气和氢气和盐水电池相比，氢氧燃料电池的电极都是惰性电极，没有参与反应 【回答3】引导学生根据电池构成四要素，类比一次、二次电池的组成、结构和工作原理，分析氢氧燃料电池性能的优点和缺点	学生迁移应用"原电池模型"，类比分析不同种类电池。培养"证据推理与模型认知"的素养，激发学生进一步学习的兴趣
思维进阶拓展延伸	【思考与交流】在酸性介质下和碱性介质下的电极反应和总反应 【教师实验】完成安装质子交换膜的氢氧燃料电池的实验并介绍质子交换膜的特点 【思考与交流】质子交换膜在电池中起到什么作用，是否优化了电池的性能	氢氧燃料电池总反应： $2H_2+O_2 = 2H_2O$ 酸性介质下的电极反应： 负极：$2H_2-4e^- = 4H^+$ 正极：$O_2+4e^-+4H^+ = 2H_2O$ 碱性介质下的电极反应： 负极：$2H_2+4OH^--4e^- = 4H_2O$ 正极：$O_2 + 4e^-+2H_2O = 4OH^-$ 【回答】分隔两极，阻止空气和氢气反应，传导质子，质子传导率高，内阻小，电池的效率高，优与盐桥	学生合作探究书写电极反应式，培养学生"科学探究"的素养与知识迁移的能力

续表

教学板块	教师活动	学生活动	设计意图
课堂小结	【课堂小结】对知识进行简单梳理	跟随老师思路进行回顾、梳理知识点	课堂小结，加深记忆，复习巩固
巩固知识学以致用	【习题训练】完成学案相应部分习题	2分钟内时间完成习题	习题检测知识掌握程度
课后存疑激发兴趣	【设疑】还有其他燃料电池吗？请同学们设计一种燃料电池，并分析它的构成要素和工作原理，应用场景。同学们可课后查阅资料	课后查阅资料了解燃料电池种类、构造等，并书写相应电极反应	提升自主学习能力，发展学科核心素养
板书设计				

化学电源探秘
一、盐水汽车电池
1.盐水汽车电池：$Zn + O_2 + H_2O = Zn(OH)_2$
负极：$2Zn - 4e^- = 2Zn^{2+}$
正极：$O_2 + 4e^- + 2H_2O = 4OH^-$

二、氢氧燃料电池
1.氢氧燃料电池：$2H_2 + O_2 = 2H_2O$
酸性介质下的电极反应：
负极：$2H_2 - 4e^- = 4H^+$
正极：$O_2 + 4e^- + 4H^+ = 2H_2O$
碱性介质下的电极反应：
负极：$2H_2 + 4OH^- - 4e^- = 4H_2O$
正极：$O_2 + 4e^- + 2H_2O = 4OH^-$
燃料电池的规律

（八）学习测评

1.以KOH溶液为离子导体，分别组成$CH_3OH—O_2$、$N_2H_4—O_2$、$(CH_3)_2NNH_2—O_2$清洁燃料电池，下列说法正确的是

  A.放电过程中，KOH的物质的量均减少

  B.放电过程中，K^+均向负极移动

  C.消耗1mol O_2时，理论上$N_2H_4—O_2$燃料电池气体产物的体积在标准状况下为11.2L

  D.消耗等质量燃料，$(CH_3)_2NNH_2—O_2$燃料电池的理论放电量最大

2.肼（N_2H_4）暴露在空气中容易爆炸，但利用其制作的燃料电池是一种理想的电池，具有容量大、能量转化率高、产物无污染等特点，其工作原理如图所示。下列叙述正确的是

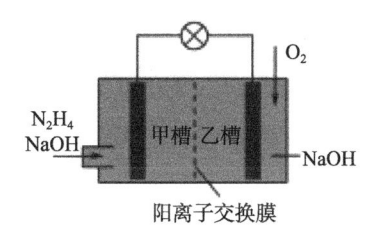

A. 电池工作时，正极附近的pH值降低

B. 当消耗1 mol O_2时，有2 mol Na^+由甲槽向乙槽迁移

C. 若去掉阳离子交换膜，电池也能正常工作

D. 负极反应为$4OH^- + N_2H_4 - 4e^- = N_2\uparrow + 4H_2O$

（九）教学反思

本节的重要知识点有两个：一是盐水汽车电池工作原理；二是氢氧燃料电池的工作原理。教学中先让学生通过化学电源发展史和原电池模型的回顾，引入微型盐水汽车电池，引导学生分析电解质溶液对电池性能的影响，让学生独立思考与讨论相结合，深入理解原电池模型，培养学生的思维能力和合作意识，观察与分析能力、知识迁移能力。结合化学电源的发展历史，对比微型氢氧燃料电池和一次电池的性能，分析电池优与劣的影响因素，促进学生对电化学知识的深入理解，同时也使学生在情感态度和价值观方面体会化学的实用性，增加学习的兴趣，培养学生的宏观探究与微观辨析能力，培养其社会责任感。教学中通过直观的观察，引导学生讨论分析，使学习更加身临其境，收到较好的教学效果。让学生基于大概念视角尝试书写电池的电极反应式，加深理解物质的性质和氧化还原反应。不足之处，可以提前让学生设计氢氧燃料电池，更有利于学生的深入理解原电池模型。

五、课时大概念Ⅳ（以"电解原理"例证）教学设计示例

钟婷

（一）大概念析读

本课时是在学科大概念"化学反应与能量"与单元大概念"化学反应与电能"的统领下，围绕课时大概念"电解池的工作原理"展开的，并在真实问题的解决过程中发展学生认识电能转化为化学能的原理、离子放电顺序、电解池的设计等，促进学生落实化学学科核心素养。

（二）学习目标

1.通过质疑水质电解器检测水质这种方法是否靠谱，了解电解与生活生产的紧

密联系，培养"科学态度与社会责任"核心素养。

2.通过创新电解 $CuCl_2$ 溶液的实验，判断电解的电极反应式和总反应式，并结合微观动画深入认识电解 $CuCl_2$ 溶液，培养"宏观辨识与微观探析""科学探究"核心素养。

3.通过电解 $CuCl_2$ 溶液初步了解在电解过程中，粒子的放电顺序与其氧化性、还原性的关系，能解释或推测电解反应的产物，构建电解的思维模型，培养"模型认知"核心素养。

（三）学习重难点

◆学习重点：电解原理、电极反应的分析与表征。

◆学习难点：电解池思维模型的建构。

（四）学情分析

学生已经储备了化学反应与能量以及原电池、氧化还原反应、离子反应等的相关知识；能从宏微观结合的角度分析原电池的工作原理，并能运用知识解释生活中的相关现象，为本节课学习电解原理奠定了基础，同时具备一定的科学探究力。

电解原理的理论性较强，学生除需辨别离子电子移动方向、电极反应之外，还需要判别多种粒子共存时的放电顺序，对学生推理分析能力要求较高，思维障碍较大。

（五）教学资源

实验视频、PPT、微观动画。

（六）教学框架

电解原理教学框架

教学环节	问题线	认知发展线索
创设情境 引入新课	【播放视频】水质电解器测自来水水质 思考：利用水质电解器检测水质的方法是否靠谱	用生活中的现象，激发学生的好奇心和求知欲，让学生带着情境学习新知
创新实验 验证猜想	电解 $CuCl_2$ 溶液的产物	初步认识电解 $CuCl_2$ 溶液的产物
微观探析 深入电解	结合微观示意图回答：通电前溶液中存在哪些离子？离子如何运动？通电后，离子如何运动	离子的运动状态 电解的电极反应式
归纳总结 建构电解池模型	电解池构成的条件 电子流向 离子流向	电解池构成的条件以及电子离子的运动规律，建构电解池模型

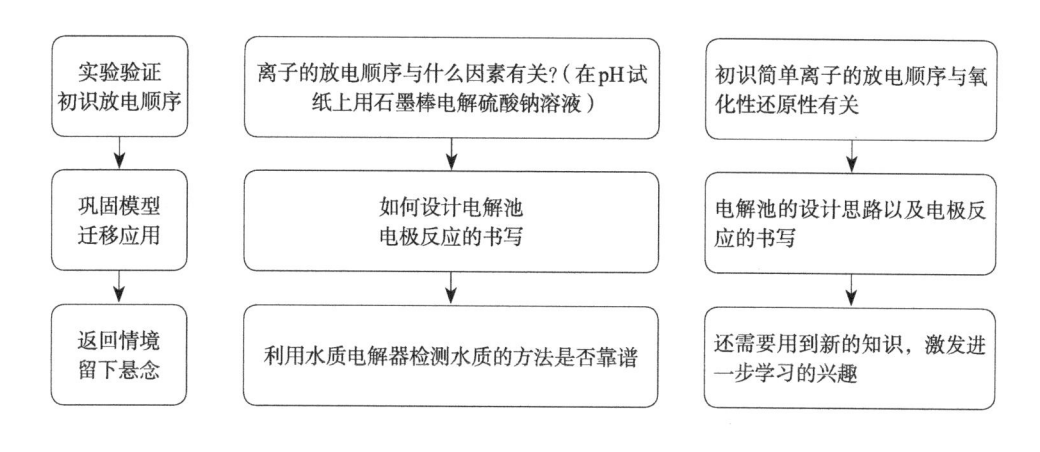

```
┌─────────────┐    ┌──────────────────────┐    ┌──────────────────┐
│ 实验验证    │    │ 离子的放电顺序与什么  │    │ 初识简单离子的放  │
│ 初识放电顺序│    │ 因素有关?(在pH试     │    │ 电顺序与氧化性还 │
│             │    │ 纸上用石墨棒电解硫酸  │    │ 原性有关         │
└──────┬──────┘    │ 钠溶液)              │    └──────────────────┘
       ↓           └──────────┬───────────┘              
┌─────────────┐               ↓              ┌──────────────────┐
│ 巩固模型    │    ┌──────────────────────┐  │ 电解池的设计思路 │
│ 迁移应用    │    │ 如何设计电解池        │  │ 以及电极反应的书 │
│             │    │ 电极反应的书写        │  │ 写              │
└──────┬──────┘    └──────────┬───────────┘  └──────────────────┘
       ↓                      ↓                       
┌─────────────┐    ┌──────────────────────┐  ┌──────────────────┐
│ 返回情境    │    │ 利用水质电解器检测    │  │ 还需要用到新的知 │
│ 留下悬念    │    │ 水质的方法是否靠谱    │  │ 识,激发进一步学 │
│             │    │                      │  │ 习的兴趣        │
└─────────────┘    └──────────────────────┘  └──────────────────┘
```

(七)教学过程设计

5-4-2 电解原理教学设计

教学板块	教师活动	学生活动	设计意图
创设情境 引入新课	【情境引入】市面上有很多推销净水器的销售人员,利用水质电解器检测水质是否靠谱 【过渡】自来水电解后的产物是什么？先了解电解及电解原理,以电解$CuCl_2$溶液为例	观看视频,感受生活中的电解 对用水质电解器检测水质的方法提出疑问 思考"自来水电解后的产物"	基于真实情境,引入新课,引发学生的好奇心和求知欲 感受化学与生活息息相关,培养"科学态度与社会责任"的素养
创新实验 验证猜想	【实验】 （图示：石墨电极、数据线、棉花棒、$CuCl_2$溶液、淀粉KI试纸、充电宝） 注意：1.红线为电源的正极（与正极相连的石墨棒叫阳极）,黑线为电源的负极（与负极相连的石墨棒叫阴极）	【猜想】在$CuCl_2$溶液中有哪些微粒 通电时,在阳极和阴极的电极反应？产物可能是什么物质 【猜想】Cu、Cl_2、H_2、O_2 【现象】 与电源正极相连的碳棒（阳极）有气泡产生,该气体能使湿润的KI淀粉试纸变蓝 与电源负极相连的碳棒（阴极）上有红色固体析出	学生大胆猜想,再用实验验证,培养学生推理分析能力 改进实验,方便快捷、减少污染,培养学生科学探究与创新意识及科学态度与社会责任

教学板块	教师活动	学生活动	设计意图
	2.连接好装置，插上充电宝，电解一分钟，观察现象，并记录 3.气泡是什么呢？如何检验 4.将湿润的淀粉KI试纸放在小孔处（将棉花棍拔掉） 5.实验完毕后插入棉花棒并关闭充电宝 【验证猜想】剖析电极反应，分析猜想的正确性	引导学生剖析电极反应，深入理解，明确猜想的正确与否 【结论】电解$CuCl_2$溶液会生成Cu和Cl_2	
自主学习 厘清概念	【自主阅读】从教材中找到放电、电解、电解池的定义	认真阅读并理解	培养学生主动获取信息的能力
微观探析 深入电解	结合实验现象、通过微观示意图，深入理解电解$CuCl_2$溶液的原理 【问题1】通电前溶液中存在哪些离子 【问题2】离子如何运动 【问题3】通电后，离子如何运动 【微观感受】	【回答1】存在Cu^{2+}、Cl^-、H^+、OH^- 【回答2】无规则运动 【回答3】阴离子→阳极，阳离子→阴极 得出放电顺序： $Cu^{2+} > H^+$；$Cl^- > OH^-$	利用微观动画连接宏观世界，化抽象为具体，深入理解电解$CuCl_2$的原理，培养"宏观辨识与微观探析"的素养

续表

教学板块	教师活动	学生活动	设计意图
	【过渡】电解的过程实质是发生了氧化还原反应，在阴阳极得失电子，请写出电极反应式	【书写】相关电极反应式： 阴极：$Cu^{2+}+2e^- = Cu$ （还原反应） 阳极：$2Cl^- -2e^- = Cl_2\uparrow$ （氧化反应） 总反应 $Cu^{2+}+2Cl^- = Cu+Cl_2\uparrow$	引导学生结合实验现象和微观示意图写出合理的电极反应式。培养学生收集证据的能力
归纳总结构建"电解池模型"	【剖析讲解】构成电解池的条件	【构成电解池的条件】 1. 直流电源 2. 电子导体 3. 离子导体 4. 形成闭合回路 【构建电解池模型】 类比原电池模型（标出电子离子移动方向、写出电极式以及反应类型）	让学生类比学习、构建思维模型，培养"证据推理与模型认知"的素养
实验验证初识离子放电顺序	【思考与交流】阴极为什么是Cu^{2+}最终放电，而不是H^+，你的理由是什么？阳极呢？与什么因素有关？（从离子得失电子的能力分析）	【猜测1】Cu^{2+}、Cl^-浓度大 【猜测2】氧化性：$Cu^{2+} > H^+$，更容易得电子 还原性：$Cl^- > OH^-$，更容易失电子	

续表

教学板块	教师活动	学生活动	设计意图
实验验证 初识离子 放电顺序	【验证实验】 在pH试纸上用石墨电极电解Na_2SO_4溶液 【小组合作】请将Na^+、Cu^{2+}、Ag^+、H^+、OH^-、Cl^-、Br^-、SO_4^{2-}、I^-，按放电能力由强到弱的顺序排列，并说出你编排的理论基础或实验事实是什么	【现象】石墨电极上均有气泡，阳极棒附近pH试纸变红，阴极棒附近pH试纸变蓝。 【结论】 放电顺序：$H^+>Na^+$ $OH^->SO_4^{2-}$ 结合电解氯化铜得出放电顺序：$Cu^{2+}>H^+>Na^+$ $Cl^->OH^->SO_4^{2-}$	学生合作探究、记录现象、得出放电顺序并书写电极反应式，培养学生"科学探究"的素养
课堂小结	【课堂小结】对知识进行简单梳理	跟随老师思路进行回顾、梳理知识点	课堂小结，加深记忆，复习巩固
巩固模型 迁移应用	【迁移应用】学案上完成验证实验中的电极反应式	通过分析电极反应式的书写和设计电解池，巩固电解池模型	学生迁移应用"电解池模型"，培养"创新意识""模型认知"学科核心素养
返回情境 留下悬念	【思考】水质电解器测水质是否靠谱？（提示：水质电解器的阳极是Fe棒，阴极是Al棒） 【思考】若换成活性电极（除Pt、Au之外的金属）电解氯化铜溶液，将会出现什么现象？电极反应式 【过渡】要知道水质电解器测水质这种方法是否靠谱，还需要进一步的学习，且听下回分解	学生思考结果如何呢，利用今天的知识还不能判断。	激发学生进一步学习的兴趣，从而解决实际问题

预测现象：
阳极Fe棒溶解，阴极Al棒有气泡；最终溶液中出现黄绿色沉淀，甚至是红褐色

板书设计
1.电解池模型 （电能→化学能） 2.放电顺序

（八）学习测评

1. 应用"电解池模型"：

用石墨棒电解 $AgNO_3$ 溶液：画出装置图，在图上标出阴阳极、写出电极反应式并标明离子、电子运动方向。

2. 下列关于如图四个装置的说法正确的是

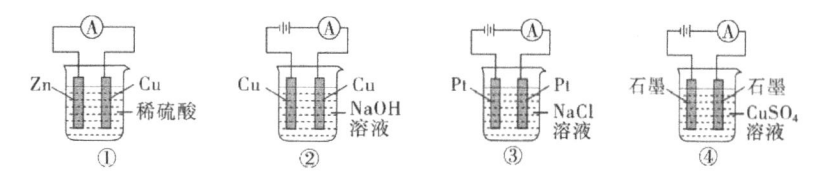

A. ①装置中，电子流向：Zn→导线→Cu→稀硫酸→Zn

B. ②装置中，阳极的电极反应为 $4OH^- - 4e^- =\!=\!= 2H_2O + O_2\uparrow$

C. ③装置中，在阴极附近滴入酚酞溶液，溶液变红

D. ④装置中，电解一段时间后，溶液的pH增大

（九）教学反思

1. 本节课基于真实情境：商家用水质电解器电解自来水，水质变浑浊，激发学生的学习兴趣。通过电解 $CuCl_2$ 溶液，采用证据推理，从现象到本质，从宏观现象到微观解释，学生学习层次由浅入深，探究电解池原理，建立起电解池的理论模型，让学生能在脑海中构建电解池的模型。构建电解池模型后，学生分析能量、微粒、电解产物等的变化。

在探究电解硫酸钠溶液的过程中，通过实验现象，学生直观的感受电解反应和物质的得失电子能力有关，逐步渗透离子放电的顺序而不是生硬地告诉学生，潜移默化地让学生体会电能转变为化学能。

2. 实验亮点：将书上的电解 $CuCl_2$ 装置进行微型化、绿色创新性改进。

课本装置所需的药品多，离子迁移的距离长，整个电路的电阻较大，故实验产生明显现象所需的时间较长，同时此装置未密封，生成的有毒气体易逸出造成空气污染，不利于学生进行分组实验。对电解装置进行微型化改进后，取得较好的效果，有毒气体的逸出减少；充电宝为我们提供了便携持续的电源，在教室也能方便且快速地实现分组实验。

3. 不足：学生容易将知识层面停留在原电池上，思维打开得不够宽。

六、课时大概念Ⅴ（以"电解池的应用"例证）教学设计示例
姬东琴

（一）大概念析读

化学反应过程中既有物质变化也有能量变化，能量的形式有热能、光能、电能等。本课时是在学科大概念"化学反应与能量"与单元大概念"化学能和电能相互转换"的统领下，结合课程标准"了解电解池的工作原理，认识电解在实现物质转化和储存能量中的具体应用"，围绕课时大概念"电能转化为化学能"进行教学。本课时利用电解原理工具解决实际生产和生活的问题，从而深化学生对电解原理的理解。

（二）学习目标

1.通过对氯碱工业、电镀、电解精炼铜、电冶金等原理的分析，认识电能与化学能之间的能量转化，培养"宏观辨识与微观探析""科学探究"核心素养。

2.通过建立电解应用问题的分析思维模型，加深对电解原理的理解和应用，培养"证据推理与模型认知"核心素养。

（三）学习重难点

◆学习重点：电解原理应用于氯碱工业、电镀和精炼铜、电冶金。

◆学习难点：电解应用问题的分析思维模型。

（四）学情分析

知能基础：通过第一课时电解原理的学习，学生已初步建立了电解池模型，掌握了电解池的阴、阳极反应特点，知道常见阴、阳离子的放电顺序。能据此分析出典型电解液中的电解原理，并能用电极反应式对阴极、阳极反应及总反应进行符号表征。

素养基础：通过高一必修1和必修2的学习，学生具备了"证据推理与模型认知"学科素养，可以对简单的实际问题进行分析解释、推论预测、设计评价等学习活动。

不足条件：对于特定情境下稍复杂的电解体系分析尚有不足，将电解原理结合实际应用的分析能力尚有欠缺，学生对化学价值的认识水平有待提高，缺乏在真实情境中利用化学反应的能量变化进行分析的能力。

（五）教学资源

人教版教材、多媒课件、视频、实验。

（六）教学框架

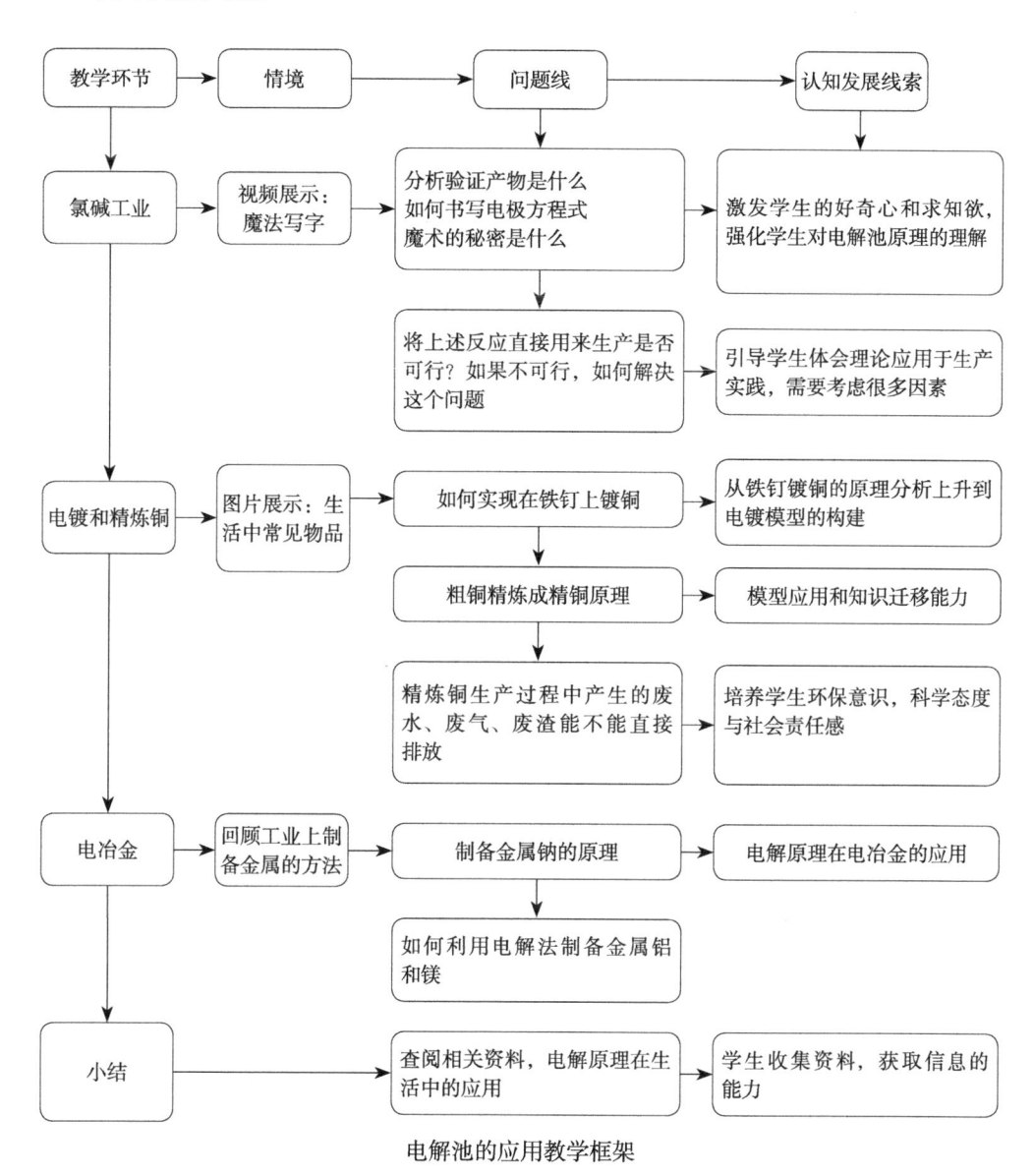

```
教学环节 → 情境 → 问题线 → 认知发展线索
```

氯碱工业 → 视频展示：魔法写字 → 分析验证产物是什么 / 如何书写电极方程式 / 魔术的秘密是什么 → 激发学生的好奇心和求知欲，强化学生对电解池原理的理解

→ 将上述反应直接用来生产是否可行？如果不可行，如何解决这个问题 → 引导学生体会理论应用于生产实践，需要考虑很多因素

电镀和精炼铜 → 图片展示：生活中常见物品 → 如何实现在铁钉上镀铜 → 从铁钉镀铜的原理分析上升到电镀模型的构建

→ 粗铜精炼成精铜原理 → 模型应用和知识迁移能力

→ 精炼铜生产过程中产生的废水、废气、废渣能不能直接排放 → 培养学生环保意识，科学态度与社会责任感

电冶金 → 回顾工业上制备金属的方法 → 制备金属钠的原理 → 电解原理在电冶金的应用

→ 如何利用电解法制备金属铝和镁

小结 → 查阅相关资料，电解原理在生活中的应用 → 学生收集资料，获取信息的能力

电解池的应用教学框架

（七）教学过程设计

电解池的应用教学过程

教学板块	教师活动	学生活动	设计意图
创设情境引入新课	【情境引入】播放视频《魔法写字》（视频来源于网络）	观看视频	引入新课，激发学生的好奇心和求知欲

续表

教学板块	教师活动	学生活动	设计意图
氯碱工业	【过渡】书写的纸上提前喷了NaCl和酚酞溶液一起探究其原理 【实验】将氯化钠的酚酞溶液加入U形管中，两端插入石墨电极，连接电源 【问题1】观察现象，结合资料卡片，分析验证产物是什么 【问题2】小组讨论，书写电极方程式 【问题3】结合魔法写字的原料，揭秘魔术 【资料卡片】NaOH、Cl_2是重要的化工原料，工业上利用电解饱和食盐水生产NaOH、Cl_2，并以它们为原料生产一系列化工产品，称为氯碱工业 【问题4】将上述反应直接用来生产是否可行，如果不可行，如何解决这个问题 小结升华： 离子交换膜的作用：一是防止氢气与氯气混合，消除爆炸隐患；二是阻止饱和食盐水中的氢氧根移向阳极与阳极产物氯气发生反应被消耗，而是留在阴极区与钠离子形成目标产物烧碱。氯碱的工艺生产实际比大家想象的要复杂，为此我国专门成立了氯碱论坛，供大家交流探讨	【实验】小组合作动手实验，观察现象，讨论得出答案 【回答1】电源正极相连的碳棒（阳极）有气泡产生，该气体能使湿润的KI淀粉试纸变蓝；与电源负极相连的碳棒有气体产生，且溶液变成红色 【回答2】相关电极方程式： 阳极：$2Cl^--2e^-=Cl_2\uparrow$ 阴极：$2H_2O+2e^-=H_2\uparrow+2OH^-$ 电解氯化钠溶液的化学方程式是$2NaCl+2H_2O\xlongequal{电解}2NaOH+Cl_2\uparrow+H_2\uparrow$，这也是魔法写字的原理 【回答3】魔法写字的原理，纸上提前喷了氯化钠酚酞溶液，笔的一端连在电池的阴极，笔尖与湿润的纸接触时，构成了电解池，产生的氢氧化钠使滤纸变红 小组讨论得出答案 【回答4】不可行，因为产生的氯气和氢氧化钠反应，无法得到氯气和氢氧化钠。可以采用离子交换膜，把阴阳极分开，可分别得到氯气和氢氧化钠	感受化学与生活息息相关，培养学生"科学态度与社会责任"的化学核心素养 强化学生对电解池原理的理解 引导学生，体会理论应用于生产实践，需要考虑很多因素

续表

教学板块	教师活动	学生活动	设计意图
电镀和精炼铜	【情境】展示图片：手机、U盘、厨具、灯具、车辆 【问题1】根据电解原理，请同学们交流探讨如何实现在铁钉上镀铜 【模型构建】电镀模型 镀件　　镀层金属 含镀层金属离子的盐 阴极：待镀金属 阳极：镀层金属 电解液-含镀层金属阳离子的盐溶液 【问题2】 小组讨论，结合资料卡片，利用电解原理结合电镀模型，分析粗铜精炼成纯铜原理 补充： 阳极（粗铜） 电极方程式： $Zn - 2e^- = Zn^{2+}$ $Fe - 2e^- = Fe^{2+}$ $Ni - 2e^- = Ni^{2+}$ 阳极泥：Au、Ag 【问题3】精炼铜生产过程中产生的废水、废气、废渣能不能直接排放	学生开展小组讨论，讨论阴、阳极材料和离子导体，形成实验方案，汇报并交流 【回答1】 阳极电极材料-铜 电极反应：$Cu-2e^- = Cu^{2+}$ 阴极电极材料-铁钉 电极反应：$Cu^{2+}+2e^- = Cu$ 电解质溶液：$CuSO_4$ 学生开展小组讨论，集中讨论得出答案。 【回答2】阳极（粗铜） 电极方程式： $Cu - 2e^- = Zn^{2+}$ 阴极（精铜） 电极方程式： $Cu^{2+}+2e^- = Cu$ 电解质溶液：$CuSO_4$ 【回答3】不能，直接排放会对环境产生污染，废渣中含有贵金属，可以回收，废水中含有金属离子，需要回收或者处理，不能对环境产生污染	引导和培养学生主动建模的意识，从电镀模型过渡到电解精炼铜 培养学生主动获取信息的能力，提高证据推理和模型应用能力，注重知能应用，考查学生知识迁移拓展能力 培养学生环保意识、科学态度与社会责任感

续表

教学板块	教师活动	学生活动	设计意图
电冶金	【问题1】回顾工业上制备金属的方法，自己分析制备金属钠的原理 【作业】完成学案中如何利用电解法制备金属铝和镁，通电后，离子如何运动	【回答1】热还原法，热分解法、电解法 学生开展小组讨论，集中讨论得出答案： 阴极电极方程式：$2Cl^- - 2e^- = Cl_2\uparrow$ 阳极电极方程式：$2Na^+ + 2e^- = 2Na$ 总反应： $2NaCl（熔融）\xrightarrow{电解} 2Na + Cl_2\uparrow$	电解原理在电冶金工业的应用，并能利用电解原理分析金属冶炼原理
课堂小结	电解原理应用在日常的生产生活随处可见，例如利用电解饱和食盐水制取氯气和烧碱，即氯碱工业；再如利用电解原理从粗铜中精炼铜，生活中还有许多物品利用电解原理镀上一薄层金属，提高耐腐蚀性和美观性；利用电解法还可以冶炼活泼金属钠、镁、铝等 希望同学们保持敏锐的洞察力发现电化学原理在身边的应用，并与同学交流分享	查阅相关资料，电解池在生活中还有哪些应用	知识小结，渗透大概念，为学习新知识作铺垫

板书设计

电解池原理的应用

一、氯碱工业

$2NaCl + 2H_2O \xrightarrow{电解} 2NaOH + Cl_2\uparrow + H_2\uparrow$

二、电镀和铜的精炼

三、电冶金

$2NaCl（熔融）\xrightarrow{电解} 2Na + Cl_2\uparrow$

（八）学习测评

1.课外探究

查阅相关资料，电解池在生活中还有哪些应用。

2.课后作业

（1）（2022·天津高考真题）实验装置如图所示。接通电源后，用碳棒（a′、b′）作笔，在浸有饱和NaCl溶液和石蕊溶液的湿润试纸上同时写字，a′端的字迹呈白色。下列结论正确的是（　　）

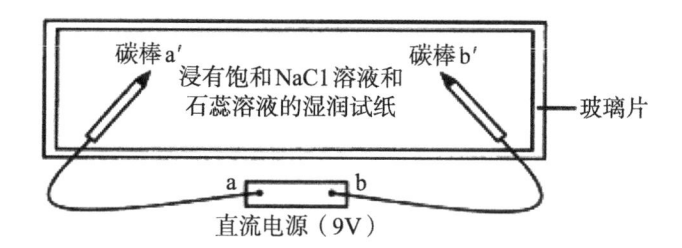

A.a为负极

B.b′端的字迹呈蓝色

C.电子流向为：b→b′→a′→a

D.如果将a′、b′换成铜棒，与碳棒作电极时的现象相同

（2）（2020·浙江高考真题）在氯碱工业中，离子交换膜法电解饱和食盐水示意图如下，下列说法不正确的是（　　）

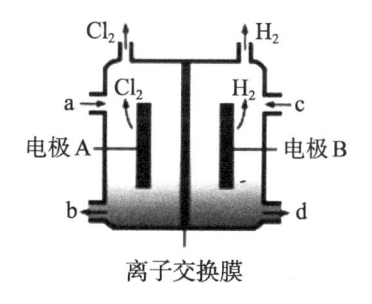

A.电极A为阳极，发生氧化反应生成氯气

B.离子交换膜为阳离子交换膜

C.饱和NaCl从a处进，NaOH溶液从d处出

D.OH⁻迁移的数量等于导线上通过电子的数量

参考答案：

（1）B　（2）D

（九）教学反思

本节课基于"一课多境"进行建构，学生是课堂的主体，参与度高。介绍氯碱工业时，通过魔术引入主题，激发学生的学习兴趣，学生自己电解氯化钠溶液，观察实验现象，分析实验现象，是知识构建过程的主动参与者，加深对电解原理的理解，从宏观到微观感知离子放电顺序。从电解产物氯气和氢氧化钠自然过渡到氯碱工业，体会理论应用于生产实践，需要考虑很多因素，潜移默化地培养学生的化学核心素养。介绍电镀和精炼铜时，以生活中常见的物品引入，学生动手给铁钉镀铜，感受化学的美丽，进一步强化对电解池原理的理解及电极方程式的书写能力，在教学过程中有意识地引导，培养学生主动建模的意识，从电镀模型过渡到电解精炼铜，培养学生的知识迁移能力。回顾必修2"常见金属冶炼"的方法，学生自己分析电解熔融氯化钠的电解原理，进一步加强对电解原理和离子放电顺序的理解。最后总结，渗透大概念"电能转换为化学能"，布置拓展性作业，培养学生的信息查阅、收集、处理的能力。

七、课时大概念Ⅵ（以"金属的腐蚀与防护"例证）教学设计示例
金汝俊

（一）大概念析读

本节内容是在原电池和电解池之后，以钢铁制品的析氢腐蚀和吸氧腐蚀为例，运用原电池原理分析和解释金属的电化学腐蚀过程，体现"化学能与电能的相互转化"这一大概念，让学生把原有具体的宏观的原电池抽象到微观的原电池，锻炼了学生的思维能力。而后金属的防护，就是利用金属电化学腐蚀的原理，人为地破坏金属形成原电池的条件而达到保护的目的。同时也利用电解原理，将需要保护的金属外加电流，人为地将其设计为电解池阴极从而达到保护金属的目的。"化学能与电能的相互转化"在实际生产的价值得到体现。

同时本节在针对具体应用场景上也出现了若干新概念、主要概念，如金属腐蚀、化学腐蚀、电化学腐蚀、析氢腐蚀、吸氧腐蚀等。本节教学就围绕着这些概念展开。

由于本节所涉及的多个概念对学生来说陌生度较高，加之概念比较抽象，这对学生的学习造成了一定的困难，需要学生具备较强的抽象思维能力，因此在教学中，要引导学生由宏观熟悉的现象，对微观原理产生钻研的兴趣，能够站在学科大概念的高度，产生学科间的联系。

（二）学习目标

1.通过了解金属腐蚀带来的危害，认识防止金属腐蚀的重要意义，促进宏观辨识与微观探析核心素养的养成，达到等级2的水平。

2.通过理解电化学腐蚀发生的条件，能解释金属发生电化学腐蚀的原因，促进变化观念与平衡思想核心素养的形成，达到等级3的水平。

3.认识钢铁发生吸氧腐蚀和析氢腐蚀的条件和原理，会书写电极反应式和总反应式，达到等级4的水平。

4.通过实验探究防止金属腐蚀的措施，了解常见的防止金属腐蚀方法及其原理。

（三）学习重难点

◆学习重点：金属的电化学腐蚀原理及金属的电化学防护。

◆学习难点：金属发生吸氧腐蚀的电化学原理。

（四）学情分析

本节以理论知识的应用为主，包括原电池原理导致金属腐蚀，应用原电池原理和电解原理对金属进行防护，内容比较抽象。知识难度不大，但新概念较多，学生容易产生混乱，影响其对重点内容的理解。运用对比的方法进行教学，充分发挥教材中几组对照实验的功能，可以较好地化解这一问题。对学生来说以下三个方面值得注意。

在知识上，通过初中知识以及本章上两节内容的学习，学生已经初步了解了金属发生腐蚀的一些条件，掌握了原电池和电解池的基本原理及金属的还原性与活泼性关系。

在能力上，高二年级的学生已经具备一定的实验设计观察能力以及比较归纳能力。

在心理上，由于本节内容紧密联系生活实际，学生有强烈的好奇心和求知欲，有利于新知识的学习，具备了主动探究的原动力。存在的问题是学生对知识的学习只注重表面现象，缺少生活经验，缺乏一定的深入理解和综合思维的能力。

（五）教学资源

1.实验：模拟钢铁的吸氧腐蚀与吸氢腐蚀的对照实验。

2.实验：电化学腐蚀与化学腐蚀速率的大小比较。

3.资料：金属腐蚀的危害。

（六）教学框架

1.本节概念关系图

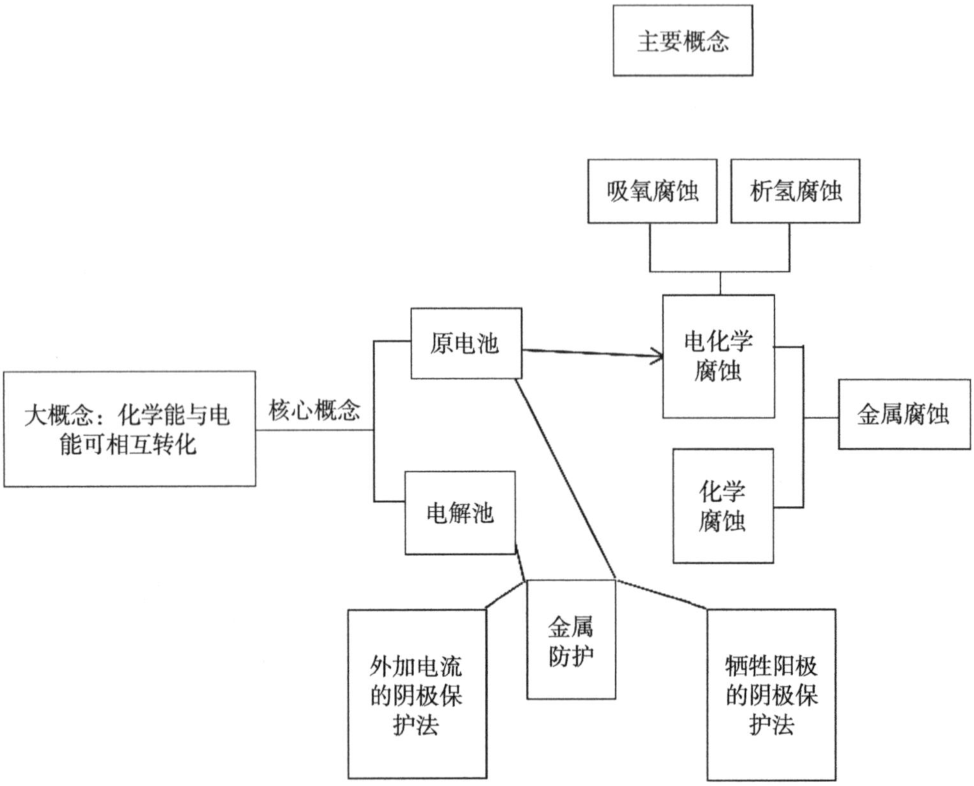

图5-5-1　金属的腐蚀与防护概念关系图

2.教学框架

以学科大概念视角，基于新概念的形成及新的认识角度、认识思路和认识方式，联系化学学科内大概念，深化化学学科认识。大概念统摄下高中化学教学设计思路包含教学环节、问题线索、知识逻辑线、认识发展线和情境线索五个方面，教学环节包括揭示主要概念、以大概念视角认识主要概念、基于大概念理解主要概念、围绕大概念建立跨学科联系，以及思考链接新知五个环节（具体如图5-5-2所示）。

教学环节	问题线索	知识逻辑线	认识发展线	情境线索
环节一：揭示主要概念	1.原电池的构成条件 2.原电池哪一极金属易被腐蚀 3.什么是电解池？其哪一极不会被腐蚀	金属的腐蚀 金属的防护	揭示学生原有认识	进一步认识理解原电池和电解池
环节二：大概念视角认识金属的腐蚀		金属腐蚀、化学腐蚀、电化学腐蚀的概念	由科学大概念建立分析金属腐蚀与防护的基本思路	创设情境，结合生活实际和触目惊心的数据，让学生对金属的腐蚀有直观的感受
环节三：由具体知识分析掌握主要概念	1.举例说明金属腐蚀 2.金属腐蚀有什么危害 3.什么是金属腐蚀？其实质是什么？如何分类	析氢腐蚀 吸氧腐蚀	应用分析思路建立主要概念	实验探究
环节四：基于大概念理解主要概念	1.空气中的氧气和水是如何使钢铁生锈的 2.什么是析氢腐蚀和吸氧腐蚀	析氢腐蚀 吸氧腐蚀，以吸氧腐蚀为主、电极反应式	应用分析思路进行假设—求证—论证—检验	学生讨论：电化学腐蚀发生时，有化学腐蚀发生吗？比较析氢腐蚀和吸氧腐蚀 学生实验：铁的吸氧腐蚀 如何进行金属的防护
环节五：围绕大概念建立跨学科联系	1.金属的腐蚀以何种腐蚀为主？为什么 2.写出析氢腐蚀和吸氧腐蚀的电极反应式	物理学科：机械能与电能的相互转化、热能和光能与电能的相互转化等 电解原理、原电池原理、氧化还原反应综合应用	应用分析思路对比鉴别主要概念 围绕大概念建立跨学科联系	
环节六：思考链接新知	在其他学科中，有没有学过类似的能量转化 金属腐蚀快慢有何规律		应用分析思路思考新的问题	

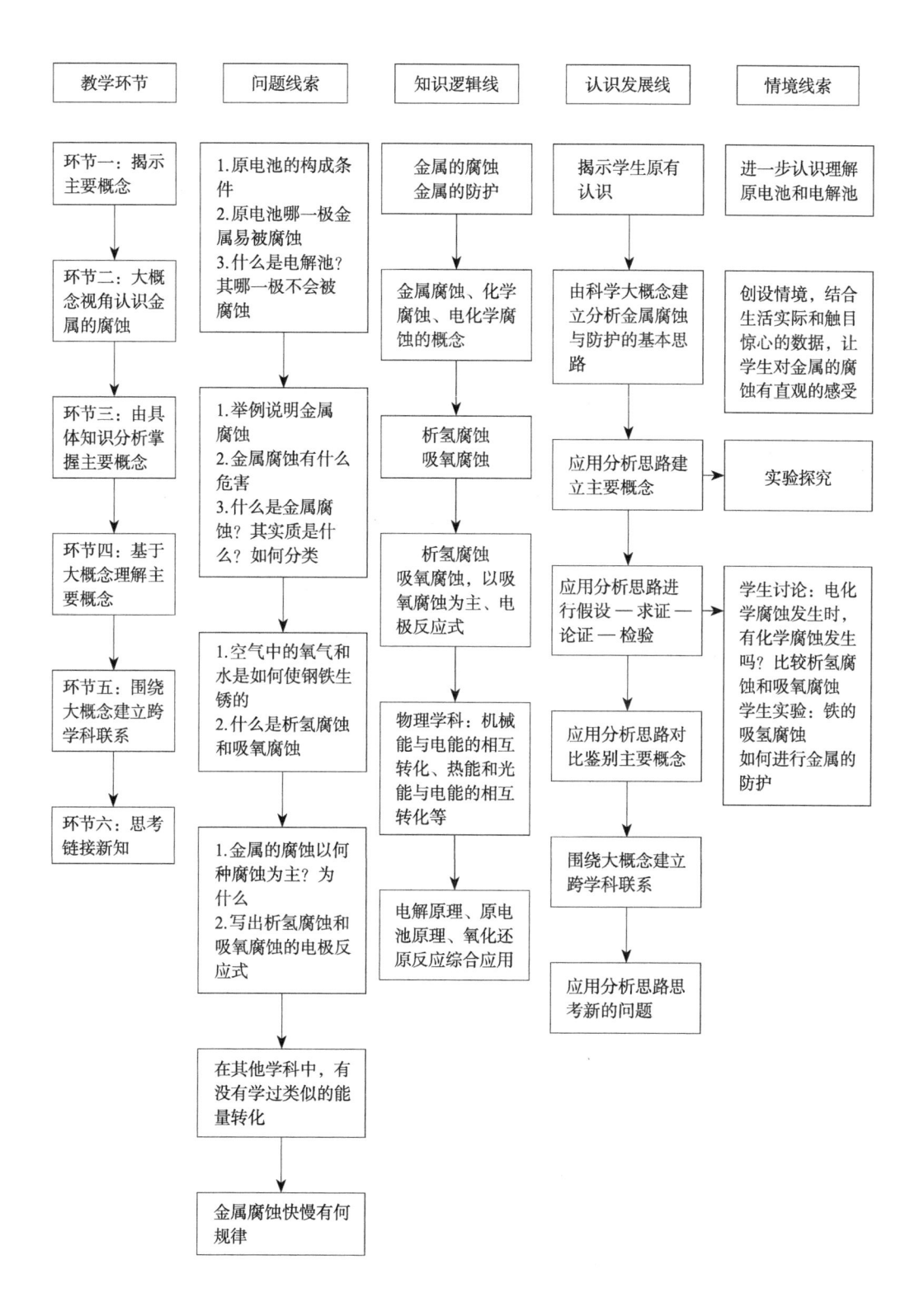

图 5-5-2 金属的腐蚀与防护教学框架图

（七）教学过程设计

金属的腐蚀与防护教学过程

教学板块	教师活动	学生活动	设计意图
创设情境引入新课	【知识复习】 1. 原电池的构成条件 2. 原电池哪一极金属易被腐蚀 3. 什么是电解池？其哪一极不会被腐蚀 【情境导入】多媒体展示：1. 生活中常见金属腐蚀的图片；2. 金属腐蚀对人类生活和经济的影响	回答问题 观看图片、听讲述	回顾旧知，温故知新，创情境，引新课
环节一：揭示主要概念	教师：这节课我们就一起来学习有关金属腐蚀和防护知识，本节课我们的学习目标如下，请大家快速浏览，了解我们本节课的任务 教师多媒体展示教学目标： 1. 了解金属腐蚀的本质及分类，特别是电化学腐蚀的原理 2. 理解钢铁吸氧腐蚀和析氢腐蚀发生的条件及原理，会书写电极反应式和总反应式 3. 了解金属防护的方法，培养分析并解决生活中实际问题的能力 4. 切实感受金属及合金在国家建设及社会生活中的重要作用，形成爱护资源，科学利用资源的正确思想	浏览标题，明确学习目标。宏观把握，联想质疑	让学生明确本节课任务，建立学习目标意识
环节二：大概念视角认识金属的腐蚀	【讨论问题】什么是金属的腐蚀？金属腐蚀的实质是什么？金属腐蚀现象的发生可能有哪些方式 教师：请大家结合氧化还原反应知识和教材P27第二段思考以上问题 【板书】三、金属的腐蚀与防护 1. 金属腐蚀的方式：化学腐蚀 电化学腐蚀	阅读课本、思考回答： 金属腐蚀是金属表面因发生氧化反应而遭到破坏 化学腐蚀（表面与周围物质发生化学反应） 电化学腐蚀（因电化学作用而发生的腐蚀） 识记、会判别两种腐蚀方式	引导学生认识金属腐蚀的实质是发生了氧化反应，通过讨论腐蚀的方式能与新学内容联系起来，让学生先从概念上认识金属腐蚀的实质，下面再进行实验探究、具体认知

续表

教学板块	教师活动	学生活动	设计意图
环节三：由具体知识分析掌握主要概念	【实验探究】过渡： 我们已经知道，钢铁生锈是铁与空气中的氧气以及水蒸气反应的结果。那么，空气中的氧气和水是怎样使钢铁生锈的呢？下面我们通过实验进行探究有关金属电化学腐蚀的原理 【讨论问题】钢铁及其制品通常为含碳的铁合金，钢铁在干燥的空气中不易生锈，而在潮湿的环境里或湿度较大的环境里长期放置，常易生锈变红，原因是什么？电化学腐蚀的原理是什么 探究实验： 向铁粉中加入少量的炭粉，混合均匀后，撒入内壁分别用稀盐酸和氯化钠润湿过的两支试管分别标记为a、b中，按下图装置好仪器 教师：请同学们阅读教材 P_{27-28} 了解金属电化学腐蚀原理。根据课前准备组装仪器，混合并加入药品稍后观察实现现象 请大家结合实验现象思考以下问题 思考1：导管中的水柱变化说明什么问题 思考2：向铁粉中加入炭粉的作用是什么	阅读教材自学有关金属电化学腐蚀的原理，动手做实验：在水中滴加几滴红墨水，混合并加入药品后观察、比较导管中水柱的变化和试管中的现象 思考后回答： 水柱液面升高，说明试管内有气体消耗，压强减小；水柱液面降低，说明试管内有气体生成，压强增大。碳粉做正极，与铁形成原电池，加速铁被腐蚀	培养学生动手能力及探究问题的能力 培养学生据现象分析问题的能力，提升学生思维品质

续表

教学板块	教师活动	学生活动	设计意图
环节四：基于大概念理解主要概念	请大家根据原电池原理和阅读自学结果，写出上述实验有关的电极反应式及电池反应方程式 【板书】2.金属的电化学腐蚀 析氢腐蚀（酸性） 吸氧腐蚀（中性或弱酸性） 【归纳总结】多媒体展示析氢腐蚀和吸氧腐蚀对比表格 【过渡】我们了解了金属腐蚀的原理，那么如何防止金属被腐蚀呢 【讨论问题】请根据生活常识以及金属被腐蚀的原理，联系原电池和电解的原理，讨论金属的防护措施主要有哪些？请大家结合教材P_{29-30}，小组合作交流，归纳总结 找一小组展示合作交流结果，根据小组讨论交流结果，归纳总结 【板书】3.金属的防护方法 （1）覆盖保护层（涂油漆、电镀、钝化） （2）电化学保护 ①牺牲阳极保护法——原电池原理 ②外加电流阴极保护法——电解池原理	完成以下问题（两名同学上板演示） a装置中：负极：＿＿＿＿ 正极：＿＿＿＿ 电池反应：＿＿＿＿ a装置中进一步反应：＿＿＿＿ b装置中： 负极：＿＿＿＿ 正极：＿＿＿＿ 电池反应：＿＿＿＿ 结论：中性或酸性很弱或碱性条件下，易发生＿＿＿＿腐蚀 当钢铁处于酸性气氛中时，易发生＿＿＿＿腐蚀； 析氢腐蚀和吸氧腐蚀都属于＿＿＿＿腐蚀 和老师一起分析归纳总结，记录要点 阅读教材，小组交流，归纳总结	让学生理解金属电化学腐蚀的原理，进一步掌握电极反应式的书写 通过探究实验培养学生观察分析问题能力，同时通过两个对比实验，使学生加深对析氢腐蚀和吸氧腐蚀的认识，从而解决本节课的重点和难点 通过合作交流的提示使学生明确讨论交流的方向，使学生学会多角度分析问题的方法，培养分析问题、解决问题的能力

续表

教学板块	教师活动	学生活动	设计意图
环节五：围绕大概念建立跨学科联系	【提问】同学们，电能可以转化为化学能，化学能也能转化为电能。在其他学科中有无类似的转化呢	回答问题	让学生知道学科间的知识是有联系的
环节六：思考链接新知	【讨论】金属腐蚀快慢有什么规律	作电解池阳极引起的腐蚀＞作原电池负极引起的腐蚀＞化学腐蚀＞原电池原理的防护＞电解原理的防护	将电化学相关知识综合运用，训练学生整体综合思维能力
环节七：内容小结	通过本节的学习你对金属的腐蚀有了哪些新的认识？利用所学的电化学知识如何设计对金属的防护措施	金属的两种电化学腐蚀，以及电化学的两种防护措施	让学生全面了解本节课内容
板书设计			

板书设计

金属的腐蚀和防护
1.金属的腐蚀
（1）化学腐蚀
（2）电化学腐蚀　　析氢腐蚀（酸性）
　　　　　　　　　吸氧腐蚀（中性或弱酸性）
2.金属的防护方法
（1）覆盖保护层
（2）电化学保护
①牺牲阳极保护法 —— 原电池原理
②外加电流阴极保护法 —— 电解池原理

（八）学习测评

1.将纯锌片和纯铜片按图所示方式插入同浓度的稀硫酸中一段时间，以下叙述正确的是

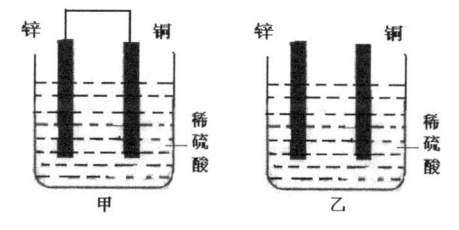

A.两烧杯中铜片表面均无气泡产生　B.甲中的铜片是正极，乙中的铜片是负极
C.两烧杯中溶液的pH值均增大　　　D.产生气泡的速度甲比乙慢

2.如图所示，电流表G发生偏转，同时A极逐渐变粗，B极逐渐变细，C为电解质溶液，则A、B、C应是下列各组中的哪一组

A.A是Zn、B是Cu、C为稀H_2SO_4溶液

B.A是Cu、B是Zn、C为稀H_2SO_4溶液

C.A是Fe、B是Ag、C为$AgNO_3$溶液

D.A是Ag、B是Fe、C为$AgNO_3$溶液

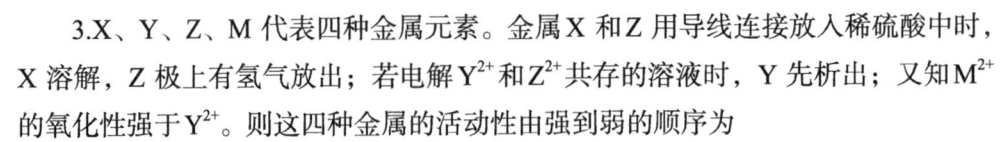

3.X、Y、Z、M代表四种金属元素。金属X和Z用导线连接放入稀硫酸中时，X溶解，Z极上有氢气放出；若电解Y^{2+}和Z^{2+}共存的溶液时，Y先析出；又知M^{2+}的氧化性强于Y^{2+}。则这四种金属的活动性由强到弱的顺序为

A.X＞Z＞Y＞M　　　　B.X＞Y＞Z＞M

C.M＞Z＞X＞Y　　　　D.X＞Z＞M＞Y

4.把a、b、c、d四块金属浸入稀硫酸中，用导线两两连接组成多个原电池，若a、b相连，a为负极；c、d相连，d上有气泡逸出；a、c相连，a极减轻；b、d相连，b为正极。则四种金属的活泼性顺序为

A.a＞b＞c＞d　　　　B.a＞c＞b＞d

C.a＞c＞d＞b　　　　D.b＞d＞c＞a

5.家用炒菜铁锅用水清洗后，放置一会出现红棕色的铁锈，在此变化过程中不会发生的化学变化是

A.$2Fe + O_2 + 2H_2O = 2Fe(OH)_2$

B.$4Fe(OH)_2 + O_2 + 2H_2O = 4Fe(OH)_3$

C.$O_2 + 2H_2O + 4e^- \rightarrow 4OH^-$

D.$Fe \rightarrow Fe^{3+} + 3e^-$

6.下列关于铁析氢腐蚀的说法正确的是

A.铁为正极　　　　　　B.碳为正极

C.溶液中氢离子浓度不变　　D.此腐蚀在任何溶液中都发生

7.下列措施不能起到防腐作用的是

A.对钢铁设备喷油漆　　　　B.对钢铁进行电镀

C.把钢铁与镍、铬等金属制成合金　D.把钢铁放入水下

参考答案：

1.C　2.D　3.A　4.C　5.D　6.B　7.D

（九）教学反思

本节先让学生先复习旧知识，再提供金属腐蚀的危害，引出要解决金属腐蚀的

相关问题，独立思考与讨论相结合，培养学生的思维能力和合作意识。然后利用电化学知识对金属进行防护是电化学知识的综合应用，措施的选择和设计能促进学生对电化学知识的深入理解，同时也会使学生在情感态度和价值观方面体会化学的实用性，增加学习的兴趣。本节的重要知识点有两个：一是金属的析氢腐蚀和吸氧腐蚀；二是牺牲阳极保护法和阴极电保护法。教学中先引导学生讨论分析，然后利用列表形式进行比较总结，使相似知识的异同一目了然，收到较好的教学效果。让学生基于大概念视角书写两种腐蚀的电极反应式，列表比较两种腐蚀，让学生进一步理解了原电池，巩固了核心概念。不足之处是钢铁吸氧腐蚀的微观体现不足。

第六节　情境-问题教学实践
——以"负性情绪"为例

　　根据埃里克森人格发展阶段理论的观点，高中生面临着角色统一和角色混乱的冲突，高中阶段是学生全面发展的关键期，也是学生从未成年走向成年、走向独立人生道路的转折点，处在这一阶段的青少年在自我意识、认知、人际、情绪、社会适应等方面都呈现动态变化，继而进入发展的高峰期。

　　在学业压力与成长关键期出现的各种冲突下，高中生常常会感受到不同程度的负性情绪体验。相较于正性情绪给人带来的愉悦体验，负性情绪到来时不适的体验，会让高中生不自觉地想要逃离或者感到压抑。基于此，很多高中生都会觉得负性情绪会给我们带来不好的体验，内心趋于排斥或拒绝。而事实上，人的情绪背后代表着某种愿望或某些心理需求，负性情绪对个人成长而言有其非常重要的价值和积极意义。觉察情绪背后的内心需求，挖掘负性情绪的积极意义，能够更好地帮助高中生提升情绪的表达与管理能力。

一、单元整体设计
叶琴　韩雪

本单元以《中小学心理健康教育指导纲要》为指导，对高中生进行情绪辅导的心理健康教育重在进一步发展他们的情绪表达与情绪管理能力，使他们能够用积极的视角看待和接纳负性情绪。本单元中课程的着手点是"愤怒"和"焦虑"两种负性情绪，从情绪的冰山理论出发引导学生正确认知负性情绪以及情绪背后所反映的心理需求，帮助学生更为充分地认识自我情绪，在觉察、接纳负性情绪的同时，学会恰如其分地表达情绪，从而达到与情绪和解的目的。

（一）课程标准

◆引导学生正确认识自己的负性情绪，觉察负性情绪在生活中存在的积极意义，进而接纳与拥抱自己的负性情绪。

◆在正确认识负性情绪的基础上，觉察负性情绪背后的心理需求，让学生意识到负性情绪只是一个信号，要懂得理解，进而积极行动去解决情绪背后的现实问题。

◆引导学生认识负性情绪是可以被表达出来的，学会如何好好地表达，避免人际关系中的主动攻击与隐形攻击，恰如其分地应对自己的负性情绪。

（二）大概念建构

《中小学心理健康教育指导纲要》指出，高中心理健康教育的主要内容需帮助学生发展情绪表达与情绪管理能力，使他们能够用积极的视角看待情绪并恰如其分地应对。

心理学上把焦虑、紧张、愤怒、沮丧、痛苦等情绪统称为负性情绪，负性情绪会使人的意识变得狭窄，使其判断力、理解力降低，甚至会失去理智和自知力，影响个体学习和生活的顺利进行，进而影响身心健康，导致疾病的产生。能否调节好自身的负性情绪对青少年的人际互动、心理健康以及总体幸福感等方面有重要影响。故本单元的单元大概念确定为"负性情绪"（表5-6-1）。

表 5-6-1 "情绪"部分大概念层级

学科大概念	单元大概念	课时大概念
情绪	负性情绪	Ⅰ.愤怒情绪的表达与管理 Ⅱ.焦虑君

二、课时大概念 I 教学设计示例
叶 琴

本课时大概念为"愤怒情绪的表达与管理",引导学生认识到"愤怒"是人类最普遍的情绪之一,是一种内在的警报,当愤怒情绪出现时提示我们有一些事情不太对劲,并且是需要去改变的,能够促使我们去积极解决生活中的问题。

(一)大概念析读

1. 大概念理解

情绪是人们对客观事物的态度体验以及产生的行为反应,是以个体的愿望和需要为中介的一种心理活动。情绪的管理有三步,分别是识别、表达和管理,现代社会的"毒鸡汤"总是强调我们应该在管理负性情绪上下功夫,倡导诸如"总是被情绪左右的人,永远成不了大事""你跟别人的差距就在于你太容易有情绪了""吃亏是福,知足常乐,退一步海阔天空"此类的观点。而这些观点背后的意思是说负性情绪尤其是愤怒的表达是没有意义且带来负面影响的,因此提倡要避免愤怒、保持理性,这常常导致人们没有办法正确识别和表达自己的愤怒,习惯于把压抑当成管理情绪的正确方式。如何引导高中生觉察愤怒情绪背后的内心需求,好好地"表达愤怒",恰如其分地应对愤怒情绪,对他们的身心发展有着重要意义。

2. 大概念解构

本节的核心内容是正确认知愤怒情绪学会表达以及建设性的管理愤怒情绪,从冰山理论出发,让学生正确认知"愤怒"情绪,结合学生自身所经历过的愤怒情境,让学生认识到愤怒是人类正常而强烈的情绪,每个人都会愤怒,但由于以往一些不当表达愤怒的方式,让我们给自己以及给他人带来不好的情绪体验,破坏了人际关系,甚至做出一些冲动行为。因此,在现实生活中我们绝大部分人更倾向于去回避、隐忍愤怒情绪,但通过了解愤怒情绪背后到底是什么,我们也认知了愤怒情绪的价值所在,它是我们生活中一种健康的力量,能够促使我们意识到问题产生了,推动我们去解决问题,这对于我们的成长有积极的意义。在客观认识到愤怒后,接下来与学生一起探讨:怎么样好好地"表达愤怒",避免人际关系中的主动攻击与隐形攻击。

(二)学习目标

1.通过"踢猫效应"的视频引导学生正确认识愤怒情绪,压抑和过度宣泄愤怒情绪都会产生不良影响,懂得愤怒情绪需要好好地表达与管理。

2.学生感受生活中自己"不好好表达愤怒"带来的负性情绪体验,意识到好好

"表达愤怒"的重要性,激发学生改变表达愤怒方式的动力。

3.学生通过小组合作探索好好表达愤怒的方式,总结如何避免人际关系中的主动攻击,以及隐形攻击的方式表达愤怒,将情绪的建设性表达方法在实际生活中加以运用。

(三)学习重难点

◆学习重点:引导高中生挖掘愤怒情绪背后的积极意义,深刻理解愤怒在自我成长过程中的积极价值,正确觉察愤怒背后的心理需求,意识到好好表达愤怒的重要性。

◆学习难点:将愤怒情绪的建设性表达方法在实际生活中加以运用,好好表达愤怒情绪,而不是愤怒地去表达,学会真正地理解和沟通,避免人际关系中的主动攻击或隐形攻击。

(四)学情分析

◆知能基础:高中阶段个体正处于青春期,伴随着自我意识的第二次飞跃,他们的独立意识增强,自我而叛逆,面对生活中复杂的冲突,由于经常以自我为中心,且认知和经验有限,常会产生愤怒的情绪体验。由于高中生的情绪缺乏稳定,这导致他们在表达情绪时具有两极性,要么直接爆发,要么选择隐藏情绪以维护自己在他人心中的形象,采用回避/压抑愤怒的方式,将愤怒情绪的表达内化。但被压抑下去的情绪实际上并没有消失,这种隐藏的愤怒更容易促使他们使用不恰当或隐形攻击的方式表现出来,例如生闷气、冷暴力、阴阳怪气、默默疏远、排挤和孤立等。当愤怒堆积到一定程度,还会导致行为失控,在愤怒情绪下产生伤害他人或伤害自己的过度反应行为,不仅不利于问题的解决还会影响高中生的人际关系与健康成长,继而衍生相关的情绪困扰。

◆素养基础:事实上,愤怒是人类最普遍的情绪之一,是一种内在的警报,当愤怒情绪出现时提示我们有一些事情不太对劲,需要去改变,能够促使我们去积极解决生活中的问题。如何引导高中生正确认识愤怒情绪、觉察愤怒背后的内心需求、好好地"表达愤怒"(即建设性的处理愤怒情绪),对他们的身心发展有着重要意义。所以,本节课旨在引导学生好好地表达愤怒,避免人际关系中的主动攻击与隐形攻击,建设性的处理自己的愤怒情绪。

◆不足条件:学生能够认知正确表达愤怒情绪的必要性,但是只通过一节课就能让学生将愤怒情绪的建设性表达方法在实际生活中熟练加以运用的可能性较小。因此,课堂中设计体验式环节,让学生身体力行地去探索正确表达愤怒的方式,深刻体验愤怒是可以被表达的。

（五）教学资源

◆基本教学材料：多媒体课件、视频、气球教具。

◆课时大情境：学生在自己经历过的愤怒情境中体验不好好表达愤怒带来的不良影响，进一步探索如何好好地表达愤怒。

（六）教学过程设计

◆教学导入

环节	知识内容（情境/问题）	师生交互	创设意图
教学引入	【情境】告诉同学们今天要晚半个小时下课，大家心情怎么样	【生】思考回答，列举生气、愤怒、无语这样的情绪 【师】由此可见愤怒作为我们的基本情绪之一，我们每天都有可能在与它打交道。但是我们会发现不同的人表达愤怒的方式不一样（外化/内化）	引导学生体验生活中最常见的负性情绪即愤怒，为本节课所学知识做铺垫

◆教学过程

环节	情境/问题	师生交互	创设意图
团体暖身阶段	【情境】播放动画《踢猫效应》，识别愤怒的怪圈		创设情境，引发学生学习兴趣
	【问题】（1）短片中人物用什么样的方式来表达他的情绪？如果你是其中的一员，你作何感受？（外化的言语或者行为） （2）我们是不是任何时候都不能表达这种情绪？为什么	【生】思考回答： 言语攻击以及暴力行为 生1：不应该表达，会给他人带来伤害 生2：应该表达，愤怒情绪的发生是合理的 【师】具体讲解： （1）启发学生思考愤怒这种负面情绪的积极意义，来引导学生意识到愤怒情绪可以表达出来，让学生明白在人际中让关系恶化、情绪恶化的原因不是愤怒情绪本身，而是我们表达愤怒的不恰当方式造成 （2）师生一起探究不好好表达愤怒的方式有哪些	引导学生正确认知愤怒情绪的积极价值和意义，让学生接纳愤怒情绪，愿意去学习如何好好表达愤怒

续表

环节	情境/问题	师生交互	创设意图
团体转换阶段	【情境】老师列举一些日常生活中高中生常用的表达愤怒方式，如果他们的答案是yes（曾经使用过），请坐下；如果他们的答案是no（没有使用过）请继续站着，看谁能站到最后		了解当前高中生如何表达愤怒？并总结愤怒的表现形式有哪些
	【问题】将这些愤怒的表达方式进行一个分类	【生】小组合作、同桌合作讨论得出答案：主动攻击型愤怒（将愤怒外化）、隐形攻击型愤怒（将愤怒内化）	
团体工作阶段	【情境】让学生回忆最近一次没有好好表达愤怒的场景，感受自己"不好好表达愤怒"带来的负性情绪体验，意识到好好表达愤怒的重要性，激发学生改变表达愤怒方式的动力		引导学生进一步感受"不好好表达愤怒"给自己带来的不良体验；充分认识到愤怒情绪背后隐藏的需求
	【问题】（1）当时发生了什么？（2）用什么样的方式表达了自己的愤怒？（主动攻击/隐形攻击）（3）表达完愤怒后，当时关系双方的感受是？学生交流	【生】通过学生的发言，发现不好好表达愤怒的实质： （1）主动攻击型愤怒：是源于未被满足的需求和失控的情绪 （2）隐形攻击型愤怒：害怕失去一段关系	
团体结束阶段	【情境】呈现日常生活中常见的主动攻击的情境以及隐形攻击的情境，让学生共同探讨如何避免在人际关系中的隐形攻击与主动攻击；通过最后的体验式环节，让学生身体力行地去探索好好表达愤怒的方式	【生】思考回答： 正面好好地交流/解决问题 【师】具体讲解： （1）避免愤怒情绪所导致的主动攻击行为：觉察愤怒背后的需求，觉察愤怒情绪的积极意义，探寻更好的应对方式 （2）避免愤怒情绪所导致的隐形攻击行为：容许具有建设性的冲突形式，学会接纳愤怒情绪，进行愤怒情绪的显性表达	鼓励学生从自己做起，从当下做起，将本节课学习到的方法运用到自己的生活中，建设性的表达愤怒

（七）教学反思

主要亮点：通过导入环节的动画片呈现表达愤怒情绪给人际关系带来了负性影响，提问学生"我们是不是任何时候都不应该表达愤怒？"，启发学生对愤怒的深层思考，通过负性情绪的冰山理论，初步改变学生对传统意义上的负性情绪——愤怒的认识，意识到愤怒情绪的积极意义。

存在不足：通过本节课学生能够认知正确表达愤怒情绪的必要性，但是只通过一节课就能让学生将愤怒情绪的建设性表达方法在实际生活中熟练加以运用的可能性较小，改变需要时间，课堂只是开启第一步。

再教设计：在情境体验中让学生集思广益共同探讨如何好好表达愤怒的案例可以尝试让学生自己提出，这样能给学生的体验更加深刻

三、课时大概念 Ⅱ 教学设计示例
韩 雪

本课时大概念为"焦虑情绪"，引导学生探索焦虑的概念和内涵，从体验中觉察、理解焦虑情绪存在的意义，寻找积极应对焦虑的方式。

（一）大概念析读

1. 大概念理解

人们大都认为让人感觉不舒服、不愉悦的情绪都是坏的、不好的情绪，需要立即清除、丢掉。焦虑情绪作为负性情绪的一种，往往被人们认为它的出现是成长的障碍。殊不知，情绪本身不分好坏，包括焦虑在内的负性情绪，在现实生活中出现都具有积极的意义。不否认负性情绪的存在，不回避寻找情绪产生的原因，不隐藏情绪带来的消极感受，是破除负性情绪持续影响个体正常行为和生活的关键。本课时以探讨"焦虑"这种情绪为例，引导学生在日常生活中能举一反三，积极应对各种负性情绪。

2. 大概念解构（认知内容）

焦虑是一种常见的以担心、紧张或忧虑为特点的复杂而延续的情绪状态。个体往往在面对某种未知威胁与挑战时会产生焦虑的心理体验。本课时将为学生创设焦虑情绪的体验过程，让学生重新认知焦虑情绪的内涵。进一步体会到焦虑出现的积极作用，认识到焦虑这类情绪是赶不走、躲不掉的。而接纳焦虑，与焦虑共处才是应对它的有效方式。

（二）学习目标

1. 认识焦虑情绪的概念和内涵，厘清适度焦虑的益处。
2. 感受焦虑情绪流动的过程，觉察自身的焦虑水平，尝试接纳焦虑情绪。
3. 在厘清现状、接纳情绪的基础上，采取适当的行为，将焦虑情绪体验化作行动。

（三）学习重难点

◆学习重点：创设情境，引导学生觉察焦虑情绪存在的价值体验，寻找应对焦

虑的方法。

◆学习难点：接纳焦虑的同时，探索焦虑这种情绪给成长带来的积极意义，化焦虑情绪体验为行动。

（四）学情分析

◆知能基础：高中生对负性情绪的认知往往停留在消极影响的部分，内在的负性体验会不断增强消极感受，反复评价、指责情绪给自己带来的坏的结果。往往想依靠外力直接消除情绪，达到速成的排解效果，但情绪的出现和背后所蕴藏的意义很难被看见和感受。缺乏多元视角分析问题，应对情绪。

◆素养基础：认知情绪是高中生心理课程中非常重要的部分。看见情绪、体验情绪、觉察情绪是应对情绪的第一步。不评判对错，不议论好坏，将情绪体验转化为行动是掌握自我认识的关键。以认知推动实际行为的修炼是心理课程需要达到的最终目的。

◆不足条件：知难而逃、知难而不为是高中生该年龄阶段的生理和心理特点，一方面认知的不断输入很难说服内心真实的体验和感受，另一方面行为的能动性本身就需要不断督促和敲打，因此情绪课程各个节点的设置是很大的挑战。

（五）教学资源

◆基本教学材料：多媒体课件、视频、纸条。

◆课时大情境：让学生在游戏情境中感受焦虑情绪，觉察焦虑情绪。

（六）教学过程设计

◆教学导入

环节	知识内容（情境/问题）	师生交互	创设意图
教学引入	【情境】击鼓传纸条游戏：由教师背对同学"击鼓"（节奏时间可以控制在几个不同的范围），同学将老师准备的纸条依次传递，鼓停时，纸条落在哪位同学手里，便将纸条打开完成相应任务 纸条1：请分享一件自己的糗事 纸条2：请用一个成语来形容自己 纸条3：扭动自己的身体写下自己的名字 纸条4：模仿三种动物的声音	【生】分享在游戏中都体验到了什么情绪？在整个游戏过程中心情是怎样变化的 【师】在游戏过程中，同学们分享到了期待、紧张、开心等情绪，并且心情变化是："由期待到紧张，到放松，再到开心"。在游戏中体验到的这种害怕纸条停留在自己手中的感受，是焦虑的初显状态	引导学生体验情绪流动的过程，评估游戏中自我的焦虑水平

第五章 大概念统领下的情境-问题教学

◆ 教学过程

环节	情境/问题	师生交互	创设意图
团体暖身阶段	【问题】（1）什么是焦虑情绪 （2）焦虑情绪往往在什么情况下出现	【生】思考回答： 面临重大的未知事件时出现的紧张感 【师】具体讲解： 焦虑是一种常见的以担心、紧张或忧虑为特点的复杂而延续的情绪状态。从进化心理学的理论出发，人类所有的情绪都是帮助人类生存下来的应激机制。焦虑也不例外，它的作用最初在于保护人们免受野兽的侵扰。焦虑能让我们意识到潜在危险，从而做好准备去应对接下来可能发生的灾难 人类有建立安全感的需要，确定自己能掌控局势的能力是满足这一需要的重要方法，而当人们不确定是否能掌控局势时，焦虑便会出现	厘清焦虑情绪的内涵和作用，科学认识焦虑
团体转换阶段	【情境】播放《苍蝇与武士》的视频		了解强行消除情绪是无效的，需要尝试调节情绪水平
	【问题】视频中的苍蝇为什么会越来越多	【生】焦虑是赶不走的，越想赶走，越赶不走 【师】具体讲解：接纳焦虑是应对焦虑最有效的方法，在出现焦虑时，我们需要做的并不是赶走情绪，而是要试图将焦虑水平调整到适中的程度，以便帮助我们顺利完成任务	
团体工作阶段	【情境】"那是当然了"游戏 同学两两组合进行对话：当一方说出任何关于对方的话后，另一方要马上回答"那是当然了"。比如： 【生1】你上次月考成绩很不理想对吧 【生2】那是当然了		在创设情境中让学生体会接纳的作用和意义
	【问题】在刚才的活动中，大家有什么感受或发现吗	【生】一开始觉得这个游戏似乎是相互激怒对方的，当对方说出真实但我不能接纳的关于我的状况时，又紧接着被迫说出"那是当然了"的回答，心理是很不舒服的。但是慢慢地，越来越真实起来时，好像这句话也没有那么难以说出口了 【师】很好，同学们感受到了接纳真实的感受似乎也需要不断适应。当我们不断挖掘背后的寓意时，情绪状态也会随着被接纳而变得自然起来，这就是我们与情绪相处的最佳方式	

环节	情境/问题	师生交互	创设意图
团体结束阶段	总结： 适度的焦虑会给我们带来积极的收获，所以在生活中我们需要找到调节适度的方式。觉察自己的焦虑水平，是第一步。我们明白情绪是丢不掉、躲不了的，因此，接纳情绪是我们能为自己与情绪相处的最佳方式。对它说yes，并且给自己转换认知的空间才能真正地达到与情绪相处的部分		梳理核心概念，总结对应焦虑清楚的方式

（七）教学反思

主要亮点：两个游戏部分的情境创设可以让学生体验到觉察情绪，接纳情绪的实际感受。心理课程的体验很重要，比起理论的讲解，让学生能身临其境挖掘自身的应对潜力是课程当中最重要的手段。

存在不足：活动和理论讲解的衔接还需要精炼。

再教设计：在引出焦虑概念时，可以让学生讨论焦虑的积极作用和消极作用，以此来概括焦虑的定义及作用。在"那是当然了"环节，可以将体验作为团体内部每个同学都可以体验的活动模式，创设充足有动力场。

第六章

大概念统领下的实践教学

第一节　实践教学的模式建构

李蓓蓓　李兴未

高中阶段的劳动教育、通用技术、信息技术、体育四门课程的实践性较强，都是以"学中做，做中学"为基础，课程中对学生的基本技能、态度、知识的习得都是以学生的亲身体验和个人实践为基础的，是不可能通过他人的间接经验获得熟练的操作技能和情感体验的。因此，四门课程都强调每个学习者应通过现实的实践或动手操作过程获得直接经验和操作经验，四门课程的学习是建立在操作基础上的学习，是与其相关的知识、技能、态度、方法、能力的综合学习。由此可见，劳动教育、通用技术、信息技术、体育课程的开展中，引入实践教育模式能更好地适应新一轮教学改革要求，突出体现课程特征，强化学生实践能力的提升。

一、实践教学模式的理论探源

在相关教育理论中，不同时期的中西方教育家们不谋而合，都很看重实践在教育教学中的作用，从不同角度和观点上阐述了实践。

（一）唯物主义的实践论

辩证唯物主义的实践论认为，在认识和实践的关系中，实践是认识的基础，对认识起着决定性的作用。实践是实现感性认识和理性认识辩证统一的基础。认识发展变化的过程，是在实践的基础上通过感性认识能动地发展为理性认识，又由理性认识能动地指导实践，形成"实践 — 认识 — 实践"，实践是实现飞跃的根本手段。

这一观点是实现实践教学的重要理论依据，即在劳动教育、通用技术、信息技术、体育教学过程中通过实践项目的实施，"经过思考作用，将丰富的感性材料加以去粗存精、去伪存真、由此及彼、由表及里的改造制作功夫"，[1] 形成技能素质的基本要素，实现从感性认识跃进到理性认识。因此，只有在一定的实践基础上，

---

[1] 《毛泽东选集》（第一卷），人民出版社，1991年版，第289页。

才能经过合理有效地加工而获得技术素质成果，再回到实践中去指导实践活动，发挥理论的作用，达到提高学生基本技能素质，为实现中华民族的伟大复兴服务。

在辩证唯物主义的实践论中还认为认识的正确性，与客观相符度，不是依主观上判定的，而是依客观上实践的结果来定的，实践才是检验真理的唯一标准。

因此在劳动类、技术类和体育类课程的教学评价中要以操作实践的结果作为评价的对象，用来检验教和学的质量。

（二）加涅的"联结—认知"学派的学习理论

当代的学习理论以联结学派和认知学派为主要代表。在研究劳动类、技术类和体育类课程的教学活动中可以发现，无论是在教学目标的制定上，还是在教材的处理以及教学过程的设计、教学方法的选择、教学的评价上，都会受到这两种学习理论的影响。由于劳动课和技术类课是旨在培养学生实践能力的学科，这与联结派的学习理论所倡导的内容是相同。学生实践能力的形成需要通过反复的操练，重视通过实践来培养学生的实践习惯，通过强化训练提高操作的效果，都反映了联结学派学习理论对劳动类、技术类和体育类课程教学深远影响。

实践能力的培养不是只定位在学生操作技能的形成，而是它通过实践操作，学会某种技能的同时，还要提高动手能力和创造能力。所以，这四门课程的教学又和认知学派的学习是"有目的的、特点的、富有想象力和创造力的过程"的学习理论有着密切的联系。

人类社会的进步和科学技术的发展，使学习理论在"联结学派"与"认知学派"进行了综合，其中以美国心理学家加涅的"联结—认知"理论模式最为突出。在加涅的理论体系中认为，刺激与反应之间还存在着一个"有机体内部状态的中介性环节"，即"刺激—有机体内部状态—反应"，公式为S-O-R。加涅的学习理论对劳动类、技术类和体育类课程的实践能力培养有着指导价值。根据加涅的学习理论，可建立操作技能学习的基本模式，如图6-1-1所示：

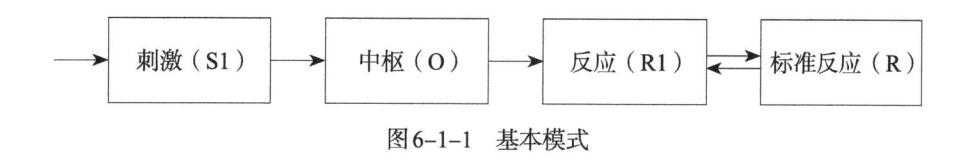

→ 刺激（S1） → 中枢（O） → 反应（R1） ⇌ 标准反应（R）

图6-1-1 基本模式

当刺激（S1）被感知后，信息传入中枢（O），由中枢认知后发出指令产生动作反应，该反应与标准反应（R）做比较，找出差异。这种差异可以形成新的刺激（S2），并反馈到中枢做出第二次动作反应（R2）……如此循环往复，直到动作反应与标准反应的差异消失，达到相吻合，使动作趋向协调和熟练。

（三）"做中学"的理论

"做中学"的理论最早是由美国现代实用主义教育学家杜威提出来的，他认为实践活动是学生获取知识的重要来源，实践活动为学生提供了协作、观察、探究的机会，进而获得经验。"做中学"是一种实践性学习，镶嵌于一定的社会历史文化背景下，关照包括个体情感、个性、理智等在内的人的现实生活，以实现人生价值、领悟人生真谛为最终指向。在活动中，学生和教师的注意力不再固定于枯燥乏味的语言符号，而转向材料的操作和活动的协调。"做"与"学"不是各自为政、自成体系的，活动个体通过不同的活动进行尝试、反思、修正，不断改造和扩充经验的过程，这也是学得的体现。"做"是有意义地做，而"学"也不只是包括静态的学习，也包括了社会化的实践。"做"与"学"是相辅相成，只有有意义地"做"才能实现有意义地"学"，才能助力个体发展。以"做"为基础才能有效地"学"，学生对从事的活动进行判断、规划及操作，学生的感性认识逐渐上升为理性认识。

随着杜威的教育思想传入中国，陶行知先生结合中国特色提出了"教学做合一"，他指出"教""学""做"不是三件事情，而是将他们优化组合，"教中做""做中教""学中做""做中学"。老师在进行教学时只有拿"做"来教，才能实现真正的教；学生只有拿"做"来学，才能实现真的学。依据陶先生的理论，劳动类、技术类和体育类课程的设计时就一定是以"做"为基础，充分让学生实践起来，才真正达到追求真知识，真正培养学生的真能力，才能完成教育改革方针。

二、实践教学模式的教学策略

通过对教学理论的研究，我们可以发现：实践教学模式，是指在教学教程中通过形式丰富、内容具体的实践活动，使学生在实践活动中成为教学的主体，运用适当的实践手段来完成各项教学目标，使学生在实践活动中掌握相应学习的方法，使学生自身的技术素养、劳动技能、运动能力及思想品质得到提升。因此，实践教学是一系列各自独立的实践活动相互衔接、相互联系、相互融合中所形成的教学活动的总称。

在实践教学模式下进行的劳动课程、通用技术课程、信息技术课程、体育课程，不仅让学生在学习的同时进行实践活动，对学生的动手能力有一定的提升，并能引导学生将这些感性知识上升为感性知识，能自主地探究计算机的相关知识以及劳动方法、设计方法等，这是更利于学生的终生发展的。实践教学模式的引入，使老师深入了解学生的学习情况机会，能针对学生进行具体指导，使学生的学与老师的教都具有了个性方式的发展。

（一）课程要与生活实现动态链接

"做"是沟通直接经验与间接经验的手段。这里的直接经验是指学生经过一系列的实践活动，在实践中不断地动手操作与思考，通过身体器官的真实感受获取一部分经验，因此，这部分经验大多来源于学生生活；这里的间接经验指学生通过教师讲授、资源的学习（如视频、音频观看等）获得的经验，是没有亲身经历而获得的经验。直接经验源于真实的生活情境能有效调动学生的学习兴趣，间接经验在某种程度上能够弥补个人直接经验获取过程中产生的局限性，因此无论是直接经验还是间接经验都是劳动课程、通用技术课程、信息技术课程和体育课程的必要组成部分。

由此可见，实践教学模式中，将课程与学生生活实现动态链接，重在构建基于学生生活、通过实践劳动、创造美好生活的课程。所谓动态链是指在课程的实施过程要因时因地因人制宜，在实践活动创设的目的、内容、范围上都要与学生现实的、正在发生的生活相联系。

在目的上贯穿生活，为幸福生活做准备。《关于加强中小学劳动教育的意见》强调广大青少年要通过劳动教育深刻体会美好的生活是由劳动创造的。因此，劳动教育要将目的聚焦"美好生活"上，使"美好生活"融入于学生的劳动意识和劳动情感当中，使劳动本身与美好生活建立起直接联系，使每个学生能够在面对的任何劳动中体会幸福、创造幸福、收获幸福。同理可见，任何实践活动的设置目的都要以为学生体会、创造、收获幸福生活上来，让学生明白实践不仅是能满足了生存层面的物质需求，还能在实践中追求超越物质的精神性需求，促进自身的完善，只有这样的实践活动才是获得真正幸福生活的途径。

在内容上融入生活，增加生活气息。陶行知先生的"生活即教育"的理论指出，生活是教育的源泉，教育与生俱来、与生同在。因此，在实践内容上要与生活紧密联系，应当从学生熟悉的劳动生活事件入手，重视学生的主体性，并关注学生直接经验的掌握以及学生生活体验的生成性和动态性，鼓励学生积极参与学校服务和部分管理工作，开设手工、农业种植等相关课程来培养学生必要的生活和生产技能，切实提高学生的劳动、技术素养。

在范围上覆盖生活，多方实现有效助力。随着社会化进程的加速，教育的实践活动在很大程度上范围得到了拓大，不再受制于学校的围墙。学校之外的家庭、企业、社会乃至整个世界，都属于学校教育的范畴之内。家庭和社会同样是开展实践教育的主要途径，相应地，劳动教育的开展要充分利用家庭资源、企业以及其他社会资源，多方资源形成合力，助力教育发展。

（二）明确教师的角色地位

在实践教学模式中，教师作用绝不是塑造，而应是引导，引导学生在实践活动中学会做人和做事的方法。但并不是所有的实践活动都一定具有教育性，因此，在实践课程实施过程中经验相对富有的教师可使实践课充分发挥其教育学生的价值。课程实施中，教师选择妥帖的实践内容，关注学生在实践过程中的"矛盾点"，围绕实践课程的重点和难点适当地给予引导，结合实践结束后的分享与反思，激发学生感受真实的劳动体验和情感态度，以帮助学生们树立正确价值观。实践活动课的价值不局限于学生获得了什么样的实践经验，更强调更关注于学生在实践过程中劳动素养和技术素养的形成，这是实践课实施的意义和价值。实践模式下的课程实施是学生与教师形成实践的共同体，打破知识与行动、课程与生活、学校与社会的隔离提供了可能，最终指向创造美好生活。

（三）确保技能与心智共同发展

实践教学模式改变了传统教学模式中容易出现的知识意义缺位、认知负荷较重、认知浅层发展的弊端，突出强调学生的实践活动对其学习与成长的重要意义，但不是要否认知识与经验获得的价值。在实践教学指导下的劳动教育课程、通用技术课程、信息技术课程和体育课程，也很难避免其课程模式下实施的弊端，如所学知识、技能范围比较狭窄，难以学习系统理论知识。实践教学模式适合程序性知识的学习，能激发激活学生的静态知识，并基于学生已有经验来生成相关经验，真正提高与过去、现在和未来经验的契合度，保证经验的持续性发展。在劳动教育课程、技术类课程和体育课程中要以培养有理想、有责任、有担当的社会主义建设者和接班人，在此类课程中要实现该目标就要着力实现育人方式变革，要从实践出发，通过探究过程实现技能与心智发展有机融合，达到共同发展，以着力提升学生的实践能力，全力培养能动手实践、爱动手实践的时代新人。

三、大概念背景下实践教学模式的实施要领

大概念的生成过程是"具体—抽象—具体"的循环过程，在此背景下，实践教学模式也应遵循这样的方式，在实践教学过程中应做到"实践—反思—实践"。在劳动教育课程、通用技术课程、信息技术课程和体育课程中实施实践教学模式时通过实践活动形成相应的反思后，将反思又用于指导相应的实践活动，以让学生在劳动教育课程、通用技术课程、信息技术课程和体育课程的核心素养迅速、深层次达成。

（一）实践的情境要指向核心素养

在劳动教育课程、通用技术课程、信息技术课程和体育课程中各科的核心素养都不尽相同，但在设计实践情境时要从学科的核心素养出发，明确教学目标，有了明确的教学目标指导，实践情境的选择确定就能更加明确，并共同指向学生的劳动和技术素养。学生经验与环境是相互依存的，学生经验的获得还需与环境同时建构，形成多层套嵌的实践情境场域，也就是将核心素养嵌入大脑、大脑嵌入身体、身体嵌入环境。教学实施中应根据学科核心素养明确实践的情境，关注学生的真实需求，与学生的实际生活相联系，为学生亲历实践活动创造条件。实践目标的制定要具体精准、具有一定的操作性，突出指向核心素养，要与各学科的核心素养的不同维度契合，依托实践活动产生思考，凸显素养的生成与发展。

（二）实践的内容要具有表现性

劳动教育课程、通用技术课程、信息技术课程和体育课程在传统的教学模式中，学生更多的是听和看。而实践教学模式下，在课程实施过程中不能只关心学生看了没有、听了没有，更需要注重学生动手了没有、体验了没有、理解了没有、反思了没有。在较低的操作能力和认知水平的情况下，听和看能有效地帮助学生了解实践、模仿操作，是有效且必要的学习方式，但听和看只停留在知识技能的输入上，忽略了学生的"做"对技能提升的作用，容易使实践主体即学生被动操作，使学生的积极主动性不能被调动。而实践教学模式下，可实现"做中学，学中做"，使得学生主体地位与实践对象之间产生实质性交互，使输入端与输出端实现有效链接，通过实践动手操作，扭转了教学过程中学生的主体地位被淡化、缺失真实实践体验的现象。

教学内容要有表现性，就要强调能在实践中学，能在实践有感悟。因此，实践活动的内容具有生活性与持续性，要求选择的实践活动和组织过程都需要建立在学生的已有经验上。只有当学生感觉到实践情境是自己经历过或体会过的，才容易产生共鸣，有参加实践活动的意愿。另外，实践活动的内容要具有针对性与可操作性。实践活动项目应在单元大概念的支撑下，能突出实践的重难点，对于学生的具体学科素养有提升作用，重点放在学生在实践过程中的观察、记录、制作、试验、反思、总结上，做到深层地实践，实践行为转换为实践能力，而最终形成和提升学科核心素养。只有当实践活动真正地从"听""看"向"做""学"转化，才能实现实践教学的价值。

（三）实践的方式要多元化

由于实践活动在实践内容、实践目标、实践场所、实践属性方面存在不同和差异，因此在组织实践活动的方式上需要多元化。通过多元化的实践方式来帮助学生体验实践、提升实践能力，形成正确的实践观，最终指向劳动教育、通用技术、信息技术、体育核心素养的形成。实践的方式可分为三类：一是针对相对简单的技能学习，在实施过程中利用实物作为展示，采用"点对点"实施教与学，实现边学边做；二是针对较复杂的综合性项目，在实施过程中让学生模仿典型案例或操作方法，再将相关知识、各学科技能融入实践中，实现学中做；三是针对日常生活类或社会服务类的实践项目，在实施过程中重视课堂中的实践活动与现实生活、真实社会相联系，培养学生服务生活、服务社会的意识，提高学生对知识的运用能力，实现做中学。在实施过程中，这三类不是绝对孤立、决裂的，根据实际需求，这些方式既可独立使用也相互融合。

（四）实践的评价要具体

教学评价应该将过程评价与终结性评价相结合，不要只针对学生的实践成果进行简单评价，也需关注实践过程中的实践态度、实践积极性、实践观念、动手能力等的变化。一方面可以制定准确的量表，评价和观测在实践过程中学生的表现，重点观察学生的实践能力、实践态度和团队合作意识；另一方面，教师可和学生进行深入交流，了解学生实践过程中的实践情感态度的变化，引导体验实践的价值与意义，树立实践出真知的观念，促进学生愿意动手实践、乐于动手实践。用合理的评价保证实践教学模式完成教学最后一步。

第二节　实践教学模式的实践
——以"烹饪与营养"为例

李蓓蓓

《义务教育劳动课程标准（2022年版）》将劳动课程设置为十个任务群，其中日常生活劳动包括清洁与卫生、整理与收纳、烹饪与营养、家用器具使用与维护四个任务群。烹饪与营养的任务群，是通过学生在劳动课程中的实施，增进对饮食文化的了解，能实现生活自理，并能尊重从事餐饮工作的普通劳动者。

一、单元整体设计

本单元以日常生活劳动为基础，以培养和提升学生的劳动技能、劳动能力、劳动习惯和品质、劳动精神，有效将生存技能融入课堂中去，提升学生的劳动能力，增强团结合作的劳动意识。烹饪劳动从基本劳动操作技能出发，充分发挥学生的动手能力和合理使用工具，围绕烹饪的劳动课程的大概念，形成完整的单元整体。

（一）课程标准

◆劳动实践中逐渐形成的，对劳动、劳动者、劳动成果等方面的认知和总体看法，以及在此基础上形成的基本态度和情感。

◆学生具备基本的劳动知识和技能，能正确使用常用的劳动工具；能在劳动实践中增强体力，提高智力和创造力，具备完成一定劳动任务所需要的设计能力、操作能力及团队合作能力。

◆学生具有安全劳动、规范劳动、有始有终等习惯。

◆继承中华民族勤俭节约、敬业奉献的优良传统；弘扬开拓创新、砥砺奋进的时代精神；感知爱岗敬业、甘于奉献的劳模精神；培育百折不挠、艰苦奋斗的革命精神，以及精益求精、追求卓越的工匠精神。

（二）大概念建构

参照《义务教育劳动课程标准（2022年版）》，课程内容中，劳动任务群中的日常生活劳动的烹饪与营养贯穿于整个劳动课程，在课程中要求学生能制作简单的日常饮食，初步学会简单的家务劳动技能，形成生活自理能力；了解家庭常用器具的功能特点，规范、安全地操作与使用；初步掌握基本的家庭饮食烹饪技法，进一步加强家政知识和技能的学习与实践，理解劳动创造美好生活的道理，提高生活自理能力，增强家庭责任意识；制作简单的家常餐，具有食品安全意识。

◆劳动实践中积累起来的经验以及使用这些经验顺利完成劳动任务的能力。劳动知识与劳动技术是形成劳动技能的基础，劳动技能是需要经过训练获得的思维方式与行为方式。劳动技能主要包括劳动知识与劳动技术两个子概念。其中，劳动知识是指劳动者在劳动过程中所形成的普遍经验，劳动技术是指劳动者在劳动过程中对于劳动知识的运用，是劳动者从事生产劳动的前提条件。

◆在劳动过程中有组织的、稳固的心理反应，包括对劳动的认识、情感以及行为倾向等。劳动态度反映了人们对劳动的根本认识以及所采取的行动，直接决定着劳动行为的发生、发展与变化。端正劳动者的劳动态度是劳动教育课程的重要内容。劳动态度主要包括自觉劳动、热爱劳动和诚实劳动三个大概念。其中，自觉劳动是指个体能够清楚认识到劳动的内在价值而有意识进行劳动的行为倾向；热爱劳动是指个体对于劳动有着深厚的情感，充满劳动热情，珍惜劳动果实以及积极投身劳动的意愿；诚实劳动是指个体在从事劳动过程中将劳动视为应尽的职责和义务，认真负责、遵纪守法的道德意识（见表6-2-1）。

表6-2-1 "日常生活劳动"部分大概念层级

学科大概念	单元大概念	课时大概念
日常生活劳动	烹饪与营养	Ⅰ.手工蛋挞的制作 Ⅱ.传统泡菜的制作

（三）单元学习目标

参照《义务教育劳动课程标准（2022年版）》第四学段内容，对日常生活劳动的相关要求来看，本单元的学习目标为：

劳动观念：能尊重劳动，尊重普通劳动者，了解不同职业劳动者的辛苦与快乐，理解"三百六十行，行行出状元"的道理；懂得劳动创造人、劳动创造财富、劳动创造美好生活的道理；能崇尚劳动，牢固树立劳动最光荣、劳动最崇高、劳动最伟大、劳动最美丽的观念。

劳动能力：能正确使用烹饪工具；能在劳动实践中增强体力，提高智力和创造力，具备完成一定劳动任务所需要的设计能力、操作能力及团队合作能力。

劳动习惯和品质：具有安全劳动、规范劳动、有始有终等习惯；养成自觉自愿、认真负责、诚实守信、吃苦耐劳、团结合作、珍惜劳动成果等品质。

劳动精神：弘扬开拓创新、砥砺奋进的时代精神；感知爱岗敬业、甘于奉献的劳模精神；培育百折不挠、艰苦奋斗的革命精神，以及精益求精、追求卓越的工匠精神。

（四）单元学习大情境

1.大情境简介：在大街小巷里，充满了各种美味小吃，这些小吃是人间烟火的体现，也是饮食文化的传承。对于文化的传承最好的方法就是能用流传下来的方法进行制作，将这些技艺一代一代地传承下去。

2.大问题聚焦：如何制作美味又营养的食物？

（1）制作美食所需要的食材有哪些？

（2）在加工制作过程中需使用到什么工具？

（3）制作美食的操作流程是什么？

（4）如何将美食做得更加营养美味？

二、课时大概念Ⅰ教学设计示例

（一）大概念析读

1. 大概念理解

根据《义务教育劳动课程标准（2022年版）》，"烹饪与营养"是贯穿于整个劳动课程中、不同学段中都会提及并大力关注的任务，在课程中带领学生能制作简单的日常饮食，初步学会简单的家务劳动技能，形成生活自理能力；了解家庭常用器具的功能特点，规范、安全地操作与使用；初步掌握基本的家庭饮食烹饪技法，进一步加强家政知识和技能的学习与实践，理解劳动创造美好生活的道理，提高生活自理能力，增强家庭责任意识；制作简单的家常餐，具有食品安全意识。

2. 大概念解构

完成"日常生活劳动"大概念教学，在真实情境的创设之下，引发学生对美食制作的兴趣，帮助他们明确劳动的目标，实现蛋挞制作，并体悟劳动创造生活、劳动创造快乐、劳动美化生活。

（1）能根据口味，寻找合适的蛋挞配方。

（2）能正确使用烘焙中常见工具和家电。

（3）学会蛋挞制作的过程。

（二）学习目标

1.了解蛋挞制作的基本工艺流程，并熟悉制作的基本技能与方法（劳动能力）。

2.能根据自身喜好，创新设计口味独特的蛋挞（劳动能力）。

3.在学习蛋挞制作的过程中，体会美食文化，感悟劳动技术与生活的密切联系（劳动观念）。

4.完整经历蛋挞的制作，感受手工制作的魅力，形成注重细节的态度，追求精湛技艺的品质（劳动习惯与品质、劳动精神）。

（三）学习重难点

1.正确、安全、熟练地使用烘焙工具。

2.学会蛋挞制作的工艺流程。

（四）学情分析

◆知能基础：在实际生活中，学生喜欢蛋挞类似的甜点，也对蛋挞的特征有一定的了解。但这种了解大多是对成品的口感、外形，对其制作以及烤箱、烘焙工具的使用是不明了的，缺乏安全操作的知识基础。

◆素养基础：通过前面劳动课的学习，学生对劳动、劳动者、劳动职业有了更进一步的认识，能形成正确的劳动观，但在具体的劳动实践中表现出积极性不高。

（五）教学资源

◆基本教学材料：人民教育出版社出版教材、多媒课件、相关图片和视频。

◆课时大情境：为生活中增加一点甜——学会制作一款甜点。

（六）教学框架

结合本课时大概念的特点，教学中采用实践教学模式为核心环节的教学支架。该支架应该包括情境引入、实践操作、展示评价。情境引入用于唤起对蛋挞制作的兴趣；实践操作是实践教学模式的核心环节，在不同制作流程环节中，尝试使用工具，完成制作要求；展示评价是各小组对本组、他组完成作品的制作过程、制作成品的反思。逐步促进正确劳动能力、劳动习惯与品质、劳动精神、劳动观念的形成。

第 1 课时

教学环节	教师活动	学生活动	设计意图
一、教学引入	展示甜品店内的蛋挞和价格 美味的蛋挞售价不低，如果自己制作不仅成本低，而且能自己调节口味	分享自己喜欢吃的蛋挞店，并说明一个蛋挞的价格	激发学生制作蛋挞的兴趣

续表

教学环节	教师活动	学生活动	设计意图
二、教学过程	1.食材与器材介绍 提问：回忆并观察蛋挞分为哪几个部分 教师总结：蛋挞分为蛋挞皮和蛋挞液，今天我们先来制作蛋挞皮 提问：制作蛋挞皮需要用哪些原材料 教师总结学生的回答并介绍基本的原材料：低筋面粉、黄油、白砂糖、盐、水 提问：低筋面粉与高筋面粉、普通面粉的区分，各自能制作什么面食 2.蛋挞皮的制作 老师操作并讲解包裹黄油的环节 ①将低筋面粉、糖、盐混合后，加入20g软化的黄油，倒入适量清水，揉成光滑的面团，放入冷藏室30分钟 ②将65克软化的黄油放入保鲜袋内，用擀面杖擀成均匀的薄片 ③将面团擀成面片后，将薄片黄油包裹在面片中压实后擀薄，翻折后加入黄油片压实，翻折擀薄，重复三次，共四折 ④将面团擀薄后，将面片卷紧，放入冷藏室 ⑤将面团分成均匀的小片，每个重量约为24克 ⑥将小卷蘸些面粉后放入模具中，用拇指捏成蛋挞模具的形状，使蛋挞皮边缘略高于模具边缘，放入冷藏室松弛半小时	观察并回答 根据课前查找的资料回答 认真听讲并仔细观察	培养学生的观察能力 增强学生劳动意识，并能合理使用材料制作食品 通过演示对学生大脑产生刺激
三、反思与总结	提问：黄油在制作过程中起到什么作用 总结：防止面片粘黏，是蛋挞皮起酥的关键	思考并回答	通过实践操作，反思操作原因，提升劳动技能及劳动素养

第 2 课时

教学环节	教师活动	学生活动	设计意图
一、教学引入	1.教师引导学生回顾上一节课蛋挞皮的制作过程，引出本节课课题——蛋挞液的制作及烤制蛋挞	学生回顾上节课内容	本节课为"蛋挞制作"的第 2 课时，引导学生回顾上节课所学内容，自然而然过渡到本节课的学习内容，延续学生的烹饪热情
二、教学过程	食材与器材介绍： 提问：制作蛋挞液需要用哪些原材料 教师总结学生的回答并介绍基本的原材料：鸡蛋、牛奶、糖 烤箱介绍：烤箱右侧有四个旋钮，从上至下的功能分别是模式选择、上管温度控制、下管温度控制、时间调节 安全提示：放取物品时，戴上隔热手套，并提示烤箱的顶部和前部也有很高的温度。使用过程中注意防止烫伤 蛋挞制作： 教师介绍称量配料用量时使用的电子秤的用法，让学生根据课前查找的配方及准备的原材料进行蛋挞液的制作。制作完成后学生清洗整理使用的工具。 蛋挞液制作完成后倒入蛋挞皮内进行蛋挞的烤制，并提示学生为了避免蛋挞液烤制过程受热膨胀溢出来，蛋挞液需倒至八九分满。提示学生烤制时间不完全固定，根据蛋挞表皮的上色情况决定时间的长短 讨论思考： 提问： （1）蛋挞里包含哪些营养成分 教师总结学生的回答，并呈现出每100克可食用蛋挞内包含的各营养成分及含量表。并指出其中含量排名前五的水、碳水化合物、糖、脂肪、蛋白质 这五种营养含量里哪些属于人体所需的七大营养素 教师总结学生的回答 （2）缺乏这些营养元素人的身体会怎么样？过量摄入这些营养元素身体又会怎么样 教师总结学生回答	学生思考回答 认真听讲 根据分工进行蛋挞液的制作、蛋挞的烤制及工具的清洗 思考、讨论教师提出的问题	通过对烤箱功能、注意事项的介绍，尽可能地避免学生操作过程中的不当行为，提高课堂的有效性和安全性 让学生根据课前查询的配方及准备的个性化的食材烤制蛋挞，避免千篇一律的作品，让不同组的学生在这个过程中体会到不同食材组合形成的成品的魅力 蛋挞烤制过程中提出的问题让学生意识到不仅要关注食物的味道，还要关注食物的营养成分、食物安全问题，科学合理的饮食能帮助我们构建一个良好的身体

续表

教学环节	教师活动	学生活动	设计意图
三、展示与评价	蛋挞烤制完成,让学生根据学案上的表格内容及试吃评选出最佳蛋挞小组,小组完成学案上的课堂评价表	根据教师要求完成相关表格并评选出最佳蛋挞组	让学生通过作品展示与评价的形式提升学生的表达交流能力,享受劳动的成果,感受劳动的喜悦

(七)学习测评

表 6-2-2　蛋挞制作的劳动评价表

评价内容	评价等级 A	评价等级 B	评价等级 C	自评	他评
劳动规范	能正确、安全、规范地使用制作工具,能熟练地完成食材称重、酥皮的制作、挞液混合、烤箱操作、器材清洗	能正确、安全、规范地使用制作工具,能较好地完成食材称重、酥皮的制作、挞液混合、烤箱操作、器材清洗	能正确、安全、规范地使用制作工具,能基本完成食材称重、酥皮的制作、挞液混合、烤箱操作、器材清洗		
劳动成果	蛋挞皮酥脆,分层薄且均匀,蛋挞液细腻无泡,蛋挞成品表皮焦糖色美观,口感细腻	蛋挞皮酥脆,分层较厚,但均匀,蛋挞液少量起泡,蛋挞成品少量上焦糖色,口感基本细腻	蛋挞皮不酥脆,分层较厚,不均匀,蛋挞液大量起泡,蛋挞表皮少量上色,口感粗糙		
劳动态度	富有热情,能积极主动地参与制作;在混合蛋挞液、称重、观察蛋挞是否成熟时,善于琢磨、勇于尝试、注重细节,努力挑战,精益求精	能主动参与制作;在混合蛋挞液、称重、观察蛋挞是否成熟时,保持信心,难挑战一定的细节难度	在老师的协助下,能参与制作;在混合蛋挞液、称重、观察蛋挞是否成熟时,能解决一定细节问题,但信心不足		
劳动习惯	能积极发现问题并主动找到解决方法;能主动将工具、物品收纳放置;能清理台地面,保持教室整洁	能积极发现问题并找到解决方法;能将工具、物品收纳放置;能清理台地面,保持教室整洁	能发现问题,但不寻找解决方法;在老师提醒下,能将工具、物品收纳放置,能清理台地面,保持教室整洁		

(八)教学反思

主要亮点:围绕本节的教学大概念"日常生活劳动"对教学内容进行结构化设

计，特别是利用真实情境引出问题任务，让学生从真实情境中去达成劳动，实现劳动核心的强化。

存在不足：教学中对于提出的几个思考题，让学生自主探究的时间与设备等都不足，不利于学生自主探究能力的培养。

再教设计：为解决学生探究时间不足的问题，可在下次教学中提前将问题抛给学生，比如："如何让蛋挞皮分层起酥？""如何让蛋挞液在口感上有所创新？""你所设计制作的蛋挞营养成分有哪些？对身体有什么作用？"通过这些问题引导学生在课下进行充分研究，在课堂上主要就是分享，让学生有更多的自主探究的时间，并能有效针对自己制作的蛋挞进行深入研究，促进学生对蛋挞制作流程的熟悉，更有效地理解烹饪与营养之间的关系。

三、课时大概念Ⅱ教学设计示例

（一）大概念析读

1. 大概念理解

根据《义务教育劳动课程标准（2022年版）》，"烹饪与营养"是贯穿整个劳动课程中，不同学段中都会提及并大力关注的任务，在课程中带领学生能制作简单的日常饮食，初步学会简单的家务劳动技能，形成生活自理能力；了解家庭常用器具的功能特点，规范、安全地操作与使用；初步掌握基本的家庭饮食烹饪技法，进一步加强家政知识和技能的学习与实践，理解劳动创造美好生活的道理，提高生活自理能力，增强家庭责任意识；制作简单的家常餐，具有食品安全意识。

2. 大概念解构

完成"日常生活劳动"大概念教学，在真实情境的创设之下，引发学生对美食制作的兴趣，帮助他们明确劳动的目标，实现泡菜制作，并体悟劳动创造生活、劳动创造快乐、劳动美化生活。

（1）能根据发酵原理，制订泡菜制作方法。

（2）能正确使用泡菜坛子。

（3）学会泡菜制作的过程和保证食品安全的具体操作。

（二）学习目标

1. 了解泡菜制作的基本工艺流程，并熟悉制作的基本技能与方法（劳动能力）。

2. 能根据自身喜好，创新设计口味独特的泡菜（劳动能力）。

3. 在学习泡菜制作的过程中，体会贵州的美食文化，感悟劳动技术与生活的密切联系（劳动观念）。

4.完整经历泡菜的制作，并注重食品安全的问题，感受手工制作的魅力，培养学生注重细节的态度，追求精湛技艺的品质（劳动习惯与品质、劳动精神）。

（三）学习重难点

1.正确、安全、熟练地使用泡菜工具。

2.学会泡菜制作的工艺流程。

（四）学情分析

◆知能基础：在生物课已经学过一定的发酵的原理，并且在实际生活中，贵州人民十分喜爱泡菜，学生既会对它的口味感兴趣，也对它的制作感兴趣。但对于将理论转化为实践操作，会有些困难，不能既保证食品安全，又能保证口感。

◆素养基础：通过前面劳动课的学习，学生对劳动、劳动者、劳动职业有了更进一步的认识，能形成正确的劳动观，但在具体的劳动实践中表现出积极性不高。

（五）教学资源

◆基本教学材料：人民教育出版社教材、多媒课件、相关图片和视频。

◆课时大情境：为生活中增加一点酸——学会制作一款泡菜。

（六）教学框架

结合本课时大概念的特点，教学中采用实践教学模式为核心环节的教学支架。该支架应该包括情境引入、实践操作、展示评价。情境引入用于唤起对泡菜制作的兴趣；实践操作是实践教学模式的核心环节，在不同制作流程环节中，尝试使用工具，完成制作要求；展示评价是各小组对本组、他组完成作品的制作过程、制作成品的反思。逐步促进正确劳动能力、劳动习惯与品质、劳动精神、劳动观念的形成。

教学环节	教师活动	学生活动	设计意图
一、教学引入	展示无处不在的泡菜：酸萝卜、酸豇豆、酸莲花白等 你最喜欢哪种泡菜口味 今天我们一起来尝试制作泡菜	回答	提升对泡菜制作的兴趣

续表

教学环节	教师活动	学生活动	设计意图
二、教学过程	制作步骤： 1.洗净要泡的蔬菜，并沥干 提问：为什么要沥干 2.配制盐水 盐与水按4∶1的比例配制好加热煮沸后冷却。 提问： ①盐水的作用是什么 ②为什么要冷却 3.用热水将洗净泡菜坛烫洗两遍后，加入盐水、糖及调味品，再将洗净的蔬菜放入坛中，加少量的白酒后，盖上盖子，用水封坛 提问： ①坛子的好坏会影响泡菜发酵是否成功，什么是好的坛子，为什么 ②为什么要用水封 4.发酵一周左右 提问：发酵过程中要注意什么	1.结合生物知识回答 2.结合生物知识回答：盐水有消毒杀毒的作用，冷却后不影响乳酸菌的活动 3.结合生物知识回答：应选什么样的坛子？坛子应选无砂眼、无裂纹、坛沿深、盖子吻合度高的，这些可保证发酵过程中隔绝氧气，保证泡菜品质。用水封可使发酵过程始终处于无氧状态 4.记得加坛沿水	通过边做边问的方式，使学生在劳动实践过程中不断反思，与已学生物知识相联系，用理论去指导实践，让实践效果得到提升，培养学生劳动反思的意识和不断改进劳动精神
三、成果展示	各小组间相互品尝，找出最喜欢的泡菜，并分享劳动经验 谈一谈：泡菜的营养价值	相互品尝	让学生通过作品展示与评价的形式提升学生的表达交流能力，享受劳动的成果，感受劳动的喜悦 关注食品安全，并能从营养角度和食用频率上合理安全地享受泡菜的美味

（七）学习测评

表 6-2-3　泡菜制作的劳动评价表

评价内容	评价等级			自评	他评
	A	B	C		
劳动规范	能正确规范地使用制作工具，能按照安全规范地完成的制作	能正确规范地使用制作工具，基本能按照安全规范地完成泡菜的制作	能正确规范地使用制作工具，勉强能按照安全规范地完成泡菜的制作		
劳动成果	发酵成功，味道酸爽	泡菜发酵成功，味道一般	泡菜未发酵，味道一般		
劳动态度	主动参与、细心认真、坚持不懈地完成酸汤的制作	主动参与、细心认真、能完成酸汤的制作	动手参与，勉强能完成酸汤的制作		
劳动习惯	主动打扫卫生，及时整理工作场所和工具	主动打扫卫生，经提醒后能及时整理工作场所和工具	主动打扫卫生，基本能整理工作场所和工具		

（八）教学反思

主要亮点：围绕本节的教学大概念"日常生活劳动"对教学内容进行结构化设计，特别是利用真实情境（如粉面店中的美味泡菜）引出问题任务，让学生从真实情境中去达成劳动，实现劳动核心的强化。学生已在生物课上学习了一些发酵知识，利用这节劳动课，学生能够将知识运用于实践生活中，真正实现了学科融合，体现了不同学科的实际价值。

存在不足：教学中，学生在实践操作中不能有效地做到干净卫生，比如大多数学生开始制作时不会将手清洗干净后再来操作，这对于泡菜的品质和安全埋下隐患。泡菜分享环节过于仓促，各组同学没能有效地总结自己在制作中的优点和缺点，以及这些会对泡菜品质带来的影响。

再教设计：经过一周时间后，专门用一个课时的时间来让学生交流分享，品尝不同组的发酵后的泡菜味道，让大家选出口感最好的小组所制作的泡菜。再由该小组的同学总结自己这次泡菜口感或品质好的主要原因，提出后以供其他小组参考。如果出现泡菜未发酵或出现生花等现象的小组也需反思，在制作流程中哪个环节出现了问题，提出来给大家一点"警示"。

第三节　实践教学模式的实践
——以"探秘技术设计"为例

李蓓蓓

通用技术课程中的设计指的是技术产品的设计，包括发现与明确问题、制订设计方案、制作模型或原型、优化设计方案、编写技术作品说明书等设计环节。在学科大概念中侧重基础性技术设计，旨在使学生经历一般的技术设计过程，掌握技术设计的基础知识和技能，形成基本的技术思想与经验以及情感态度和价值观。

以实际使用的产品为学生创设生活的实际情境，让其能感受设计的重要性，经历过设计的过程，掌握一定的设计基础知识和技能。比如一次性纸杯，学生在生活中有使用的经历，并能从中感受到设计应遵循的一些重要规则，通过对一次性纸杯的再设计，能让学生的设计基础知识和技能得到提升。

一、单元整体设计

本单元以"走进技术，体验设计"为基础，以培养和提升学生的技术意识、工程思维、创新设计、图样表达、物化能力，有效将技术设计的基础知识融入课堂中去，提升学生的设计能力，增强团结合作的意识。以探究手机的未来发展来感受技术、以一次性纸杯的设计与制作探秘技术设计，围绕体验技术设计的通用技术课程的大概念，形成完整的单元整体。

（一）课程标准

◆感知生活中技术现象的普遍性和重要性，通过活动体验和案例分析理解技术的性质，形成积极的技术价值观。

◆结合我国优秀的传统技术文化和个人的成长经历，认识技术与人、自然、社会的关系，理解技术的历史发展给人类和社会带来的变化，形成对待技术的积极态度和使用技术的责任意识。

◆熟悉技术设计的一般过程，经历发现与明确问题、制订设计方案，并通过技术试验等方法，对多个方案进行比较，权衡和优化，形成最佳方案。

◆说明技术语言的种类及其应用，识读简单的机械加工图、电子线路图、效果图、装配图等常见的技术图样；运用手工绘图工具和简易绘图软件绘制草图。简单的三视图，用恰当的技术语言与他人交流设计思想和成果。

◆阐述技术试验的意义，特点，结合技术作品的设计与评价进行简单的技术试验，写出技术试验报告，并体验技术探究，技术革新活动的乐趣。

（二）大概念建构

根据《普通高中通用技术课程标准（2017年版2020年修订）》中课程内容的模块，结合各版本教材对该部分内容的单元整合，本单元对应的学科大概念为"走进技术，体验设计"。在学科大概念统摄下，本单元重点是掌握技术设计的基础知识和技能，以及加深对技术性质与发展历史的理解，故确定本单元的大概念为"探秘技术设计"。

◆通过本模块的学习，学生能加深对技术性质与发展历史的理解。形成亲近技术的情感；掌握常用工具及其使用方法，常见材料及其加工方法，方案构思及其方法，图样识读与绘制，模型制作及其工艺等方面的一些基本知识与基本技能；具有运用技术设计方法解决技术问题的基本能力和基本经验，并形成有效迁移。初步形成关于技术的人机关系、技道合一、形态转换、权衡决策、方案优化、技术试验、设计创新等技术思想与方法。通过技术设计的交流和评价，培养合作精神，提高审美情趣，增强使用技术的自信心和责任心，培养良好的批判性思维和创造性思维等思维品质。

◆能简要说明技术与工程的关系，选用系统分析的方法，进行技术设计分析，初步形成关于技术的人机关系，技道合一、权衡决策、方案优化、技术试验、创新设计等技术思想与方法。

◆能体验技术设计的一般过程，理解技术设计的一般原则和方法，根据需求和技术规范，借鉴现有的技术设计案例，尝试制订解决同一技术问题的2~3个方案，并进行比较、权衡，初步具有解决技术问题的基本能力和基本经验，并形成有效迁移。

◆能举例说明技术语言的种类及其应用；能识读常见的技术图样，如简单的机械加工图、电子线路图；能绘制简单的三视图，会用手工和计算机软件等方式绘制简单的单图表达设计构想。

表 6-3-1 "走进技术，体验设计"部分大概念层级

学科大概念	单元大概念	课时大概念
走进技术，体验设计	探秘技术设计	Ⅰ.人机关系 Ⅱ.设计的一般过程

（三）单元学习目标

本单元属于选择性必修1的模块内容，其阶段性评价以学业质量水平1为依据，最终达到学业质量水平2要求。依据《普通高中通用课程标准（2017年版2020年修订）》的学业质量要求，本单元的学习目标如下。

◆技术意识：能在技术活动的过程中，恰当处理人机关系，形成规范、安全的技术习惯；能结合具体案例的辨析，形成对技术的理性态度和评价；能调并分析某一具体技术选择、使用、决策过程中的伦理问题；能通过案例辨析，形成抵制侵犯知识产权的意识；能结合具体案例分析，理解技术对历史、社会及环境的影响。

◆工程思维：能通过经历技术设计的一般过程，初步进行设计方案的多因素分析了解比较、权衡、优化等系统分析的方法。

◆创新设计：面对较为复杂的技术情境，能运用人机理论，发现用户的多方面需求及关联性，多角度分析需要解决的技术问题；通过多种渠道搜集与所设计产品有关的各种信息并进行处理，能制订符合一般设计原则和规范的多个方案；能尝试通过技术试验等方式体验技术创新设计的一般方法，形成初步的技术创新设计能力；感受技术设计相关的文化现象。

◆图样表达：能结合日常生活情境，体会技术语言的重要性，分析归纳技术语言的种类及其应用；能通过具体实物展示，识读常见的技术图样，如草图、三视图、简单的机械加工图；能用简单的草图表达与交流设计构想。

（四）单元学习大情境

1. **大情境简介**：一次性杯子在生活中经常会被使用到，在不同的场景下对一次杯子的要求都会有所不同，不同的人群对一次性杯子的要求也会不同。现在使用的一次性杯子在使用过程也会出现不尽如人意的设计，面对这样的问题，如何进行再创造、再设计是我们更好利用所学实现解决实际问题的关键。

2. **大问题聚焦**：如何设计一款满足人们需求的一次性杯子？

（1）设计过程中要经历哪些流程？

（2）设计过程中如何恰当处理人机关系？
（3）常用的设计分析的方法有哪些？
（4）如何将自己的设计想法表达清楚，便于与他人进行交流？

二、课时大概念Ⅰ（探秘技术设计）教学设计示例

本课时的大概念是"探秘技术设计"，对应课程标准为"熟悉技术设计的一般过程，经历发现与明确问题、制订设计方案，并通过技术试验等方法，对多个方案进行比较、权衡和优化，形成最佳方案。"

（一）大概念析读

1. 大概念理解

"探秘技术设计"关注的重点是学生能从某具体的生活案例出发，经历完成的设计过程，并能运用一定的设计分析方法，制订符合设计要求的完整设计方案，通过不同的表达方式展示自己的设计想法，并能通过技术试验等方法，对多个方案进行比较、权衡和优化，形成最佳方案。

2. 大概念解构（认知内容）

完成"探秘技术设计"大概念教学，在真实情境的创设之下，引发学生对技术设计的兴趣，帮助他们明确有效的设计流程，综合考虑设计过程中所涉及的因素，遵循设计原则，通过技术设计来解决生活中的实际问题。

（1）掌握技术设计的一般过程。
（2）掌握技术设计中要遵循的一般原则。
（3）形成关于人机关系、技道合一、权衡决策、方案优化等技术思想。

（二）学习目标

1.在技术活动的过程中，恰当处理人机关系，形成规范，安全的技术习惯（技术意识）。

2.能通过经历技术设计的一般过程，初步进行设计方案的多因素分析了解比较，权衡、优化等系统分析的方法（工程意识）。

3.通过绘制规范的示意图表达设计方案，并合理选择相应的制作技能进行制作（图样表达、物化能力）。

4.能运用人机理论，发现用户的多方面需求及关联性，多角度分析需要解决的技术问题（创新设计）。

（三）学习重难点

1. 合理的人机关系。
2. 如何实现合理的人机关系。

（四）学情分析

◆知能基础：在实际生活中，学生对一次纸杯的使用很广泛，有一定的使用经验，但更多地停留在使用层面，对其在不同场景、不同人群中需求并未有过多的关注，未能将其上升至设计知识与技术要求层面。

◆素养基础：通过前面的学习，已对技术对人、社会、自然的影响有一定认识，也有能力和意愿发现与解决生活中存在的不完美设计。但实际实践活动过程中，缺乏动手能力，以及合作交流的意识。

（五）教学资源

◆基本教学材料：教材、多媒课件、相关图片和视频。

◆课时大情境：再造一次性水杯。

（六）教学框架

结合本课时大概念的特点，教学中采用实践教学模式为核心环节的教学支架。该支架应该包括情境引入、主题探究、展示评价。情境引入用于唤起对一次水杯的改造兴趣；主题探究是情境—问题教学模式的核心环节，理解人机关系，并确定合理的人机关系的目标；展示评价是各小组对本组、他组完成作品的制作过程、制作成品的反思。逐步促进技术意识、工程思维、创新设计、图样表达能力的形成。

教学环节	教师活动	学生活动	设计意图
一、教学引入	1.展示图片 提问：这些物品的设计给你了在设计过程中什么样的启示 师：没有考虑人与物品之间的相互关系	学生观察图片并回答：缺乏考虑了对使用者的感受	通过创设情境，从大概念"体验设计"出发，提高学生的学习热情

续表

教学环节	教师活动	学生活动	设计意图
二、教学过程	一、什么是人机关系 （图示：使用物品的人（各个部位）— 人 ←相互关系→ 机 — 人正在使用的物品（各个部位）；人所处的环境） 提问： 1.在教室里存在的人机关系有哪些 2.环境算不算"机" 3.展示四款一次性水杯，并提问你会选择哪一款水杯喝水 总结：就从这几个水杯，我们看出在人使用水杯时，希望达成的人机关系目标有四个方面 板书：二、合理的人机关系 1.高效 2.健康 3.安全 4.舒适 提问：根据人机关系要实现的四大目标，这些杯子都满足了吗？你设计一款更符合人机关系的一次性杯子，并将方案用草图表达出来，大家分享 总结：各组同学能从不同的人机关系目标出发考虑设计，很有创意 布置课后思考： 继续完善创意水杯的设计 观察校园中的设计，用人机关系的目标进行审视	学生聆听思考 小组讨论后回答，并说明选择理由1号水杯过小，喝一次水要多次接水；2号水杯塑料材料，高温水容易让杯变软，容易烫伤；3号水杯，有颜色花样，让人觉得好看，但油墨可能会沾到嘴上；4号水杯，材料天然，但外观不好看 分组讨论，并完成设计草图，向全班展示设计方案	在大概念"体验设计"的设计过程中，关注人机关系，引导学生从人机关系出发提升创新设计能力 情境设置，引导学生关注日常生活，更好理解人机关系 将学生的直接经验总结为抽象概念，提升学生归纳总结能力 引导学生创新思维，培养创新设计的能力，并能选用合适技术图样进行方案呈现，提高图样表达能力 引导学生关注日常生活，从生活中去发现问题，并为下次如何实现合理人机关系埋下伏笔

（七）教学反思

主要亮点：围绕本节的教学大概念"探秘技术设计"对教学内容进行结构化设计，利用真实情境引出问题任务，让学生从真实情境中去感受技术设计在生活中的价值，引发对技术设计的兴趣，并能从真实问题中找到实践操作的项目，增强了技术意识。在水杯设计的实践操作中，学生能进一步地从理论知识转化为设计亮点，对设计过程中应追求合理的人机关系，让设计与生活更加贴近。

存在不足：在创新设计过程中，大多数学生不能有效地表达自己的设计想法，语言描述不够准确，草图绘制还显粗糙。另外学生的团队合作意识不强，大多数组讨论只是一位同学来表达创新想法，没形成有效地讨论。

再教设计：为了使整个创新设计过程能充分发挥团队的合作，可将任务布置具体化，要求小组成员每人都须出一个从人机关系的目标出发，对杯子进行创新设计，然后小组内推选出一位最具创意的作品。可避免学生出现讨论不积极，减少"摸鱼"的情况发生。

三、课时大概念Ⅱ（探秘技术设计）教学设计示例

本课时的大概念是"探秘技术设计"，对应课程标准为"熟悉技术设计的一般过程，经历发现与明确问题、制订设计方案，并通过技术试验等方法，对多个方案进行比较、权衡和优化，形成最佳方案。"

（一）大概念析读

1. 大概念理解

"探秘技术设计"关注的重点是学生能从某具体的生活案例出发，经历完成的设计过程，并能运用一定的设计分析方法，制订符合设计要求的完整设计方案，通过不同的表达方式展示自己的设计想法，并能通过技术试验等方法，对多个方案进行比较、权衡和优化，形成最佳方案。

2. 大概念解构（认知内容）

完成"探秘技术设计"大概念教学，在真实情境的创设之下，引发学生对技术设计的兴趣，帮助他们明确有效的设计流程，综合考虑设计过程中所涉及的因素，遵循设计原则，通过技术设计来解决生活中的实际问题。

（1）熟悉技术设计的一般过程。

（2）掌握技术设计中要遵循的一般原则。

（3）形成关于人机关系、技道合一、权衡决策、方案优化等技术思想。

（二）学习目标

1.在技术活动的过程中，恰当处理人机关系，形成规范、安全的技术习惯。（技术意识）

2.能通过经历技术设计的一般过程，初步进行设计方案的多因素分析了解比较、权衡、优化等系统分析的方法。（工程意识）

3.通过绘制规范的示意图表达设计方案，并合理选择相应的制作技能进行制作。（图样表达、物化能力）

4.能运用人机理论，发现用户的多方面需求及关联性，多角度分析需要解决的技术问题。（创新设计）

（三）学习重难点

1.归纳总结完整设计要经历的过程。

2.理解设计的一般过程是动态发展的过程。

（四）学情分析

◆知能基础：在实际生活中，学生经常会使用到一次性纸杯，有一定的使用经验，但更多地停留在使用层面，对其在不同场景、不同人群中需求并未有过多的关注，未能将其上升设计知识与技术要求层面。

◆素养基础：通过前面的学习，已对技术对人、社会、自然的影响有一定认识，也有能力和意愿支参与到发现与解决生活中存在的不完美设计，但实际实践活动过程中，缺乏动手能力，以及合作交流的意识。

（五）教学资源

◆基本教学材料：教材、多媒课件、相关图片和视频。

◆课时大情境：再改造一次性水杯。

（六）教学框架

结合本课时大概念的特点，教学中采用实践教学模式为核心环节的教学支架。该支架应该包括情境引入、主题探究、展示评价。情境引入用于唤起对一次水杯的改造引发兴趣；实践操作是实践教学模式的核心环节，体验技术设计的一般过程；展示评价是各小组对本组、他组完成作品的制作过程、制作成品的反思。逐步促进技术意识、工程思维、创新设计、图样表达能力的形成。

教学环节	教师活动	学生活动	设计意图
一、教学引入	请各组同学展示最新设计的纸杯	各组同学进行展示	既是对于"人机关系"的复习，也为"设计的一般过程"做铺垫
二、教学过程	提问：各组同学你们在设计中主要经历了哪些设计环节？请按顺序把它写出来 根据同学们的展示内容，总结设计到画草图环节所经历的设计过程： 发现与明确问题 ↓ 制定设计方案 ─┬ 设计分析 　　　　　　　├ 方案构思 　　　　　　　└ 方案呈现 提问：这是大家所经历的过程，但这个流程有无改进提升的地方？请学生回答 归纳意见，将过程改为： 发现与明确问题 ↓ 制定设计方案 ─┬ 收集信息 　　　　　　　├ 设计分析 　　　　　　　├ 方案构思 　　　　　　　├ 方案筛选 　　　　　　　└ 方案呈现 提问：如果是设计师，是否设计就完成了？请学生回答 归纳意见，将过程改为： 发现与明确问题 ↓ 制定设计方案 ─┬ 收集信息 　　　　　　　├ 设计分析 　　　　　　　├ 方案构思 　　　　　　　├ 方案筛选 　　　　　　　└ 方案呈现 ↓ 制作模型或原型 ↓ 测试、评估、优化 总结：当设计的技术产品已完善时，就可投入上市，这时还需制定说明书让消费者能正确使用，所以完整的设计过程如下： 发现与明确问题 ↓	各组同学讨论经历的主要环节并写出，并进行展示 思考回答： ①我们现在的方案都是自己想出来的，没有相关信息 ②我们这些方案还可以进行改进之处 思考回答：还需验证它的可行性，再进行改进	培养学生归纳总结的能力 将学生亲身经历的过程进行总结，既可加深对设计一般过程的梳理，又可从全局观中建立合理设计流程，培养学生的系统思维及工程意识

教学环节	教师活动	学生活动	设计意图
二、教学过程	制定设计方案 { 收集信息 / 设计分析 / 方案构思 / 方案筛选 / 方案呈现 } ↓ 制作模型或原型 ↓ 测试、评估、优化 ↓ 编写产品说明书 提问：这个设计的过程是不可变的吗 总结：设计是一个动态发展的过程，不同的设计步骤会发生变化，也可能出现循环，设计的过程不能模式化，可根据需要灵活安排	思考并回答	引导学生关注设计过程的动态性，并能合理应对这些动态发展变化
三、实践活动	各组同学已完成一次纸杯的设计草图，请根据设计的一般过程，继续完成一次性水杯的设计，完整经历一次设计过程	修改、设计、制作、编写说明书	以单元大概念为背景，实践活动围绕一次纸杯的设计，让学生完整经历设计过程，做到"做中学，学中做"

（七）教学反思

主要亮点：围绕本节的教学大概念"探秘技术设计"对教学内容进行结构化设计，从上节课的内容进行延伸，通过学生的亲身实践经历，将设计的一般过程的理论知识变成学生的实践经历输出并总结，对设计的一般过程有较深刻的理解，较有效地将知识内化。

存在不足：由于时间关系，各小组同学未能将自己设计的作品进行制作，同学们对这个作品的评价还只是停留在设计方案上，就很难从作品的制作过程、使用体验感上进行评价。这对于设计的整体过程来说，是不够完整的。

再教设计：可将引导学生根据自己组的设计方案，合作制作完成后，再将此节课内容进行教学，让学生的实践活动更加完整，对设计的动态发展有更深入的体会。

第四节　实践教学模式的实践
——以"安全组建局域网"为例

张应梅　陈明凤　李顺美

网络不但是数据传输的物理基础，也是支撑信息社会的重要基础设施。理解网络基本知识、熟练使用典型网络服务，是现代信息社会中生存与发展的基本技能之一，本章"网络协议、设备与操作系统"的内容是网络通信的基础。围绕"安全组建局域网"展开项目实践教学，组建一个局域网，让网络中的设备共享上网，介绍上网的相关软硬件，以及需要注意的安全事项，目的在于增强学生对网络通信软硬件基础的理解。

一、单元整体设计

本章以主题项目"安全组建局域网"展开，让学生经历从硬件连接到网络配置的全过程，进一步了解网络设备，学习网络通信基础知识，了解局域网安全策略，并能引申到第4章"物联网"相关知识，形成了情境—问题式的项目实践教学，指向学科大概念。

（一）课程标准

◆熟悉TCP/IP协议（传输控制协议/互联网协议）的主要功能和作用，理解网卡、交换机、路由器等基本网络设备的作用和工作原理。

◆了解网络操作系统的功能，能使用基本网络命令查询联网状态和配置情况、发现故障。

根据《普通高中信息课程标准（2017年版2020年修订）》中课程内容的模块，结合各版本教材对该部分内容的单元整合，本单元对应的学科大概念为"信息系统中的通信网络"。在学科大概念统领下，本章的单元大概念为"网络协议、设备与操作系统"（表6-4-1）。

◆本章的内容是网络通信的基础，包括网络协议、网络设备、网络操作系统等，是从经典网络技术中抽取一些网络基本知识，以便让学生从历史视角在宏观上对网络发展过程有整体认识，从发展的视角理解通信和互联网技术。以组建局域网需要的设备为指引，让学生对网络数据的传输和设备的工作原理有具体化的认识。因此，"网络通信"是本章的学科大概念。

◆在本章内容中主要讲解怎样组建局域网，认识网络设备和操作系统，知道网络设备的工作原理，学生从具体的情境—问题入手去组建局域网，学习网络协议等相关知识。故将本章的单元大概念确定为"网络协议、设备与操作系统"。

表 6-4-1 "网络协议、设备与操作系统"部分大概念层级

学科大概念	单元大概念	课时大概念
信息系统中的通信网络	网络协议、设备与操作系统	Ⅰ.常见的网络设备 Ⅱ.IP 地址

（二）大概念建构

根据《普通高中信息技术课程标准（2017年版2020年修订）》中课程内容的模块，结合各版本教材对该部分内容的单元整合，本单元对应的学科大概念为"通信网络"。在学科大概念统摄下，本单元重点关注信息系统中的通信网络，故本单元的单元大概念确定为"网络通信"（表6-4-1）。

◆通信网络。网络技术的目标是实现资源共享，实现资源共享的过程需要硬件、软件和数据，因此是网络通信技术是实现其他应用功能的基础。此外，依托网络通信技术也衍生出很多新兴技术，如物联网技术、人工智能和大数据等，通过查询资料让学生从历史视角在宏观上对网络的发展历程有整体认识，从发展的角度理解、通信、互联及移动互联技术对现代社会的意义。所本章节的学科大概念确定为"通信网络"。

◆网络协议、设备与操作系统。在本章内容中主要讲解怎样组建局域网，认识网络协议、设备和操作系统，知道网络设备的工作原理，学生从具体的情境—问题入手去组建局域网，学习网络协议等相关知识。故将本章的单元大概念确定为"网络协议、设备与操作系统"。

（三）单元学习目标

本单元属于选择性必修2《网络基础》的模块内容，通过本模块的学习，学生应了解计算机网络的核心概念与发展历程，了解常用网络设备的功能，能通过网络

命令查询网络及设备的工作状态、发现联网故障，能使用典型的网络服务解决生活与学习中的问题，利用信息技术分享网络资源，具备网络应用安全意识。

◆信息意识：熟悉TCP/IP协议的主要功能和作用，理解网卡、交换机、路由器等基本网络设备的作用和工作原理。认识网络操作系统，会使用基本的网络命令。能发现简单的网络故障，并能提出相应的解决方案。

◆计算思维：在具体情境中，能通过自主探究学习IP地址的结构、组成和类型。能通过分析一个包括根服务器在内的完整的解析过程。

◆数字化学习与创新：通过完成项目"组建无线局域网"的实践活动，能搭建一个局域网，并搭建简单的物联网设备。

◆信息社会责任：通过搭建局域网的项目实践，形成积极、安全地使用网络的观念，具备防范网络安全的意识，能判断日常网络使用中不安全问题产生的原因。

（四）单元学习大情境

1.大情境简介：组建无线局域网。

在信息社会，各种设备如台式机、笔记本电脑、平板、手机甚至家用电器都需要接入互联网。怎样组建一个无线局域网，将各种设备连入互联网呢？

2.大问题聚焦：组建无线局域网需要做哪些工作？

（1）网络的拓扑结构是怎样的？网络的传输介质是什么？

（2）使用了哪些设备？这些设备的作用是什么？

（3）路由器该怎么配置？怎样实现共享上网？

（4）网络中需要遵循什么协议？这些协议的作用是什么？

二、课时大概念 I（常见的网络设备）教学设计
张应梅

本课时大概念为"常见的网络设备"，对应的课程标准为"理解网卡、交换机、路由器等基本网络设备的作用和工作原理"。根据学习内容和课堂容量，本主题的学习需要1课时来完成。

（一）大概念析读

1. 大概念理解

本节内容是"常见的网络设备"，在"组建局域网"这一项目中，需要用到相应的网络设备，并设置网络协议，所以对应的单元大概念是"网络协议、设备与操作系统"，网络属于信息系统，对应的学科大概念是"信息系统中的通信网络"。

2.大概念解构

完成"网络协议、设备与操作系统"大概念教学，需要结合组建无线局域网这一真实情境，在确定具体"网络规划"后，完成以下2个课时的教学内容，最终达成课时大概念，指向单元大概念。

（1）常见的网络设备。

（2）IP地址。

（二）学习目标

1.认识组建局域网的所用设备及其功能（信息意识）。

2.通过任务探究，学会连接无线路由器的方法和对无线路由器进行相关设置，能够通过无线路由器连接无线网（数字化学习与创新）。

3.实验过程中，树立合理使用无线局域网的意识，能预判可能存在的安全风险，培养信息安全意识（信息社会责任）。

（三）学习重难点

◆学习重点：学习局域网的组建，认识常见的网络设备及其功能。

◆学习难点：正确设置无线路由器的相关参数。

（四）学情分析

◆知能基础：学生通过必修2的学习，已经以初步认识了计算机网络，对计算机网络的分类、数据交换技术、网络拓扑、IP地址等内容有了一定的了解。本册书中第一章又对网络与生活、网络的分类进行了进一步的学习，加深了对计算机网络相关知识的理解的掌握。另外，学生在生活中也接触过因特网。

◆素养基础：通过高一年级必修1和必修2的学习，学生已经了解过计算机网络的部分知识，在计算机网络学习方面具备了一定的信息素养。在必修1和必修2的学习中，学生通过情境教学、任务驱动等方式的学习，形成了一定的数字化学习与创新能力，也具备了一定的信息社会责任感。

◆不足条件：本节内容要用到相关设备完成任务，设备数量有限，分组人员稍多，部分学生没有机会动手体验。

（五）教学资源

◆基本教学材料：人教/中图版教材、多媒体课件、视频、相关网络设备。

◆课时大情境：组建局域网。

（六）教学框架

结合本课时大概念的特点，教学中采用任务驱动教学模式开展教学。通过组建局域网的情境，让学生自主探究路由器的物理连接和路由器的设置，并设置无线网络的密码，再让学生探究网络设备及其功能，最后通过一个情境探究网络设备探究网络安全策略，增强学生的网络安全意识。

本章以"组建局域网"为主题项目，引出第1课时"常见的网络设备与功能"的内容，学生在组建局域网时设置过IP地址，对什么是IP地址比较好奇，接着学习第2课时"IP地址"，这2个课时的关联度较高且内容可以层层递进。本章所用项目可以引申到第4章物联网的相关内容。

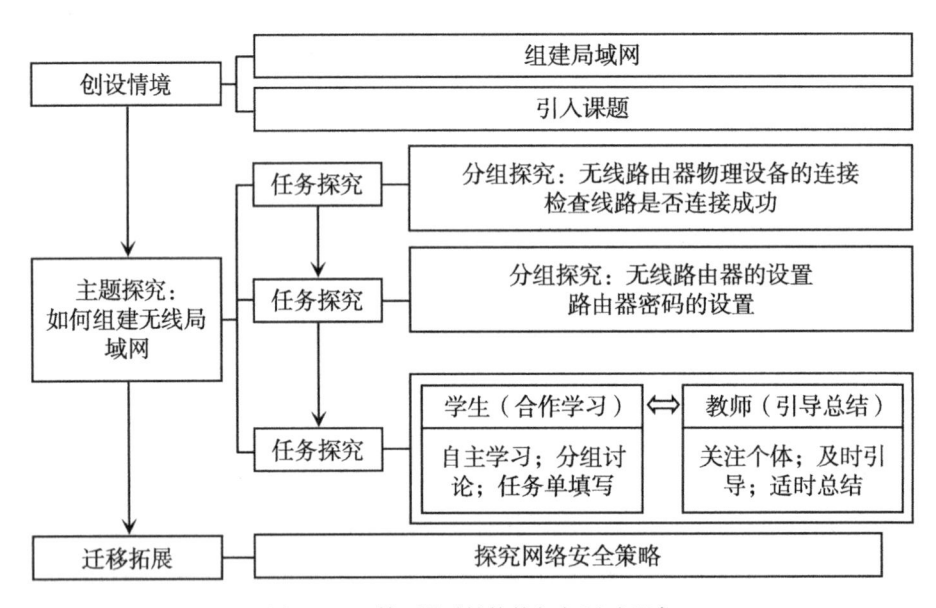

图6-4-1 第1课时结构构架与活动程序

（七）教学过程设计

第1课时：常见的网络设备

环节	知识内容（情境/问题）	师生交互	创设意图
创设情境	【情境】在信息社会，各种设备如台式机、笔记本电脑、平板、手机甚至家用电器都需要接入互联网 怎样组建一个无线局域网，将各种设备连入互联网呢 引入课题：组建局域网 【思考】1.所需设备有哪些 2.怎样将各种设备连接起来	【生】了解情境后思考： 组建局域网需要用哪些设备？怎样将各种设备连接起来 【师】引导： 1.路由器、网线、计算机等 2.人员准备：全班分小组进行活动，每组大约四人。各组确定一名组长，小组成员进行分工，各自承担一定的任务	创设情境，将实际生活与学习联系起来，引发学生学习兴趣

续表

环节	知识内容（情境/问题）	师生交互	创设意图
活动准备	【认识网络设备】认识常见的网络设备（PPT展示）：网卡、交换机、路由器 【查看IP地址】学习资料"查看IP地址的方法"，查看IP地址并填写任务单 【准备工作】每组选择中间一台计算机，查看这台计算机的IP地址、子网掩码等信息，并填写在任务单中	【生】1.认识路由器等网络设备 2.查看IP地址并填写任务单 【师】介绍常见的网络设备，指导学生查看IP地址 【生】查看IP地址等信息，填写任务单	为后面的任务探究做准备
任务探究一	【自主探究】连接路由器： 1.自主学习连接路由器的资料，学会连接路由器物理设备 2.各组用所给设备连接路由器 3.连接完成后，填写任务单 【解决问题】1.完成任务后填写任务单 2.同学们可以各自用网线连接路由器，完成多人的同时上网	【生】自主学习连接路由器的资料，学习路由器物理设备的连接。小组活动：合作连接路由器并填写任务单 【师】引导教学任务： 指导各组完成任务 通过学习连接路由器方法：连接电源线、路由器—网络端口、计算机—路由器等物理设备 【生】尝试多人同时上网，观察上网情况 【师】引导学生发现问题： 发现所有人虽然连上了网络，但是却无法正常使用网络，这就需要进行路由器的设置	通过分组探究，培养学生自主学习和合作学习的能力，培养学生的动手能力

续表

环节	知识内容（情境/问题）	师生交互	创设意图
任务探究二	【自主探究】路由器的设置 自主学习路由器设置的资料，分组设置不同的路由器，完成网络连接并提供无线信号 【设置无线网密码】 活动步骤： 1.查阅路由器的说明书，了解相关操作方法 2.根据实际情况，用网内的计算机打开设置路由器的界面 3.选择无线网加密协议，并设置相应的密码 4.让设备重新接入该无线网，看看操作过程有什么变化，试试设置的密码是否已经生效 【任务小结】不同的路由器，相关参数设置的网址是不同的，一定要根据具体情况具体操作 【无线网络验证】用手机连接一个组的无线网络，看看能否上网。 【思考】组建的网络的拓扑结构是什么？使用的传输介质是什么	【生】学习无线路由器的设置： 打开浏览器，输入无线路由器提供的相关网址或IP地址，根据学案提示输入相关参数 【师】巡视指导： 到学生中去巡视并及时帮学生操作中遇到的问题 展示设置成功后的信号显示 选一个组的无线网络进行验证，看看能否上网 【生】无线网密码设置： 小组合作，根据说明书设置无线网密码 【师】巡视指导： 巡视并指导无线网密码的设置，提示学生设置安全强度高的密码，验证网络是否连通	通过分组探究，培养学生自主学习和合作学习的能力，培养学生的动手能力

续表

环节	知识内容（情境/问题）	师生交互	创设意图
迁移拓展	【情境】探究网络安全策略 小明搭建好无线局域网后，为了增加局域网的安全性，他想通过路由器实现这样的功能，即只让得到授权的计算机、智能手机等设备联网，没有得到授权的设备，即使知道无线网密码，也不能连入网络。该怎样实现呢 自主阅读网络安全策略资料 【了解"蹭网"】"蹭网"，指的是未经主人允许，侵占并盗用他人上网资源的一种行为，是一种违法行为。随着"蹭网"一族出现，许多公共场所以及个人的网络都在被他人"蹭用"。由于蹭网者身份不明以及被蹭网来源不明，无论是蹭他人网还是被蹭网可能会导致信息数据泄露等安全隐患 【拓展】另外，可以在"设备管理"中设置"上网时间规则管理"和"禁止访问网站管理"	【生】认真思考情境问题 通过阅读资料实现网络安全策略。 【师】引导并指导学生完成任务	通过迁移拓展，让学生了解网络安全，提升信息社会责任感
课堂小结	【总结】1.连接路由器物理设备 2.路由器的设置 3.网络常见设备与功能 4网络安全策略	【师】总结以下内容： 1.连接路由器物理设备 2.路由器的设置 3.网络常见设备与功能 4.网络安全策略	通过总结，加深学生对相关知识的理解和迁移，为后面的内容作铺垫
课后拓展	【探究常见的网络设备及功能】自主阅读第47至第51页，在任务单中填写常见的网络设备 【汇报交流】下节课请各组对探究到的内容进行汇报 【知识梳理】1.网卡相关知识 2.交换机相关知识 3.路由器相关知识	【生】自主阅读 小组合作填写任务单 【师】指导和组织学生汇报交流进行相关知识的梳理	通过任务探究的方式让学生去学习常见的网络设备及其功能，培养学生自主学习和归纳知识的能力

◆板书设计

常见的网络设备

一、连接路由器

二、路由器的设置

三、常见的网络设备与功能

1. 网卡

2. 交换机

3. 路由器

（八）教学反思

主要亮点：围绕本节的教学项目"组建局域网"开展教学，利用真实情境引出任务，让学生在自主探究与合作探究中达成知能目标，实现核心能力的强化。

存在不足：由于设备有限，学生只能通过电脑体验有线网络，无法体验无线网络。学生探究活动的时间难合理把握。

再教设计：充分调动学生参与活动的积极性。优化课堂时间的把握、课堂秩序的维持及重难点知识的传授等，在实际教学中掌握好"度"，以达到提高课堂效率的目的。

三、课时大概念Ⅱ（IP地址）教学设计示例

陈明凤

（一）大概念析读

1. 大概念理解

在完成"组建局域网"这一项目后，学生需要更深入理解各个设备之间进行数据传输的方法和协议，知道网络上的设备之间如何被识别和通信的，所以学生需要学习数据交换技术、TCP/IP协议、IP地址等概念。

2. 大概念解构

完成"网络协议、设备与操作系统"大概念教学，需要结合组建无线局域网这一真实情境，在理解组组建无线局域网所需设备后，完成以下2个课时的教学内容，最终达成课时大概念，指向单元大概念。

（1）IP地址。

（2）TCP/IP协议与数据交换技术。

（二）学习目标

1.熟悉IP地址的基本格式和用途，知道IP地址在网络通信中的作用（信息意识）。

2.通过任务探究，学会查询设备的IP地址，学会设置常用设备的IP地址；并了解子网掩码与IP地址的关系（数字化学习与创新）。

3.通过任务探究，知道IP地址在实际生活中的用途和唯一性，知道网络通信中应遵纪守法，具备一定信息安全意识和社会责任（信息社会责任）。

（三）学习重难点

◆学习重点：熟悉IP地址的组成格式，明白IP地址的用途；知道IP地址和域名的关系。

◆学习难点：理解IP地址的格式和分类；理解子网掩码的用途。

（四）学情分析

◆知能基础：学生通过必修2的学习，已经初步了解了计算机网络的方式，对计算机网络的分类、数据交换技术、网络拓扑结构、IP地址等内容有了一定的了解。同时第一章节又学习了网络与生活、网络的类型，明白了计算机网络对社会生活和生产的重要性，也对计算机网络相关知识有了更进一步的理解。另外，学生在生活中无时无刻不在接触互联网，对网络比较熟悉，能够快速进入学习状态。

◆素养基础：通过高一年级必修1和必修2的学习，学生已经初步了解计算机网络的部分知识，在计算机网络学习方面具备了一定的信息素养。在必修1和必修2的学习中，学生通过情境教学、任务驱动等方式的学习，能够根据实际需要合理地选择数字化学习工具，形成了一定的数字化学习与创新能力；知道网络通信中存在安全风险，能采取一定的方法进行防护，能较准确辨别信息的真伪，具备了一定的信息安全意识和信息社会责任感，知道在网络空间需遵守一定的法律法规。

◆不足条件：一方面，网络基础知识概念偏多且比较抽象，不易理解，知识点理解内化难度较大；另一方面，学生需要具备一定的网络基础知识，但学生的基础参差不齐，分层教学实施难度较大。

（五）教学资源

◆基本教学材料：人教/中图版教材、多媒体课件、视频、电子白板、相关网络设备。

◆课时大情境：计算机网络犯罪案例、组建局域网——设备互通。

（六）教学框架

结合本课时大概念的特点，教学中采用任务驱动教学模式开展教学。通过计算机网络犯罪案例与组建局域网两个情境，让学生知道IP地址的基本格式和作用，并能合理地设置 IP 地址，实现多个设备之间网络互通。

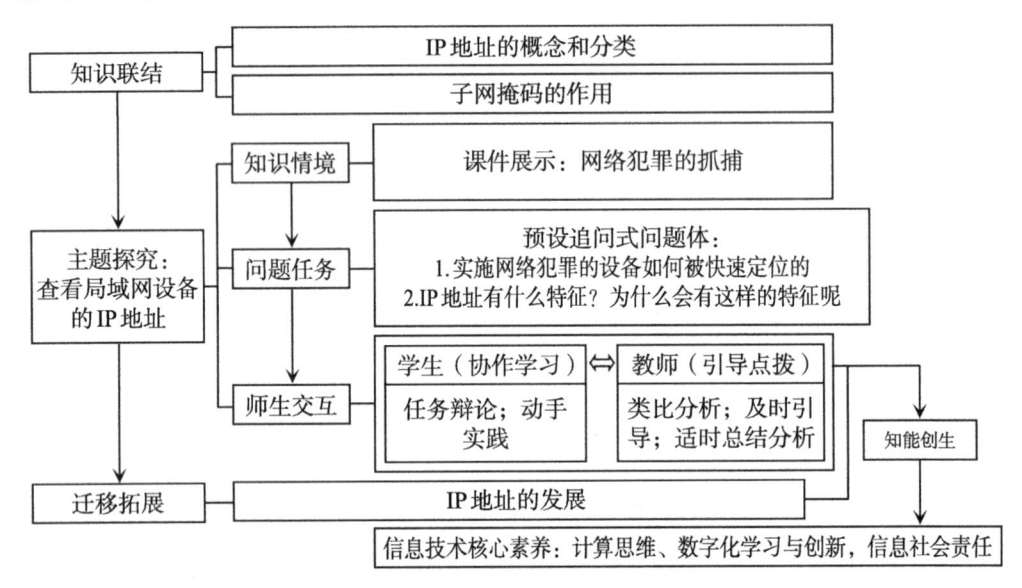

图 6-4-2 IP 地址结构构架与活动程序

（七）教学过程设计

环节	知识内容（情境/问题）	师生交互	创设意图
（一）情境导入	【导入新课】严某于 2022 年 4 月 11 日将太原市疫情防控领导小组办公室发布的《太原市新型冠状病毒感染疫情防控工作领导小组办公室通告（2022 年第 38 号）关于加强迎泽区疫情防控交通应急管理的通告》私自编造为《太原市新型冠状病毒感染疫情防控工作领导小组办公室通告（2022 年第 39 号）关于加强杏花岭区疫情防控交通应急管理的通告》。而后，其将该虚假信息发送至微信群内，导致该信息被网民大量转发，造成社会恐慌。【思考】网络上有这么多设备，警方通过什么样的方式查到该犯罪嫌疑人的呢？提出这一问题	【生】思考回答：通过 IP 地址查找到的【师】知识点拨：网络上连接着难以计数的计算机，为了区分它们，人们给计算机设置了数值型的标识——IP 地址【师】类比引导学习：就像每个人都有唯一的身份证来识别个人信息一样。计算机也需要这样的标识来进行相互识别和通信——IP 地址	通过案例引入，一方面，激发学生学习 IP 地址的好奇心；另一方面，提醒学生文明上网，不要随意转载或发布谣言。由公安机关查询 IP 地址自然过渡到 IP 地址的概念。自然进入课时大概念将 IP 地址与身份证类比，说明每台计算机的 IP 地址是唯一的

续表

环节	知识内容（情境/问题）	师生交互	创设意图
（二）动手实践：IP地址的概念及格式	自主学习查询IP地址的方法后思考： 小组成员之间观察IP地址有什么特点 尝试将IP地址四组数中某组值改为大于255的数值，观察修改后的设备能否正常上网	【生】合作探究： 根据学案中的提示，自主学习如何查询一台设备的IP地址，并将小组查询到的IP地址填入表单 【生】观察总结： 每台设备的IP地址都是由四组数字组成的，数字之间都由.隔开。如果将IP地址某组数改为大于255的数后，设备将没法继续上网 【师】归纳总结： 实际在计算机中IP地址是由32位二进制数组成，每8位一个字节，所以对应4个字节。但这样表示人们很难理解和记忆，所以常将其表示为"点分十进制"的形式 【板书】 一、IP地址 1. 点分十进制 2. 19.239.238.40 11011011111011111101110001 01000	在动手实践的过程中，初步了解IP地址，消除IP地址在学生心中的陌生感。并通过观察自然引出IP地址的表示方法

续表

环节	知识内容（情境/问题）	师生交互	创设意图
（三）观察分析：IP地址的组成	将自己的IP地址与左右相邻同学的比较思考： 1.自己和邻桌同学的IP地址在都有哪些共同特征？是否全世界的IP地址都这样呢 2.为什么IP地址有这样的特征呢 生成性问题： 那么IP地址中哪段是网络地址，哪段是主机地址呢 【试一试】：判断以下IP地址是否合法，若合法属于哪类，其网络地址与主机地址分别是什么 1.165.1.1.1 2.17.9.0.290 3.-3.134.60.127	【生】比较不同的IP地址： 查看相邻同学的IP地址并与自己的IP地址进行比较 【生】讨论总结： 通过观察得出，教室里所有IP地址前三组数都一样。而且每组数值不能超过255 【师】类比分析： 按照国际互联网组织的规定：IP地址的4段分为网络号和主机号。就像同学的考号"220103"一样，22表示入学年份，01表示班号，03是座位号，这样划分之后，由考号能够快速找到对应的学生。网络通信也一样，通过网络号和主机号能快速定位计算机的位置。这样划分便于管理网络设备 【生】自主学习任务单——IP地址的分类，完成练习 根据IP地址中网络和主机地址所占的不同段数将常用的IP地址主要分为A、B、C三大类	通过直接类比分析发现问题，由此带着疑问自然过渡到IP地址的分类 将IP地址与班级管理相类比，促进学生联系生活实践理解IP地址的分类概念
（四）类比理解：子网掩码的认识	思考： 子网掩码是什么 有什么作用	【生】观察思考： 再次观察计算机的IP地址，发现每个IP地址下面都有一个子网掩码 【师】分析总结： 实际按照A、B、C三类IP地址来应对不同规模的网络，难以充分利用地址资源，为此，可以再次对网络进行划分，这就需要用到子网掩码	通过教师讲解，让学生了解子网掩码的设置规则和作用

续表

环节	知识内容（情境/问题）	师生交互	创设意图
（五）情境探究学习：如何实现局域网内设备互通互联	小明上节课搭建好局域网之后，他想访问局域网内的其他计算机，该如何设置其他计算机的IP地址才能实现互通互联呢	【生】合作探究：阅读资料，自学IP地址的设置方法，了解计算机之间互通互联的条件，合作完成局域网内的计算机互通互联 【师】总结归纳：局域网内的设备只有在同一网络号的情况下，才可以实现相互通讯，所以首先需要了解设备的IP地址网络号是多少，再设置	联合上节课搭建的无线局域网，结合本节课所学的IP地址，更深层次理解网络协议、设备和操作系统之间的关系
（六）拓展学习	【问题情境】IP地址的发展：常见32位长的IPv4（第4版IP协议规定）地址，理论上最多有2³²个，随着互联网的发展，这种地址已经用完，那么如何解决这个问题呢	【生】自主独立学习：拓展阅读"IP地址的发展"，了解IPv6地址	通过问题情境，明白IP地址也是一种资源，了解IPv6地址的表示形式和IP地址的发展历程。增强学生的信息社会责任
（七）课堂总结	结束语：IP地址逃不掉，文明上网你我行	【师生】共同总结：IP地址是唯一标识出主机所在的网络及其网络中位置的编号。IP地址是一个32位的二进制数，常用的分为A、B、C三类，子网掩码可以把IP地址划分为网络地址和主机地址，更方便管理	巩固所学内容，对已学知识进行简单的归纳

（八）教学反思

主要亮点：虽然本节课的内容比较抽象，但通过任务驱动，类比分析等方法，基本能让学生明白IP地址的用途及含义，并通过学习能让学生知道网络空间也非法外之地，需要遵守法律法规。

存在不足：因为时间比较紧，对于子网掩码的基本概念及用途讲解类比不够，需要改进这部分的教学方法。在任务探究时，时间控制得不是很充分，需要改进。

再教设计：把握好课堂每一个活动环节，通过列举更多的实例让学生更好地理解子网掩码的作用，并通过实践活动学会利用IP地址和子网掩码设置局域网。

第五节　实践教学模式的实践
——以"篮球双手传球技术动作教学与应用"为例

张元章

篮球传球技术动作是篮球运动教学中必须掌握的技术动作，也是篮球比赛中进攻队员间有目的地转移球的方法，是进攻队员在赛场上相互联系和组织进攻的纽带，是实现战术配合的具体手段。传球的好与坏，可以直接影响战术的质量和比赛的胜负。准确巧妙地传球，可以打乱对方的防御部署，创造更多更好的投篮机会。

一、单元整体设计

本单元以《体育与健康课程》中"篮球动作教学"为基础，选择篮球传球技术动作教学为主题单元，该主题单元从"篮球双手传球"为主线，围绕单元大概念进行阐析，形成一个较为完整的单元整体，并指向学科大概念。

（一）课程标准

◆绘制示意图，解释和说明双手传球技术动作之间的相互关系。

◆运用传球的案例，说明双手传球技术动作的运用，并举例说明传球动作在实战中的运用等。

◆运用图片展示，亲身示范，分析双手传球技术动作的作用，以及如何在比赛中更好地运用传球的各个基本动作技术。

（二）大概念建构

根据《体育与健康课程标准（2022）》中课程内容的模块，结合各版本教材对该部分内容的单元整合，本单元对应的学科大概念为"篮球运动教学"。在学科大概念统摄下，本单元重点关注传球技术动作在实践中的运用，以及对学生如何将双手传球技术动作应用到比赛当中去，故本单元的单元大概念确定为"篮球双手传球

技术动作教学与应用"。（具体见表6-5-1）

◆**球类运动**：球类运动属于高中体育与健康课程必修选学内容中的六个运动技能系列之一，也是高中体育选项教学中最受学生欢迎的运动项目。根据《普通高中体育与健康课程标准》的要求，每个高中学生可以在学校开设的球类项目中选择一个项目，持续学练三年，也可以根据学校安排，在学练三个模块后选学其他项目。球类项目经历了长期的发展，都有一套符合自身运动特点的技战术方法和竞赛规则体系，形成了独特的运动风格和文化特征。球类竞赛中激烈的攻防对抗、比赛结果的不确定性、运动员出色的表现和创造性发挥等，使球类运动充满了趣味性和吸引力。

◆**篮球传球技术动作**：篮球运动中的传球技术，是指运动员在比赛过程中把球利用传球的方式交接到本方队员的手中。其特点是可以利用传球把全队串联起来，运用传球破坏对方守和组织进攻，达到既定的战术目的。篮球传接球主要包括篮球双手胸前传球，篮球双手头上传球，单手肩上传球，单手体侧传球等。

◆**篮球双手传接球技术动作教学与应用**。篮球双手传接球技术动作，其中包括双手胸前传接球和双手头上传球，因此篮球双手传接球技术动作教学与应用成为本章节的单元大概念。是本单元学习的结构化目标指向，本单元选择篮球双手传接球技术动作，其中包括双手胸前传接球，双手头上传接球两个技术动作的教学。

表6-5-1 "球类运动"部分大概念层级

学科大概念	单元大概念	课时大概念
球类运动	篮球运动	双手胸前传接球 双手头上传接球

（三）单元学习目标

本单元属于《体育与健康课程》篮球模块内容，其阶段性评价以学业质量水平3为依据，最终达到学业质量水平4要求。依据《体育与健康课程标准（2022版）》的学业质量要求，本单元的学习目标为：

◆**运动能力**：运动能力是指学生在参与体育运动过程中所表现出来的综合能力。运动能力包括体能状况、运动认知与技战术运用、体育展示或比赛三个维度，主要体现在基本运动技能、体能、专项运动技能的掌握与运用。结合现实中的篮球技术运用问题，能够从实战的角度，掌握篮球双手传球技术动作，初步掌握篮球双手传球基本动作技术同时发展学生的身体素质。

◆**健康行为**：增进身心健康和积极适应外部环境的综合表现，是改善健康状况并逐渐形成良好生活方式的关键。健康行为包括养成良好的锻炼、饮食、作息和卫生习惯，控制体重，远离不良嗜好，预防运动损伤和疾病，消除运动疲劳，保持良好心态，适应自然和社会环境的能力等。高中学生健康行为养成的重点是锻炼习惯、情绪调控和适应能力。健康行为的具体表现形式为体育锻炼意识与习惯、健康知识掌握与运用、情绪调控、环境适应。

◆**体育品德**：指在体育运动中应当遵循的行为规范以及形成的价值追求和精神风貌，对维护社会规范、树立良好的社会风尚具有积极作用。体育品德包括体育精神、体育道德和体育品格三个方面。体育精神包括自尊自信、勇敢顽强、积极进取、超越自我；体育道德包括遵守规则、诚信自律、公平正义等；体育品格包括文明礼貌、相互尊重、社会责任感、正确的胜负观等。高中学生体育品德培养的重点是积极进取、遵守规则、社会责任感。体育品德的具体表现形式为体育精神、体育道德和体育品格。

（四）单元学习大情境

1.篮球双手接传球

（1）篮球双手胸前传球技术动作。篮球双手胸前传接球是最基本的传球技术动作技术，是篮球比赛中最基本、最常用的传球方法，具有传球快速用力，准确性高，容易控制，便于与其他动作相结合的优点。动作技术是两手五指自然分开，两拇指相对成八字形，用指根以上部位持球的两侧后方，空出手心。肩、臂、腕部肌肉放松，两肘自然弯曲于体侧，将球置于胸腹之间的部位。身体成基本站立姿势，两眼注视传球目标。传球时，后脚蹬地，身体重心前移，同时前臂短促地前伸，手腕由下向上转动，并由内侧向外翻转相结合而急促抖腕，拇指用力向下压，食、中指用力弹拨将球传出。球出手后拇指和手心向下，其余四指向前。传球的距离越远，蹬地、伸臂的动作幅度越大，而且还要与腰腹及身体协调用力相配合。

图 6-5-1　篮球双手胸前传接动作

动作要领：蹬地伸臂要同时，翻腕抖腕加拨指，整个动作要协调，两手用力要均匀，全身动作要连贯，身体平衡应保持。

（2）篮球双手头上传球动作。双手头上传球出手点高，便于与头上投篮相结合，但与突破、运球等技术相结合使用时，却增加了动作的幅度，所以它适于高大队员使用。多用于中、远距离传高空球以及抢篮板球后发动快攻第一传和内外线队员转移球等。其动作方法是：持球方法与双手胸前传球相同。双手举球于头上，两肘向前。近距离传球时，前臂前摆，手腕前扣并外翻，同时拇、食、中指用力向前拨球。传球距离较远时，脚蹬地，腰腹用力带动上臂发力，前臂前甩，腕、指用力前扣，将球传出。跳起做双手头上传球时，双手举球向头后摆，跳到最高点时，腰腹用力，两臂前摆，腕和指用力将球传出。

动作要领：持球屈肘头上方，蹬地、腰腹用力量；前臂摆动曲手腕，拇、食、中指加力量。

图6-5-2　篮球双手头上传球动作

二、课时大概念 I（篮球双手胸前传接球技术动作教学与应用）教学设计示例

本课时大概念为"篮球双手胸前传球技术动作教学与应用"，对应的课程标准为"绘制示意图，解释篮球双手胸前传球技术动作的相互关系"。根据学习内容和课堂容量，本主题的学习需要1课时。

（一）大概念析读

1. 大概念理解

篮球双手胸前传球技术动作，是篮球比赛中精工队员之间有目的地传球的方法。它把各项技术各个队员连为一体，是比赛中运用最多的一项技术。传接球的好坏，直接影响着战术质量的高低。比赛中为了给同伴创造有力的得分机会，队员之间要组织各种战术配合。但这些配合，不论设计得多么巧妙，最后若未能及时到位传接球，都将无用。因此需要学生有效地掌握篮球双手胸前传接球。本单元的教学主要是篮球双手胸前传接球动作教学与应用。

2. **大概念解构（认知内容）**

完成"篮球双手胸前传球技术动作教学与应用"大概念教学，需要结合教学实践，在解释具体概念"篮球双手胸前传球技术动作"，完成以下教学内容，最终达成课时大概念，指向单元大概念。

（二）学习目标

1.通过学习，初步了解"篮球双手胸前传球技术动作"的基本要领、使用价值。

2.通过学习与实践，初步掌握"篮球双手胸前传球技术"，提高身体协调性。

3.通过教师组织的游戏、分组练习及比赛，懂得互相帮助，培养学生的团结意识、竞争意识和拼搏意识，享受篮球运动带来的快乐。

（三）学习重难点

◆学习重点：传球"蹬、伸、翻、拨"的用力顺序。

◆学习难点：传球时身体上下肢的协调配合。

（四）学情分析

本课程篮球运动"双手胸前传接球"主要授课对象为高一年级学生，正处于生长发育时期。该阶段的学生在身心发展就已具备了学习篮球运动"双手胸前传球"的能力。

首先，该阶段的学生从心理上对运动兴趣具有一定的需要，通过走班制教学，能够满足该阶段学生运动心理的需要（包括生物性需要，社会性需要，心理性需要），因此在课堂能够激发他们学习篮球运动兴趣和积极性。

其次，从生理来看该阶段的学生各项身体素质随着年龄的增长而增长，青春期身体发育速度快，以及具备了学习篮球技术能力和战术能力的潜力。篮球运动的教学能够提高他们的身体素质（力量、速度、有氧、无氧等）。

最后，授课教师根据该阶段的学生身心发展情况合理安排本次理论课教学内容和组织形式，需要在教学时注意运动场地的选择，增加课程的趣味性，注重男女生的差异等，以便于更好地达成本次课的教学目标。

（五）教学资源

◆基本教学材料：

场地：篮球场。

器材：篮球40个，标志盘40个，挂图及展板4张。

◆课时大情境：篮球双手胸前传接球技术动作与应用。

（六）教学过程设计

教学过程	教学环节及内容	教学活动		组织形式及要求
		教师指导	学生学习	
准备部分	环节一：课堂常规 1.集合整队，清点人数 2.师生问好 3.宣布课堂内容要求 4.安排见习生 5.检查着装与安全 6.提出上课要求（注意安全，集合整队做到快静齐）	1.教师语言要清晰，精神抖擞，语言亲切 2.宣布本节课教学内容，检查服装，师生问好 3.教师强调课堂任务和安全	1.集合迅速，队伍整齐 2.听从老师安排 3.注意整体的协调统一	组织形式如图： 要求：集合针对做到快、静、齐，学生成4列横队站
	环节二：准备活动 一般准备活动： 1.热身跑：小步跑，正踢腿，高抬腿，侧身跑等 2.徒手操及关节活动 3.肌肉拉伸 专项准备活动： 1.熟悉球性练习 2.绕三环（颈部，腰部膝关节） 3.胯下八字绕球 4.原地运球练习	1.带领学生充分做好准备活动，防止运动 2.和学生一起做准备活动为下一步教学做准备 3.积极鼓励学生，并主动活跃课堂气氛	1.在教师的口令提示下，认真欢快的跳动 2.在教师的带领下认真做准备活动 3.积极与教师互动	组织形式如图： 要求：集合针对做到快、静、齐，并按照老师的要求做好准备活动

续表

教学过程	教学环节及内容	教学活动 教师指导	教学活动 学生学习	组织形式及要求
基本部分	环节一：探究性学习 学习方法：教师组织学生围绕图片进行观看，对胸前传球技术动作进行探究。并对其作组成的各个部分进行分析	1.组织学生观看篮球胸前传球挂图，进行探究性学习 2.引导学生思考问题带着问题进入本节课	1.学生认真观看挂图，思考问题 2.认真分析本节课技术动作的组成 3.学生认真观察并思考	组织形式如图： 要求：注意观察、思考问题，认真听讲
	环节二：完整动作示范与动作要领讲解 两手手指自然张开，拇指相对成"八"字形，用指根以上部位持球的两侧后方。手心空出，两肘自然弯曲，将球至于胸腹前。传球时前臂朝传球方向伸直，手腕翻转。拇指用力下压，食中指将球传出，脚蹬地发力在身体重心前移 总结口诀：为了便于学生记忆，将传球总结为"蹬、伸、翻拨"	1.教师完整示范篮球胸前传球技术，并讲解胸前传球技术动作要领 2.通过口诀（"蹬、伸、翻和拨"）让学生记住动作要领	1.认真听教师的讲解 2.认真观看示范和听讲解动作要领，检查自己的动作 3.认真观看示范和听老师讲解动作要领，并认真学习	组织形式如图： 要求：学生成4列横队，分别站在老师左右两边，前排同学蹲下

续表

教学过程	教学环节及内容	教学活动		组织形式及要求
		教师指导	学生学习	
基本部分	环节三：原地无球模仿分解动作练习 1.动作要点：两手手指自然张开，拇指相对成"八"字形，用指根以上部位持球的两侧后方。手心空出，两肘自然弯曲，将球至于胸腹前。传球时前臂朝传球方向伸直，手腕翻转。脚蹬地发力在身体重心前移 2.练习方法：教师鸣哨，学生做好动作后检查与纠错 3.解决：掌握传球时用力循序和位置	1.讲解持球手型、传球要点 2.鸣哨后，检查、纠错，要求学生持球手型正确 3.强调用食指与中指拨球 4.纠错	1.认真看示范，听讲解，跟随老师的要求进行练习 2.积极配合老师的安排 3.检查自己的动作是否正确，若有错误及时正 4.善于思考，充分发挥自身模仿能力，尽量做到动作规范	组织形式如图： 要求：学生成4列横队站立，前后左右间隔两米，做到快、静、齐
	环节四：有球传球动作练习 1.动作要点：传球时，蹬地、伸手、转腕和拨球动作连贯。接球时；伸手迎球，接到球后屈肘后引缓冲力量 2.练习方法：两人一组短距离站立进行传接练习；在逐渐过渡长距离传接练习	1.完整动作示范与讲解，介绍动作用途 2.要求学生鸣哨之后传球；提醒学生集中注意力 3.学生在自由练习途中，巡视全场，进行集体与个别纠错 4.请优秀同学出来展示，并给予表扬	1.认真看示范，听讲解 2.听老师哨声做动作；集中注意力，积极参与练习 3.主动发现不足，积极改进，加强	组织形式如图： 要求：学生两人一组进行传球，取好间隔，自觉进行轮换。互相帮助，纠正错误动作

续表

教学过程	教学环节及内容	教学活动 教师指导	教学活动 学生学习	组织形式及要求
基本部分	环节五：多角度传球练习 练习方法：学生进行多角度的传球练习，比如三角到五角，用多个球进行练习，以便提高课堂的练习密度	1.教师示范并组织进行传接球练习 2.教师组织学生在统一口令下进行练习 3.个别纠错加与鼓励	1.认真听讲和要求 2.迅速拿球，拉开一定的距离进行练习 3.积极大胆展示，表现出自信	组织形式如图： 要求：传球到一定次数后，然后依次交换
基本部分	环节六：行进间胸前传球往返练习 动作方法：两人为一组，面对面进行行进的传球练习，注意身体重心随着球向前跟进，用左右滑步的方式进行传球练习	1.教师示范讲解，行进间两人滑步传球往返练习技术动作要求 2.教师组织学生在统一口令下进行练习 3.个别纠错与鼓励	1.认真听讲解和练习要求 2.迅速拿球，拉开一定的距离进行练习 3.积极大胆展示，表现出自信	组织形式如图： 要求：学生拿球自行练习，教师巡回观察纠错
基本部分	环节七：胸前传球技巧大赛 将比赛分为4队，各站在篮球场上的底线的标志筒，学生传球时需要穿过呼啦圈到对面的学生，依次轮换完成	1.组织学生进行比赛 2.讲解游戏方法与规则 3.请一位同学做裁判 4.宣布名次，鼓励同学	1.比赛过程中，一切行动听从老师组织安排 2.注重团队合作，尽力控制好球，不要相互指责 3.给队友加油	组织形式如图： 要求：遵守比赛规则，公平竞争
基本部分	环节八：课课练（体能练习） 组织学生原地跑跳练习，加强学生体能（高抬腿，俯卧撑，波比跳等）	1.组织学生进行体能练习 2.宣布名次，鼓励同学 3.要求动作到位	1.认真听讲老师的要求 2.努力完成体能练习 3.调整呼吸节奏	组织形式如图： 要求：完成课课练

续表

教学过程	教学环节及内容	教学活动 教师指导	教学活动 学生学习	组织形式及要求
结束部分	结束环节： 1. 放松操 2. 见习生入列 3. 课程小结，总结学习、过程与成果 4. 布置课后作业 5. 收还器材 6. 师生道别，宣布下课	1. 教师带领学生在舒缓音乐的伴奏下，调整呼吸 2. 集合整队，对本次课进行小结 3. 布置作业 4. 安排见习生归队 5. 安排体育委员收还器材 6. 宣布下课，师生道别	1. 集中注意力，跟随教师做放松动作，调整呼吸 2. 全体集合，认真听教师总结，做好课后总结 3. 记住教师布置的作业 4. 见习生入列 5. 体育委员收还器材 6. 击三次掌与教师道别	组织形式： 要求1：充分放松；集合快、静、齐 要求2：身体放松、呼吸轻松、动作柔软舒展

（七）学习测评

观看篮球比赛视频，学会了解双手胸前传接球技术的应用。

（八）教学反思

主要亮点：围绕本节的教学大概念"篮球运动"对教学内容进行结构化设计，本次课程根据新课标的要求，合理设计教学内容，教案设计内容明确，教学环节流畅，学练内容丰富。

存在不足：教学中对情境的挖掘不够深入，知识间的联结较为生硬。本内容根据学生情况拆分为两课时，教学容量较小。不同教学班级学生知识与篮球基本技术能力水平差异较大，教学中难度的弹性不够，加上组织形式有点混乱，导致课堂教学目标的达成度不够理想。

再教设计：根据不同层次班级学生调整好课堂容量。设计个性化情境，满足不同能力层次学生需求，注重高阶思维培养，要合理备课，按照该阶段学生的生理条件合理设置本次课的教学内容。加强知识的融合与拓展，更为贴近学业水平选择性考试要求，让学生适应其知识考查特征。

三、课时大概念Ⅱ（篮球双手头上传接球技术动作教学与应用）教学设计示例

本课时大概念为"篮球双手头上传球技术动作教学与应用"，对应的课程标准

为"绘制示意图，解释篮球传球技术动作的相互关系"。根据学习内容和课堂容量，本主题的学习需要1课时。

（一）大概念析读

1. 大概念理解

篮球双手头上传球技术动作教学与应用是篮球双手传球技术动作的总称，而且双手传球技术是篮球比赛中进攻队员之间有目的地传球的方法。它把各项技术各个队员连为一体，是比赛中运用最多的一项技术。传接球的好坏，直接影响着战术质量的高低。本单元的教学主要是篮球双手头上传接球动作教学与应用，故本单元的该的大概念理解为"篮球双手传接球技术动作教学与应用"。

2. 大概念解构（认知内容）

完成"篮球双手头上传球技术动作教学与应用"大概念教学，需要结合教学实践，在解释具体概念"篮球双手头上传球技术动作"，完成以下教学内容，最终达成课时大概念，指向单元大概念。

（二）学习目标

1.通过学习，初步了解"篮球双手头上传球技术动作要领、使用价值。

2.通过学习与实践，初步掌握"篮球双手头上传球动作技术，提高身体协调性。

3.通过教师组织的游戏、分组练习及比赛，懂得互相帮助，培养学生的团结意识、竞争意识和拼搏意识，享受篮球运动带来的快乐。

（三）学习重难点

◆学习重点：传球"蹬、伸、翻、拨"的用力顺序。

◆学习难点：传球时身体上下肢的协调配合。

（四）学情分析

本课程篮球运动"双手头上传接球"主要授课对象是高一年级学生进行教学，正处于生长发育时期。该阶段的学生在身心发展就已具备了学习篮球运动"双手胸前传球"的能力。

首先，该阶段的学生从心理上对运动兴趣具有一定的需要，通过走班制教学，能够满足该阶段学生运动心理的需要（包括生物性需要，社会性需要，心理性需要），因此在课堂能够激发他们学习篮球运动兴趣和积极性。

其次，从生理来看该阶段的学生各项身体素质随着年龄的增长而增长，青春期身体发育速度快，以及具备了学习篮球技术能力和战术能力的能力。篮球运动的教学能够提高他们的身体素质（力量、速度、有氧、无氧等）。

最后，授课教师根据该阶段的学生身心发展情况合理安排本次课教学内容和组织形式，需要在教学时注意运动场地的选择，增加课程的趣味性，注重男女生差异等，以便于更好达成本次课的教学目标。

（五）教学资源

◆基本教学材料：

场地：篮球场。

器材：篮球40个，标志盘40个，挂图及展板4张。

◆课时大情境：篮球双手头上传接球技术动作与应用。

（六）教学过程设计

教学过程	教学环节及内容	教学活动		组织形式及要求
		教师指导	学生学习	
	环节一：课堂常规 1.集合整队，清点人数 2.师生问好 3.宣布课堂内容要求 4.安排见习生 5.检查着装与安全 6.提出上课要求（注意安全，集合整队做到快静齐）	1.教师语言要清晰，精神抖擞，语言亲切 2.宣布本节课教学内容，检查服装，师生问好 3.教师强调课堂任务和安全	1.集合迅速，队伍整齐 2.听从老师安排 3.注意整体的协调统一	组织形式如图： 要求：集合针对做到快、静、齐，学生成4列横队站
准备部分	环节二：准备活动 一般准备活动： 1.热身跑：小步跑，正踢腿，高抬腿，侧身跑等 2.徒手操及关节活动 3.肌肉拉伸 专项准备活动： 1.熟悉球性练习 2.绕三环（颈部，腰部膝关节） 3.胯下八字绕球 4.原地运球练习	1.带领学生充分做好准备活动，防止运动损伤 2.和学生一起做准备活动为下一步教学做准备 3.积极鼓励学生，并主动活跃课堂气氛	1.在教师的口令提示下，认真欢快的跳动 2.在教师的带领下认真做准备活动 3.积极与教师互动	组织形式如图： 要求：集合针对做到快、静、齐，并按照老师的要求做好准备活动

续表

教学过程	教学环节及内容	教学活动 教师指导	教学活动 学生学习	组织形式及要求
基本部分	环节一：探究性学习 学习方法：教师组织学生看图，对双手头传球动作进行探究。并对其作组成的各个部分进行分析	1.组织学生观看篮球双手头上传球挂图，进行探究性学习 2.引导学生思考问题，带着问题进入本节课	1.学生认真观看挂图，思考问题 2.认真分析本节课技术动作 3.学生认真观察并思考	组织形式如图： 要求：注意观察、思考问题，认真听讲
基本部分	环节二：完整动作示范与讲解动作要领 动作方法：持球方法与双手胸前传球相同。双手举球于头上，两肘向前。近距离传球时，前臂前摆，手腕前扣并外翻，同时拇、食、中指用力向前拨球。传球距离较远时，脚蹬地，腰腹用力带动上臂发力，前臂前甩，腕、指用力前扣，将球传出。跳起做双手头上传球时，双手举球向头后摆，跳到最高点时，腰腹用力，两臂前摆，腕和指用力将球传出	1.教师完整示范篮球双手头上传球技术，并讲解胸前传球技术动作要领 2.通过口诀（"蹬、伸、翻拨"）让学生记住动作要领	1.认真听教师的讲解 2.认真观看示范和听讲解动作要领，检查的动作 3.认真观看示范和听老师讲解动作要领，并认真学习	组织形式如图： 要求：学生成四列横队，分别站在老师左右两边，前排同学蹲下
基本部分	环节三：原地分解动作练习及模仿动练习 1.动作要点：动作要领：持球屈肘头上方，蹬地、腰腹用力量；前臂摆动曲手腕，拇飞食、中指加力量前移 2.练习方法：教师鸣哨，通过模仿教师的动作，做无球模仿练习	1.讲解持球手型、传球要点 2.鸣哨后，检查、纠错，要求学生持球手型正确 3.强调用食指与中指拨球 4.动作纠错与指导	1.认真看示范，听讲解，跟随老师的要求进行练习 2.积极配合老师的安排做好模仿练习 3.检查自己的动作是否正确，若有错误及时纠正	组织形式如图： 要求：学生成四列横队站立，前后左右间隔两米，两人一组，面对面进行练习

续表

教学过程	教学环节及内容	教学活动 教师指导	教学活动 学生学习	组织形式及要求
基本部分	环节四：原地一对一传球动作练习 1.动作要点：传球时，蹬地、伸手、转腕和拨球动作连贯。接球时，伸手迎球，接到球后屈肘后引缓冲力量 2.练习方法：两人一组短距离站立进行传接球练习	1.完整动作示范与讲解，介绍动作用途 2.要求学生鸣哨之后传球；提醒学生集中注意力 3.学生在自由练习途中，巡视全场，进行集体与个别纠错	1.认真看示范，听讲解 2.听老师哨声做动作；集中注意力，积极参与练习 3.主动发现不足，积极改进	组织形式如图： 要求：学生两人一组进行传球接球动作
	环节五：扇形传、接球练习 方法：四人一组，一人持球，另三人站成扇形，进行传、接球练习，传到一定次数后，依次交换	1.教师示范并组织进行传接球练习 2.教师组织学生在统一口令下进行练习 3.个别纠错与鼓励	1.认真听讲解和练习要求 2.迅速拿球，拉开一定的距离进行练习。 3.积极大胆展示，表现出自信	组织形式如图： 要求：上下肢协调配合，传球手法准确
	环节六：原地五角传接球练习 方法：五人一组，站成五角形，相距四至六米。按顺时针或逆时针方向隔人依次传球	1.组织学生进行练习 2.讲解方法与规则 3.要求动作到位。 4.个别纠错加鼓励	1.一切行动听从老师组织安排 2.注重团队合作，尽力控制好球，不要相互指责 3.积极主动给队友加油	组织形式如图： 要求：传球到一定次数后，依次交换，传球动作连贯，上下肢协调配合

教学过程	教学环节及内容	教学活动 教师指导	教学活动 学生学习	组织形式及要求
基本部分	环节七：传接球投篮训练 方法：将学生分成两组，每组七八人在中线与边线的交接处站立，其中一组每人一球，用双手头上传球传至另一组排头，然后切入篮下，另一人接球用双手头上传球回传，然后接球投篮，两人交换依次进行	1.组织学生进传接球投篮训练 2.讲解方法与规则 3.要求动作到位 4.个别纠错加鼓励	1.在教师的口令提示下，认真进行训练 2.积极与教师互动	组织形式如图： 1组　　2组 要求：传、接球要及时准确到位。手脚配合要协调，接球与投篮衔接要熟练
基本部分	环节七：课课练（体能练习） 组织学生原地跑跳练习，加强学生体能（高抬腿，俯卧撑，波比跳等）	1.组织学生进行体能练习 2.宣布名次，鼓励同学 3.要求动作到位	1.认真听老师讲的要求 2.努力完成体能练习 3.调整呼吸节奏	组织形式如图： 要求：完成课课练
结束部分	结束环节： 1.放松操 2.见习生入列 3.课程小结，总结学习过程与成果 4.布置课后作业 5.收还器材 6.师生道别，宣布下课	1.教师带领学生在舒缓音乐的伴奏下，调整呼吸 2.集合整队，对本次课进行小结 3.布置作业 4.安排见习生归队 5.安排体育委员收还器材 6.宣布下课，师生道别	1.集中注意力，跟随教师做放松动作，调整呼吸 2.全体集合，认真听教师总结，做好课后总结 3.记住教师布置的作业 4.见习生入列 5.体育委员收还器材 6.击三次掌与教师道别	组织形式： 要求1：充分放松；集合快、静、齐。 要求2：身体放松、呼吸轻松、动作柔软舒展

（六）学习测评

观看篮球比赛视频，了解双手头上传接球技术动作的应用。

（七）教学反思

主要亮点：围绕本节的教学大概念"篮球运动"对教学内容进行结构化设计，本次课程根据新课标的要求，合理设计教学内容，教案设计内容明确，教学环节流畅，学练内容丰富。

存在不足：教学中对情境的挖掘不够深入，知识间的联结较为生硬。本内容根据学生情况拆分为一个课时，教学容量较小。不同教学班级学生知识与篮球基本技术能力水平差异较大，教学中难度的弹性不够，加上组织形式有点混乱，导致课堂教学目标的达成度不够理想。

再教设计：根据不同层次班级学生调整好课堂容量。设计个性化情境，满足不同能力层次学生需求，注重高阶思维培养，要合理备课，按照该阶段学生的生理条件合理设置本次课的教学内容。加强知识的融合与拓展，更为贴近学业水平选择性考试要求，让学生适应其知识考查特征。

第七章 大概念教学的整校实践

第一节　贵州师范大学附属中学素养时代下的课程建设

林　平

教育是国家的基石，课程是培养学生的关键。2020年修订的《普通高中课程方案和语文等学科课程标准》明确指出高中新课程改革的目标是培养有理想、有本领、有担当的时代新人，以发展学生素养为核心，培养全面发展的人，为党育人，为国育才。2021年贵州省教育厅印发了《贵州省普通高中新课程实施方案（试行）》的通知，为全面落实立德树人根本任务，推进新课程跟改革，完善学校课程体系，我校成立了学校课程建设领导小组，教师、家长、学生全员参与课程建设。在各级领导的关心支持和专家的指导下，我校根据新课程方案和课程标准，结合学校实际，制定了《贵州师范大学附属中学课程规划》。紧跟新课改的步伐，我们积极探索素养时代下学校的课程建设。三年来，我校的课程建设在不断推进，促进了学生的素养发展。

一、素养与课程建设

（一）落实素养教育

学生发展核心素养，学生在接受相应学段的教育过程中，逐步形成的适应个人终身发展和社会发展需要的必备品格与关键能力。学生发展核心素养是落实立德树人根本任务的一项重要举措，也是适应世界教育改革发展趋势、提升我国教育国际竞争力的迫切需要。将核心素养、学业质量标准融入课程标准是目前国际基础教育课程方案研制的趋势。核心素养是关于学生知识、技能、情感、态度、价值观等多方面的综合表现；是每一名学生获得成功生活、适应个人终生发展和社会发展都需要的、不可或缺的共同素养。

中国学生发展核心素养，分为文化基础、自主发展、社会参与三个方面。综合表现为人文底蕴、科学精神、学会学习、健康生活、责任担当、实践创新六大素养，具体细化为国家认同等十八个基本要点。各素养之间相互联系、互相补充、相互促进，在不同情境中整体发挥作用。根据这一总体框架，课程标准进一步对各学段学生提出了具体要求。

学生发展核心素养是一套经过系统设计的育人目标框架，其落实需要从整体上推动各教育环节的变革，最终形成以学生发展为核心的完整育人体系；学校通过课程设计、教学实践、教育评价等三个方面进行落实。学生发展核心素养是课程设计的依据和出发点，引领和促进教师的专业发展，帮助学生明确未来的发展方向；同时也是作为检验和评价教育质量的重要依据。

核心素养是一个学生整体的品格和能力，学科核心素养是一个学生在某学科领域里形成的品格和能力。发展学生的核心素养需要通过发展学科核心素养来实现，但学生学科核心素养的培养不一定完全能促进学生核心素养的提高。2020年新修订的《课程标准》中学科素养明确了学生完成不同学段、不同年级、不同学科学习内容后应该达到的程度要求。学生核心素养的培养和提高，不仅需要学校重视学科核心素养的培养，还需要家庭和社会共同努力，才能真正提高学生的核心素养，素养教育才能落到实处。

（二）贵州师范大学附属中学现状分析

1. 学校的资源与优势

贵州师范大学附属中学一百多年来始终秉承"仁、智、勇"的校训，学校长期坚持推行素质教育，积极探索培养学生科学精神与人文素养的教育规律，创建有利于学生自主全面发展的校园文化，取得了良好的成绩，积累了丰富经验。在素养时代，贵州师范大学附属中学着力于全面推进素养教育，构筑全方位的育人体系，培养全面而有个性的学生。

2. 学生现状

我校学生综合素质较好，学习能力中等，但是学生有较强的自主管理、规划未来的能力和意识，为我们进一步创设校本课程体系、推进素养教育提供了可能。目前学生中也存在着诸多的问题，青少年成长中的问题都有体现，如思想上存在是非观念模糊、责任感缺失，素养上存在缺乏尊重、不善沟通与倾听、意志力薄弱，学习上存在有厌学、盲目或纯功利地学等应试教育体制下的通病。

3. 教师队伍现状

贵州师范大学附属中学拥有一批敬业爱生、专业博学、教有特色的高水平教师。教师队伍的特点是责任感强，知识面广，掌握一定的科学方法论，善于启发学生，教师们敢想肯干是我校可持续发展的有力保证。在新课程、新教材、新课标、新高考的背景下，大量的新理论、新知识涌来，对我们的教师多少有些冲击。全面实施素养教育是我们教师面临的一项新课题，也是对我校教育教学高质量发展的挑战。

二、课程建设目标

（一）学生培养目标

培养"仁爱和谐、智慧聪颖、勇敢果毅、追求时代风尚、崇尚达德臻美"的中学生，即以下三大方面：

1. 培养学生求真务实的科学精神，逐步养成科学的学习、生活态度；以科学的方法思考问题，处理问题，形成科学的、独立的、创新的思维方式。

2. 培养学生珍爱生命，诚实守信，兼容并蓄，具有高尚的道德情操，提高人文素养，形成人与人、人与社会、人与自然的和谐关系，以优秀的人文精神来塑造学校的形象、打造学校的品牌。

3. 培养学生理解美、欣赏美、追求美、创造美的精神追求。在优美的环境、优质的教育、优良的教风与学风熏陶下，形成贵州师范大学附属中学特有的文化氛围。

（二）教师发展目标

新课程背景下，教师不仅要有较强的教学素养和学科知识素养，还要有良好的课程素养：

1. 教师是课程的执行者，教师更是课程的诠释者。

2. 教师是课程的制定者，教师更是课程的研究者。

3. 教师是课程的实施者，教学是课程实施的主要方式。

通过对活动的参与、组织、指导和管理，转变教育观、课程观和教学方式，使教师成为学生学习的促进者、合作者和指导者。改善教师知识结构，培养一支"一专多能"型的教师队伍，促进教师的自身专业化成长。

（三）课程发展目标

1. 完善课程结构：重点做好国家课程校本化实施和学校课程模块化、综合实践活动类课程开发，形成本校富有特色和内涵的课程体系。

2. 国家课程校本化实施的目标：全面提升学生素养，转变学习方式；培养综合学习能力。

3. 校本课程开发的目标：结合学校办学特色和育人目标，师生发展目标，创建学校的校本课程体系。

4.德育与实践活动类课程的建设目标：完成学校活动的课程化建设。

5.整合课程资源。组织力量进行课程资源调查、资源分析和资源规划，为学校课程建设做好资源准备。

贵州师范大学附属中学的目标是探索一条符合我校学生认知水平的校本课程开发的路子，建立并完善一套较为合理的校本课程的设置模式，提升学校的办学理念、特色品位以及完善课程文化和学校文化。

三、贵州师范大学附属中学课程建设

（一）课程建设指导思想

课程在学生成长中处于核心地位。课程的影响力，决定学校的影响力。通过构建开放多元、充满活力、富有特色的课程体系，为学生提供更加自主、更具个性、更多选择的成长环境、教育资源和专业服务，让学生的潜能得到全面充分而又自由的发展，尽最大可能实现学校的培养目标。

（二）建立学校课程体系建设领导小组

学校成立了学校课程领导小组，主要职责是负责学校课程规划的审议、学校课程建设的指导、教研组绩效的考核、学校课程质量的评估、教师专业发展的评估。作为职能部门，每学年都应该组织学校课程建设的研讨与交流，定期组织相关教师外出学习考察，同时邀请有关专家来校进行课程建设的指导。

（三）课程结构

贵州师范大学附属中学在新课程改革中，站在"三全育人"的高度，探索出以学生素养为统领的学校课程体系，努力把学生培养成为具备人文底蕴、科学精神、健康生活、责任担当和实践创新的全面发展而富有个性的人，实现育人模式由知识传授向全面培养学生素养的转变。

在课程改革中首要的标准不是单纯强调学科知识，而是考量课程建设是否指向学生的核心素养，是否将核心素养与课程融合发展相结合。依据中学生素养的发展要求，我校在原有的国家课程、地方课程和校本课程三级课程基础上，经整合、拓展和创新，形成了基础课程、拓展课程和特色课程三大类课程，以不同类型的课程促进学生全面且有特长地发展。

基础课程以国家课程为主，面向全体学生开设，为学生的必修课，主要在高一高二年级开设。拓展课程是国家课程的延伸和深化，主要服务学生能力提升，包括选择性必修课程和部分学校自主开发的综合性课程。特色课程由学校自主开发，主要服务学生个性化发展，一般在校本选修课中开设（部分为综合实践课程）。以学生素养为统领的学校课程体系，旨在推动育人模式的转变，扩大学校教育、教师教学和学生学习的自主权，从而引领学生全面发展。

学校校本课程着眼于满足学生向不同方向与不同层次发展的需要以及适应社会多样化的需求，满足不同基础学生的需求；着眼于学生学会学习，激励学生自主学习、主动探究和实践体验，对培养学生的创新思维和实践能力，培养学生分析和解决问题的能力、团结协作的能力、社会活动能力，具有十分重要的意义。

（四）课程体系建设原则

为落实立德树人根本任务，培养按照学校育人目标，我校课程体系建设的思路：整体规划、分步实施、注重层次、体现特色、合理创新、注重实效，基础课程、拓展课程和特色课程互通互融，有目的有计划地开发校本课程，并遵循科学性原则、多元化和可选择原则。

1. 科学性原则

课程建设要坚持科学性。围绕立德树人的根本要求，坚持以人为本，遵循学生身心发展规律与教育规律，充分反映新时期经济社会发展对人才培养的新要求，全面体现先进的教育思想和教育理念，着重强调中华优秀传统文化的传承与发展，把学生素养培养植根于中华民族的文化历史土壤，确保立足中国国情。

2. 多元化原则

多元化原则是指课程内容多元化和课程开发主体多元化。

每个学生都有自己的特点，在数理逻辑、语言、艺术、运动、人际交往等方面有差异，我们在课程的内容上尽量扩大涵盖面；在基础课程层面上，拓展课程、特色课程再分层开发，以适应不同的学生的个性需求。如有音乐特长的学生有艺术类课程可以选择，而只是业余爱好的学生可以选择"民族歌曲欣赏"课。同是音乐课，但是不同艺术修养的学生有不同的选择。

我校课程的开发也体现"多元化"，遵循"自主开发为主，合作开发为辅"的原则，充分挖掘和培育校内课程开发力量，适度借助贵州师范大学等高校、社会团体和家长开展课程建设，充分利用潜在的课程资源。

3. 可选择原则

我校课程设置既要坚持面向全体学生，提出统一的发展要求，又要根据学校的实际需要和学生的个体差异，提供选择的空间。学校创造条件，积极开设选修课程，开发校本课程，以适应社会和学生发展的需要。"让学生学会选择"是新课改的重要目标。可选择原则是指课程设置多层次、选修科目多样化，可供学生个性化选择的机会和余地大，促进学生多样性和个性化的发展的概率大。拓展课程和特色课程从我校学生实际出发，既满足学生的求知欲望，又兼顾学生的接受能力。让学生根据情况选择，为学生自主学习、个性发展创造了条件。

贵州师范大学附属中学按照学科和学生的兴趣爱好成立社团，如文学社、历史博览社、篮球社、动漫社等，开设了可供学生选择的附中特色课程。把课程的选择权交给学生，学生在选择中体味生活、规划人生，实现了特色课程学科化，特色课程兴趣化。

（五）校本课程开发

学校的影响力，取决于课程的影响力；学校的创造力，取决于课程的创造力；学校的生命力，取决于课程的生命力。我校根据学生的多样化需求，当地社会、经济、文化发展的需要，学科课程标准的建议以及学校办学特色等开发校本课程，供学生自主选择修习。学校制定了《贵州师范大学附属中学校本课程实施方案》。

学校本课程的开发内容遵循《贵州师范大学附属中学校本课程实施方案》中的六条原则，即思想性、时代性、基础性、选择性、特色性、地方性。

为保证学生具有选择空间，我校每年大约开设16门校本选修课程，并积极创造条件，推陈出新，丰富选修课程种类和数量，有意识地打造学校精品选修课程。同时根据现有教材，开发序列化课程，多层次多角度满足学生个性发展的需要。

贵州师范大学附属中学校本课程开发一般要经过以下三个基本步骤：

第一，条件分析与评估。学校以《贵州省普通高中新课程实施方案》确定的目标为基础，充分分析我校实际情况、学生情况和社会发展的需要，评估社区课程资源，结合学校办学理念，在课程实施过程中跟踪学生的发展需求，不断改进和调整课程设置，优化课程内容。

第二，确定总体方案。学校要在条件分析的基础上，研制校本选修课程建设的总体方案。总体方案包括校本选修课程建设目标、总体内容、实施要求、评价及保障措施等。

第三，组织具体开发。学校提倡教师积极参与课程建设，积极开发校本选修课程，并组织教师进行学习。拟进行选修课程开发者可自主申报课程，也可以教研组为单位申报课程，制定具体的开发计划，编写课程资料。

学校积极进行校本课程自主研发工作。充分挖掘教师个体蕴含的课程资源，鼓励学有所长的教师开发特色课程。注重对课堂师生互动生成性资源的开发，鼓励学生参与课程的开发和选择，并积极对选修课程作出评价。努力开发学生家长及有关社区人员中存在的可用资源，争取校外资源对课程开发的支持。学校积极联合高等院校共同进行课程开发活动，提高课程开发层次和质量。

教师或教研组申报开设校本课程，需填写校本课程开发计划表，提交学校课程建设领导小组，由学校学术委员会根据我校校本课程的总体目标和原则进行评估，确定是否开设。确定为开设的课程，申报者要在规定时间内提交课程讲义（资料），学校校本课程讲义审核小组要进行终审。校本课程讲义审核领导小组评审合格的讲义方可使用。

学生根据《贵州师范大学附属中学选课指导手册》自愿选择校本课程，并在网上填报。教务处负责确定开设科目和任课教师，每门课程开班人数原则上控制在30~55人。在学校教学和师资允许的条件下，充分尊重学生意愿，进行合理调配，组建教学班级。

（六）校本课程实施

学校严格按照国家课程计划设置课程和课时，严格执行国家对高中阶段课程总课时数的要求。对于所有开设的课程，都精心实施，严格考核。严格按要求课时，尽可能高质量地完成各门课程的教学。

学校要求教师根据班级学生的特点制定课程教学计划。提倡教师每节课要有详尽的教案，教学设计要切合学生情况。希望教师将核心素养融合于课堂教学过程中，采取恰当的教学策略、丰富教学手段，促进学生的个性发展和全面素质的提高。日积月累，逐步形成了我校的特色课程——话剧课程。十多年来，我们以语文组开发的校本课程——话剧特色课程为基点，全面带动了学校其他学科校本课程的发展，提高了教育教学质量和学校办学影响力。

我校注重教研，充分做好师资保障工作。注重各类课程的过程管理，开展切实有效的校本研修活动，着力培养一批骨干教师，提升整个师资队伍的素质，保证各类课程开发和实施的质量。学校还制定了科学的评价制度，激发教师的竞争意识，形成良好职业状态。构建了我校课程管理与教学管理的有效机制，建立符合素质教育的新课程理念的发展性评价体系和教学水平监测体系。形成了学生个性化选课方案和选课指导制度，制定有效反映学生课程修习状况的学分认定及管理办法。建立了学生学业考试成绩与综合素质评定相结合的评价制度。

近几年我校改革和完善了教师校本研修制度，使校本研修成为促进教师专业发展、促进教学行政管理人员水平提高的有效途径。加大了对青年教师、骨干教师和学科带头人的培养力度，建立起一支符合新课程要求的优秀师资与管理队伍。充分发挥了教科处、教研组、年级组、备课组的作用，把新课程的教学工作和教学研究紧密结合起来，开展灵活多样、讲求实效的教学研究活动，学校教研氛围日渐浓厚。

我校积极开展教育教学改革，推进基于新课程标准下的课堂教学改革、教学方式和学生学习方式的转变，在教学研究、选课指导、学分管理等方面，构建与新课程实施相适应的教学管理制度，建立适应新课程改革的教学秩序。

在新课程改革背景下我校积极探索评价与考试制度改革，建立符合素质教育方向的新课程要求、凸现学校特色的学生发展性评价制度与教师教学水平监测体系，按照目标多元、方式多样、注重过程的评价原则，建立学生学业成绩与成长记录相结合的综合评价制度。加强了资源建设，整合、利用现有资源，利用信息网络形成课程资源开发和共享机制，实现教育资源的优化组合。

（七）课程评价

课程评价是对育人效果的考察与判断，对于课程实施与发展起着导向性作用。我校学校课程评价的一个要点是关注学生素养的整体提升，既关注学生对知识和技能的获得，也要关注学生观念和意识的提升，以及学生行为习惯的养成等。不仅要聚焦学生素养的发展，还要关注课程对学生全面发展所产生的促进作用。为实现上述目标，贵州师范大学附属中学的课程评价修改了多次。每一次的修改，都意味着我们对中学课程了解又深入了一步。

校本课程由学校课程建设领导小组对课程的开设，课程讲义（资料）进行审核，教务处通过学生座谈、组织听课等方式，对课程进行中期评价，并提出建议。由教务处通过收集学生意见、教学成果、听课反馈等方式，对课程进行综合评价。校本课程教学评价参照《贵州师范大学附属中学"基于课程标准的课程教学与评价"方案》。

学生评价：对学生进行全方位、多角度的综合考察，全面深入地把握学生的发展轨迹，在评价方式上，更多地采取过程性评价。学生定期填写成长记录中的学习过程记录，做好自评和互评。学校听取家长和社区的反映及时调整。经常举办各类比赛，让学生品尝成功的喜悦，调动他们的积极性与创造性。展示学生的作品与成果，促进学生之间的横向交流。

教师评价是课程改革的核心与源动力，我们从三个方面加大了评价制度的改革与探索，改革评价制度的目的是以机制建设促进新课改的实施落地。

第一，重视评价的导向性。面对课程改革的新形势，我们从制度层面改革评价体制、分配体制，以制度建设为导向，将全体教师的注意力引导到新课程的实施上来。在实施过程中我们要确保学校制度的科学性、公正性、激励性和正确的引导性。

第二，重视评价的情感性。教师也是教学活动中的主体，实施新课程必须全心全意地依靠教师，实施新课程必然要求教师付出更多的劳动与心血，学校领导能从情感层面加强与教师的沟通，在理解信任、使用发展之中促进新课程的开展。实践证明，学校管理者心向教师，广大教师会迸发出更大热情去尊重学生、关爱学生，顺应每个学生的个性，促进每个学生的健康成长，在和谐、民主、充满人情味的氛围中，促进了新课程的实施。

第三，重视评价的发展性。人总在追求自身价值的实现中获得前进的动力，我校引导广大教师充分认识到：新课程的改革对所有的教师来说，既是一种挑战，又是一次难得的发展机遇。

我校通过中层以上干部定期听课以及听取学生反馈意见，教务处定期检查教案，促进教师学会诊断教与学过程中存在的问题，以改善教学策略，明确努力方向。通过问卷调查、座谈、个别调查等方法由学生对教师作出评价，以不断提高拓展型课程的质量使之更加适合学生的发展需要。

素养时代的课程的改革对于学校课程建设提出了更高的要求。今后，贵州师范大学附属中学将全面优化课程资源，完善学校课程体系，促进学生全面发展，提高学校教育教学质量，进一步提升学校办学水平。

第二节 贵州师范大学附属中学素养时代下的教学评一体化实践

李 明

一、素养时代的教学评价管理

核心素养是学生在接受相应学段的教育过程中，逐步形成的适应个人终身发展和社会发展需要的必备品格和关键能力。自20世纪90年代以来，核心素养便成为全球范围内教育领域的重要议题，国际组织与许多国家相继构建自己的学生核心素养框架。核心素养统领各国的教育改革，成为引领各国各项教育活动改革的关键。毫无疑问，培养学生的核心素养是顺应世界教育改革趋势、大力提升我国教育国际竞争力的有效途径。

中国学生发展核心素养研究成果已正式发布，以个人发展和终身学习为主体的核心素养模型逐渐代替了以学科知识结构为核心的传统课程标准体系。我国发展核心素养以培养"全面发展的人"为核心，分为文化基础、自主发展、社会参与三个方面，综合表现为人文底蕴、科学精神、学会学习、健康生活、责任担当、实践创新六大素养，并具体细化为十八个基本要点。可以看出，我国当代教学的价值取向正从掌握知识为主转向以学生发展为本，更加关注学生掌握综合运用学科思想来探究的方法技能与长远发展所需要的能力获得；注重培养学生参与真实情境中处理问题的方法，重视学生各方面综合能力的提升，而不仅仅是学科知识的学习。

（一）现行教学评价反思

现行教学评价很有可能成为发展核心素养的难点与瓶颈。

首先，评价标准单一。现行教学评价常常以考试成绩作为最主要的衡量学生学习效果的依据，导致学生过分关注分数而忽略其他素质能力的拓展。然而一次考试难以全面评测学生的学情，尤其是对学生的具有内隐性的内心情感、态度和价值观等方面的测量，更是无从谈起。

其次，评价标准不明确。我国现行课程标准虽从知识和能力、过程和方法、情感态度和价值观等三维角度对课程主要学什么、学多少做了详细规定，但对大部分学科需学到什么程度要求不明，难以量化、分级，缺乏明确的能力表现标准。

最后，现行教学评价手段单一，评价技术落后。考试测评仅专注于学生的学习结果而忽略对学生学习过程的测评，无法做到及时、准确和全面地获取学生学情数据。

教学评价作为教学过程中一个十分重要的环节，肩负着促进学生核心素养发展和教改重任，现行的教学评价已难以适应当前教学改革的步伐。因此，转变和创新评价理念、方式、方法和内容，是促进学生核心素养发展的有力途径。

（二）核心素养视角下教学评价的改革原则（方向）

1. 科学性

教学评价作为核心素养得以发展的有力保障，因此，重构科学的基于核心素养的评价标准、评价内容、评价主体和评价方法与策略，就显得格外重要：厘清发展核心素养与各学科素养的关系，细化并制定基于能力与素养的学业质量标准；颠覆传统的以学业成绩为内容的评价，拓展评价主体；创新评价手段，严格依据学业水平质量标准进行考试与评价。

2. 人本性

人本主义强调人的价值、尊严、潜能和整体性，是发展核心素养的前提与基础。人本性指出学校应以学生为中心，充分发挥学生的主体地位，努力满足学生的各种发展需求，建立学生需要的教学评价。教学评价因学生的需要而为，更容易被学生认同与喜欢，能够促进学生的主动参与性与发展自由性，使以往的以"教师为中心"转向以"学生为中心"，更加有效地促进学生发展。

3. 综合性

核心素养本身具有很强的综合性，其强调以培养"全面发展的人"为核心，其中包含从智力、品德到价值观等多方面、多层次的素养与能力；核心素养实现从学科知识衡量转向对学生综合能力及素养的衡量。基于核心素养建立起来的教学评价，必须打破以往评价中的学科限制，使跨学科能力的综合评价成为可能，最终形成各种知识与能力并重的多元综合评价。

4. 多元性

评价内容和评价标准既要细化明确，又要重视开放性"目标"设定；评价过程既要立足于内容，又要超越内容的禁锢，让评价内容和评价标准与学生真实的日常生活和个体差异相联系，在真实情境中捕捉学生能力的真实表现，鼓励学生个性化发展，倡导创新，实现多元性评价。

5.发展性

学生学习是一个不断变化发展的过程，而教学评价应做到不断围绕学生的发展，服务于学生的发展。动态、及时、准确、全面地把握学生的成长动态；记录学生问题生成、实践、操作、思维转换和问题解决的全过程；关注学生内心情感、态度和价值观的演变过程，最后给予及时反馈显得尤为重要。

6.导向性

教学评价作为教学过程中的重要组成部分，其目的是准确描述学生的发展轨迹并反映学生阶段性的学情，激励与引导学生实现真正发展。作为教学起点，教学评价是教师备课、讲课的主要依据，是学生自我检查修正的手段。发展核心素养下的教学评价中测试增多，只有在激励、导向、反馈与调整上与学生全面发展的结合度更高，方能使学生在教学评价中体验成功，增强学习的积极性。

（三）核心素养视角下教学评价的改革策略

基于核心素养的教学评价原则，重新构建学科质量评价标准、内容与手段等，以期实现教学评价的改革。

1.丰富评价标准

（1）打破以往的唯学生分数论，要求评价标准面向学生全面、均衡发展，细化并定制基于能力与素养的学业质量标准。

（2）充分考虑学科多样性和学生年龄差距的阶段性，将核心素养转化为学科核心素养，确定不同教育阶段的培养目标和级别标准，从根本上转变和优化现行的评价方式。

（3）细化不同学科、不同学段学生学习后应该达到的程度要求，教师准确把握教学的深度与广度，使评价标准更加准确反映人才培养要求。

2.突出评价内容的情境性和针对性

依据核心素养下的评价标准，选择与此相适应的评价内容。基于核心素养的评价内容从以往的关注学生的学业成绩测评，转向对学生多方面潜能发展的综合测评，注重学生的情感、态度、价值观和创新实践能力等方面的体现。因此，要求评价内容应突出其情境性和针对性：评价内容设计时，其素材选取应与社会、经济、自然与科学发展的实际紧密联系，给学生更多在真实生活场景中解决问题的机会，深度挖掘学生的学习潜能与解决问题的策略。

3. 拓宽评价主体范围

以往的教学评价中，评价主体单一，大多数的评价工作都落在教师身上，导致教师难以顾及每个学生的个体差异，造成评价片面、不准确等问题。而基于核心素养的学生发展，注重学生的全面发展，不断扩展教学评价主体。一方面增加自评、互评、他评、家长评、社会评等多视角的评价，当多视角的评价积累到一定程度时，可以确保评价的准确性与全面性；另一方面在学生自评与同伴互评中，学生作为自身学习的第一责任人被赋予很重的评价权力，增强了学生的责任意识。同时，学生通过不断反思自己的"元认知"，最终学会批判性地客观地评价事物。

4. 创新评价方法与手段

（1）量化评价与质性评价相结合。学生的情感、态度、价值观等均具有很强的内隐性，在以往的教学评价中难以实现标准和精确的量化评价，而"互联网+教育"时代的到来，为发展核心素养下的教学评价带来契机。新型的测量工具与量规可尝试将核心素养转换为可测量的外显表现，并打破以往的量化评价，加入质性评价，以对学生学习过程中的各种变化进行跟踪，关注学生在学习发展方面的每个"质"的变化。通过个性化、情境化的质性评价，能够弥补量化评价的不足，全面描述学生的学习过程与发展趋势，从而为教师和学生提供反馈信息，凸显评价这一重要环节的调节与改进功能。而评价量表的建立更加适用于相对较灵活的情境，如讨论、小组活动、作品评比等可以利用量表评价。首先，评分量表多项维度能清晰地描述学生需达到的能力目标与评分标准，学生和教师均能一目了然地获取信息。其次，评价量表由学生执行任务前与教师共同讨论产生，无形中赋予学生对自己学习的控制权，能够使学生更加主动地参与自己的学习规划。最后，学生探讨量表和最后进行自我评价等，均有利于培养学生的批判性思维。

（2）结果性评价与过程性评价相结合。教学过程是一个连续发展的动态过程，何况基于核心素养的评价是对学生综合能力与素养的评价，更需要多方面的、全面的数据来支撑。因此，学生学习过程中需要将连续性的过程性评价融合于整个评价之中：每个学习个体的学习过程应被划分为细小单元，而每一个细小单元的学习效果需要有一个形成性的测评来进行诊断性评价，最后根据各类学习数据综合分析学生各个方面的学习情况，作出终结性评价。

（3）评价手段信息化。随着大数据与"互联网+教育"时代的到来，信息技术丰富了教学评价的内涵，优化了教学评价对教学改革的制约性问题，用于进行学习测量的工具与手段日益凸显多样化与整合化，教育数据也呈现出量大、类型多、获取和处理速度快等特点。精准的数据收集是学习测量的关键，是进行科学化、精准化学习分析的基础，更是及时反馈的前提，评价手段信息化提升了评价价值。

（4）多元化的教学评价。随着发展学生核心素养的提出，教学评价的多元化越来越受到重视。不同的能力与素养需选择不同的教学评价方法，常见方法有观察法、表现性评价、问卷调查法、作品多维评价法、评价多分制法、教师随堂评价法、成长记录袋和新型的学习测量工具与量规等，在恰当的场景选择一种或几种与之相适应的教学评价方法，能最大限度地获取学生的真实学情，促进学生发展。如通过建立学生成长电子档案袋存放其各阶段的学情与作品成果，帮助学生随时回顾学习变化进行自我评价，便于教师快速了解学生情况，开展针对性的教学活动。

我们在核心素养相关理论研究和实践方面相对欠缺，还需深入研究借鉴已有的评价机制，结合国内外研究现状加强对核心素养的理解与探究。一线教师需转变教学观念，充分发挥课堂评价的作用，积极创设核心素养评价所需的问题情境，不断优化以加大核心素养评价力度，在实际教学中探索和累积改革经验。最后，及时准确的教学评价是有效施教的前提，在教学评价环节中如何充分利用信息技术手段实现学习测量的全面性与准确性，是接下来需要关注的问题。总之，只有真正落实教学评价的改革，方能助学生实现真正面向未来的全面可持续发展。

二、学业水平合格性考试校本实践

（一）我省合格性考试政策

语文、数学、外语、思想政治、物理、历史、化学、地理、生物学、音乐、美术、体育与健康、通用技术、信息技术14门科目全部设合格性考试。语文、数学、外语、思想政治、物理、历史、化学、地理、生物学、信息技术10门科目由省统一组织命题、考试、评卷、划定合格标准。音乐、美术、体育与健康、通用技术4门科目及物理、化学、生物学3门科目实验操作由省制定标准，各市（州）组织实施（标准另行下发），成绩一并计入学生综合素质评价。

语文科目考试时间为90分钟，数学、外语、思想政治、物理、历史、化学、地理、生物学8门科目考试时间均为60分钟，以上9门科目每年组织2次考试，从2022年起，每年分别在7月和12月进行。信息技术科目考试时间为60分钟，每年组织1次，在11月进行。音乐、美术、体育与健康、通用技术4门科目考试时间由各市（州）根据课程计划安排在相应课程结束后进行。

合格考成绩以"合格、不合格"方式呈现。合格性考试成绩是普通高中学生毕业和普通高中同等学力认定的主要依据。合格考成绩是普通高中学校课程管理、教学质量评估监测的重要指标。

（二）学业水平合格性考试面临的困境

尽管学业水平考试制度改革有利于克服"一考定终身"的弊端，促进学生全面发展，推行素质教育，引导学校进行教学改革，但学业水平合格性考试制度的功能未能很好地发挥。学业水平合格性考试面临的困境主要表现在以下几方面。

1. 关于学业水平考试的定位争议不断

将学业水平考试纳入高考招生体系，使其身兼两职，在衡量考生是否达到高中毕业要求的同时又承担着为高校选拔优秀人才的职责，这一改革目标无疑是科学合理的，也存在一些问题，如学业水平考试方案中规定，对考试成绩只分为"合格"或"不合格"，使得学业水平考试的定位模糊不清，不计入高考成绩，是一种标准参照考试，不具备任何甄别选拔作用。

2. 学业水平考试命题的科学性难以保障

科学性是高中学业水平考试有效实施的基础。只有科学地选择考试内容与命题，考试结果才能有效、准确，进而才能真正地为高校选拔出优秀的人才。而命题是实施学业水平考试的核心环节，决定着考试的质量。高中学业水平考试试题通常由命题专家制定，主观能动性很大，很难保证两次考试的难度一致。试题的信度、效度也得不到保证。高中学业水平考试中的"合格考"是为了考查学生对基础知识和基本能力的掌握情况，而"等级考"则是为高校选拔优秀人才，如何使高中学业水平考试中的"合格考"不流于形式，如何设置考试的难易程度等，都是当下急需解决的难题。

3. 学业水平考试的权威性受到挑战

高中学业水平考试是在高中会考制度基础上演变而来，承袭了会考制度的部分功能。以往的高中毕业会考制度因组织管理松散、考试信度极低而广受诟病，也因此常常被人们称为"最虚伪的一项考试制度"。由于高中会考制度长期潜移默化的影响，学业水平考试在实施中存在监管不力、作弊频发等与高中会考制度"似曾相识"的问题。有些学校甚至错误地执行"学校保护"政策，为提高学校的升学率公然帮助学生作弊。这些都使得高中学业水平考试的权威性和公信力大大降低，进一步引发了社会的诚信危机。

（三）为推进学业水平合格性考试改革，打算在以下几方面尝试

1. 明确新高考背景下普通高中学业水平考试的定位

普通高中学业水平考试是由国家统一领导，各省自行组织实施的国家级考试。因此，无论是教育行政部门、组织实施机构还是基层学校都要给予学业水平考试高

度的重视，以保证考试制度的权威性、公平性和科学性。

首先，要认清普通高中学业水平考试赖以存在的意义。高中学业水平考试本身是衡量普通高中学生的学业水平是否达标的一种考试，旨在考查学生对高中所学知识的掌握情况，是学生接受进一步学习或工作的门槛。以"合格/不合格"呈现，避免给学生造成过大的学业压力与心理负担。

其次，明确高中学业水平考试的作用。高中学业水平考试是高校多元录取机制的重要组成部分，其初衷是为了关注学生的过程性成长，多元化评价考生，促进选才的科学性与公平性。因此，当务之急是理解高中学业水平考试的价值定位，发挥其对高中教育的引导作用，将考试的"育人"功能落到实处。

2.建立健全学业水平考试监督机制

首先，增强关于学业水平考试的制度化管理，进一步细化问责制度。其次，要加强考场的考风考纪建设，严防作弊行为，使学业水平考试更加规范、有序。再次，加大对学业水平考试的宣传，帮助学生厘清学业水平考试与以往会考制度和统一高考制度的区别与联系，增强学生对学业水平考试的认同感。

三、学业水平等级性考试校本实践

（一）我省选择性考试政策

为了适应新时代对年轻一代成长和发展的新需求，破解"唯分数""一考定终身"等过于单一化、一刀切的问题，2014年，《国务院关于深化考试招生制度改革的实施意见》的颁布，正式开启了新一轮的高考综合改革。

我省作为第三批高考综合改革试点省份之一，等级考在选考科目方面赋予了学生高度的自主选择权，是学生根据自身特长与报考要求自主进行选择的科目。思想政治、物理、历史、化学、地理、生物学6门科目设选择性考试。由省统一组织命题、考试、评卷、评定成绩。学生根据普通高等学校相关专业对选考科目的要求，结合自身的兴趣特长，在6门科目中选择3门作为选择性考试科目。首先在物理、历史2门科目中选择1门科目作为首选科目，再从思想政治、化学、地理、生物学4门科目中选择2门科目作为再选科目参加考试。

选择性考试科目内容为普通高中课程方案和各学科课程标准确定的必修和选择性必修内容。选考科目思想政治、物理、历史、化学、地理、生物学考试每年组织1次，在6月进行，具体办法高考当年公布。

（二）避免学生在"科目任选"中功利选择

学业水平等级考试是本轮高考综合改革的重点之一，其中考试内容改革是改革的关键环节。学业水平等级性考试设计的初衷就是增强学生学习的选择自主性，促进个性化发展。等级考的"3+1+2"模式共有十二种组合的选择，扩大了学生选择的权利，但我们仍需要面对的问题是学生选科是不是真正根据自己的兴趣和专长，是否存在趋易避难的功利化选择倾向。

学生对自己特长和喜欢的判断，有可能只是依据高一期中、期末一次或几次考试的成绩来判断，并且此阶段所学习的内容仅仅是合格性考试所要求的必修内容，纳入等级性考试内容范围的选择性必修尚未开展教学，仅凭当时的成绩来确定自己的擅长科目未免有些"为时过早"。由于不同科目之间存在天然的差异，科目的选择容易受到社会评价的影响，如果科目的评价是"难学""难懂"，则容易导致能力和素养相对较弱的学生不选择该科目，并导致中等或偏上的学生在等级赋分时不能取得相对高分，进而导致更多学生放弃选择该科目。

（三）调整教学内容减少教学与考试冲突

目前，正处于高考综合改革、课程改革同步推进的改革叠加期。对于2021级、2022级的学生而言，正处于"新课标、新教材、新高考"的过渡阶段。与以往相比，必修和选择性必修的内容要求作出了适度调整，因此，考试内容合理设置考查的深度与广度，调节教学与考试之间的张力，使二者同向同行，形成良性的循环。

此外，考试内容的改革与大学学习内容之间的关系也须考虑和重视，如何与本科人才培养标准有更多互动，实现高中与大学教学之间的衔接，如何更好地适应人才培养和选拔的需要都是改革所亟须回应的。

（四）平稳变革以契合社会的共同预期

在改革之初，家长、学生、社会无疑都对新高考改革充满了期待，希望考试内容改革能够淡化"分分必较"，体现核心素养。考试不应与核心素养的培养相矛盾，而应是落实核心素养的重要一环，走改造、改良、改革考试的策略，不失为明智之举。新课标在整合三维目标的基础上，着眼于学科本质凝练了本学科的核心素养，提出了学业成就表现的学业质量标准。学业质量标准是对学生完成课程内容所应达到的素养水平的一种表现性描述。尽管新课标学业质量水平的表述较多采用了"能""说明""根据""依据"等词汇对学科核心素养及其表现进行刻画，不同质量水平之间的界定还很模糊，尚缺乏充分的考试数据的解释与支持，不利于保证学业水平等级性考试命题的稳定性和规范性。因此，如何在继承的基础上探索创新，在稳定的基础上进行变革，避免出现改革的美好预期与实际效果的各行其道。

新一轮的高考综合改革在促进育人方式变革的同时，也面临着一系列问题与挑战，要解决的任务是复杂与多样的。仅就学业水平考试等级考而言，目前的考试内容改革还只是初步探索，仍需要更为持久和广泛的探索和研究。因此，认真思考与建构具有中国特色，同时又能促进高中育人方式转变的考试内容改革是当务之急。

（五）研究考试招生政策稳步推进教学改革

任何一项改革的实行，都要各个方面的协同配合才能有效实施。离开了录取制度改革，考试改革所发挥的作用将十分有限。出于对录取分数的考虑，部分高校对报考专业的选科放宽了限制，在学生的所选科目中，只要有一科满足高校专业的科目要求，即可以报考该专业。导致学生"趋利避害"选择感觉相对容易的科目。引导学生把国家需要、高校需求和自己的兴趣爱好特长结合起来，在满足学生个性化发展的同时，适合新时代对人才培养的需求，让学生报考到适合自身的大学和专业，避免盲目从众选考。

参考文献

中文文献

1. （美）ERICKSON H L. 概念为本的课程与教学[M]. 兰英，译. 北京：中国轻工业出版社，2003.
2. （美）徐中约. 中国近代史[M]. 朱庆葆，计秋枫，译. 北京：世界图书出版公司，2013.
3. （英）蓝诗玲. 鸦片战争[M]. 刘悦斌，译. 北京：新星出版社，2020.
4. 艾涛，何彩霞. 运用微粒观解决电化学问题——以高三"电化学复习"教学为例[J]. 教学仪器与实验，2015，31（7）：3-7.
5. 布鲁斯·乔伊斯，玛莎·韦尔，艾米莉·卡尔霍恩. 教学模式（第9版）[M]. 兰英，译. 上海：华东师范大学出版社，2021：32.
6. 蔡亚萍. 基于真实情境问题解决的教学设计[J]. 电化教育研究，2011，218(06)：73-75，80.
7. 曾祥品. 浅谈数学教学中宏观与微观思维的培养[J]. 江西教育，1999（09）：42-43.
8. 柴爱玲. 课堂教学有效评价策略研究[J]. 基础教育研究，2017（07）：52-53.
9. 陈炳文. "从做中学"应予以重新评价[J]. 华中师范大学学报（哲学社会科学版），1991（03）：113-119.
10. 陈独秀. 吾人最后之自觉[M]. 青年杂志，[出版日期不详]，1（6）.
11. 陈凤. 中学思想政治学科核心素养视域下活动型课程构建策略研究[J]. 思想政治课研究，2019（03）：127-128，119.

12. 陈岚, 沈静. 嘉善：于浙北门户书写县域善治典范[N]. 浙江法制报, 2021-04-25.
13. 陈梦稀. 问题教学与批判精神的培养[J]. 求索, 2004（02）：151-153.
14. 陈钦. 北洋大时代[M]. 武汉：长江文艺出版社, 2013.
15. 陈秀娟. 电解池装置微型化改进及教学探究[J]. 化学教与学, 2019（12）：90-92.
16. 陈旭麓. 近代中国社会的新陈代谢（插图本）[M]. 北京：中国人民大学出版社, 2012.
17. 陈勇. 问题教学的价值与操作[J]. 外国中小学教育, 2005（10）：40-44.
18. 陈友芳, 张天宝. 统编高中思想政治教科书教学设计与指导·必修3《政治与法治》[M]. 华东师范大学出版社, 2021.
19. 程勇. 学科大概念：单元教学推进的有效突破口[J]. 思想政治课教学, 2020（10）：27-30.
20. 仇森, 王铮铮. 普通高中课程方案（2017年版2020年修订）. 人民教育出版社, 2020.
21. 崔超. 大概念视角下英语单元教学的重构[J]. 教学与管理, 2020（04）：42-45.
22. 崔允漷, 夏雪梅"教-学-评一致性"：意义与含义[J]. 中小学管理, 2013,（01）：4-6.
23. 崔允漷. 学科核心素养呼唤大单元教学设计[J]. 上海教育科研, 2019（04）：1.
24. 刁军华. 高中数学教学中有效问题情境的创设[J]. 中学生数理化（教与学）, 2020（12）：51.
25. 丁夏男. 地理教学设计"微剧化"初探[J]. 地理教学, 2014（11）：36-38.
26. 董丁戈, 关晓梅. 行为体验式课型在高校思想政治理论课中的运用与研究[J]. 现代教育科学, 2011（01）：82-85.
27. 董娟娟. 微课在高中化学概念教学中的应用研究——以"电解池"为例[D]. 兰州：西北师范大学, 2020.
28. 董康楠. 高中语文单元整体教学研究[D]. 南京：南京师范大学, 2020.
29. 杜柏椿. 现代远程教育背景下农村劳动技术课开放教学模式研究[D]. 石家庄：河北师范大学, 2006.
30. 约翰·杜威. 民主主义与教育[M]. 王承绪, 译. 北京：人民教育出版社, 2001.
31. 约翰·杜威. 我们怎样思维·经验与教育[M]. 姜文闵, 译. 北京：人民教育出版社, 1991：81.

32. 顿继安，何彩霞.大概念统摄下的单元教学设计[J].基础教育课程，2019（18）：6-11.

33. 樊洁.普通高中教师如何理解"大概念"？[J].全球教育展望，2022，51（01）：88-102.

34. 樊磊，郭芳.普通高中教科书（人教/中图版）信息技术教师培养手册.人民教育出版社/中图地图出版社.

35. 范迪.从全面依法治国背景下公务员法治素养提升路径探究[D].郑州大学，2020.

36. 范毅.《法拉第电磁感应定律》的教学设计[J].物理教学探讨，2014，32（04）：64-67.

37. 房喻，徐端钧.普通高中化学课程标准（2017年版2020年修订）解读[M].北京：高等教育出版社，2020.

38. 冯慧文，王勇，胡蓉.基于地理核心素养的"水循环"教学设计[J].地理教学，2018（19）：20-22，52.

39. 冯志旭，曾玮.核心素养导向下的地理问题式教学设计[J].地理教学，2019（24）：4-9.

40. 高举中国特色社会主义伟大旗帜 为全面建设社会主义现代化国家而团结奋斗——习近平同志代表第十九届中央委员会向党的二十大作报告（摘登）[J].中国金融家.2022（11）：8-25.

41. 耿勇华.论"从做中学"的实践性品性[D].苏州：苏州大学，2008.

42. 谷兴云."我真傻"的意蕴——试解祥林嫂的哭诉[J].中学语文教学，2022（04）：51-54.

43. 顾梦婷.浙江日报点赞！嘉善争创法治政府建设新样板[N].浙江日报，2021-02-26.

44. 郭艳芳.情境的二重性与中介作用——探讨促进学生发展的情境教学路径[J].四川师范大学学报（社会科学版），2021，48（04）：126-131.

45. 郭玉华，赵岩艳，房殿武.高中生物学课堂教学中"问题串"的设置[J].生物学通报，2013，48（07）：29-31.

46. 郭元祥，吴宏.论课程知识的本质属性及其教学表达[J].课程·教材·教法，2018，38（08）：43-49.

47. 郭元祥.知识的性质、结构与深度教学[J].课程·教材·教法，2009，29（11）：17-23.

48. 郝文武.问题式教学的价值和方式[J].课程·教材·教法，2009，29（09）：27-30，16.

49. 何克抗.建构主义的教学模式、教学方法与教学设计[J].北京师范大学学报（社会科学版），1997，143（05）：74-81.

50. 何亚男，金怡，张育青，等.高中英语写作教学设计[M].上海：上海教育出版社，2017.

51. 何志奇.高中数学新课程案例解读[M].北京：北京师范大学出版社，2020.

52. 洪清娟.化学学科理解视域下的教材单元整体备课[J].化学教育（中英文），2021，42（19）：49-55.

53. 胡久华，王磊.促进学生无机物认识方式的持续进阶——鲁科版高中化学必修新教材无机物主题编写思路及使用建议[J].化学教育（中英文），2021，42（01）：2-8.

54. 黄锡荃.水文学[M].北京：高等教育出版社，1993.

55. 霍力岩，黄爽.表现性评价内涵及其相关概念辨析[J].西北师大学报（社会科学版），2015，52（03）：76-81.

56. 贾学渊，周姝，袁永华，等.情景剧教学在高中生物学新授课中的应用效果分析[J].中学生物教学，2021（30）：18-19.

57. 姜丽莉，何彩霞，班文岭，等.高中生"原电池"错误概念的诊断及教学对策[J].教学仪器与实验，2015，31（02）：3-7.

58. 蒋佩园."5E教学模式"在初中地理教学中的应用研究[D].桂林：广西师范大学，2020.

59. 蒋志强，刘恭祥.基于逆向设计的高中地理混合式教学模式——以"厄尔尼诺和拉尼娜现象"为例[J].地理教学，2022（15）：40-45.

60. 教育部考试中心.中国高考评价体系说明（2019年版）[M].北京：人民教育出版社，2019.

61. 孔凡哲.中国学生发展核心素养评价难题的破解对策[J].中小学教师培训，2017（01）：1-6.

62. 李博.生态学[M].北京：高考教育出版社，2000：112.

63. 李刚，郭艳煌.加拿大BC省科学课程设计的解读与思考——兼论学科大概念的进一步探索[J].首都师范大学学报（社会科学版），2023（02）：93-102.

64. 李刚，吕立杰.大概念课程设计：指向学科核心素养落实的课程架构[J].教育发展研究，2018，38（Z2）：35-42.

65. 李刚.推理-表征-解释：构建教师大概念教学的逻辑框架[J].比较教育研究，2022，44（04）：72-77，87.

66. 李杰民.数学学科大概念及其教学研究[D].广州：广州大学，2021.

67. 李凯，范敏.素养时代大概念的生成与表达：理论诠释与行动路径[J].全球教育展望，2022，51（03）：3-19.

68. 李雷.情境教学设计在高中生物教学中的应用研究[J].华夏教师，2018（13）：38.

69. 李敏，殷世东.基于"做中学"的中小学劳动课程设计与实施[J].教学与管理.2023（09）：77-80.

70. 李巧云.语言：小说个性化语言欣赏[J].语文教学通讯.2021（Z1）：146-147.

71. 李涛，黄彩霞，赵浩斌.高中生物教学中的虚拟实验[J].教学与管理，2017（07）：53-54.

72. 李卫东.大概念：重构语文教学内容的支点[J].课程·教材·教法，2022，42（07）：96-101，109.

73. 李晓东.教学情境与命题情境的区分及其意义——基于《普通高中思想政治课程标准》的文本分析[J].中国考试，2020（01）：47-53.

74. 李晓东.议题式教学设计与实施中的几个关键问题[J].教学月刊·中学版（政治教学），2019（Z1）：25-28.

75. 李妍，黄伟.比较视阈下的情境教学理念与实践[J].比较教育学报，2020（04）：136-148.

76. 李云鹏.基于大概念的高中地理单元教学[J].中学地理教学参考，2022（07）：44-46，49.

77. 刘邦东.电解原理在工业三废中的应用[J].中学化学，2021（04），48-51.

78. 刘徽."大概念"视角下的单元整体教学构型——兼论素养导向的课堂变革[J].教育研究，2020，41（06）：64-77.

79. 刘徽.大概念教学：素养导向下的单元整体教学设计[M].北京：教育科学出版社，2022：46.

80. 刘徽.真实性问题情境的设计研究[J].全球教育展望，2021，50（11）：26-44.

81. 刘洋，胡久华.促进学科核心素养发展的不同实施模式的主题教学研究——以"氮循环"主题为例[J].化学教育（中英文），2021，42（11）：41-48.

82. 刘媛.探议题式教学 塑有思想有思维的课堂[J].福建教育，2019（16）：43-46.

83. 卢晓旭，陈昌文，陆静，等.地理问题式教学设计水平评价指标体系构建与例评检验[J].课程·教材·教法，2022，42（02）：102-109.

84. 陆多全.核心素养背景下的高中生物教学策略[J].科学咨询（教育科研），2021（08）：262-263.

85. 罗凯华，朱平.对全面依法治国知识的部分解读[J].教学考试，2022（52）：11-13.

86. 罗祖兵.教育学问题教学：涵义、价值与操作[J].高等教育研究，2010，31（03）：71-75.

87. 吕传汉，汪秉彝.论中小学"数学情境与提出问题"的数学学习[J].数学教育学报，2001（4）：9-14.

88. 吕传汉，汪秉彝.中小学教学的一种基本教学模式——中小学"情境—问题"教学模式[J].贵州师范大学学报（自然科学版），2005（01）：86-90.

89. 吕立杰.大概念课程设计的内涵与实施[J].教育研究，2020，41（10）：53-61.

90. 马克思.马克思恩格斯选集（第1卷）[M].人民出版社，1995.

91. 茅海建.天朝的崩溃：鸦片战争再研究[M].上海：生活·读书·新知三联书店，2005.

92. 梅德明，王蔷.普通高中英语课程标准（2017年版2020年修订）解读[M].北京：高等教育出版社，2020.

93. 苗连营.公民法律意识的培养与法治社会的生成[J].河南社会科学，2005，13（05）：33-36.

94. 牧俊.情境教学在高中生物课堂中的应用[J].赤子（上中旬），2015，343（08）：298.

95. 南明区融媒体中心.贵阳：普法课堂进院坝[EB/OL].（2022-04-01）[2023-06-17] http://gz.tobacco.gov.cn/qydt/mtbd/202204/t20220401_73210931.html.

96. 倪洪涛.我国家庭教育国家立法的宪法依据[J].湖南师范大学教育科学学报，2021，20（05）：81-88.

97. 裴娣娜.基于情境教育理念的课堂教学重构[J].中国教育学刊，2016（10）：13-17.

98. 齐凤涛.高中思想政治课教学中学生主体性探究——基于实践教学的视角[D].聊城：聊城大学，2018.

99. 任淑红，张轶炳.探究电磁振荡规律的教学设计[J].物理教师，2018，39（09）：13-17.

100. 任友群，黄荣怀.普通高中信息技术课程标准（2017年版2020年修订）解读[M].北京：高等教育出版社，2020.

101. 沈雪春.学科大概念概念：议题式教学的结构化指向——以"人民代表大会：国家权力机关"教学为例[J].教学月刊·中学版（政治教学），2019（Z2）：23-27.

102. 沈雪春.议题式教学简论[M].陕西师范大学出版总社有限公司.2018.

103. 石俊仙.小学科学"大单元教学"下创设问题情境的策略[J].江西教育，2021（30）：89.

104. 石莉."变形"之困境与突围——统编高中语文教材必修下册第六单元教学设计[J].语文学习，2022（01）：33-39.

105. 司卫秀，徐丽.数学大概念视角下的单元教学设计——以"函数的概念与性质"单元教学为例[J].新课程导学，2022（16）：22-24.

106. 宋继碧.法治核心竞争力的构成要件和实践路径研究[J].中共成都市委党校学报，2017（6）：68-72.

107. 苏炜瑶.基于地理核心素养培养的教学案例设计——以"大规模海水运动"第一课时为例[J].地理教学，2019，29（13）：33-36.

108. 苏小兵，杨向东，潘艳.真实情境中地理问题生成的学习进阶研究[J].全球教育展望，2020，49（08）：44-62.

109. 孙红军.中国地方政府法治化：目标与路径研究[D].苏州：苏州大学，2016.

110. 孙杰.思想政治课议题式教学的实施路径[J].教学与管理，2019（07）：60-62.

111. 孙丽霞.情境教学模式在高中生物课堂的应用研究[J].学周刊，2022（29）：93-96.

112. 谈松华，黄晓婷.我国教育评价现状与改进建议[J].中国教育学刊，2012（01）：8-11.

113. 田庆立，宋志艳.甲午战争对近代以来中日两国的影响[J].武汉大学学报（人文科学版），2014.67（06）：75-82.

114. 王安石文集.[M].中华书籍.2021.

115. 王策三.教学论学科发展三题[J].北京师范大学学报，1992（05）：82-95.

116. 王春梅.大单元下核心问题驱动深度教学的实践研究——以"电磁感应"教学为例[J].中学物理教学参考，2022，51（03）：4-6.

117. 王红梅.辛亥革命档案汇编的编纂及其问题研究[J].档案与建设,2019(12):15-18.

118. 王湖滨.PISA测试的"情境"及其带来的启示——大型国际教育评价项目对"情境"的述评[J].外国中小学教育,2014(01):8-14.

119. 丁换平,王锏.电磁感应单元教学设计[J].中学物理,2021,39(09):29-33.

120. 王建军.深度学习和核心素养视域下大单元教学设计的实践与思考[J].化学教与学,2022,580(08):27-30.

121. 王静宇.价格"刺客"引发消费者不满 新规施行明确明码标价[N].成都日报,2022-07-07.

122. 王磊,陈光巨.外显学科核心素养促进知识向能力和素养的转化——北京师范大学"新世纪"鲁科版高中化学新教材的特点[J].化学教育(中英文),2019,40(17):9-19.

123. 王宁,巢宗祺.普通高中语文课程标准(2017年版2020年修订)解读[M].北京:高等教育出版社,2020.

124. 王蔷,周密,蔡铭珂.基于大观念的高中英语单元整体教学设计[J].中小学外语教学(中学篇),2021,44(01):1-7.

125. 王蔷,周密,蒋京丽,等.基于大观念的英语学科教学设计探析[J].课程·教材·教法.2020,40(11):99-108.

126. 王维臻,王磊,支瑶,等.电化学认识模型及其在高三原电池复习教学中的应用[J].化学教育,2014,35(01):34-40.

127. 王伟,王后雄.学科教学情境的评价标准研究:内涵、意义及其生成[J].河北师范大学学报(教育科学版),2018,20(6):107-112.

128. 王雅红.浅谈中学语文的"问题教学"[J].福建论坛(人文社会科学版),2011(S1):204-205.

129. 王云生."教、学、评"一体化的内涵与实施的探索[J].化学教学,2019(05):8-10,16.

130. 韦斯林,贾远娥.美国科学教育研究新动向及启示——以"学习进程"促进课程、教学与评价的一致性[J].课程·教材·教法,2010,30(10):98-107.

131. 韦志榕,朱翔.普通高中地理课程标准(2017年版2020年修订)解读[M].北京:高等教育出版社,2020.

132. 温彭年,贾国英.建构主义理论与教学改革——建构主义学习理论综述[J].教育理论与实践,2002,22(05):17-22.

133. 吴俊明，吴敏.化学课程中的能量与化学能量观——关于科学观念和科学观念教育的思考之六[J].化学教学，2015（01）：7-11.

134. 吴勇.寓"史料实证"于历史时空叙事——以《辛亥革命》一课为例[J].历史教学问题，2018（06）：116-118.

135. 习近平.习近平关于培育和践行社会主义核心价值观思想[M].北京：外文出版社，2018.

136. 夏聪.初中生物教学中的情境教学研究[J].中国校外教育，2016（32）：63.

137. 向颖.基于核心素养下的思品课学生"多元评价"体系建构[J].教育实践与研究（B），2017（06）：21-24.

138. 肖宁贵.高中生物教学中应用多媒体培育学生社会责任感[J].天津教育，2022（05）：4-6.

139. 熊小欣.再论戊戌变法失败的原因[J].历史教学问题，2015（06）：40-44.

140. 徐洁.基于大概念的教学设计优化[M].上海：华东师范大学出版社，2021.

141. 徐蓝，朱汉国.普通高中历史课程标准（2017年版2020年修订）解读[M].北京：高等教育出版社，2020.

142. 徐敏.中学化学"能量观"的构成要素及内涵[J].中学化学教学参考，2013（07）：16-19.

143. 徐中约.中国近代史1600-2000，中国的奋斗：插图重校第6版[M].计秋枫，朱庆葆，译.北京：世界图书出版公司，2013.

144. 许涤新、吴承明.旧民主主义革命时期的中国资本主义[M].北京：人民出版社，1990.

145. 许继田，陈丁娜，杨梦婕，等.以大观念为核心的高中英语单元学习设计范式[J].基础外语教育，2022，24（05）：9-17，109.

146. 薛志娟.基于问题式学习的高中生物课堂教学研究[J].大庆社会科学，2017（06）：131-132.

147. 亚里士多德.政治学[M].吴寿彭，译.北京：商务印书馆，2019.

148. 严志烨，黄华文.大概念统摄下的高中化学微型实验主题式教学——以"二氧化硫的性质"为例[J].中小学教学研究，2022，23（05）：13-18.

149. 杨殿荣.海洋学[M].北京：高等教育出版社，1986.

150. 杨松.中国近代史资料选编[M].上海：生活·读书·新知三联书店.1954.

151. 杨召奎.消费领域这些"坑"，你踩过吗？[N].工人日报，2023-01-31.

152. 杨重云，李胜娣.谈生物学实验教学情境的创设[J].生物学教学，2006（08）：34-35.

153. 易克萨维耶·罗日叶.为了整合学业获得情境的设计与开发（第二版）[M].汪凌，译.上海：华东师范大学出版社，2010：179.

154. 张淳义.应对"价格刺客"需要"法治盾牌"[N].浙江人大，2023-03-10.

155. 张恩德，龙宝新.论核心素养的课堂教学落实[J].教育学术月刊，2020（10）：71-77，91.

156. 张发新.大概念：学习进阶与教学策略——以"化学能与电能"为例[J].中学化学教学参考，2017（07），6-9.

157. 张辉蓉，朱德全.走出教学情境创设的误区[J].西南大学学报（社会科学版），2007（05）：126-129.

158. 张建伟，陈琦.简论建构性学习和教学[J].教育研究，1999（05）：56-60.

159. 张敬威，于伟.学科核心素养：哲学审思、实践向度与教学设计[J].教育科学，2021，37（04）：60-66.

160. 张良，王永强.化知识为素养的教学机理、过程与要求[J].课程·教材·教法，2022，42（06）：65-71.

161. 张诗佳.基于"大概念"的高中数学教学实践研究——以三角函数的教学为例[D].济南：山东师范大学，2022.

162. 张晓琳，赵海艳.大概念、大思路、大情境和大问题引领下的单元教学设计——以"圆周运动"教学为例[J].物理之友，2022，38（04）：27-31，35.

163. 张亚珍.基于5E教学模式的教学设计[J].吉林教育，2018（11）：47.

164. 张玉峰.以大概念、大思路、大情境和大问题统领物理单元教学设计[J].中学物理，2020，38（05）：2-7.

165. 赵德成.表现性评价：历史、实践及未来[J].课程·教材·教法，2013，33（02）：97-103.

166. 赵丽，冯舍饴，贾婧枭."雪糕刺客"多隐藏于小卖部中[N].法治日报，2022-07-13（004）.

167. 中华人民共和国教育部.普通高中地理课程标准（2017年版2020年修订）[M].北京：人民教育出版社，2020.

168. 中华人民共和国教育部.普通高中化学课程标准（2017年版2020年修订）[M].北京：人民教育出版社，2020.

169. 中华人民共和国教育部.普通高中课程方案（2017年版2020年修订）[M].北京：人民教育出版社，2020.

170. 中华人民共和国教育部.普通高中数学课程标准（2017年版2020年修订）[M].北京：人民教育出版社，2020.

171. 中华人民共和国教育部.普通高中思想政治课程标准（2017年版2020年修订）[M].北京：人民教育出版社，2020.

172. 中华人民共和国教育部.普通高中语文课程标准（2017年版2020年修订）[M].北京：人民教育出版社，2020.

173. 中华人民共和国教育部.普通高中英语课程标准（2017年版2020年修订）[M].北京：人民教育出版社，2020.

174. 中华人民共和国教育部.普通高中历史课程标准（2017年版2020年修订）[M].北京：人民教育出版社，2020.

175. 中华人民共和国教育部.普通高中物理课程标准（2017年版2020年修订）[M].北京：人民教育出版社，2020.

176. 中华人民共和国教育部.普通高中生物学课程标准（2017年版2020年修订）[M].北京：人民教育出版社，2020.

177. 中华人民共和国教育部.普通高中信息技术课程标准（2017年版2020年修订）[M].北京：人民教育出版社，2020.

178. 中华人民共和国教育部.普通高中通用技术课程标准（2017年版2020年修订）[M].北京：人民教育出版社，2020.

179. 中华人民共和国未成年人保护法[M].北京：中国法制出版社，2021.

180. 中华人民共和国宪法[M].北京：中国法制出版社，2018.

181. 中华人民共和国刑法[M].北京：中国法制出版社，2022.

182. 钟启泉.基于核心素养的课程发展：挑战与课题[J].全球教育展望，2016，45（01）：3-25.

183. 钟启泉.课程的逻辑（第2版）[M].上海：华东师范大学出版社，2019.

184. 周棋兵.法拉第电磁感应定律教学的课堂提问设计[J].物理教学探讨，2015，33（05）：40-41.

185. 周庆华，何彩霞，王钦忠.用"能量转化"统领"原电池"教学[J].教学仪器与实验，2015，31（08）：3-6.

186. 朱从娜.普通高中信息课程标准（2017年版2020年修订）.人民教育出版社，2020.

187. 朱德全.教学系统对话机制的生成与教学设计[J].教育研究，2006（10）：68-72.
188. 朱德全.试论教学场情境的生成策略[J].高等教育研究，2004（06）：71-75.
189. 朱汉国，王斯德.普通高中历史课程标准（实验）解读[M].南京：江苏教育出版社，2003：278.
190. 朱小超，李洪山.情境教学模式三大核心要素"真"思考——以初中道德与法治课为例[J].天津师范大学学报（基础教育版），2021，22（04）：51-56.
191. 蒂姆·墨菲　美.，劳丽安·奥伯林　美.隐形攻击[M].李婷婷，译.台海出版社，2018：320.

英文文献

1. BROWN J S, COLLINS A, DUGUID P. Situated cognition and the culture of learning [J]. Educational Research，1989，18（1）：32-34
2. BRUNER J S The Process of Education[M]. Cambridge，Mass：Harvard University Press，1960. 11-21.
3. CHOI J, HANNAFIN M. Situated cognition and learning environments：roles，structures，and implications for design[J]. Educational Technology Research and Development，1995，43（2）：53-69.
4. DARLING-HAMMOND L. Next generation assessment：moving beyond the bubble test to support 21st century learning[M]. San Francisco：Jossey-Bass，2014：23-49.
5. DOCHY F, SEGER S M, VAN DEN BOSSCHE P, et al. Effects of problem-based learning：a meta-analysis[J]. Learning and Instruction，2003，13（5）：533-568.
6. DUNAWAY M K. Connectivism：learning theory and pedagogical practice for networked information landscapes[J]. Reference Services Review，39（4）：675-685.
7. ERICKSON H L. Stirring the head, heart, and soul：redefining curriculum, instruction, and concept based learning[M]. California：Thousands Oaks，2000：33-35.
8. HANNA L A, POTTER G L, HAGAMAN N.Unit teaching in the elementary school[M]. New York：Rinehart，1955：177-183.

9. HARLEN W. Principles and big ideas of science education. [M]. Herts: Association tor Science Education, 2010. 1-6.
10. HENDRICKS C C. Teaching causal reasoning through cognitive apprenticeship: what are results from situated learning[J]. The Journal of Educational Research, 2001, 94（5）: 302-311.
11. HERRINGTON J, OLIVER R. An instructional design framework for authentic learning environments[J]. Educational Technology Research and Development, 2000, 48（3）: 23–48.
12. HMELO-SILVER C E. Problem-based learning: what and how do students learn？[J]. Educational Psychology Review, 2004, 16（3）: 235-266.
13. LEE H, CHO Y. Factors affecting problem finding depending on degree of structure of problem situation[J]. The Journal of Educational Research, 2007, 101（2）: 113-123.
14. REED S K. The structure of ill-structured（and well-structured）problems revisited[J]. Educational Psychology Review, 2016, 28（4）: 691-716.
15. SIEMENS G.Connectivism: A learning theory for the digital age[J]. International Journal of Instructional Technology and Distance Learning, 2005, 2（1）: 3-10.
16. SIMON H A. The structure of ill-structured problems[J]. Artificial Intelligence, 1973,（4）: 181 - 201.